RHÉTORIQUE, PHILOLOGIE, HERMÉNEUTIQUE

DERNIERS TITRES PARUS
DANS LA MÊME COLLECTION

10. Gilbert DAHAN et Richard GOULET (éd.), *Allégorie des poètes, allégorie des philosophes. Études sur la poétique et l'herméneutique de l'allégorie de l'Antiquité à la Réforme*, 2005, 346 pages
11. Ilsetraut HADOT, *Arts libéraux et philosophie dans la pensée antique. Contribution à l'histoire de l'éducation et de la culture dans l'antiquité*, 2005, 578 pages
12. Mohammad Ali AMIR-MOEZZI, *La religion discrète. Croyances et pratiques spirituelles dans l'islam shi'ite*, 2006, 416 pages
13. Maroun AOUAD, *Le* Livre de la Rhétorique *du philosophe et médecin Ibn Ṭumlūs*, 2006, CXXIX-177 pages en partie doubles
14. Frédérique WOERTHER, *L'èthos aristotélicien. Genèse d'une notion rhétorique*, 2007, 368 pages
15. Emmanuel BERMON, *La signification et l'enseignement*, 2007, 610 pages
16. Henri HUGONNARD-ROCHE, *L'enseignement supérieur dans les mondes antiques et médiévaux. Aspects institutionnels, juridiques et pédagogiques*, 2008, 368 pages
17. Gwenaëlle AUBRY et Frédérique ILDEFONSE (éd.), *Le moi et l'intériorité*, 2008, 384 pages
18. Charles GUÉRIN, *Persona. L'élaboration d'une notion rhétorique au Ier siècle av. J.-C.* : volume I. – *Antécédents grecs et première rhétorique latine*, 2009, 431 pages
19. IBN BĀǦǦA (Avempace), *La conduite de l'isolé et deux autres épîtres*, introduction, édition critique du texte arabe, traduction et commentaire par Charles GENEQUAND, 2010, X-420 pages
20. Luc BRISSON, Pierre CHIRON (éd.), *Rhetorica philosophans. Mélanges offerts à Michel Patillon*, 2010, 404 pages
21. Charles GUÉRIN, *Persona. L'élaboration d'une notion rhétorique au Ier siècle av. J.-C.* : volume II. – *Théorisation cicéronienne de la* persona *oratoire*, 2010, 474 pages
22. Marie-Odile GOULET-CAZÉ (éd.), *Études sur la théorie stoïcienne de l'action*, 2011, XII-544 pages
23. Jean LALLOT, *Études sur la grammaire alexandrine*, 2012, 392 pages
24. Charlotte MURGIER, *Éthiques en dialogue. Aristote lecteur de Platon*, 2013, 352 pages
25. Camille RAMBOURG, *Topos. Les premières méthodes d'argumentation dans la rhétorique grecque des Ve-IVe siècles*, 2014, 400 pages
26. Marie-Odile GOULET-CAZÉ, *Cynisme et christianisme dans l'Antiquité*, 2014, 256 pages
27. Gweltaz GUYOMARC'H, *L'unité de la métaphysique selon Alexandre d'Aphrodise*, 2015, 352 pages
28. Wilhelm KROLL, *Discours sur les oracles chaldaïques*, (traduction par Henri Dominique SAFFREY), 2016, XII-126 pages
29. Marie-Odile GOULET-CAZÉ, *Le cynisme, une philosophie antique*, 2017, 702 pages

TEXTES ET TRADITIONS

Collection dirigée par

Marie-Odile GOULET-CAZÉ Richard GOULET Philippe HOFFMANN

30

Pierre CHIRON

RHÉTORIQUE, PHILOLOGIE, HERMÉNEUTIQUE

Travaux choisis, édités et mis à jour

par

Charles Guérin et Frédérique Woerther

Ouvrage publié avec le concours du Centre national du livre, de l'Institut universitaire de France et de l'équipe « Lettres, Idées, Savoirs » (LIS, EA 4395, Université Paris Est-Créteil)

PARIS

LIBRAIRIE PHILOSOPHIQUE J. VRIN

6, Place de la Sorbonne, V^{e}

—

2019

TEXTES ET TRADITIONS

Couverture : Vase du peintre Douris
© *Bildarchiv Preußischer Kulturbesitz* (Staatliche Museen zu Berlin, Antikensammlung. Kat./Inv.-Nr. : F2285)
Photographie : Johannes Laurentius

ISSN 1630-5736
ISBN 978-2-7116-2841-4

www.vrin.fr

INTRODUCTION

En sélectionnant les articles que nous avons réunis dans ce volume, notre ambition était de donner une image sinon complète, du moins aussi représentative que possible, des recherches qui, dans le domaine de la rhétorique, ont occupé Pierre Chiron pendant plus de vingt ans.

Avec l'édition de textes majeurs, auparavant peu accessibles (le traité *Du style* du Pseudo-Démétrios en 1993, la *Rhétorique à Alexandre* du Pseudo-Aristote en 2002), avec la publication de traductions françaises – notamment celle de la *Rhétorique* d'Aristote (2007, réimpr. 2014), devenue désormais une référence – ou la parution de monographies plus spécialisées – *Un rhéteur méconnu, Démétrios (Ps.-Démétrios de Phalère). Essai sur les mutations de la théorie du style à l'époque hellénistique* (2001) –, Pierre Chiron a contribué de manière essentielle au profond renouvellement que connaissent aujourd'hui les études rhétoriques.

Le premier enjeu de la sélection qu'on va lire est donc de rendre accessible à la communauté des chercheurs un ensemble de travaux qui, bien que dispersés jusqu'ici, ont exercé une profonde influence sur les études rhétoriques en ménageant un nouvel éclairage sur des problèmes depuis longtemps débattus, en offrant une synthèse nécessaire sur des points de doctrine particulièrement complexes et en faisant émerger de nouvelles questions. Ce volume entend également témoigner des intérêts et des questions qui occupent le cœur de la démarche de Pierre Chiron, chaque contribution apportant un échantillon méthodologique propre à éclairer son attachement à la philologie au sens le plus pur du terme, aux questions de doctrine qui en découlent presque inévitablement, mais aussi aux enjeux les plus larges de ce qu'il nomme lui-même « les pratiques culturelles de l'écrit élaboré » – soit le discours construit et maîtrisé sous toutes ses formes.

Ce que les travaux rassemblés ici ne peuvent évoquer directement, et qu'il revient par conséquent aux éditeurs et à cette introduction de rappeler, c'est la manière dont ces recherches se sont inscrites dans la vie de celui qui les a menées, et la manière dont elles ont été motivées, puis soutenues et façonnées, par des convictions profondes, sans cesse réaffirmées : celles d'un helléniste assuré du rôle que les humanités ont à jouer dans la bonne marche de la Cité, et qui entend bien le défendre en n'oubliant jamais de relier les études qu'il mène – aussi spécialisées qu'elles soient – aux perspectives les plus générales et les plus actuelles. Nous ne pensons pas trahir la pensée de Pierre Chiron en affirmant qu'à ses yeux, le sens des études anciennes, et plus particulièrement des études rhétoriques, consiste à mettre la préservation de la « discursivité » au cœur de nos préoccupations intellectuelles et pédagogiques : c'est en développant – ou à défaut en protégeant – l'aptitude générale à recevoir et à émettre des messages complexes, abstraits et partageables que l'on dote chacun de la capacité de comprendre et de pratiquer l'argumentation, et donc de partager son point de vue par des moyens rationnels.

Cette vision proprement *politique* de nos études explique pourquoi, chez Pierre Chiron, l'activité de recherche a toujours eu comme objectif la transmission et la diffusion du savoir rhétorique, non pas seulement pour le petit cercle international de spécialistes dont il est une figure reconnue, mais aussi pour des étudiants de tout horizon et pour un public plus large. Les éditeurs de ce volume peuvent en témoigner, eux pour qui le premier contact, décisif, avec la rhétorique antique ne s'est pas fait « dans les livres », mais dans les séminaires animés par Pierre Chiron à l'École normale supérieure, à la toute fin des années 1990. La rhétorique ancienne, quand elle est expliquée et enseignée par Pierre Chiron, n'est pas un objet archéologique, mais une matière vivante, on ne peut plus actuelle : en organisant depuis bientôt dix ans les ateliers d'éloquence de l'Université Paris-Est, en consacrant son séminaire aux *progymnasmata*, Pierre Chiron fait de la transmission des compétences discursives le point d'aboutissement pédagogique et *pragmatique* de l'étude des doctrines rhétoriques antiques.

C'est à cette rhétorique vivante que Pierre Chiron consacre encore ses travaux actuels, menés dans le cadre de l'Institut universitaire de France, notamment avec un projet consacré à l'impact des exercices rhétoriques antiques sur les compétences discursives et, de façon plus générale, à la place des humanités dans le paysage culturel actuel. En témoigne le tout récent ouvrage, *Manuel de rhétorique. Comment faire de l'élève un citoyen*, qu'il vient de publier aux Belles Lettres. Les travaux de ce volume ne pouvant qu'évoquer la recherche passée, il appartiendra à des publications ultérieures de rendre compte de toutes les facettes de cette approche rhétorique, renouvelée, des enjeux de la parole moderne.

La sélection que nous avons opérée parmi plus d'une centaine de publications – dont on trouvera la liste complète plus loin[1] – se décline en cinq parties thématiques.

La première partie, « Structures de la rhétorique », réunit quatre contributions dans lesquelles Pierre Chiron a soulevé la question des définitions de la rhétorique. Il y étudie notamment la notion même de τέχνη/*ars* (traité) dans le contexte grec et latin, en proposant une typologie intégrant les critères de struc-

1. Voir *infra*, la Bibliographie de Pierre Chiron, p. 11.

tures et de fonctions – typologie qu'il s'attachera à illustrer et développer –, avant de la déconstruire et de la critiquer dans un second temps. Il y examine également la façon dont la rhétorique (et la *Rhétorique* d'Aristote) peut ou doit se distinguer d'autres champs théoriques – comme la philosophie, plus spéculative, plus rationnelle, moins engagée ; comme la dialectique ou l'éthique, ou encore la littérature.

La deuxième partie, « Tradition, innovation », rassemble des travaux dont la thématique commune est celle de la fidélité et de l'infidélité, de la reprise, de l'emprunt ou de l'écart et de l'innovation, et plus généralement du rapport à la tradition, c'est-à-dire de l'inscription des Anciens dans une chaîne de transmission textuelle, envisagée d'un point de vue tant philologique que doctrinal. Ces questions sont balayées à travers un corpus rhétorique très large, qui s'étend du IVe s. av. J.-C., avec Isocrate, jusqu'au IVe s. ap. J.-C., avec Tibérios – dont Pierre Chiron achève actuellement l'édition du traité *De figuris demosthenicis*.

La troisième et la quatrième partie font toutes deux référence à des questions plus proprement doctrinales. Les contributions rangées sous « La preuve » se concentrent sur la doctrine des preuves (πίστεις), parmi lesquelles les rhéteurs grecs rangèrent le signe (σημεῖον) – mais encore faut-il explorer la valeur de ce terme, dont le sens varie d'un auteur à l'autre.

Les quatre articles rassemblés sous la partie intitulée « Le style » contiennent une étude que Pierre Chiron a consacrée à la notion d'oxymore, et une autre portant sur « Les *côla* en rhétorique, respiration, sens, esthétique ». On y trouve également une étude particulièrement précieuse, qui examine la notion de λόγος ἐσχηματισμένος (discours figuré), développée dans la Τέχνη du Pseudo-Denys d'Halicarnasse – dont Pierre Chiron édite le texte grec – et dans le traité d'Apsinès de Gadara. Outre qu'il souligne la subtilité des théories et des analyses anciennes, l'examen du « discours figuré » (tant dans son développement théorique, depuis Démétrios jusqu'au Pseudo-Denys, que dans ses applications littéraires) révèle toute la modernité que renferment certains de ces outils rhétoriques.

La cinquième et dernière partie, « Aux frontières de la rhétorique », rassemble deux contributions qui envisagent la rhétorique dans ses limites. La première, dédiée à la notion d'ἐπιείκεια, souligne l'ouverture de la rhétorique à d'autres problématiques, qui sont de nature anthropologique, juridique, éthique et politique. La seconde explore, enfin, la rhétorique et ses limites considérées dans une autre perspective : celle du silence.

***

Les éditeurs tiennent à remercier tout particulièrement Catherine Chiron pour l'aide discrète et secrète qu'elle nous a apportée dans la préparation de ce volume.

Nous remercions les différentes maisons d'édition qui ont accepté que les articles, parus dans leurs revues ou leurs collections, soient ici réimprimés : les

University of California Press, éditeur de la revue *Rhetorica*, les Presses de l'École Normale Supérieure, la maison d'édition Les Belles Lettres, éditeur de la *Revue des Études Grecques*, les éditions Honoré Champion, la maison Herder, éditeur des *Papers on Rhetoric*, les Publications de l'Université de Saint-Étienne, les éditions Daedalus (Athènes) et l'EHESS, co-éditeurs de la revue *Mètis*, les éditions de l'Harmattan, la maison Olms, les éditions Vita e Pensiero, éditeur de la revue *Aevum Antiquum*, les éditions Klincksieck, éditeur de la *Revue de Philologie, de littérature et d'histoire ancienne*, les éditions Brepols, les Presses Universitaires de Caen, éditeur de la revue *Kentron*, ainsi que les éditions Classiques Garnier.

Toute notre reconnaissance va également à Marie-Odile Goulet-Cazé qui a soutenu ce projet avec constance et générosité.

Nos remerciements vont enfin aux éditions Vrin et à Marie-Odile Goulet-Cazé, Richard Goulet et Philippe Hoffmann qui ont accepté d'accueillir cet ouvrage dans leur collection « Textes et Traditions ».

***

Le présent volume rassemble sous la forme de chapitres les études dont les références originales sont les suivantes (par ordre chronologique de parution) :

« À propos d'une série de *pisteis* dans la *Rhétorique à Alexandre* (Ps.-Aristote, *Rh. Al.*, chap. 7-14), *Rhetorica*, 16, 1998, UC Press, p. 349-391.

« La doctrine critique du rhéteur Tibérios », *Revue des études grecques*, 116, 2003, Les Belles Lettres, p. 494-536.

« Le *logos eskhèmatisménos* ou discours figuré », *in* G. Declercq, M. Murat, J. Dangel (dir.), *La Parole polémique*, Honoré Champion, 2003, p. 223-254.

« Les rapports entre la *Rhétorique à Alexandre* et la *Rhétorique* d'Aristote : le “test” de la brièveté », *in* L. Calboli Montefusco (dir.), *Papers on Rhetoric*, VI, Herder, 2004, p. 81-100.

« Remarques sur le *sèméion* rhétorique, d'Antiphon à Aristote », *in* J. Kany-Turpin (dir.), *Signe et prédiction dans l'Antiquité*, Publications de l'Université de Saint-Étienne, 2005, p. 115-125.

« Archéologie de l'oxymore », *Pallas*, 72, Presses Universitaires du Midi, 2006, p. 243-260.

« Les arts rhétoriques gréco-latins : structures et fonctions », *Metis*, 5, Presses de l'EHESS, 2007, p. 101-134.

« La *Rhétorique* d'Aristote est-elle un traité de rhétorique ? », *in* L. Calboli Montefusco (dir.), *Papers on Rhetoric*, IX, Herder, 2008, p. 77-90.

« L'originalité comme valeur chez quelques rhéteurs anciens », *in* P. Chiron, F. Claudon (dir.), *Constitution du champ littéraire. Limites, intersections, déplacements,* Cahiers de philosophie de l'Université Paris 12 Val de Marne n° 5, Éditions L'Harmattan, 2008, p. 33-48.

« La *Rhétorique* d'Aristote et la littérature », *in* F. Woerther (dir.), *Literary and Philosophical Rhetoric in the Greek, Roman, Syriac, and Arabic Worlds*, Olms, 2009, p. 27-42.

« Quelques observations sur un intraduisible célèbre (*épieikès*, *épieikeia*) », *Aevum Antiquum*, NS 9, 2009, Editrice Vita e Pensiero, p. 41-49.

« Les *côla* en rhétorique, respiration, sens, esthétique », *Revue de philologie, de littérature et d'histoire anciennes*, 84, 2010, Éditions Klincksieck, p. 31-50.

« Argumentation, persuasion, manipulation et leurs thématisations rhétoriques : le cas de la *Rhétorique à Alexandre* », *in* B. Cassin, C. Lévy (dir.), *Genèses de l'acte de parole*, Brepols, 2011, p. 149-159.

« La Tradition chez les rhéteurs : emprunt *vs* empreinte », *Kentron*, 28, 2012, Presses universitaires de Caen, p. 111-130.

« Le silence rhétorique d'après quelques traités grecs », *in* L. Boulègue, P. Caye, F. Malhomme, S. Perceau (dir.), *Silence et sagesse. De la Musique à la Métaphysique*, Garnier, 2014, p. 13-26.

« Aristote rhéteur ? », *in* B. Cassin (dir.), *La rhétorique au miroir de la philosophie. Définitions philosophiques et Définitions rhétoriques de la rhétorique*, Vrin, 2015, p. 111-125.

« La simplicité dans la rhétorique grecque, d'Aristote à Hermogène : terminologie, valeurs, doctrines », *in* S. Jollin-Bertocchi, L. Kurts-Wöste, A.-M. Paillet, C. Stolz (dir.), *La simplicité. Manifestations et enjeux culturels du simple en art*, Honoré Champion, 2017, p. 31-48.

BIBLIOGRAPHIE DES TRAVAUX DE PIERRE CHIRON

Les textes repris dans cet ouvrage sont signalés par un astérisque.

I. Éditions critiques et traductions

Démétrios, *Du Style*, texte établi et traduit par P. Chiron, Paris, Les Belles Lettres, **1993**.

Pseudo-Aristote, *Rhétorique à Alexandre*, texte établi, traduit et annoté par P. Chiron, Paris, Les Belles Lettres, **2002**.

Aristote, *Rhétorique*, traduction nouvelle, présentation, notes et index, par P. Chiron, Paris, GF Flammarion, **2007**, 572 p. ; réimpr. dans Aristote, *Œuvres complètes*, P. Pellegrin (dir.), Paris, Flammarion, **2014**, p. 2599-2757.

Lysias logographe, politicien et sophiste (disc. I, XII, XXIV et XXXII), Paris, Les Belles Lettres, **2015**.

II. Monographies et co-éditions

Un rhéteur méconnu, Démétrios (Pseudo-Démétrios de Phalère). Essai sur les mutations de la théorie du style à l'époque hellénistique, Paris, Vrin, **2001**.

Argumentation et Discours politique, S. Bonnafous, P. Chiron, D. Ducard, C. Lévy (dir.), Rennes, Presses Universitaires de Rennes, **2003**.

Skhèma / Figura. Formes et figures chez les Anciens. Rhétorique. Philosophie. Littérature, M. S. Celentano, P. Chiron M.-P. Noël (dir.), Paris, Éditions Rue d'Ulm, **2004**.

Constitution du champ littéraire. Limites, intersections, déplacements, P. Chiron, F. Claudon (dir.), Paris, L'Harmattan, **2008**.

Les Noms du Style dans l'Antiquité classique, P. Chiron, C. Lévy (dir.), Louvain-Paris-Dudley, Peeters, **2010**.

Rhetorica philosophans, L. Brisson, P. Chiron (dir.), Paris, Vrin, **2010**.

Rhetoric and Sophistic in the IVth Century BC: The Rhetoric to Alexander, P. Chiron, M.-P. Noël (dir.), *Rhetorica*, 29, **2011**, p. 233-367.

L'Université en banlieue (UPEC 1970-2010): après les commémorations, S. Bonnafous, P. Chiron (dir.), Paris, Michel Houdiard, **2012**.

Rhetorical Argument, M. S. Celentano, P. Chiron, P. Mack (dir.), Olms-Weidmann, Hildesheim-Zürich-New York, **2015**.

L'infraction stylistique et ses usages théoriques de l'Antiquité à nos jours, P. Chiron, Ch. Guérin (dir.), Rennes, Presses Universitaires de Rennes, **2016**.

Manuel de rhétorique, ou comment faire de l'élève un citoyen, Paris, Les Belles Lettres, **2018**.

III. Articles, chapitres de livre, préfaces, notices de dictionaires…

« Euclide : *Les Phénomènes* » *in* G. Aujac, J. Soubiran (dir.), *L'Astronomie dans l'Antiquité Classique. Actes du colloque tenu à l'Université de Toulouse-le-Mirail les 21-23 octobre 1977,* Paris, Les Belles Lettres, **1979**, p. 83-87.

« Bibliographie critique pour l'agrégation des Lettres 1996 : "Eschine, Contre Ctésiphon" », L'Information Littéraire, **1996**, n°1, p 31.

« Éléments pour une lecture rhétorique de l'*Aréopagitique* et du *Sur l'Échange* », *L'Information Littéraire*, **1998**, n° 4, p. 3-17.

*« À propos d'une série de *pisteis* dans la *Rhétorique à Alexandre* (Pseudo-Aristote, *Rh. Al.*, chap. 7-14), *Rhetorica*, 16, **1998**, p. 349-391.

« La période chez Aristote », *in* Ph. Büttgen, S. Diebler, M. Rashed (dir.), *Théories de la phrase et de la proposition, de Platon à Averroès*, Paris, Presses de l'ENS, **1999**, p. 103-130.

« Observations sur le lexique de la *Rhétorique à Alexandre* », *Ktema*, 24, **1999**, p. 313-340.

« La Tradition manuscrite de la *Rhétorique à Alexandre* : prolégomènes à une nouvelle édition critique », *RHT*, 30, **2000**, p. 17-69.

« Quelques observations sur la théorie du discours figuré dans la *Tekhnè* du Pseudo-Denys d'Halicarnasse », *in* L. Calboli Montefusco (dir.), *Papers on Rhetoric*, III, Bologna, CLUEB, **2000**, p. 75-94.

« A *Retórica a Alexandre* e os oradores áticos », *Letras Clássicas* [São Paulo], 4, **2000**, p. 109-136.

« La lettre dédicatoire apocryphe mise en tête de la *Rhétorique à Alexandre* : un faux si impudent ? » *in* S. Mimouni (dir.), *Apocryphité : histoire d'un concept transversal aux Religions du Livre*, Turnhout, Belgium, **2002**, p. 51-76.

« La métaphore encore », *La Tribune Internationale des Langues Vivantes*, 31, mai **2002**, p. 21-30.

« Lysias démagogue dans le *Contre Ératosthène* », *in* L. Calboli Montefusco (dir.), *Papers on Rhetoric*, IV, Roma, Herder, **2002**, p. 41-59.

*« Le *logos eskhèmatisménos* ou discours figuré », *in* G. Declercq, M. Murat, J. Dangel (dir.), *La Parole polémique*, Paris, Champion, **2003**, p. 223-254.

« La théorie de l'éloge dans la *Rhétorique à Alexandre* », *in* I. Cogitore, F. Goyet (dir.), *L'éloge du Prince, de l'Antiquité au temps des Lumières*, Grenoble EL-LUG, **2003**, p. 11-39.

« À propos de l'hyperbole et de la rage taxinomique », *in* M. S. Celentano (dir.), *Ars/Techne. Il manuale tecnico nelle civiltà greca e romana*, Chieti, Edizioni dell'Orso, **2003**, p. 187-206.

« Les rapports entre persuasion et manipulation dans la théorie du discours figuré », *in* S. Bonnafous, p. Chiron, D. Ducard, C. Lévy (dir.), *Argumentation et discours politique*, Rennes, Presses Universitaires de Rennes, **2003**, p. 165-174.

« *Rhétorique à Alexandre* », *DPhA*, *Suppl.*, R. Goulet (dir.), Paris, Presses du CNRS, **2003**, p. 554-574.

*« La doctrine critique du rhéteur Tibérios », *REG*, 116, **2003**, p. 494-536.

« Le dialogue entre dialogue et rhétorique », *Ktema*, 28, **2003**, p. 155-181.

« As ambiguïdades da "graça" (*kharis*) no tradado *De estilo* de Demétrio (Ps. Demétrio de Falero) », *Letras Clássicas*, 7, **2003**, p. 201-218.

« Allégorie et langue, allégorie et style, allégorie et persuasion : le témoignage des traités de rhétorique », *in* B. Pérez-Jean, P. Eichel-Lojkine (dir.), *L'allégorie de l'Antiquité à la Renaissance*, Paris Champion, **2004**, p. 41-73.

« Les ambiguïtés de la "grâce" (*kharis*) dans le traité Du Style de Démétrios (Pseudo-Démétrios de Phalère) », *L'Information Littéraire*, **2004**, n° 1, p. 34-41.

« La corde ou le joug ? (Démétrios, *Du Style*, § 85) », *RPh*, 78, **2004**, p. 7-12.

*« Les rapports entre la *Rhétorique à Alexandre* et la *Rhétorique* d'Aristote : le "test" de la brièveté », *in* L. Calboli Montefusco (dir.), *Papers on Rhetoric*, VI, Roma, Herder, **2004**, p. 81-100.

« Aspects rhétoriques et grammaticaux de l'interprétation allégorique d'Homère », *in* G. Dahan, R. Goulet (dir.), *Allégorie des poètes, allégorie des philosophes. Études sur la poétique et l'herméneutique de l'allégorie de l'Antiquité à la Réforme*, Paris, Vrin, **2005**, p. 35-58.

*« Remarques sur le *sèméion* rhétorique, d'Antiphon à Aristote », *in* J. Kany-Turpin (dir.), *Signe et prédiction dans l'Antiquité*, Saint-Étienne, Publications de l'Université de Saint-Étienne, **2005**, p. 115-125.

«Tibérios citateur de Démosthène», *in* L. Ciccolini, C. Guérin *et alii* (dir.), *Réceptions antiques. Lecture, transmission, appropriation intellectuelle*, Paris, Éditions Rue d'Ulm, **2006**, p. 107-129.

«Les représentations de l'épilepsie dans la médecine grecque antique», *in* J.-P. Amann, C. Chiron, O. Dulac, A. Fagot-Largeault (dir.), *Épilepsie, connaissance du cerveau et société*, Laval, Presses de l'Université Laval, **2006**, p. 7-21.

«Meaning and functions of the systematical frame of Demetrius' *On Style*» *in* C. Galewicz (dir.), *Texts of Power, the Power of the Text*, Kraków, Wydawnictwo Homini, **2006**, p. 47-59.

«La bête et l'histrion», *Philologia*, P. Brillet-Dubois, É. Parmentier (dir.), Lyon Maison de l'Orient et de la Méditerranée, **2006**, p. 169-179.

*«Archéologie de l'oxymore», *Pallas*, 72, **2006**, p. 243-260.

«L'ironie, entre philosophie et rhétorique», *in* L. Calboli Montefusco (dir.), *Papers on Rhetoric*, VII, Roma, Herder, **2006**, p. 49-66.

«*Rhetoric to Alexander*», *in* I. Worthington (dir.), *The Blackwell Companion to Greek Rhetoric*, Malden-Oxford-Victoria, Blackwell, **2007**, p. 90-106.

*«Les arts rhétoriques gréco-latins: structures et fonctions», *Metis*, 5, **2007**, p. 101-134.

«Organicité et composition en anneau. Les liens entre exorde et épilogue dans la rhétorique ancienne», *in*B. Bureau, C. Nicolas (dir.), *Commencer et finir. Débuts et fins dans les littératures grecque, latine et néolatine*, Lyon, Édition CERGR, vol. I, **2008**, p. 253-268.

*«L'originalité comme valeur chez quelques rhéteurs anciens», *in* P. Chiron, F. Claudon (dir.), *Constitution du champ littéraire*, Paris, L'Harmattan, **2008**, p. 33-48.

«Aspects grammaticaux et philosophiques du *De figuris demosthenicis* de Tibérios», *in* B. Pérez, M. Griffe (dir.), *Grammairiens et Philosophes dans l'Antiquité gréco-romaine*, Montpellier, Presses universitaires de la Méditerranée, **2008**, p. 199-219.

«La fable comme exercice préparatoire de rhétorique», *in* G. Menant, A. Couprie (dir.), *L'Idée et ses fables. Le rôle du genre*, Paris, Champion, **2008**, p. 255-270.

«Musique des mots et persuasion dans deux traités de rhétorique d'époque hellénistique et romaine (Pseudo-Démétrios de Phalère, *Du Style*, Denys d'Halicarnasse, *La Composition stylistique*)», *Modèles Linguistiques*, 58, **2008**, p. 27-46.

«Isocrate et la Perse», *Semitica et Classica*, 1, **2008**, p. 53-62.

*« La *Rhétorique* d'Aristote est-elle un traité de rhétorique ? », *in* L. Calboli Montefusco (dir.), *Papers on Rhetoric*, IX, Roma, Herder, **2008**, p. 77-90.

« *Philia* dans la *Rhétorique* d'Aristote et la *Rhétorique à Alexandre* », *Classica* (Brasil), 21, **2008**, p. 167-188.

*« La *Rhétorique* d'Aristote et la littérature », *in* F. Woerther (dir.), *Literary and Philosophical Rhetoric in the Greek, Roman, Syriac, and Arabic Worlds*, Hildesheim-Zürich-New York, Olms, **2009**, p. 27-42.

*« Quelques observations sur un intraduisible célèbre (*épieikès*, *épieikeia*) », *Aevum Antiquum*, NS 9, **2009**, p. 41-49.

« L'héritage grec de Quintilien : le cas de l'exorde (*Inst.*, IV, 1) », *in* P. Galand, F. Hallyn†, C. Lévy, W. Verbaal (dir.), *Quintilien ancien et moderne*, Turnhout, Brepols, **2010**, p. 29-46.

« Rude mais grand : Thucydide comme modèle stylistique paradoxal chez quelques rhéteurs grecs », *in* V. Fromentin, S. Gotteland, P. Payen (dir.), *Ombres de Thucydide. La réception de l'historien depuis l'Antiquité jusqu'au début du XXe siècle*, Bordeaux, Ausonius, **2010**, p. 11-26.

« Les noms du style chez Démétrios (Pseudo-Démétrios de Phalère) : collection ou système ? », *in* P. Chiron,C. Lévy (dir.), *Les Noms du style*, Louvain-Paris-Dudley, Peeters, **2010**, p. 71-85.

« Un historien-rhéteur, bête noire des rhéteurs : Théopompe », *in* P.-L. Malosse, M.-P. Noël, B. Schouler (dir.), *Clio sous le regard d'Hermès. L'utilisation de l'histoire dans la rhétorique ancienne de l'époque hellénistique à l'Antiquité tardive*, Alessandria, Edizioni dell'Orso, **2010**, p. 27-33.

« La *doxa* chez Isocrate : "philosophie", idéologie, littérature », *in* P. Hummel (dir.), *Doxa. Études sur les formes et la construction de la croyance*, Paris, Vrin, **2010**, p. 15-35.

« La figure d'hyperbate », *in* L. Brisson, P. Chiron (dir.), *Rhetorica philosophans*, Paris, Vrin, **2010**, p. 307-335.

« Organiser l'espace de la pensée », *Les Lieux de savoir II (Les mains de l'intellect)*, Ch. Jacob (dir.), Paris, Albin Michel, **2010**, p. 693-699.

« Le stoïcisme de la stylistique de Démétrios de Phalère » *in* M. Baratin, C. Lévy, R. Utard, A. Videau (dir.), *Stylus : la parole dans ses formes. Mélanges en l'honneur du professeur Jacqueline Dangel*, Paris, Garnier, **2010**, p. 227-245.

« Citations et doctrine rhétorique dans le *De Figuris* d'Alexandros », *in* L. Calboli Montefusco (dir.), *Papers on Rhetoric*, X, Roma, Herder, **2010**, p. 89-104.

*« Les *côla* en rhétorique, respiration, sens, esthétique », *RPh*, 84, **2010**, p. 31-50.

*« Argumentation, persuasion, manipulation et leurs thématisations rhétoriques : le cas de la *Rhétorique à Alexandre* », *in* B. Cassin, C. Lévy (dir.), *Genèses de l'acte de parole*, Turnhout, Brepols, **2011**, p. 149-159.

« La fable dans la critique littéraire grecque antique », *in* J.-M. Boivin *et alii* (dir.), *La Fable avant La Fontaine*, Genève, Droz, **2011**, p. 31-44.

« Lecture rhétorique du *prooimion* de Daphnis et Chloè », *in* R. Poignault *et alii* (dir.), *Présence du roman grec et latin*, Clermont-Ferrand, Centre de recherche A. Piganiol-Présence de l'Antiquité, **2011**, p. 255-266.

« L'envie (*phthonos*) dans la *Rhétorique* d'Aristote », *in* H. Rouillard (dir.), *Jalousie des dieux, jalousie des hommes*, Turnhout, Brepols, **2011**, p. 107-119.

« Pôlos d'Agrigente », *DPhA*, R. Goulet (dir.), t. V B, Paris, Presses du CNRS, **2011**, p. 1186-1189.

« Relative Dating of the *Rhetoric to Alexander* and Aristotle's *Rhetoric* : A Methodology and Hypothesis », *Rhetorica*, 29, **2011**, p. 236-261.

« Objectifs et méthodes de l'exégèse homérique chez le Pseudo-Denys d'Halicarnasse », *in* S. David, E. Geny (dir.), *Troïka : parcours antiques*, Besançon, Presses universitaires de Franche-Comté, **2012**, p. 105-116.

*« La Tradition chez les rhéteurs : emprunt *vs* empreinte », *Kentron*, 28, **2012**, p. 111-130.

« Hermogène, 1913-2009 », *in* M. Deufert, H. Gärtner, M. Weißenberger (dir.), *Lustrum. Internationale Forschungsberichte aus dem Bereich des klassischen Altertums*, Bd. 53, Göttingen, Vandenhoeck & Ruprecht, **2012**, p. 151-232.

« Rhétorique et littérature : le cas du *Peri hermeneias* (Ps. Démétrios de Phalère) », *Pan*, NS 1, **2012**, p. 71-80.

« Imiter, modeler, trouver, créer... : métaphores et conceptions de la fiction dans les *Progymnasmata* d'Aelius Théon », *in* A. Videau, R. Webb, Ch. Bréchet (dir.), *La fiction à l'époque impériale*, Paris, Picard, **2013**, p. 37-47.

« La dimension rhétorique de l'*Onomasticon* » *in* C. Mauduit (dir.), *L'*Onomasticon *de Pollux : aspects culturels, rhétoriques et lexicographiques*, Lyon, De Boccard, **2013**, p. 39-65.

« L'Abeille attique », *in* P. Pontier (dir.), *Xénophon et la rhétorique*, Paris, Presses de l'Université Paris-Sorbonne, **2013**, p. 295-318.

« Du neuf sur l'Alexandros chrétien ? », *Mélanges de l'Université Saint-Joseph* (Beyrouth), 65, **2013**, p. 7-26.

« L'exhumation en cours des traités de rhétorique grecs : quelques traits saillants », *in Charmer, convaincre : la rhétorique dans l'Histoire*, Paris, De Boccard, **2014**, p. 39-56.

« Le *Panathénaïque* d'Isocrate et la doctrine rhétorique du discours figuré », *in* Ch. Bouchet, P. Giovanelli-Jouanna (dir.), *Isocrate entre jeux rhétoriques et enjeux politiques*, Lyon, De Boccard, **2014**.

*« Le silence rhétorique d'après quelques traités grecs », *in* L. Boulègue, P. Caye, F. Malhomme, S. Perceau (dir.), *Silence et sagesse. De la Musique à la Métaphysique*, Paris, Garnier, **2014**, p. 13-26.

« Le "philosophe" Isocrate : du *Contre les Sophistes* au *Panathénaïque* », dans M. E. Plagnol, B. Petey-Girard (dir.), *Première œuvre, dernière œuvre. Écarts d'une écriture*, Paris, Garnier, **2014**, p. 193-206.

« Les attentes du public selon Denys d'Halicarnasse », *in* L. Calboli Montefusco, M. S. Celentano (dir.), *Papers on Rhetoric*, XII, Perugia, Pliniana, **2014**, p. 37-47.

« Démétrios de Phalère dans le *Brutus* », *in* S. Aubert, Ch. Guérin (dir.), *Le* Brutus *de Cicéron. Rhétorique, politique et Histoire culturelle*, Mnemosyne, Supplement n° 371, Leiden-Boston, Brill, **2014**, p. 105-120.

« Narration et argumentation : le cas de Lysias I », *Rhetorical Argument*, M.-S. Celentano, P. Chiron, P. Mack (dir.), Hildesheim, Olms-Weidmann, **2015**, p. 35-46.

« Aristote rhéteur ? », *in* B. Cassin (dir.), *La rhétorique au miroir de la philosophie. Définitions philosophiques et Définitions rhétoriques de la rhétorique*, Paris, Vrin, **2015**, p. 111-125.

« Médée à l'école », *Cahiers du GITA* 20, NS 2, *Médée. Versions et interprétations d'un mythe*, A. Berra, B. Cuny-Le Callet, Ch. Guérin (dir.), Besançon, Presses Universitaires de Franche-Comté, **2015**, p. 145-162.

« Plus or que l'or », *in* A. Jaubert, A.-M. Paillet-Guth (dir.), *Le sel de la langue. Hommage à Michèle Aquien*, Valenciennes, Presses Univeritaires de Valenciennes, **2015**, p. 135-148.

« La poésie, modèle et repoussoir chez les théoriciens des caractères et des formes du discours », J.-Ph. Guez, D. Kasprzyk (dir.), Rennes, Presses Universitaires de Rennes, **2016**, p. 57-68.

« La transmission des savoirs et des préceptes dans le *Peri hermèneias* du Pseudo-Démétrios de Phalère », *in* S. Conte, S. Dubel (dir.), *L'écriture des traités de rhétorique des origines grecques à la Renaissance*, Bordeaux, Ausonius, **2016**, p. 47-58.

« La technique de l'éloge et du blâme dans la rhétorique grecque : quelques jalons (Aristote, la *Rhétorique à Alexandre* et les manuels de *Progymnasmata*) », *in* Ch. Laizé, Ph. Guisard (dir.), *Éloge et Blâme : figures et pratiques*, Paris, Ellipses, **2016**, p. 112-138.

« Métalepse », *in* P. Galand, E. Malaspina (dir.), *Vérité et apparence*, Turnhout, Brepols, **2016**, p. 107-117.

« Les *Progymnasmata* d'Aélius Théon : les apports de la traduction arménienne », *in* L. Calboli Montefusco, M. S. Celentano (dir.), *Papers on Rhetoric*, XIII, Perugia, Pliniana, **2016**, p. 131-147.

« Théodecte de Phasélis », *DPhA*, R. Goulet (dir.), t. VI, Paris, Presses du CNRS, **2016**, p. 905-912.

« Aelius Théon d'Alexandrie », *DPhA*, R. Goulet (dir.), t. VI, Paris, Presses du CNRS, **2016**, p. 1000-1007.

« Tisandre d'Aphidna », *DPhA*, R. Goulet (dir.), t. VI, Paris, Presses du CNRS, **2016**, p. 1246-1247.

« Tisias », *DPhA*, R. Goulet (dir.), t. VI, Paris, Presses du CNRS, **2016**, p. 1247-1255.

« Le style de Maxime (de Tyr) sur Socrate à la lumière des idées hermogéniennes », *in* F. Fauquier, B. Pérez-Jean (dir.), *Maxime de Tyr entre rhétorique et philosophie au IIe siècle de notre ère*, Montepllier, Presses Universitaires de Montpellier, **2016**, p. 123-135.

*« La simplicité dans la rhétorique grecque, d'Aristote à Hermogène : terminologie, valeurs, doctrines », *in* S. Jollin-Bertocchi, L. Kurts-Wöste, A.-M. Paillet, C. Stolz (dir.), *La simplicité. Manifestations et enjeux culturels du simple en art*, Paris, Champion, **2017**, p. 31-48.

« Échec éthique, échec esthétique selon la théorie grecque des caractères (Pseudo-Démétrios de Phalère) ou des formes (Hermogène) du style », *in* C. Barbafieri, J.-Y. Vialleton (dir.), *Vices de style et défauts esthétiques, XVIe-XVIIIe siècle*, Paris, Garnier, **2017**, p. 23-37.

« Les commentaires grecs tardo-antiques et byzantins à la *Rhétorique* d'Aristote : hypothèses sur une quasi-absence », *in* F. Woerther (dir.), *Commenting on Aristotle's* Rhetoric *from Antiquity to the Present*, Leyde, **2018**, p. 1-13.

IV. Publications électroniques

« Les doctrines antiques des figures : quelques idées reçues », *in* L. Gaudin-Bordes, G. Salvan (dir.), *Pratiques* 165-166, **2015.**
(https://pratiques.revues.org/2462)

« Dans la cuisine de la Guillaume Budé », 12 livraisons prévues, 11 postées, 6 parues, Blog « Vie des Classiques », L. de Chantal (dir.), Les Belles Lettres.

« La relecture isocratique de la guerre de Troie : Hélène entre Orient et Occident », mis en ligne sur Fabula (http://www.fabula.org/colloques/document3775.php)

« Société digitale, humanisme et humanités : le point de vue d'un philologue », Blog « Vie des classiques ».

http://www.laviedesclassiques.fr/article/pierre-chiron-soci%C3%A9t%C3%A9-digitale-humanisme-et-humanit%C3%A9s

V. Recensions

Dire l'Évidence, C. Lévy, L. Pernot (dir.), *Cahiers de philosophie de l'Université de Paris XII*, 2, Paris 1997 [*Topoi*, 8, **1998**, p. 427-437].

Ph. Brunet, M.-P. Noël dir, *Vies anciennes d'auteurs grecs : mythe et biographie*, *Archipel Égéen*, 1, 1994-1995, Tours, 1998 [*REG* 112, **1999**, p. 299-302].

LA METAFORA, Testi greci e latini tradotti e commentati da G. Guidorizzi e S. Beta, Pisa, Edizioni ETS, 2000 [*REG* 114, **2001**, p. 306-308].

« Des cigales aux martinets », c. r. de l'édition M. Aouad du *Commentaire moyen de la Rhétorique d'Aristote* d'Averroès [*REG* 117, **2004**, p. 341-349].

ÈTHOPOIIA. La représentation de caractères entre fiction scolaire et réalité vivante à l'époque impériale et tardive, E. Amato, J. Schamp (dir.), Salerno, Cardo, 2005 [*Rhetorica*, 25, **2007**, p. 215-218].

J. Brunschwig (éd.), Aristote, *Topiques*, V-VIII, Paris, Les Belles Lettres, 2007 [*REG*, 110, **2008**, p. 272-274].

N. Marini, Demetrio, *Lo Stile*, Roma, 2007 [*RPh*, 81, **2007**, p. 379-383].

Pseudo-Dionigi di Alicarnasso, *I Discorsi Figurati I e II* (*Ars Rhet.* VIII e IX Us.-Rad.), Introduzione, Traduzione e Commento a cura di Stefano Dentice di Accadia, *Aion*, 14, 2010 [*RPh*, 83, **2009**, p. 134-137].

The Chreia and Ancient Rhetoric. Commentaries on Aphthonius' Progymnasmata, Translated with an Introduction and Notes by R. F. Hock, Atlanta, 2012 [*RPh*, 86, **2012**, p. 151-155].

F. Robert, *Les œuvres perdues d'Aelius Aristide : fragments et témoignages*, Édition, traduction et commentaire, Paris, De Boccard, 2012 [*Rhetorica*, 33, **2015**, p. 212-214].

H. Baltussen, P. J. Davis (dir.), *The Art of Veiled Speech. Self-Censorship from Aristophanes to Hobbes*, Philadelphia, University of Pennsylvania Press, 2015 [*RPh*, 88, **2014**, p. 215-219].

VI. Révisions ou co-révisions

Anonyme de Séguier, *Art du discours politique*, texte établi et traduit par M. Patillon, Paris, Les Belles Lettres, **2005**.

Anonyme, *Corpus rhetoricum*, tome I, texte établi et traduit par M. Patillon, Paris, Les Belles Lettres, **2008**.

Corpus rhetoricum, tome II, texte établi et traduit par M. Patillon, Paris, Les Belles Lettres, **2009**.

Corpus rhetoricum, tome III, texte établi et traduit par M. Patillon, Paris, Les Belles Lettres, **2012**.

Hermagoras, *Fragments*, texte établi et traduit par F. Woerther, Paris, Les Belles Lettres, **2012**.

Corpus rhetoricum, tome IV, texte établi et traduit par M. Patillon, Paris, Les Belles Lettres, **2012**.

Corpus rhetoricum tome V, texte établi et traduit par M. Patillon, Paris, Les Belles Lettres, **2014**.

Caecilius de Calè-Actè, *Fragments et témoignages*, texte établi et traduit par F. Woerther, Paris, Les Belles Lettres, **2015**.

VI. Vulgarisation

« Juste la rhétorique, toute la rhétorique », *Magazine Littéraire*, février **2008**, p. 59-60.

Entretien figurant en introduction de A. Berra, J.-P. de Giorgio, S. Malick-Prunier (dir.), *Dixit. L'Art de parler dans l'Antiquité*, Paris, Les Belles Lettres, **2009**, p. IX-XXX.

1. STRUCTURES RHÉTORIQUES

LES ARTS RHÉTORIQUES GRÉCO-LATINS : STRUCTURES ET FONCTIONS

Dans un article célèbre où il met en parallèle les *Topiques* et la *Rhétorique* d'Aristote, Jacques Brunschwig compare les *Topiques* à une fleur de serre, belle et fragile, tandis que la *Rhétorique* serait une plante de plein vent[1]. Cette comparaison lui est inspirée par une différence fondamentale entre les deux traités : les *Topiques* sont consacrées à une discipline prétendue neuve, la dialectique, destinée aux « intellectuels ». Elles ont un caractère parthénogénétique, anhistorique, alors que la *Rhétorique*, destinée à codifier la persuasion de Monsieur Tout-le-monde et à faire comprendre par quels processus elle acquiert un statut théorique, va de concession en concession aux pratiques et aux doctrines les plus empiriques et les plus triviales. Il y a aussi des raisons internes, proprement aristotéliciennes, à ces concessions. Pour Aristote, la rhétorique n'est pas une discipline « architectonique » comme les disciplines qui l'englobent, l'éthique et la politique[2]. Elle n'est pas capable de se donner une fin. Elle peut juste procurer des moyens pour une fin qui sera déterminée ailleurs. En d'autres termes, elle est « axiologiquement neutre » (P. Aubenque). Le matériau empirique très riche hérité des premiers rhéteurs est traité avec des pincettes, mais il n'est pas rejeté. Tout cela fait de la *Rhétorique* un traité ouvert et évolutif, dont le projet même a substantiellement changé au fur et à mesure de son élaboration.

Cette caractéristique peut être étendue à l'ensemble de la production technique dans le domaine rhétorique et cette plasticité, cette évolutivité, ont été encouragées et accrues par cinq autres facteurs, que l'on peut passer en revue succinctement. Tout d'abord, les conditions politiques se sont énormément modifiées au cours du temps. On ne théorise pas la communication publique de la même manière quand on écrit dans l'Athènes démocratique ou à Rome sous Domitien. Il y a d'autre part une sorte d'usure des préceptes. Certains procédés rhétoriques cessent d'être efficaces à partir de l'instant exact où ils sont identifiables comme tels. Les figures de la période, par exemple, aussi appelées « gorgianismes », après avoir été recommandées sans réserve au IVe siècle avant J.-C., ont été considérées à

1. BRUNSCHWIG 1996.
2. Voir par exemple *Rhétorique*, I 4, 1359 b 9.

l'époque hellénistique comme les procédés voyants par excellence, et proscrites[3]. On peut signaler au passage que la rhétorique était suspecte à Athènes, parce qu'elle visait à former des professionnels dans un domaine – la communication publique – appartenant de droit à tout le monde[4]. À Rome, les *optimates* – les membres de la vieille noblesse sénatoriale – voyaient d'un mauvais œil la diffusion d'un instrument de pouvoir. Il y a là un des facteurs qui font évoluer la forme et le contenu des traités : l'histoire de la rhétorique est, dans une mesure non négligeable, l'histoire d'une dénégation et d'un travestissement. On pourrait citer sur ce point l'ensemble du propos du *Traité du sublime*, qui se rattache à celui d'un manuel, mais qui en même temps dénonce ce caractère comme secondaire, voire contre-productif puisque le sublime a, presque par définition, la capacité de transcender les « défauts » d'ordre technique. Troisièmement, et c'est un point qui revêt à nos yeux une grande importance, l'influence aristotélicienne, pour décisive qu'elle soit, n'a pas été la seule à s'exercer. L'influence isocratique a eu aussi un grand rôle. Dans cette dernière tradition, la parole n'est pas seulement un médium, c'est le ressort principal de la civilisation. Sur un fond de relativisme en matière d'ontologie, et en vertu d'un principe d'interaction entre la parole, la pensée et la morale individuelle et collective, la rhétorique n'est pas seulement une technique, elle devient l'armature de la formation du citoyen[5]. Nous y reviendrons. Ce genre de conception, éventuellement adossé à d'autres courants philosophiques comme la Moyenne Académie, apparaît plus tard chez des auteurs aussi importants que Cicéron ou Quintilien. La technique, dans ce contexte, ne peut pas avoir tout à fait le même rôle ni, par conséquent, être présentée de la même manière. Un quatrième facteur de variété n'est pas sans lien avec le précédent : le traité d'éducation est plus volontiers destiné par le rhéteur qui l'écrit au collègue qui le mettra en pratique qu'à l'élève qui en sera l'objet. Plus généralement, le public des traités de rhétorique varie. Ce peut être le praticien, qui cherche des conseils pour faire un discours, ce peut être aussi un « collègue »-rhéteur, qui cherche à enrichir sa documentation pour faire lui-même un cours. Dans le cas de la *Rhétorique*, il en va encore autrement : le destinataire est l'apprenti-philosophe qui cherche à connaître, ou à qui Aristote veut enseigner, non seulement les moyens de produire un discours mais aussi le processus-même de technicisation de la rhétorique, c'est-à-dire la façon dont les rhéteurs sont ou non sortis de l'empirisme et ont élaboré peu à peu des préceptes dont ils comprenaient le fonctionnement. Enfin, le matériau technique a proliféré et la formation rhétorique est devenue une entreprise de longue haleine. D'où un processus de spécialisation et l'apparition de τέχναι dont la forme est déterminée par un contenu particulier, subdivision de

3. Sur cette question, voir NOËL 1999.

4. Cf. HANSEN 1993, p. 230.

5. Voir déjà Platon, *Protagoras*, 312 b.

la théorie ou d'un programme de formation, comme les traités du style, les traités des figures ou les traités de προγυμνάσματα.

Notre propos consiste ici à présenter une typologie des traités gréco-latins, typologie très simple, voire simpliste, élaborée d'après les plus grands traits de leur structure. C'est une typologie que nous proposons : elle est tout à fait discutable et amendable. Nous ferons nous-même par la suite divers commentaires destinés, sinon à déconstruire cette typologie, du moins à y injecter un peu de nuance et d'historicité. Au cours de ces commentaires et par eux, nous tâcherons de poursuivre deux buts. Il nous semble important tout d'abord de pourchasser les préjugés simplificateurs qui règnent sur la rhétorique antique et de mettre en évidence sa richesse, sa variété, et même son adaptabilité, au rebours des caricatures qu'on a souvent faites. La rhétorique ancienne ne se réduit pas à du catéchisme ni encore moins à la rage taxinomique – selon la fameuse formule de Roland Barthes[6]. Nous voudrions en même temps réfléchir à la notion de τέχνη, non pour entrer dans des distinguos subtils à propos de Platon et d'Aristote, mais pour faire progresser un peu la résolution d'un problème délicat. La notion aristotélicienne de τέχνη impose au technicien un cahier des charges très contraignant : 1) une structure systématique, *i.e.* englobant tous les « cas de figure » (tous les genres oratoires, tous les arguments possibles, tous les styles, etc.), 2) un travail conjoint de discrimination et de définition, à l'aide d'une terminologie univoque, de toutes les catégories nécessaires, 3) un souci constant de compréhension du mécanisme par lequel les procédés « fonctionnent » et du lien entre moyen utilisé et fonction visée. Or le mot grec τέχνη est loin de toujours véhiculer ce type d'exigence. Selon Chantraine[7], il désigne le savoir-faire dans un métier, la métallurgie par exemple et, par extension, un métier, une technique, un art, parfois en mauvaise part et il signifie alors *ruse*. Platon a opposé la τέχνη à la fois à la nature (φύσις) – en introduisant l'idée d'un acquis – et à l'ἐπιστήμη ou science spéculative. S'est fixé par la suite soit le sens aristotélicien que nous avons décrit, soit un sens un peu plus « mou », d'empirisme codifié, de règles dérivées de l'expérience et mises en forme – quelle que soit cette forme – pour être transmises. La tendance – parce que nous sommes tous peu ou prou héritiers d'Aristote – est d'utiliser le sens aristotélicien pour valider le statut authentiquement technique des productions rhétoriques. Cette façon de voir est à la fois contraire à l'usage de la langue, qui est beaucoup plus souple (Aristote lui-même appelle τέχναι des traités antérieurs à son intervention) et dangereuse. Il peut être salutaire de prendre conscience du fait que les rhéteurs pré-aristotéliciens n'avaient pas lu Aristote et qu'ils pouvaient envisager l'enseignement méthodique, technique, de la production oratoire selon d'autres principes. Il est non moins salutaire de voir que ces traditions pré-aristotéliciennes ont parfois perduré.

6. BARTHES 1970, p. 218.

7. CHANTRAINE 2009, *sv*.

Mais commençons par la typologie. Il faut, nous semble-t-il, distinguer avant tout entre les traités généralistes et les traités spécialisés.

1. Les traités généralistes[8]. On peut en proposer quatre types, illustrés chacun par un ou plusieurs exemple(s) caractéristique(s), classés du plus fruste au plus complexe, c'est-à-dire en partant du traité dont l'ambition est pratique et immédiate – faire un discours – jusqu'au traité d'éducation :
    a) Le discours-modèle (*Tétralogies* d'Antiphon) ;
    b) Le traité descriptif du produit fini, conçu suivant l'ordre des parties du discours (Apsinès, Anonyme de Séguier) ;
    c) Le traité-méthode, suivant l'ordre des étapes de l'élaboration du discours : les « tâches » de l'orateur (*Rhétorique* d'Aristote) ;
    d) Le traité « total », à la fois de rhétorique et d'éducation (*Institution Oratoire* de Quintilien).
2. Les traités spécialisés. Ils sont classés cette fois depuis la structure la plus rigoureuse jusqu'à l'organisation la plus lâche :
    a) L'algorithme. Nous entendons par là un « arbre de choix », partant de l'examen *a priori* de tous les cas de figure possibles pour couvrir dans l'ordre de la démonstration toutes les thèses et toutes les argumentations possibles (théorie reconstituée des στάσεις [états de cause] d'Hermagoras, traité des στάσεις d'Hermogène) ;
    b) La typologie (topiques, genres oratoires, types de style, comme le traité *Du Style* du Pseudo-Démétrios de Phalère ou les méthodes du discours figuré dans l'*Art rhétorique* du Pseudo-Denys d'Halicarnasse). Nous entendons par typologie un système de catégories dérivé de l'observation puis décrit et enseigné comme rendant compte exhaustivement d'un champ didactique et/ou pratique ;
    c) Le répertoire. Nous entendons par répertoire un inventaire organisé, classé, mais ouvert, non exhaustif, comme les exercices préparatoires de rhétorique (προγυμνάσματα) d'Aelius Théon, d'Hermogène, d'Aphthonios, ou de Nicolaos de Myra, exercices dont le nombre peut varier considérablement mais qui se présen-

8. Nous désignons les traités par la forme la plus courante en français de leur titre. On trouve des indications bibliographiques très précises sur ce corpus dans l'excellent petit manuel de F. Desbordes (DESBORDES 1996). Précieux aussi l'ouvrage de L. Pernot (PERNOT 2000). Ces divers ouvrages ne signalent pas l'édition par Michel Patillon de l'*Art rhétorique* de l'Anonyme de Séguier (PATILLON 2005).

tent et s'enseignent dans un certain ordre, selon une progression qui répond à des préoccupations pédagogiques ;

d) La taxinomie (par exemple les nombreux traités des figures qui ont proliféré à partir du Iᵉʳ siècle avant J.-C.). Nous employons ce mot en référence – sous bénéfice d'inventaire – au sens péjoratif que paraît lui donner Roland Barthes, le sens de *liste prélevant arbitrairement et baptisant non moins arbitrairement des énoncés déclarés remarquables*. Car Roland Barthes pose cette question : « Pourquoi cette furie de découpage, de dénomination, cette sorte d'activité enivrée du langage sur le langage... ? »[9] Sa réponse est que cette activité s'exerce sur la parole, et non sur le langage, c'est-à-dire sur ce qui n'est pas codé, et qui est donc insaisissable, impossible à maîtriser. C'est une manière de dire que les rhéteurs s'échinent à borner l'infini et à classer l'inclassable. Nous essaierons de montrer plus loin qu'il y a beaucoup plus d'intelligence que cela dans les traités des figures.

À ces types principaux s'ajoutent, pour qui voudrait faire le bilan des formes du savoir technique élaboré en rhétorique dans l'Antiquité gréco-latine, des formes « littéraires » ou philosophiques (monographies critiques comme celles de Denys d'Halicarnasse, dialogues comme le *Brutus* de Cicéron), qui sont parfois appelées τέχναι et qui peuvent comporter des parties organisées selon des principes « artigraphiques »[10] mais qui s'écartent de notre sujet.

Si l'on observe la typologie exposée ci-dessus, une remarque générale à faire, évidemment, est que ces types ne sont que très rarement purs et que, notamment, les modes d'organisation des traités spécialisés se reconnaissent souvent à l'intérieur même des traités généralistes. On trouve dans la *Rhétorique à Herennius*, par exemple, à la fois le schéma général des tâches de l'orateur, la typologie des trois styles, l'algorithme d'Hermagoras et une liste de figures. Passons à des remarques plus spécifiques.

1.a) Le discours-modèle

Si l'on définit la τέχνη comme une activité productrice et la rhétorique (la τέχνη ῥητορική) comme une activité productrice de compétence oratoire, le moyen le plus simple de produire cette compétence est de fournir un modèle à imiter. Aristote s'est moqué de cette pédagogie dans le fameux chapitre 34 des

9. BARTHES 1970, p. 219.

10. Voir par exemple le parallélisme entre les trois harmonies du traité *De la Composition stylistique* de Denys d'Halicarnasse et la théorie des trois styles.

Réfutations sophistiques avec pour exemple entre autres Gorgias, voici en quels termes :

Ils donnaient à apprendre par cœur des discours, les uns des discours rhétoriques, les autres des discours dialogués, dans lesquels ils pensaient, les uns et les autres, que tombaient le plus souvent les discours qui étaient de leur ressort respectif. C'est pourquoi, pour ceux qui apprenaient auprès d'eux, l'enseignement était rapide mais atechnique ; car ils croyaient donner une formation en livrant non l'art mais les produits de l'art. (183 b 36-184 a 4, trad. Brunschwig)

Ce principe, *a priori* pauvre et naïf, est pourtant à l'origine d'une production importante. On peut citer comme exemples, outre les discours de Gorgias : les *Tétralogies* d'Antiphon, les discours de la deuxième manière d'Isocrate, postérieure à la fondation de son école et – probablement – certains discours de Lysias.

La première question qui se pose, apparement secondaire, mais essentielle si l'on s'intéresse à l'histoire des conceptions qui ont accompagné l'élaboration de ces textes, est de savoir comment discriminer ceux qui ont été conçus pour les besoins de l'enseignement de ceux qui ont été préparés pour être prononcés dans un contexte « réel » et qui, dans un second temps, ont été choisis et conservés par des pédagogues, par exemple à l'époque alexandrine, pour telle ou telle raison technique précise. Il y a, croyons-nous, des indices, en tout cas pour certains discours.

Prenons le cas des *Tétralogies* d'Antiphon[11]. Il faut dire d'emblée que cet auteur pose un double problème, problème prosopographique et problème d'attribution. On a distingué deux auteurs de ce nom, parfois trois : un politicien athénien, fer de lance de la révolution oligarchique de 411, et (un) sophiste auteur d'un *Sur la Vérité* et d'un *Sur la Concorde*, un logographe[12] qui a laissé quelques discours judiciaires et les *Tétralogies* (transmis ensemble dans les manuscrits). À vrai dire, l'attribution des *Tétralogies* à Antiphon-logographe n'est pas indiscutée non plus, car – sans entrer dans le détail – on constate dans les *Tétralogies* des bizarreries linguistiques (ionismes) et juridiques (une prétendue loi proscrivant l'assassinat dans tous les cas alors qu'à Athènes, certains circonstances – le flagrant délit d'adultère par exemple – l'autorisaient) qui font penser à certains que l'auteur n'est pas le même que celui des autres discours. Dans un ouvrage récent, Michael Gagarin[13] a défendu brillamment la thèse a) de l'unité (un Antiphon unique), b) de l'authenticité des *Tétralogies* et c) de leur identification à des τέχναι, ou du moins des discours à visée pédagogique diffusés par écrit. Un premier argument est externe : d'après plusieurs sources anciennes, Antiphon

11. Texte établi et traduit par L. Gernet (GERNET 1923). Voir aussi GAGARIN 1997.

12. Les pratiques judiciaires athéniennes, à l'époque classique, toléraient deux types d'interventions extérieures : celle du synégore – parent, ami – qui parlait par délégation de la partie empêchée pour une raison quelconque, celle du logographe, qui mettait par écrit le discours prononcé ensuite par la partie elle-même. De là une coïncidence ancienne, sinon originelle, entre logographe et rhéteur. Il faut prendre garde au fait que le mot logographe peut avoir d'autres significations.

13. GAGARIN 2002.

aurait été le premier logographe. Même si le point est discuté, il aurait aussi été à la tête d'une école. De plus, les *Tétralogies* adoptent une forme (un premier discours d'accusation, un discours de défense, puis un second discours d'accusation, la série s'achevant sur une brève seconde défense) qui coïncide à la fois avec certaines procédures judiciaires et avec le *requisit* à la fois protagoréen (Antiphon et Protagoras sont exactement contemporains) et rhétorique de *réversibilité* : pourquoi argumenter *pro et contra* sur la même affaire si ce n'est dans l'optique de l'apprenti-avocat ou du sophiste ? D'autre part, les affaires qui font l'objet des trois *Tétralogies* sont homogènes par le thème : il s'agit de trois affaires de meurtres. De surcroît, elles contiennent un vocabulaire technique récurrent remarquable, qui anticipe sur celui d'Aristote et atteste l'existence ancienne de distinctions très précises, par exemple entre vraisemblance, indice, et preuve, même si l'on assiste dans ces textes à un jeu très subtil entre l'univocité des termes et un abus certainement concerté[14]. Mais le meilleur argument réside dans le fait que les *Tétralogies* sont dépouillées de circonstances concrètes et réelles. Prenons le cas de la première affaire : un homme – qui reste anonyme comme tous les autres protagonistes – a été invité à dîner. À la fin de la soirée, il rentre chez lui accompagné de son esclave. Dans un endroit peu fréquenté, il est attaqué, assassiné, sans être dévalisé. L'esclave est blessé et meurt. Avant de mourir, il a juste le temps de dire à des passants que, parmi les attaquants, il a reconnu l'accusé, qui est un vieil ennemi de son maître. Mais ce témoignage ne peut pas être considéré comme valide, car, dans l'Athènes classique, le témoignage d'un esclave n'a valeur juridique que s'il est obtenu sous la torture. On apprendra aussi que la haine entre l'accusé et la victime est liée à une longue série de procès tous perdus par l'accusé. On apprendra également que la victime allait bientôt intenter à l'accusé un nouveau procès pour vol d'objets sacrés, d'une valeur de deux talents, ce qui impliquait, si l'accusé devait perdre ce procès, qu'il aurait à rembourser dix fois la somme, soit vingt talents, somme énorme. On apprendra enfin *in extremis* que l'accusé a peut-être un alibi : il aurait été chez lui ce soir-là et, pour en témoigner, il propose de mettre tous ses esclaves à la question. Il est clair que les données sont choisies soigneusement, *a priori*, pour être non pas symétriques – car il y a de fortes présomptions contre l'accusé – mais ambivalentes et opposables parce que toutes fondées sur l'εἰκός (la vraisemblance). On a donc là tous les éléments d'un cours sur la manière de jouer sur – et avec – la vraisemblance.

Cela étant dit et une fois établie la probabilité de la nature originellement didactique et technique des *Tétralogies*, il faut prendre en compte une autre de leurs caractéristiques, qui sépare plus profondément encore cette pédagogie du modèle du traité systématique dans l'esprit d'Aristote et qui interdit par conséquent de re-

14. On lit en substance au début du premier discours de la *Première Tétralogie* le raisonnement suivant : « mon adversaire est tellement malin que vous devez considérer toutes les *preuves* qu'il vous donne comme des mensonges et toutes les *vraisemblances* que je fournis comme des *preuves* ».

chercher chez Antiphon une τέχνη au sens aristotélicien du terme : il apparaît – le résumé a suffi à le montrer – que l'argumentation est inscrite dans une stratégie discursive où le temps a une importance considérable[15]. À la différence de ce qui se passe dans un bon roman policier[16], les données factuelles ne sont pas toutes données d'emblée, elles sont distillées au fur et à mesure, d'où l'importance de l'anticipation et du sens du καιρός. Du point de vue de l'orateur, la préoccupation n'est pas tant de savoir comment raisonner devant un problème que comment réagir devant une donnée imprévue, ou comment introduire une donnée imprévue pour amener l'auditeur à la δόξα que l'on souhaite lui inspirer à l'instant *t* – cet instant *t* étant le moment du vote, puisque, dans un tribunal athénien, la décision était prise par vote immédiatement après l'audition des discours, sans délibération. La pédagogie du modèle, procédant par imbibition en quelque sorte, a l'avantage de donner la même temporalité au modèle et à l'application. Nous voulons dire par là que le discours-modèle ne coïncide pas forcément avec une pédagogie si fruste et que, *a contrario*, le traité systématique à la mode d'Aristote serait incapable de transmettre cette expérience – sinon cette connaissance – du καιρός. Chez Aristote, une déduction est une déduction, une preuve est une preuve, un argument ne saurait changer de poids selon le moment du temps où il est employé. C'est dans la *Rhétorique à Alexandre*[17], traité pseudo-aristotélicien du milieu du IVe siècle, que l'on trouve en revanche des considérations théoriques rendant compte assez précisément de ce type de technique et attestant qu'il est bien concerté. Voici, successivement, ce qui est dit de l'anticipation (προκατάληψις, chap. 18), puis de la preuve.

Décrivant l'anticipation sur les propos de l'adversaire, le rhéteur conseille d'être le premier à donner des arguments forts, y compris ceux qui contredisent la thèse que l'on veut défendre, « car même si les points qu'on a dénigrés par avance sont tout à fait solides, ils ne paraîtront pas aussi décisifs à ceux qui en auront déjà entendu parler »[18]. Quant à la preuve,

> La preuve est ce qui ne peut pas être autrement que comme nous le disons. La preuve se tire de ce qui est nécessaire par nature, <ou nécessaire> relativement à ce que nous disons, et à partir de ce qui est impossible par nature ou impossible relativement à la thèse de nos adversaires. Est nécessaire par nature, par exemple, le fait que les êtres vivants ont besoin de nourriture, et autres faits du même ordre. Est nécessaire en fonction de notre thèse le fait que les personnes fouettées

15. Sur cet aspect, cf. CASSIN 1997.

16. Mais un point commun avec le roman policier est que les argumentations produites sont à usage unique, comme l'atteste cette anecdote : « Lysias avait composé un discours pour une personne impliquée dans un procès et le lui donna. Le client lut le discours plusieurs fois et, dépité, revint voir Lysias en lui disant qu'à la première lecture le discours lui avait paru admirable, mais qu'à la seconde et à la troisième, il l'avait trouvé complètement faible et inefficace… Lysias se mit à rire et dit : "Mais quoi, n'est-ce pas une seule fois que tu t'apprêtes à le dire devant les juges ?" » Plutarque, *De Garrulitate*, 504 c 5-10.

17. Pseudo-Aristote, *Rhétorique à Alexandre*, cf. CHIRON 2002.

18. 1433 a 38-39.

avouent tout ce que leur ordonnent ceux qui les fouettent. De même, est impossible par nature le fait qu'un petit enfant ait volé une si grosse masse d'argent qu'il ne pouvait la porter et soit parti en l'emportant. Sera impossible relativement à la thèse de l'adversaire l'affirmation de ce dernier selon laquelle nous aurions signé un contrat à Athènes à une certaine date, alors que nous sommes en mesure de démontrer aux auditeurs qu'à ce moment-là nous séjournions dans une autre cité[19].

On voit que, dans ce traité, le temps, en l'espèce la force de la nouveauté ou l'usure de ce qui a été déjà formulé, constituent un paramètre utilisé consciemment et que la terminologie technique est volontairement équivoque, afin d'entrer dans l'argumentation à titre de slogan – éventuellement mensonger. C'est faire dépendre l'efficace d'un mot de son emploi *in situ*. Dans ce contexte, la forme du discours-modèle prend toute sa signification et l'on peut même dire qu'en termes pragmatiques elle se justifie pleinement, d'autant que ce type de pédagogie s'inscrivait sans doute à l'intérieur d'un dispositif plus large. On ignore comment cela se passait dans l'école d'Antiphon, parce qu'on ne sait même pas avec certitude si Antiphon a tenu une école, mais chez Isocrate, les discours du maître, tels le *Sur l'échange* ou le *Panathénaïque,* s'inscrivaient dans un programme de formation en triptyque : enseignement technique (au contenu très énigmatique pour nous), audition de modèles, exercices répétés de production de textes.

1.b) Le traité descriptif du produit fini (ordre des parties du discours)

Des traités entiers sont structurés selon l'ordre des parties du discours (Apsinès, Anonyme de Séguier) mais ce principe d'organisation peut être celui d'une sous-partie d'un traité conçu sur d'autres bases : ainsi la *Rhétorique à Alexandre* (chap. 29-37) et la *Rhétorique* d'Aristote (Livre III, chap. 13-19). Il se peut que le premier traité, celui de Corax, composé au moment de l'invention de la rhétorique, en Sicile, dans le deuxième quart du Ve siècle av. J.-C. ait suivi un tel ordre. Nous y reviendrons.

Il s'agit là déjà d'une formule métadiscursive, par opposition au discours-modèle, mais encore très simple, et qui souffre de graves défauts, d'abord et surtout la difficulté de la combiner à la théorie des trois genres (délibératif, judiciaire, épidictique), sauf à faire un traité en douze sous-parties exposé aux redites. À date tardive, chez Apsinès ou l'Anonyme de Séguier, par exemple, le problème est résolu parce qu'il n'existe plus, implicitement, qu'un genre de référence, le genre judiciaire. Par ailleurs, il n'a pas échappé aux rhéteurs de l'Antiquité que, sauf à risquer des incohérences, on ne compose pas le discours dans l'ordre où il sera présenté. Mais le problème majeur est qu'un tel plan expose au risque d'une automatisation stérilisante, en affectant un lieu et un seul à une fonction qui demande plus de souplesse et d'intelligence. On le voit bien au travers de la polémique qui s'instaure entre la *Rhétorique à Alexandre* et la *Rhétorique* d'Aristote. Dans la *Rhétorique à Alexandre*, il y a *grosso modo* (parce

19. Chap. 13, 1431 a 6-19.

que cela varie selon les genres) cinq parties du discours : exorde, narration, confirmation, anticipation (réfutation des objections de l'adversaire), épilogue. À propos de l'exorde, il est dit que cette partie joue trois rôles : indiquer de quoi traite le discours, attirer l'attention du public, susciter sa bienveillance à l'égard de l'orateur et son hostilité à l'égard de son adversaire. S'opposant radicalement à ce type de préceptes, Aristote, au chapitre 13 du livre III de la *Rhétorique*, commence par dire qu'un discours n'a que deux parties, parce qu'un orateur n'a que deux choses à faire : dire ce qu'il va démontrer, et le démontrer. Mais citons :

> Un discours a deux parties. Il est nécessaire en effet de dire de quoi il est question, et de fournir la démonstration requise. Aussi bien est-il inconcevable de ne pas démontrer ou de démontrer sans avoir présenté le problème au préalable, car une démonstration porte sur un objet, et une présentation est orientée vers une démonstration. De ces deux parties, l'une est l'exposition, l'autre la preuve. Cela revient à distinguer d'un côté le problème, de l'autre la démonstration. Mais on introduit de nos jours des partitions ridicules[20]...

Ces divisions ridicules, évidemment, Aristote en parle longuement, mais en changeant substantiellement de point de vue. Comme il compose une technique visant à l'obtention raisonnée d'un résultat, il rattache les préceptes à l'objectif poursuivi par le discours. À propos de la captation de l'attention, il écrit par exemple :

> Car il n'est pas toujours expédient de rendre l'auditeur attentif, c'est pourquoi beaucoup d'orateurs cherchent au contraire à le faire rire[21].

et ajoute un peu plus loin :

> En outre, la captation de l'attention des auditeurs est requise, le cas échéant, dans toutes les parties du discours ; car les auditeurs décrochent partout davantage qu'au commencement. Aussi est-il ridicule de placer cette captation au début, quand tous écoutent avec le plus d'attention. C'est donc quand l'occasion s'y prête qu'il faut dire : « prêtez-moi attention, car ce que je vais dire vous intéresse tout autant que moi » etc.[22]

En d'autres termes, le précepte ne s'applique pas toujours, et en tout cas pas toujours à cet endroit.

Si ce type de traité suivant les parties du discours (que nous appellerons dorénavant la tétrade parce que le schéma le plus répandu est à quatre parties : exorde, narration, confirmation, épilogue) a tant d'inconvénients, il y a deux questions importantes à résoudre : est-il vrai que ce soit là le plan du premier traité de rhétorique grec ? Pourquoi a-t-on continué à utiliser ce mode de présentation ?

Un article important de Thomas Cole[23] – qu'on résume trop souvent à une thèse séduisante, mais anecdotique, selon laquelle Corax aurait été le surnom de Tisias – a contribué à éclairer cette question débattue des origines. La méthode

20. *Rhétorique*, III 13, 1414 a 30-36. Le texte utilisé est celui de l'édition KASSEL 1976. Sauf mention contraire, les traductions de la rhétorique citées ici proviennent de CHIRON 2007.

21. *Rhétorique*, III 14, 1415 a 36-37.

22. 1415 b 9-13.

23. COLE 1991.

adoptée est la suivante : Cole part des comptes rendus byzantins des origines de la rhétorique (une douzaine de textes échelonnés du IVe aux XIII-XIVe siècles ap. J.-C., très souvent des introductions à des traités ou à des commentaires plus anciens)[24] et confronte ces comptes rendus aux sources antérieures. Il ressort de cette confrontation une incompatibilité totale sur des points très importants. Les rhéteurs byzantins ont tordu la réalité, du moins la réalité qui nous est accessible par les témoins plus anciens, de deux manières : en donnant à la rhétorique une origine politique et non pas judiciaire. Il s'agit là manifestement d'une reconstruction visant à redorer le blason de la discipline, selon le principe d'Aristote voulant que le délibératif soit plus beau et plus « politique » que le judiciaire[25]. Une autre distorsion marquante est que cette vulgate byzantine prête aux inventeurs présumés, Corax et Tisias, un grand nombre d'anecdotes ou d'inventions en réalité postérieures suivant le principe, qu'Aristote lui-même a adopté à certains moments mais que la philosophie stoïcienne a contribué à implanter ensuite, voulant que les origines contiennent déjà le développement complet de la discipline : par exemple, les rhéteurs byzantins prêtent à Corax et Tisias la définition de la rhétorique comme « ouvrière de persuasion », qui vient en fait du *Gorgias* de Platon. Dans une intention d'avertissement moral, et pour prévenir les mauvais usages de leur technique, ils font de Corax et de Tisias les personnages du fameux procès conclu par la maxime « à mauvais corbeau, mauvais œuf », procès qui en réalité, en tout cas beaucoup plus probablement, a opposé Protagoras à son élève Évathlos[26].

Dans ces conditions, comme cette vulgate byzantine prête à Corax et à Tisias l'invention de la tétrade, il fallait poursuivre l'enquête. Cole cite d'abord des témoignages qui en attribuent l'invention à quelqu'un d'autre, à savoir l'école isocratique. Friedrich Solmsen (dans une notice consacrée à Théodore de Byzance, rhéteur né vers le milieu du Ve siècle)[27] jetait déjà le doute, s'appuyant sur un passage de la *Rhétorique* où Aristote dit d'un certain argument tiré de la vraisemblance, l'εἰκός : « Ce lieu et ce genre d'enthymème constituent toute la technique antérieure à Théodore »[28]. Or ce Théodore de Byzance est connu par ailleurs pour avoir travaillé sur les divisions du discours[29]. On devine quel raisonnement on peut tirer du rapprochement de ces deux témoignages. Si la rhétorique antérieure à Théodore était consacrée exclusivement à l'argument par l'εἰκός, on voit mal que la proto-rhétorique ait pu être une syntagmatique, car *a priori* seule une partie (la confirmation) accueille les questions d'argumentation, non pas la narration et encore moins l'exorde et l'épilogue. Ce serait donc

24. *Prolegomenon sylloge*, cf. l'édition RABE 1931.
25. *Rhétorique*, I 1, 1354 b 23-25.
26. Par exemple chez Apulée, *Florides*, 18, 19-20 ; Aulu Gelle, *Nuits attiques*, 5, 10.
27. *RE* V A 2, 1934, col. 1842-1844.
28. *Rhétorique*, II 23, 1400 b 15-16.
29. Platon, *Phèdre*, 226 d ; Aristote, *Rhétorique*, III 13, 1414 b 7-18.

Théodore qui aurait défini la première syntagmatique. On peut faire ici une objection forte. Les témoignages prêtent tous à Théodore une sorte de manie de la *subdivision*. Cela laisse entendre que les divisions simples avaient été préalablement faites. Platon écrit dans le *Phèdre* :

Socrate – Il y a d'abord, je pense, le « préambule », qu'on doit prononcer au début du discours. Voilà, n'est-ce pas, ce que tu appelles les finesses de l'art ? Phèdre – Oui. Socrate – En second lieu, vient l'« exposition », puis les « témoignages à l'appui », en troisième, les « indices », en quatrième lieu, les « présomptions ». Il y a aussi, si je ne me trompe, au dire du moins de cet excellent ciseleur de discours qui vient de Byzance, la « preuve » et le « supplément de preuve ». Phèdre –Tu veux me parler du magistral Théodore. Socrate – Bien sûr ! Pour lui, en outre, il faut procéder à la « réfutation » et au « supplément de réfutation » dans l'accusation comme dans la défense[30].

Que conclure ? il semble que le témoignage de Platon interdise d'attribuer l'invention de la tétrade à Isocrate et son école[31]. Si elle est antérieure à Théodore qui l'a « raffinée » et non pas inventée, il est tout à fait plausible alors qu'elle remonte au premier traité sicilien.

Mais alors, comment était conçu ce premier traité s'il comportait à la fois les parties du discours et l'examen d'un seul type d'argument, le vraisemblable ? Autrement dit, quelle pouvait être le rôle du vraisemblable dans d'autres parties que la confirmation ? C'est une question intéressante, parce qu'elle conduit une fois encore à sortir des cadres conceptuels de la rhétorique aristotélicienne. Mais il faut faire un détour par un des traités tardifs qui persistent à suivre le plan des parties du discours. Glissons sur l'*Anonyme* de Séguier, qui a un caractère doxographique : les parties du discours sont traitées à l'aide des principales doctrines que l'auteur a recueillies sur elle. Phénomène rare en général et chez les rhéteurs en particulier, l'auteur cite ses sources. C'est évidemment une perspective exclusivement tardive. Le traité d'Apsinès est plus éclairant pour notre propos puisque les fonctions de chaque partie du discours sont très brièvement traitées et que l'essentiel est constitué d'études de cas. Par exemple, pour l'exorde, il y a 34 formules différentes. Citons par exemple :

Le premier procédé est celui que l'on tire de l'éloge des auditeurs. Quand donc faut-il en user et pour quels problèmes de même sorte ? Lorsque nous avons persuadé les auditeurs de prendre une certaine option et que nous allons leur en proposer une deuxième. Dans ces problèmes, en effet, il conviendra de louer les auditeurs pour la décision qu'on leur a déjà fait prendre : « Il convient d'abord de vous louer, messieurs, de ce que vous avez tout à l'heure été attentifs aux excellents avis que nous vous donnions et avez ignoré ceux qui cherchaient à vous abuser en donnant les avis contraires. Après cela prenons aussi la décision d'y ajouter ce qui en est la suite naturelle[32]. »

Il y a là 1) un type de procédé, l'éloge des auditeurs, τόπος bien connu de l'exorde depuis au moins le IVe siècle av. J.-C. ; 2) un type d'emploi et 3) un

30. 266 d *sq*. Trad. L. Brisson.

31. Le *Phèdre* date certes de *ca* 370, mais la date « dramatique » du dialogue se situe entre 418 et 415. Isocrate a fondé son école vers 393.

32. Apsinès, *Art rhétorique*, PATILLON 2001, 1, 4, p. 2.

moule de présentation. Il peut paraître surprenant de prétendre – ce que nous faisons – que ce τόπος de l'exorde recourt à l'εἰκός, le vraisemblable. En réalité, le ressort rhétorique de ce τόπος est un principe reconnu, celui de la constance dans l'action, principe qui veut par exemple qu'on ne change pas de conseiller. On dirait de nos jours « on ne change pas une équipe qui gagne ». Ce principe est admis par tout le monde et à ce titre, il est vraisemblable, soit directement, soit à titre de prémisse d'un raisonnement déductif. Il ne s'agit évidemment pas ici du vraisemblable « objectif » d'Aristote, mais d'une adhésion subjective à un cours des choses ressenti comme normal. George Goebel[33] a montré la continuité entre les premières traces de théorie de la vraisemblance et ce que l'on trouve dans la *Rhétorique à Alexandre*, où le rhéteur définit le vraisemblable comme la coïncidence entre ce que dit l'orateur et « ce dont les auditeurs ont des exemples en tête »[34]. Avec cette définition, on comprend que la proto-rhétorique se soit fondée entièrement sur l'εἰκός, le nombre d'enthymèmes dérivés étant infini, le but de la technique étant d'ailleurs d'étendre son exploitation le plus largement possible, jusqu'au paralogisme. On comprend également qu'avec cette définition l'εἰκός trouve sa place dans toutes les parties du discours.

De surcroît, les témoignages anciens sur Corax et/*alias* Tisias tendent à confirmer la présence dans le premier traité d'études de cas, sur le « patron » suivi par Apsinès : « Si telle situation… on dira ceci ». Citons par exemple Aristote, particulièrement crédible sur cette question puisqu'il a réuni pour se documenter une collection des traités de rhétorique antérieurs au sien :

C'est des applications de ce lieu que se compose la τέχνη de Corax : si un homme ne donne pas prise à l'accusation dirigée contre lui, si, par exemple, un homme faible est poursuivi pour sévices, sa défense sera qu'il n'est pas vraisemblable qu'il soit coupable ; mais si l'inculpé donne prise à l'accusation, si, par exemple, il est fort, sa défense sera qu'il n'est pas vraisemblable qu'il soit coupable, parce qu'il était vraisemblable qu'on le croie coupable. Il en est pareillement des autres cas ; car nécessairement ou l'on donne prise ou l'on ne donne pas prise à l'accusation ; or les deux cas paraissent vraisemblables ; mais l'un est réellement vraisemblable ; l'autre est vraisemblable non pas absolument, mais dans la mesure que nous avons dite [*sc.* sous réserve de circonstances particulières]. Et rendre le plus faible de deux arguments le plus fort consiste précisément en cela[35].

Aristote distingue ici très clairement le vraisemblable « statistique » et le vraisemblable que nous appelons subjectif (cf. « les deux cas *paraissent* vraisemblables ») et donne une idée de la forme du traité : « sa défense sera qu'il n'est pas vraisemblable, etc. », c'est-à-dire un schème argumentatif et – peut-être – un modèle rédigé.

Cette forme d'étude de cas suivie éventuellement d'un moule rédigé n'est donc pas incompatible avec une superstructure suivant les parties du discours, mais il

33. GOEBEL 1989.
34. 1428 a 25-26.
35. *Rhétorique*, II 24, 1402 a 17-24 (trad. Dufour).

n'y a là-dessus aucune certitude possible. On peut ajouter pour conclure sur ce point deux remarques historiques : Aristote cite Corax comme un technicien authentique, même s'il n'a inventé qu'une sorte d'enthymème, et il le distingue de sophistes comme Gorgias. Cela dissuade de penser que le premier traité avait la forme d'un discours-modèle. D'autre part, pour expliquer la persistance de cette influence de Corax, on peut dire que Cicéron déclare recourir encore à la Συναγωγὴ τεχνῶν d'Aristote, où se trouvait probablement un compte rendu de son traité. On ne peut donc révoquer en doute *a priori* l'influence du traité de Corax sur la rhétorique tardive même si, il est vrai, certains indices font penser que Cicéron ne disposait pas réellement du recueil d'Aristote et – en tout cas – que ce recueil donnait peu d'indications sur le premier traité[36].

1.c) Le traité-méthode

Le traité-méthode consiste à décrire dans leur ordre les étapes de l'élaboration du discours. Ces étapes sont l'εὕρεσις, invention, ou recherche des idées, puis la λέξις, c'est-à-dire la *diction*, la mise en mots, le style, puis la τάξις, la mise en ordre, l'élaboration du plan. À l'époque hellénistique, se sont ajoutées la μνημή, la mnémotechnie, et l'ὑπόκρισις, dont Aristote soulignait déjà l'importance mais sans l'étudier (III 1), et qui s'est donné pour objet la « mise en corps », le travail sur l'« incarnation » – en termes de théâtre – du discours. Ces cinq tâches apparaissent au complet dans un autre grand traité, latin, lui, mais dont les sources sont grecques, la *Rhétorique à Herennius*, qui date du début du Iᵉʳ siècle avant J.-C.

Le premier problème que nous voudrions poser est celui de l'origine de cette méthode. Est-elle d'origine isocratique ou aristotélicienne ? On dit en général qu'elle est aristotélicienne, parce que c'est le plan de la *Rhétorique* : les deux premiers livres traitent de l'εὕρεσις, le troisième traite de la λέξις dans les chapitres 1-12, de la τάξις dans les chapitres 13-19. Les transitions sont on ne peut plus explicites. Voici par exemple le début du troisième livre :

> Il y a trois points à traiter concernant le discours, à savoir (1) d'où les moyens de persuasion seront tirés, (2) le style et (3) l'ordonnancement des parties du discours. On a parlé déjà des moyens de persuasion, en indiquant quel est le nombre de leurs sources, c'est-à-dire trois, quelles sont ces sources, et pourquoi elles ne sont pas plus nombreuses (car la persuasion résulte toujours ou bien des sentiments qu'éprouvent les jurés eux-mêmes, ou bien de l'image qu'ils se font de l'orateur, ou bien d'une démonstration). On a dit aussi d'où il faut tirer les enthymèmes, car il existe d'un côté des espèces d'enthymèmes, de l'autre des lieux. On peut donc en venir maintenant au style. Car il ne suffit pas d'avoir quelque chose à dire, il est nécessaire aussi de savoir comment le dire – ce qui influe fortement sur l'image qu'offrira le discours[37].

Cet unitarisme est celui de Denys d'Halicarnasse, qui parle longuement de la *Rhétorique* dans sa *Première Lettre à Ammée* écrite à la fin du Iᵉʳ siècle av. J.-C.

36. Voir sur ce point NOËL 2003.

37. *Rhétorique*, III 1, 1403 b 6-18.

comme d'un ouvrage en trois livres, écrit en une fois[38]. Le problème est que Diogène Laërce (5, 22 *sq.*) propose une liste des œuvres d'Aristote correspondant probablement à un état du corpus antérieur à l'édition d'Andronikos de Rhodes faite à Rome au Ier siècle et qu'utilisait probablement Denys. Or dans cette liste figure un *Art rhétorique* en deux livres et, plusieurs titres plus loin, un *Du Style* lui aussi en deux livres. La conclusion qui a été tirée par un certain nombre d'érudits est que la réunion de l'ensemble en trois livres cohérents n'est pas aristotélicienne mais date de l'édition romaine du corpus. Un argument supplémentaire est que les deux premiers livres, à l'exception de la transition finale, ne comportent aucune mention, aucune anticipation de la recherche sur la λέξις et la τάξις, c'est-à-dire du Livre III. Le corollaire est que les formules de transition, à la fin du Livre II et au début du Livre III (cf. ci-dessus) ne sont pas d'Aristote.

Ce n'est pas une question que nous résoudrons ici. Proposons juste quelques pistes. À titre personnel, sans avoir de solution à proposer pour la liste de Diogène Laërce, nous trouvons assez gênante l'hypothèse de transitions rédigées par un éditeur, parce que les passages en question sont assez longs et qu'on n'y trouve aucune bizarrerie stylistique ou linguistique par rapport à la langue habituelle d'Aristote. Cela dit, cet argument n'est pas imparable. L'idée même d'un style aristotélicien dans les ouvrages ésotériques, c'est-à-dire les ouvrages destinés à l'usage interne de l'école, est une idée critiquable. La *Rhétorique* en particulier se présente comme un *work in progress*. Il ne fait pas l'ombre d'un doute que le chapitre 1 – qui réduit toute la rhétorique à l'enthymème – ne correspond pas au même projet que le chapitre 2 – qui reconnaît la légitimité de l'argumentation par l'ἦθος et le πάθος. De plus, quand on traduit et qu'on cherche à comprendre dans le détail la continuité logique du propos, on est souvent frappé par l'inégalité de l'intérêt et de la cohérence du texte, comme si l'on se trouvait face à des notes un peu désordonnées, parfois formulées hâtivement, reprises après coup, et non devant un texte vraiment prémédité et mis en forme pour l'édition[39]. Il manque donc un critère stylistique ou formel sûr pour décider de l'authenticité des passages de transition.

Un meilleur argument en faveur de la thèse unitaire touche au fond du propos d'Aristote. Dans le chapitre premier du Livre I, « puriste, intellectualiste », selon J. Brunschwig, seule compte la démonstration du fait à l'aide des moyens empruntés à la dialectique, c'est-à-dire la déduction et l'induction. Aristote va jusqu'à recommander d'imiter certains tribunaux qui interdisent absolument de faire intervenir autre chose que les éléments relatifs à l'affaire, à l'exclusion des paramètres psychologiques ou émotionnels qui pourraient influencer le juge. Or dès le chapitre 2, ces paramètres sont acceptés et font ensuite l'objet d'une théorisation, pleine et entière, même si c'est une concession à la médiocrité du

38. Denys d'Halicarnasse, *Opuscules rhétoriques* (AUJAC 1992).

39. Sur les procédures antiques correspondant à notre « édition », cf. DORANDI 2000, chap. 5.

public. Il nous semble que la concession au style n'est que le prolongement de cette première concession. On peut voir la continuité entre les deux dans un passage du Livre III comme celui-ci :

L'expression adéquate contribue à persuader du fait. Par une fausse déduction, en effet, l'âme en conclut, l'orateur étant supposé véridique, que les choses sont comme il dit. On croit par conséquent, même si ce n'est pas le cas, que les faits sont tels que les présente l'orateur, et l'auditeur se laisse gagner par l'affect mis en œuvre en chaque cas par l'orateur, même si ce dernier parle pour ne rien dire. C'est la raison pour laquelle beaucoup d'orateurs étourdissent leurs auditeurs en brouillant leur jugement[40].

L'expression est ici dans la sphère de l'ἦθος, on pourrait même dire que c'est un des principaux moyens de le manifester.

Cela dit, si nous sommes enclin à croire à la cohérence proprement aristotélicienne de la *Rhétorique*, nous ne sommes pas sûr qu'avec la trilogie εὕρεσις, λέξις, τάξις, Aristote songe vraiment aux étapes de l'élaboration d'un discours, ou du moins que ce soit cela qui prime dans son esprit. Quand on lit attentivement les formules de transition, on en déduit qu'Aristote examine la technique rhétorique plutôt comme un objet à étudier sous tous ses aspects que comme une série de conseils pratiques suivant l'ordre des opérations. Citons juste la fin du Livre II :

Trois points doivent être traités en matière de discours. En ce qui concerne les exemples, les sentences, les enthymèmes, en somme tout ce qui concerne la pensée, les sources auxquelles nous nous approvisionnerons en arguments et la manière de les réfuter, voilà qui suffit. Il nous reste donc à étudier le style et le plan[41].

La perspective pratique existe, c'est vrai, mais la logique spéculative, ἃ δεῖ πραγματευθῆναι περὶ τὸν λόγον, littéralement « ce qui doit faire l'objet d'un traitement concernant le discours », paraît être ce qui impose sa priorité, en l'occurrence celle du *quoi* sur le *comment* – pour emprunter à deux catégories aristotéliciennes –, ou du fond sur la forme, et donc l'ordre des parties. Un indice en faveur de cette lecture est la place occupée par le style, qu'on pourrait très bien imaginer, comme dans la rhétorique latine, après le plan. Un autre argument est le témoignage de Quintilien qui, étudiant l'histoire de ces catégories au début du Livre III de l'*Institution oratoire*, écrit : « Il y a même eu des auteurs, assez nombreux, pour penser que ce ne sont pas là des parties de la rhétorique mais des œuvres de l'orateur »[42], comme si cette lecture « méthodique » de la succession des tâches n'était pas originelle. De plus, Quintilien citant souvent Aristote comme une autorité majeure, l'anonymat dans laquelle il laisse cette théorie peut conduire à penser que ce n'était pas celle d'Aristote. Si l'on ajoute qu'il y a des raisons prégnantes pour *exclure l'intervention isocratique* dans la séparation invention/expression (nous y reviendrons), on en déduit que la théorie des tâches de l'orateur n'appartient pas au IVe siècle, et nous dirons en conclusion que le

40. *Rhétorique*, III 7, 1408 a 19-25.

41. *Rhétorique*, II 26, 1403 a 34-1403 b 2.

42. Quintilien, III 3, 11 (trad. Cousin).

traité-méthode suivant cet ordre est plutôt, assez probablement, une adaptation par les rhéteurs du plan qu'utilisait Aristote pour décrire méthodiquement tous les aspects de la production du discours. Ces rhéteurs ont, semble-t-il, changé en séquence d'opérations ce qui était au départ l'ordre logique d'une description. Adaptation un peu servile, ce qui a eu des conséquences importantes. On peut penser en particulier que si la stylistique est restée longtemps une stylistique de phrase (ou plutôt de période)[43] c'est en raison de la place occupée par la λέξις avant la τάξις dans le schéma hérité d'Aristote.

1.d) Le traité « total »

Sur le traité de rhétorique devenu traité d'éducation, nous ne dirons que quelques mots de Quintilien – cet auteur ne manquant pas d'exégètes[44] – mais nous nous attarderons un peu davantage sur la doctrine d'origine isocratique qui constitue la base de ce type d'œuvre.

Le traité de Quintilien (*ca.* 35-*ca.* 96) est l'œuvre d'un homme qui achève une brillante carrière d'avocat et de professeur de rhétorique, dans sa province d'Espagne d'abord, puis à Rome où il a plaidé des causes célèbres, qui lui vaudront d'être nommé par Vespasien titulaire de la première chaire publique de rhétorique. L'œuvre en douze livres a pour noyau la somme des connaissances techniques indispensables à un avocat, connaissances présentées sur le canevas des cinq tâches de l'orateur. Mais l'ouvrage est encadré par deux chapitres dont la portée est tout à fait différente. Au Livre premier est traitée l'éducation primaire et secondaire des enfants, avant leur entrée dans la classe du rhéteur. Le Livre XII renferme des considérations sur les qualités que doit posséder l'orateur, qualités conformes à l'idéal cicéronien : moralité et connaissances étendues. S'il faut parler d'idéal cicéronien, c'est que sur le fond Quintilien est un épigone de Cicéron.

Cet idéal n'est qu'indirectement isocratique. Cicéron, philosophiquement, est un éclectique : il opte pour un académisme teinté de scepticisme – qui consiste à n'accepter les doctrines que proportionnellement à la manière dont elles s'imposent à la raison – avec une morale très proche du stoïcisme, mais laissant une part au libre arbitre, et une philosophie politique privilégiant le respect des usages et des traditions. On voit aisément que ces conceptions lui permettent d'intégrer sans problème la tradition grecque de l'*eikos* si indispensable à la rhétorique, et la vue traditionnelle de l'éloquence comme ciment social et

43. Par exemple, à la fin de la période hellénistique, dans le traité *Du Style* du Pseudo-Démétrios de Phalère.

44. Cf. par exemple le colloque « Quintilien ancien et moderne » organisé à Gand du 30 novembre au 3 décembre 2005 par E. Bury, P. Galand-Hallyn, F. Goyet, F. Hallyn et C. Lévy et la publication qui en a résulté (GALAND-HALLYN *et al.* 2009).

politique. C'est dans cette mesure – et dans cette mesure seulement – que l'on peut intégrer Cicéron à la tradition isocratique.

Mais revenons, justement, sur Isocrate le mal-aimé, dont le rôle en rhétorique fut immense car il eut l'ambition de faire pièces à Platon, en réconciliant l'orateur et le spécialiste et en tâchant d'annuler le reproche fait à la rhétorique d'être un savoir sans objet. Sur le fond, Isocrate appartient encore à ce que B. Cassin a appelé la « logologie », mais il se signale par un principe voulant que l'aptitude à bien parler conduise à l'aptitude à bien penser qui mène elle-même à la vertu[45], et cela dans une dynamique autant individuelle que collective, d'où les fameuses thèses panhelléniques qui reposent, en dernière analyse, non pas sur une quelconque supériorité biologique de la race grecque mais sur la prééminence de la cité la plus civilisée sur les cités barbares et qui se justifie par le rôle civilisateur d'Athènes. En d'autres termes, Athènes avec le λόγος mérite la suprématie, Athènes sans le λόγος n'est plus Athènes.

Bien antérieurement aux deux livres qui encadrent le traité de Quintilien, on trouve un essai d'intégration de la technique rhétorique à la « philosophie » isocratique dans le chapitre 38 et dernier de la *Rhétorique à Alexandre*. C'est un texte à la fois très peu connu et très étonnant. L'auteur va jusqu'au bout de cette logique en prenant les préceptes rhétoriques comme guides pour l'acquisition de la vertu qui permettra elle-même, accessoirement, d'acquérir un ἦθος permettant de mieux persuader. Citons seulement cet échantillon :

> Il faut, aussi bien à l'oral qu'à l'écrit, nous efforcer le plus possible de conformer nos discours aux préceptes énoncés ci-dessus, et nous habituer à les appliquer tous à l'improviste. Et alors, pour parler avec art dans les débats privés, dans les débats publics, ou dans les conversations avec autrui, nous en tirerons d'innombrables ressources et des plus ingénieuses. Notre soin doit s'étendre non seulement à nos discours mais aussi à notre propre vie, que nous devons régler d'après les principes énoncés, car une bonne préparation dans la vie personnelle concourt à la fois à l'efficacité persuasive et à l'obtention d'une bonne réputation. Il faut donc d'abord diviser tes actes selon la division globale de la doctrine – que faut-il entreprendre en premier, en deuxième, en troisième ou en quatrième lieu –; ensuite, tu dois procéder à ta préparation personnelle à l'instar de ce que nous avons étudié à propos des auditeurs dans le cadre de l'exorde : tout ce qui te regarde inspirera la bienveillance si tu restes ferme dans tes engagements, si tu conserves les mêmes amis tout au long de ta vie et si, dans tout le reste de ta conduite, tu offres le spectacle d'un homme qui, loin d'être inconstant, reste toujours fidèle aux mêmes usages. On te prêtera attention, si tu entreprends des actions grandes, belles et utiles au grand nombre.[46]

De la même façon, des préceptes moraux peuvent être tirés de la narration :

> […] à l'image de la narration qui doit être rapide, claire et crédible, il faut donner à tes actions des qualités de même nature : tu les achèveras rapidement si tu ne cherches pas à tout faire en même temps, etc.[47]

45. Voir notamment *Sur l'échange*, 277-278.

46. *Rhétorique à Alexandre*, 38, 1445 b 24-1446 a 3.

47. *Op. cit.*, 1446 a 8-11.

Aristote au contraire, pour les raisons que nous avons vues, sépare complètement la technique rhétorique de la morale. Bornons-nous à citer cette phrase :

Il y a persuasion par le caractère quand le discours est ainsi fait qu'il rend celui qui parle digne de foi. Car nous faisons confiance plus volontiers et plus promptement aux gens honnêtes, sur tous les sujets en général, et même totalement sur les sujets qui n'autorisent pas un savoir exact et laissent quelque place au doute ; il faut que cela aussi soit obtenu par l'entremise du discours et non au moyen d'une opinion préconçue sur le caractère de celui qui parle[48].

En conclusion sur ce point, nous dirons qu'un des développements les plus curieux de la « philosophie » isocratique est l'apparition d'une « technique de la vertu », ou en tout cas d'une méthode de travail sur soi-même entièrement dérivée de la technique rhétorique. Tel est le lointain arrière-plan qui éclaire l'existence de traités formant à la fois des sommes rhétoriques et des programmes complets d'éducation. Passons maintenant aux traités spécialisés.

2.a) L'algorithme

La forme d'algorithme est surtout celle des traités des στάσεις, ou « états de la cause », qui dérivent d'un traité perdu d'Hermagoras de Temnos (IIe siècle av. J.-C.) et dont le meilleur représentant conservé est le Περὶ στάσεων d'Hermogène[49]. On peut hésiter à ranger ce mode de présentation parmi les traités spécialisés plutôt que dans les traités généralistes, parce qu'Hermagoras[50] avait certainement l'ambition de couvrir tout le champ rhétorique, et notamment les trois genres oratoires. Mais Hermogène (Hermogène le Rhéteur), en reste à l'ossature de l'argumentation (qu'il faisait suivre d'un traité *De l'invention*[51] où les arguments étaient traités plus en détail), et il privilégie en fait, comme on va le voir, le genre judiciaire.

L'espace manque ici pour une présentation complète de ce type de traité qui est certainement le plus systématique et le plus élaboré et qui, paradoxalement, est le moins connu[52] sans doute à cause du vocabulaire technique, assez décourageant, et parce que cette théorie s'est surtout développée dans les écoles, comme préparation à la déclamation, c'est-à-dire à un exercice de l'éloquence comme spectacle, dégagé de toute fonction politique ou judiciaire et donc longtemps méprisé par les historiens de la culture grecque. Bornons-nous à en présenter le début de manière simplifiée afin d'en faire ressortir le principe de fonctionnement par « arbre de choix », tel qu'il apparaît dans le traité d'Hermogène.

48. Aristote, *Rhétorique*, I 2, 1356 a 4-10.

49. Cf. la nouvelle édition de ce texte par M. Patillon (PATILLON 2009).

50. Cf. MATTHES 1962.

51. Traité perdu, remplacé dans le corpus par un traité de même titre mais d'un autre auteur.

52. Signalons cependant deux excellentes études assez récentes : CALBOLI MONTEFUSCO 1984 ; PATILLON 2010, p. 56-99.

Le point de départ est le fait (πρᾶγμα), fait passé dans les situations judiciaires, fait futur dans le domaine délibératif, puisqu'on délibère afin de prendre la décision d'agir après le vote dans tel ou tel sens. La théorie ne concerne pas le genre épidictique. La première dichotomie distingue entre le fait patent (φανερόν) ou non-patent (ἀφανές). Dans le cas d'un fait non patent, on est dans l'état de cause dit conjectural (στοχαστικὴ στάσις ou στοχασμός). Par exemple, si un homme est surpris en train d'enterrer un cadavre la nuit dans un lieu désert, on se pose la question: «a-t-il tué?» À ce stade, la théorie propose toute une série d'arguments *pro et contra* fondés notamment sur la vraisemblance. Si le cas est patent, ou a été rendu patent par la conjecture – car l'arbre se prête à toutes sortes de parcours, que ce soit des raccourcis ou des retours aux embranchements quand l'alternative a trouvé une réponse – la question peut à nouveau se subdiviser: le fait est-il complet (τέλειον) ou non-complet (ἀτελές)? Il faut entendre ici complet ou non complet au sens de «qui coïncide ou ne coïncide pas clairement avec une fraude». Est non-complet par exemple l'acte du voleur qui s'empare des effets personnels d'un individu dans le vestiaire d'un temple. L'état de cause qui s'applique est celui de la définition (ὅρος), car s'il est clair que l'homme est un voleur, il est moins clair qu'il est un pilleur de temple. La distinction avait son importance dans l'Antiquité où le sacrilège était beaucoup plus durement réprimé que le vol. Il faut recourir ici aux termes précis définissant le pillage des temples. La théorie distinguait, à ce niveau aussi, toute une série d'arguments et de contre-arguments opposant par exemple la lettre et l'esprit de la définition, le geste et l'intention, etc. Si le fait est à la fois patent, c'est-à-dire avéré, et complet, c'est-à-dire clairement identifié (vol, sacrilège, etc.), il faut alors passer au travail de qualification (ποιότης), c'est-à-dire à l'appréciation du fait. Cette qualification peut se faire à son tour de deux manières: soit au regard de critères universels ou considérés comme tels, comme le juste ou l'opportun. À ce niveau, c'est la raison seule qui opère, d'où le nom d'état de cause rationnel (λογικὴ στάσις), par opposition à l'état de cause légal (νομικὴ στάσις), qui cherche à qualifier le fait en relation avec un texte de loi. Pour l'état de cause rationnel, deux cas se présentent: soit il s'agit d'un fait futur, soit d'un fait passé. La qualification rationnelle du fait futur s'appelle état de cause pragmatique (πραγματικὴ στάσις) et répondra à la question: doit-on commettre l'acte? Dès cette question posée, on se trouve au stade de l'argumentation proprement dite. La théorie propose dans ce cas toute une gamme de prédicats de l'action qui remontent à la rhétorique la plus ancienne, puisqu'on les trouve déjà dans la *Rhétorique à Alexandre*: qu'est-ce qui nous pousse à agir? C'est la justice, la loi, l'intérêt, la possibilité, le plaisir, etc. Ces têtes de chapitre sont appelées, à date récente, τελικὰ κεφάλαια, c'est-à-dire têtes de chapitre «ultimes», ou «points du souverain bien» (M. Patillon), soit ce à quoi l'on peut réduire, en dernière analyse, toutes les motivations d'une décision. Il suffit de disposer d'une définition des prédicats, par exemple de savoir ce qu'est le juste, le facile etc. pour pouvoir argumenter en faveur d'un projet de décret. Mais s'il s'agit d'un fait déjà accompli que l'on cherche à qualifier, c'est la qualification judiciaire (δικαιολογικὴ στάσις). À ce niveau, les choses se complexifient. De deux choses l'une : soit le défendeur nie, non pas le fait, puisqu'il est patent et complet, mais sa malice. Hermogène cite ici le cas d'un paysan qui a déshérité son fils parce qu'il étudiait la philosophie. Le fils nie alors qu'étudier la philosophie soit une mauvaise action, et nous sommes à nouveau sur le terrain de l'argumentation, appelée dans ce cas antilepse (ἀντίληψις). Deuxième possibilité : le défendeur admet le fait et sa malice, mais y oppose des raisons susceptibles de lui attirer le pardon (opposition, ἀντίθεσις). Ces raisons peuvent à leur tour être de deux ordres : soit la malice du fait est assumée mais a trouvé compensation (ἀντίστασις) dans un bien plus grand que le mal commis (un officier a désobéi à son chef, mais cette désobéissance a permis la victoire), soit la responsabilité de la mauvaise action peut être rejetée sur un autre responsable. Le responsable peut être la victime. On parle alors de contre-accusation (ἀντέγκλημα) : par exemple, un héros couronné d'un prix de bravoure a tué son fils parce que ce dernier se prostituait. Le défendeur dans ce cas opposera que son fils méritait un tel châtiment. Mais la faute peut être reportée également sur autre chose : ce peut être un agent coupable, autre que la victime, et c'est le report d'accusation (μετάστασις) (un ambassadeur n'est pas parti dans les délais légaux, l'admet mais en rejette la responsabilité sur le fonctionnaire qui n'a pas débloqué de fonds pour ses frais de déplacement) ; ce peut être aussi une chose, cause accidentelle, qui ne peut être coupable, comme la tempête qui a empêché les généraux athéniens de repêcher les corps des combattants après la victoire navale des Arginuses. On parle alors d'excuse (συγγνώμη). Et ainsi de suite.

Voilà, incomplètement, très résumé et simplifié, à quoi ressemble le système des στάσεις. Il s'agit d'une adaptation remarquable de la technique aristotélicienne de division / définition / exhaustion à une méthode réellement pratique, capable, par une grille d'analyse des situations et une formalisation des solutions possibles, de couvrir absolument tous les cas d'argumentation. Cet aspect « cybernétique » n'est pas le plus curieux. On a pu entrevoir grâce aux quelques exemples donnés que le raffinement de la formalisation pousse à imaginer des situations complètement abracadabrantes qui ne sont pas sans évoquer le roman, genre dont les στάσεις constituent très certainement une des matrices. Voici par exemple un sujet de controverse (déclamation sur un thème judiciaire) qui donne une idée de l'imagination des rhéteurs et du niveau de virtuosité auquel donnait accès une pratique régulière des στάσεις :

Un jeune homme a tué ses deux frères, l'un parce qu'il était tyran ; l'autre, sur la demande de son père, parce qu'il avait été pris en flagrant délit d'adultère. Pris par les pirates, il écrit à son père pour être racheté. Le père écrit aux pirates que, s'ils coupent les deux mains à leur prisonnier, il leur donnera double rançon. Les pirates relâchent le jeune homme. Il refuse de nourrir son père tombé dans la misère[53].

Le sujet consistait à rédiger le discours de défense du fils attaqué par son père

2.b) La typologie

Le principe de la typologie est appliqué couramment dans deux domaines : celui de l'argumentation et celui de la stylistique, et il est accompagné à chaque fois du présupposé de la présence immanente d'un nombre fini de schèmes argumentatifs, ou d'un nombre fini d'espèces, de formes ou de types de style, qu'il suffit de découvrir. Nous voudrions sur ce point décrire très rapidement le système stylistique de Démétrios (Pseudo-Démétrios de Phalère), parce qu'il permet de voir d'une manière particulièrement nette la plasticité avec laquelle la tradition technique d'origine aristotélicienne s'est adaptée à un autre contexte culturel. Aristote, on le sait, récusait toute caractérisation et toute subdivision éthiques du style, qui, soumis d'abord à la transmission d'un contenu, devait être clair avant tout et, pour le reste, se situer dans un juste milieu convenable entre l'excès de dignité et l'excès de trivialité[54]. À la neutralité axiologique de la rhétorique correspond une neutralité esthétique. Mais, comme dans le domaine de l'invention, ce refus était de l'ordre de la dénégation et la porte restait largement ouverte à une stylistique beaucoup moins « puritaine », dont Aristote donnait lui-même l'exemple, notamment dans les chapitres 10 et 11 du Livre III consacrés aux ἀστεῖα, ou raffinements d'expression. Aristote y citait, pour illustrer les procédés stylistiques décrits, un grand nombre de fragments d'auteurs variés[55]. Après lui, la période hellénistique est la grande époque de la critique littéraire, conçue comme moyen d'authentification des œuvres réunies dans les bibliothèques, comme principe de classement de ces œuvres et comme critère de constitution des canons. Car la pédagogie du style à cette époque procède par l'imitation d'auteurs institués en modèles. On n'a pas idée aujourd'hui de la virtuosité atteinte par ce moyen et qui égale largement les prouesses des spécialistes des στάσεις. Aelius Théon, dont nous reparlerons plus tard, décrit par exemple un exercice d'école, la paraphrase, dont le niveau de difficulté maximum consiste – par exemple – à lire des yeux un discours de Démosthène et à le restituer oralement dans le style de Lysias[56].

53. Cité (dans une intention satirique) par BAYET 1965, p. 293. On trouvera un grand nombre de ces sujets, avec les exemples de traitements (partiels) correspondants, dans Sénèque le Père, *Sentences, divisions et couleurs des orateurs et des rhéteurs :* cf. la traduction française de BORNECQUE 1992.

54. *Rhétorique*, III 2, 1404 b 1-4 ; III 12, 1414 a 18 *sq*.

55. C'était semble-t-il une innovation. Dans la *Rhétorique à Alexandre*, qui est quasi contemporaine, les exemples sont forgés par l'auteur.

56. Aelius Théon, *Progymnasmata*, cf. PATILLON 1997c, p. 109.

Démétrios, pour sa part, présente un système intermédiaire entre la stylistique aristotélicienne et les nouveaux principes de l'époque hellénistique. Selon lui, on peut dériver de l'observation quatre caractères stylistiques purs : le grand, l'élégant, le simple et le véhément. Adaptation de l'éthique aristotélicienne, ces caractères sont bordés de précipices. Si l'on abuse des procédés de la grandeur, on tombe dans la froideur, si l'on abuse des procédés de l'élégance, on tombe dans l'affectation, la simplicité (en grec : la maigreur) est menacée de sécheresse et quand on est véhément on risque de déplaire. D'autre part, les caractères stylistiques ne sont pas, comme ils le sont chez d'autres rhéteurs, identifiés à un auteur. Ils sont définis par un ensemble de procédés convergents à caractère technique. La rupture avec Aristote n'est pas totale. En revanche, le fait que les caractères stylistiques soient dérivés de l'observation a pour conséquence que leur est inclus le fond, la matière. Car Démétrios, qui est un esprit fin, croit impossible de dissocier le fond de la forme. Il cite même comme contre-exemple Théopompe qui, traitant des sujets « véhéments », c'est-à-dire frappants, impressionnants, passe pour un auteur δεινός alors que son style est en fait un style efféminé, à effets[57]. En d'autres termes, le sujet traité fait partie du type stylistique. On entrevoit le problème qui se pose quand on utilise ces caractères stylistiques pour la production de textes : on doit disposer de la liberté du choix des sujets. Et Démétrios de codifier trois étapes dans l'élaboration stylistique : le choix du sujet, le choix des mots et l'agencement des mots. Si Démétrios pense cela possible, c'est qu'il se situe dans le cadre culturel de la déclamation, c'est-à-dire du discours fictif, ou qu'il théorise le discours d'école, en tout cas une éloquence décalée par rapport à des contraintes réelles, politiques ou judiciaires. C'est un exemple, parmi beaucoup d'autres, d'adaptations fines de principes d'origine aristotélicienne à une époque, à une culture et à des conditions politiques différentes.

2.c) Le répertoire

Là encore, nous ne prendrons qu'un exemple, celui des προγυμνάσματα, ou exercices préparatoires de rhétorique, autre domaine de la culture et de l'éducation antiques sous-estimé par la critique contemporaine, et nous nous contenterons de dire que ces exercices – pratiqués entre l'âge de 14 et 17 ans, environ, depuis sans doute le IIe siècle avant J.-C., jusqu'au Ve siècle après (époque du dernier traité, celui de Nicolaos de Myra) sinon plus tard encore – s'adaptent aux *requisit* aristotéliciens de définition, d'exhaustion, de division, etc. mais en suivant une progression qui s'inscrit plutôt dans l'esprit de la « philosophie » d'Isocrate. De quoi s'agit-il ? On entend par προγυμνάσματα une série d'une dizaine de types de textes qui servent de supports à divers exercices. Ces textes-types sont rangés dans un ordre à peu près fixe car ils sont de difficulté croissante et constituent ce qu'on appellerait aujourd'hui un cycle de formation. Dans la tradition dite aphthonienne,

57. Démétrios, *Du Style* (éd. CHIRON 1993), 75, 240.

du nom d'Aphthonios, l'auteur d'un traité du IVe siècle ap. J.-C. qui servit de canon jusqu'à la Renaissance[58], il y en a quatorze, qui sont les suivants : 1) la fable ; 2) la narration ; 3) la chrie ; 4) la maxime (la chrie et la maxime sont deux exercices très voisins qui consistent à mettre en scène et à commenter une anecdote ou une maxime moralement utiles – χρεία signifie utilité) ; 5) la contestation, c'est-à-dire la critique d'un fait ou d'une série de faits présentés par un auteur, fait dont on examine tour à tour la vraisemblance, la moralité, la cohérence, l'utilité, etc. On demandera à l'élève, par exemple, de démontrer l'invraisemblance d'un mythe ; 6) la confirmation, soit l'inverse du précédent : c'est la vraisemblance du mythe que l'élève devra montrer ; 7) le lieu commun, c'est-à-dire l'amplification d'un fait réel mais général – ce qui veut dire détaché des circonstances particulières – fait reconnu unanimement comme positif ou négatif, par exemple l'obtention d'un prix de bravoure, le pillage d'un temple, l'adultère, la trahison d'un chef, etc. ; 8) l'éloge ; 9) le blâme ; 10) la comparaison, ou parallèle, qui reprend la méthode de l'éloge et du blâme mais en la faisant porter sur deux objets contrastés : la comparaison de l'été et de l'hiver, par exemple, combinera l'éloge de l'été au blâme de l'hiver ; 11) l'éthopée, qui consiste à faire parler un personnage (ou une entité non raisonnable, et c'est alors une prosopopée) dans une circonstance exceptionnelle, afin de lui faire exprimer un *èthos* caractéristique ou des sentiments forts. Le sujet pouvait être : *paroles d'un général après la victoire de son armée*, ou : *paroles d'Andromaque à l'annonce de la mort d'Hector* ; 12) la description, dont l'ambition est de mettre ce qu'elle décrit sous les yeux du lecteur ; 13) la thèse, c'est-à-dire un vrai discours complet, pourvu de toutes les étapes canoniques et centré sur une argumentation *in utramque artem*. La seule différence entre la thèse et une vraie cause était, là encore, l'absence de circonstances particulières. Le sujet pouvait aussi bien être d'ordre théorique : *Le ciel est-il sphérique ? Les dieux existent-ils* ? que politique : *Faut-il fortifier les cités ?* ou éthique : *Faut-il se marier ?* ; 14) la proposition de loi, ou plutôt la discussion sur un texte de loi, dont on recommande ou déconseille l'adoption ou le maintien.

On peut, croyons-nous, distinguer dans cette série trois types de compétences complémentaires dont le perfectionnement est assuré par des exercices de plus en plus difficiles et complexes : le *dire*, c'est-à-dire la capacité d'employer une langue correcte, capacité développée par des exercices de flexion à partir de la fable, par exemple ; l'*expression*, c'est-à-dire la capacité d'introduire dans un message une axiologie et des affects (par exemple en s'exerçant à l'éloge et au blâme ou à l'éthopée), et enfin l'*argumentation pro et contra*, dont la forme

58. Le traité d'Aphtonios se caractérise par sa simplicité (présentation schématique de l'exercice, exemple rédigé), ce qui a fait de lui le manuel quasi-unique dans l'Antiquité tardive. Il fut transmis en Occident à la Renaissance au sein du corpus hermogénien. Voir, après RABE 1926, l'édition récente de M. Patillon (PATILLON 2008) et le synopsis en français dans PATILLON 1990, p. 141-153.

aboutie est la thèse. Autrement dit, on décèle dans cette progression l'intégration suivie de ce qu'on appellerait aujourd'hui une formation linguistique, une formation littéraire, et une formation à l'argumentation, elle-même bivalente, rhétorique et philosophique. Une autre série dite d'exercices d'accompagnement assurait un complément de formation axé davantage sur la réception et la manipulation des textes de la Tradition (audition, lecture, paraphrase, etc.), tant, dans cette pédagogie, les deux versants – passif et actif – du rapport aux textes étaient indissociables. On peut ajouter que se trouvaient également transmises la connaissance et la maîtrise de toutes les formes (genres, comme la fable ; sous-genres, comme la narration, la description, l'exorde, etc.) intermédiaires entre la phrase et l'œuvre dans sa totalité. Cette exhaustivité confirme la profonde parenté entre cette tradition des προγυμνάσματα et celle du traité « total ». Quintilien[59], d'ailleurs, consacre de longs développements à ce dispositif.

2.d) La taxinomie

L'une des caricatures les plus courantes que l'on fait de la rhétorique ancienne consiste à la réduire à des inventaires, à des listes interminables de notions baptisées de termes barbares. Cette caricature est historiquement liée à l'occultation de la plus grande partie du champ rhétorique au profit de la stylistique et, plus étroitement encore, de la stylistique des figures. En 1970, le groupe μ de Liège a pu écrire un traité consacré à un classement structural des figures de rhétorique sous le titre de… *Rhétorique générale*. À ce compte – si la rhétorique antique est entièrement restreinte aux figures –, comme l'essentiel de l'enseignement concernant les figures prend la forme de listes, c'est la rhétorique ancienne tout entière qui serait réductible à un inventaire de bizarreries, faute d'avoir disposé des connaissances linguistiques et des principes structuralistes qui ont rendu possible le travail des savants belges.

Mais aujourd'hui la restauration de l'empire rhétorique dans son intégralité est une cause gagnée – notamment grâce à l'œuvre de Chaïm Perelman. Ce que nous voudrions plutôt faire ici, c'est *assumer* le caractère taxinomique de certains traités, mais en le soumettant à l'examen.

Pour nous qui sommes habitués à l'ordre alphabétique, les listes sont le degré zéro de l'organisation et la juxtaposition d'*items* quelque chose de non signifiant. Mais dans l'Antiquité, l'ordre alphabétique n'existe pas. Il apparaît pour la première fois, semble-t-il, dans une encyclopédie byzantine du Xe siècle, la *Souda*. Par voie de conséquence, l'ordre des figures dans les listes ne doit pas *a priori* être considéré comme indifférent. Si l'on juxtapose les doubles listes (figures de pensée et figures de mots) qui composent les deux principaux traités des figures à s'inscrire dans la tradition du grand théoricien Caecilius de Calè-Actè, à savoir le

59. Quintilien, *Institution oratoire*, II.

De figuris d'Alexandros[60] et le *De figuris demosthenicis* de Tibérios[61], on constate la récurrence de certaines séquences mais ces séquences sont assez brèves et n'interviennent pas au même endroit. Chez Tibérios, les figures communes avec Alexandre représentent seulement 50% des figures de pensée. Pour les figures de mots, la coïncidence est des deux tiers.

Une autre observation concerne la forme des notices consacrées aux figures. On y découvre d'abord une évolutivité (c'est ainsi que les exemples païens deviennent chrétiens dans l'Antiquité tardive) et des niveaux d'élaboration très variés, depuis parfois des fiches « pense-bête » jusqu'à des fiches assez élaborées, sur un patron aristotélicien d'origine : nom, définition, division, exemples, conseils d'emploi.

De plus, à l'opposé des typologies qui se veulent exhaustives, les taxinomies constituent un choix. Certaines sont spécialisées d'un point de vue didactique, c'est-à-dire qu'elles correspondent à une catégorie particulière de figures, il existe par exemple des traités des tropes, c'est-à-dire des « transferts » de mots comme la métaphore, la métonymie, etc. qu'on emploie en poésie. Il existe aussi des traités des figures de style ou des figures de pensée, ou réunissant les deux. Or ces traités opèrent souvent un tri draconien en luttant contre l'inflation qui menace, au lieu d'aller dans son sens. Il existe par exemple plusieurs traités qui réduisent les figures à un diptyque de deux groupes de vingt alors qu'on en répertoriait bien davantage. C'est le cas du traité de Tibérios.

Qui dit choix dit critère, et c'est encore un point qui mérite réflexion. En même temps, on doit s'interroger sur le choix des exemples qui, contrairement à ce qui est souvent dit, n'est pas toujours le même d'un traité à l'autre. Ainsi, le traité de Tibérios est dévolu aux figures employées par Démosthène. Cela a des conséquences très importantes sur la *conception* même de la figure. Étudiées chez un même auteur, les figures ne sont plus des énoncés exceptionnels destinés à mettre en relief la compétence ou la virtuosité de l'orateur, mais des moyens expressifs ou argumentatifs au service d'une intention particulière. Les unes distinguent l'orateur, les autres distinguent le moment du discours où elles sont employées. Michel Patillon écrit cette phrase, particulièrement éclairante : « Il s'agit en principe d'un écart entre deux formes d'expression données et non pas de l'écart entre une forme d'expression donnée et une forme théoriquement normale »[62]. Le tropisme de Tibérios pour cette conception de la figure est confirmée par le choix de celles qui ne sont pas communes avec Alexandre. Plusieurs d'entre elles sont tirées de la théorie des ἰδέαι stylistiques bien connue par le traité Περὶ ἰδεῶν d'Hermogène et qui a comme caractéristique de codifier les figures non

60. *Rhetores graeci*, p. 9-40 Spengel III.

61. Cf. BALLAIRA 1968. Pour une étude d'orientation sur ce traité, voir CHIRON 2003, reproduit dans ce volume p. 133 *sq*.

62. PATILLON 2010, p. 158.

comme des énoncés remarquables, mais justement comme des moyens d'expression participant d'une typologie stylistique axée sur la production, et non la critique des textes. Et l'on découvre ainsi chez Tibérios des procédés qui n'ont rien à voir avec des procédés de mise en valeur, par exemple la supposition d'un personnage (προσώπου ὑποβολή), qui consiste à faire dire à quelqu'un d'autre quelque chose qui tend à l'inacceptable et qu'on ne veut pas prendre à son compte. On trouve aussi l'insinuation (ἔμφασις), l'inspiration soudaine (αὐτοσχέδιον) qui consiste à feindre l'improvisation, etc. En somme, le choix des figures et du corpus d'exemples de ce traité du IIIe ou du IVe siècle correspond à une conception renouvelée de la figure, autant que l'on puisse en juger par comparaison avec un traité qui remonte aux mêmes sources, à savoir celui d'Alexandre (IIe siècle).

On doit aussi, bien sûr, s'interroger sur les raisons mêmes de ce principe de juxtaposition, alors que les traités sont plutôt d'habitude, on l'a vu, des constructions assez complexes. On ne peut comprendre ce phénomène que si l'on examine les premiers manuels de stylistique, qui sont aussi des manuels de critique littéraire. Or on découvre que certains rhéteurs comme Démétrios ont pris conscience du fait que, examinée en contexte, la figure est stylistiquement, expressivement, polyvalente. Le mot composé est facteur de grandeur, mais le procédé inverse, la périphrase, est lui aussi facteur de grandeur. Il est donc difficile d'intégrer la théorie des figures à la doctrine des types ou des caractères du style. Une première solution consiste à mettre à part les figures en les juxtaposant. Une deuxième solution était un classement thématique ou formel, rapprochant les figures de pensée au sémantisme proche ou les figures de mots mettant en œuvre des formes grammaticales voisines. La troisième solution est un classement structural déterminant deux axes, l'axe du signifiant et l'axe du signifié, et rangeant sur ces axes les différents types de modifications opérées. C'est le principe de la *Rhétorique générale* du groupe μ. On voit chez Tibérios l'embryon d'un classement raisonné : par exemple, chez Alexandre, sont présentées successivement trois figures de précaution : *prodiorthose, épidiorthose, amphidiorthose* (précaution prise avant, après ou avant et après), ce qui est, on l'admettra, un luxe inutile. Tibérios garde le rapprochement entre ces figures métadiscursives de correction, mais ne garde qu'une figure de la précaution (la *prodiorthose*) et spécialise l'*épidiorthose* dans la fonction de correction aggravante avec pour exemple : « cette vilenie si honteuse, si scandaleuse ou, pour mieux dire, cette trahison[63] ». Les rhéteurs anciens se sont approchés de la troisième étape, le classement structural. Il existe plusieurs traités des tropes (le traité latin de Charisius, le traité grec de Phœbammon) qui reprennent comme principe de classement des tropes la fameuse *quadripertita ratio* qui, chez les grammairiens d'obédience stoïcienne, permet de rendre compte de la néologie : addition, soustraction, mutation, métathèse. Ces

63. Démosthène, *Sur la Couronne*, 297.

quelques réflexions suffisent à montrer, croyons-nous, que les taxinomies sont moins naïves et moins frustes que ne le croyait Roland Barthes.

Notre conclusion, au terme de ce circuit forcément simplificateur, surtout conçu pour amorcer des comparaisons avec d'autres domaines de la culture antique et avec d'autres aires culturelles, est que le métadiscours rhétorique antique est d'une grande richesse et d'une grande variété et que, si Aristote est un de ses principaux inspirateurs en termes de méthode, il n'est pas le seul à l'avoir influencé. Avec et par la tradition isocratique se sont maintenus d'autres principes affectant à l'art des discours une ambition intellectuelle et morale considérablement plus vaste que celle d'une simple annexe de l'éthique et de la politique, incapable de se donner à elle-même un τέλος. Il faut compter aussi avec un fort coefficient d'initiative de la part de chaque auteur. Mais ce n'est pas là-dessus que nous voudrions terminer. Évoquons rapidement deux derniers problèmes, ou plutôt ouvrons deux dernières pistes de recherche.

La première porte sur l'écriture des traités. Souvent, à l'instar de la *Rhétorique* d'Aristote, on a affaire à des notes, entièrement centrées sur le contenu et purement utilitaires. Mais il faut prendre garde au fait que cette mauvaise qualité a parfois été aggravée par le mode de transmission de ces textes. Copiés par des utilisateurs plus que par des lecteurs, ils n'ont pas toujours rencontré beaucoup de respect. Le traité des Προγυμνάσματα d'Aelius Théon, par exemple, a dû attendre Michel Patillon pour être complété et restauré dans son état originel à l'aide d'une traduction arménienne, la version précédente étant passé sur le lit de Procuste du canon aphthonien. Mais il y a des exceptions. Alain Billault a montré par exemple que le *Traité du Sublime* est soigneusement écrit et que, par une sorte de contamination du traité par son sujet, il est rédigé d'une manière non seulement inspirée mais aussi apte à fournir à qui sait lire des illustrations des figures dont il fait la théorie[64]. Et pourtant son armature est celle d'un traité systématique (typologie) : il est fondé sur une division de cinq facteurs du sublime, deux qui relèvent du talent naturel (la hauteur de vues et un naturel passionné), trois qui relèvent de la technique : les figures, le vocabulaire, le rythme de la phrase. Les monographies de Denys d'Halicarnasse sont elles aussi dûment dédicacées et écrites de manière à faire honneur à l'auteur et au dédicataire.

Nous hésitons un peu à aborder le dernier point, car nous ne voudrions pas passer pour un adepte de la numérologie. Mais c'est un fait incontestable que l'importance du nombre dans ces traités techniques. On peut faire plusieurs hypothèses pour expliquer ce fait : il y a certainement des raisons mnémotechniques. Ces raisons mnémotechniques sont à relier à l'idée aristotélicienne d'ἀριθμός. Le nombre est ce qui contribue à transformer l'infini, le sans-limite (ἄπειρον) en délimité. C'est ainsi que la période est enserrée dans des rythmes, une longueur modérée, une structure binaire, qui la rend εὐσύνοπτος, facile à

64. BILLAULT 2004.

embrasser d'un regard[65]. Cette perception facilitée est aussi une intellection facilitée qui est elle-même la source du plaisir le plus élevé chez l'homme, qui est le plaisir de la μάθησις, c'est-à-dire conjointement de la compréhension et de l'apprentissage[66]. Il se peut aussi que les auteurs de traités aient été influencés par une sorte de pythagorisme vulgaire, l'idée qu'il y a un nombre immanent dans la réalité. Ce qui nous pousse à le penser est que ces chiffres ne sont pas choisis d'une manière indifférente. Citons par exemple les sept espèces de discours, les sept sujets de délibération et les sept πίστεις de la *Rhétorique à Alexandre* ou encore les quatre caractères purs de l'expression dans le traité *Du Style* de Démétrios de Phalère, caractères dont le nombre rencontre celui des parties du discours, mais aussi celui des éléments, celui des humeurs, sans omettre le tétrachromatisme fondamental en peinture, etc. De telles rencontres, si elles sont signifiantes, et nous croyons qu'elles le sont, ne font que conforter notre thèse de l'ambition considérable de ces techniciens que nous méprisons si facilement. Enseignant le λόγος, c'est-à-dire le lien social et le lien politique, certains d'entre eux au moins se sentaient ou se voulaient garants d'un ordre essentiel à l'insertion harmonieuse de l'homme dans le monde.

65. Voir *Rhétorique*, III 9, 1409 b 1 et CHIRON 1999, reproduit dans ce volume p. 273 *sq*.
66. Voir *Rhétorique*, I 11.

LA *RHÉTORIQUE* D'ARISTOTE EST-ELLE UN TRAITÉ DE RHÉTORIQUE ?

Il a souvent été remarqué qu'Isocrate a éduqué la majeure partie de l'élite de son temps, tandis qu'Aristote n'a formé en tout et pour tout qu'un seul politicien, Démétrios de Phalère – qui fut d'ailleurs fort critiqué pour avoir organisé la « collaboration » d'Athènes avec Cassandre. Il est vrai qu'entre Isocrate et Aristote les circonstances politiques ont changé. Quand Aristote ouvre son école, en 335, soit plus de cinquante ans après qu'Isocrate a ouvert la sienne (390), la liberté politique a disparu dans le monde grec et, à supposer que le philosophe ait voulu former des orateurs d'action, l'époque ne s'y prêtait plus guère. Quoi qu'il en soit, cette stérilité réelle ou supposée de la *Rhétorique* coïncide avec l'une des lignes de fracture le plus souvent soulignées entre philosophie et rhétorique : l'une serait spéculative, désintéressée, rationnelle, tandis que l'autre serait pratique, « engagée » dans la vie de la cité, mais aussi entièrement soumise à l'opinion.

Si cette dichotomie était pertinente, l'échec de la *Rhétorique* à former des orateurs devrait coïncider avec une doctrine éthérée, pure de toute compromission avec le réel. La rhétorique s'identifierait totalement à la dialectique et codifierait des échanges intellectuels entre gens de bonne compagnie soucieux seulement d'approcher le vrai par le dialogue dans les domaines où le savoir scientifique est hors d'atteinte. Il n'en est rien, bien sûr. La rhétorique n'est pas la dialectique mais son « pendant » (ἀντίστροφος, *Rhet.* 1354 a 1) et si le premier chapitre du Livre I borne la persuasion à l'enthymème, dès le chapitre suivant, les concessions à la médiocrité intellectuelle et morale du public se multiplient. De là une question qui a souvent été posée : que cherchait Aristote en écrivant la *Rhétorique* ? former des orateurs compte tenu des conditions concrètes de leur futur exercice – et il serait alors un rhéteur comme les autres – ? ou bien réfléchir en théoricien – mais pourquoi alors ce refus de moraliser la pratique ?

La réponse à cette question ne peut pas être simple. Il faut dire d'abord que – de son propre aveu – Aristote n'a pas trouvé le terrain vierge en commençant à travailler en rhétorique et que son traité fut précédé et préparé par le dépouillement des travaux de ses prédécesseurs, la fameuse Συναγωγὴ τεχνῶν.

Ainsi, « philosophe des savoirs », Aristote a commencé par un état de la question qui le préservait d'une approche purement spéculative. D'autre part, il est admis par tous les spécialistes de critique génétique que la *Rhétorique* dans son état actuel correspond à plusieurs étapes différentes d'une réflexion évolutive, étapes qui restent perceptibles dans la succession (et les discontinuités) des chapitres mais aussi, horizontalement en quelque sorte, dans les stratifications textuelles détectables dans un même passage. À cela s'ajoute la variété probable des destinataires : on connaît mal le détail des publics successifs auxquels Aristote s'est adressé, mais ses premiers enseignements en matière de rhétorique datent probablement de la période académique et visaient sans doute à concurrencer ceux d'Isocrate : on peut penser qu'ils étaient plus axés sur la pratique que les enseignements dispensés lors du second séjour à Athènes. On ne peut exclure non plus que la période intermédiaire, y compris le préceptorat d'Alexandre, ait apporté son lot de réflexions sur la rhétorique dans son sens le plus large.

Tout cela rend l'enquête difficile, d'autant que le texte – comme en général les œuvres d'Aristote – est un texte d'école, dont les conditions d'élaboration et de transmission ont été particulièrement chaotiques, ce qui ne peut manquer de retentir sur son interprétation. Ainsi, l'un des arguments en faveur du caractère pratique du traité est sa forme même. La succession de l'εὕρεσις (Livres I et II) de la λέξις (Livre III 2-12) puis de la τάξις (III 13-19) évoque les étapes d'une méthode. Mais en fait, rien n'annonce le Livre III avant la toute fin du Livre II et les listes les plus anciennes[1] mentionnent deux morceaux séparés (I et II d'une part, III de l'autre). L'ensemble que nous lisons a peut-être été constitué *après* la mort d'Aristote.

Aussi, plutôt que de poursuivre avec les généralités à la pertinence forcément limitée, doit-on plutôt examiner quelques passages où se trouve posé le problème de l'« immoralité » de l'ensemble du projet ou de tel ou tel précepte, afin d'essayer de cerner au plus près l'objectif poursuivi par Aristote.

Le problème se pose en fait dès le début du traité. Une idée récurrente dans les deux premiers chapitres de la *Rhétorique* est que celle-ci est étroitement liée à la dialectique, mais la présentation de cette idée connaît une modification d'importance. Au tout début du chapitre premier se trouve la formule célèbre de la rhétorique comme « pendant », « antistrophe » de la dialectique, que l'on interprète généralement comme une relation d'homologie, de correspondance terme à terme, dans des champs différents qui sont ceux, respectivement, de la conversation privée et de la parole publique. Au chapitre 2, la rhétorique est qualifiée de « rejeton » (παραφυές, *Rhet.* 1356 a 25) ou de partie (μόριόν τι *Rhet.* 1356 a 30) de la dialectique. Cette différence de présentation n'est pas sans lien avec les

1. Voir GOULET 1989, p. 427.

différences souvent soulignées entre les deux chapitres : le premier identifie la persuasion avec l'enthymème, alors que le second s'ouvre à l'ἦθος et au πάθος. Il est logique que le premier identifie plus exactement la rhétorique et la dialectique et les mette en quelque sorte sur un pied d'égalité, alors que le second n'envisage qu'une coïncidence partielle entre les deux domaines et une relation de hiérarchie entre eux. L'image du rejeton, qui part d'une même souche mais prend une relative indépendance, illustre bien le fait qu'entre les deux chapitres la rhétorique et la dialectique se sont quelque peu éloignées l'une de l'autre tout en faisant soupçonner une déperdition de dignité de la première par rapport à la seconde.

Cette évolution joue probablement sur l'utilisation potentielle du traité. La version « puritaine » (formule de J. Brunschwig) représentée par le premier chapitre identifie la formation de l'orateur à celle du dialecticien, à quelques adaptations près et en fait une affaire de philosophe. La version du chapitre 2 impose une formation complémentaire, spécifiquement rhétorique, et qui couvre ce que le premier chapitre considérait comme extérieur au fait en cause (*Rhet.* 1354 a 15), soit les affects.

Mais ce surplus, de quoi relève-t-il ? La rhétorique et la dialectique ont ceci de commun qu'elles sont de certaines « capacités » (δυνάμεις τινές) à produire des arguments (*Rhet.* 1356 a 33), capacités qui peuvent être rendues plus sûres grâce à un entraînement méthodique (cf. *Rhet.* 1354 a 8) mais qui n'accèdent jamais au rang de science (*Rhet.*, 1356 a 33). Est-ce dans ce qui, en rhétorique, est sans rapport avec la dialectique que l'on trouvera l'instance susceptible de lui donner le statut de science ?

La réponse est non : le second type de domaine couvert par la rhétorique relève de l'éthique, elle-même dépendante de la politique. Mais il est notable que le lien entre les deux (ou trois) est indiqué par une formule commune, παραφυές, au lien entre rhétorique et dialectique.

ὥστε συμβαίνει τὴν ῥητορικὴν οἷον παραφυές τι τῆς διαλεκτικῆς εἶναι καὶ τῆς περὶ τὰ ἤθη πραγματείας, ἣν δίκαιόν ἐστι προσαγορεύειν πολιτικήν. Διὸ καὶ ὑποδύεται ὑπὸ τὸ σχῆμα τὸ τῆς πολιτικῆς ἡ ῥητορικὴ καὶ οἱ ἀντιποιούμενοι ταύτης τὰ μὲν δι' ἀπαιδευσίαν τὰ δὲ δι' ἀλαζονείαν καὶ ἄλλας αἰτίας ἀνθρωπικάς.

Il en résulte que la rhétorique est comme une sorte de rejeton de la dialectique ainsi d'ailleurs que de l'étude des caractères, qu'il est légitime de nommer politique. De là vient également que la rhétorique, et ceux qui en revendiquent la possession, revêtent le costume de la politique, que ce soit par manque d'éducation, vantardise ou toute autre raison trop humaine. (*Rhet.* 1356 a 25-27)[2]

Surtout, Aristote insiste comme on le voit sur l'abus que représenterait l'identification entre rhétorique et politique et il dénonce violemment les rhéteurs[3] qui

2. À quelques détails près, le texte traduit est celui de Kassel 1976. La traduction proposée est celle de CHIRON 2007.

3. C'est-à-dire à la fois les praticiens et les théoriciens de l'éloquence, les deux n'étant pas distingués.

revêtent la rhétorique du costume de la politique. La raison est simple : la politique occupe un rang dans l'architecture des savoirs qui la rend apte à se donner un τέλος, ce qui n'est pas le cas de la rhétorique. C'est une discipline « maîtresse », ou « architectonique », « dont les fins sont préférables à toutes celles (*sc.* les disciplines) qui leur sont subordonnées », si honorables soient-elles, comme « la conduite des armées, l'économie, l'art oratoire »[4].

Le corollaire est que, par le simple fait qu'Aristote élabore une τέχνη ῥητορική, la rhétorique se voit implicitement reconnaître la capacité de transmettre à elle seule une compétence complète et méthodique, dans les deux domaines qu'elle recouvre, à savoir la capacité de produire des arguments et de prendre en compte les aspects psychologiques de la persuasion, mais qu'elle n'accède au statut ni de science ni d'instance morale. Elle peut donc contribuer à former à l'éloquence, mais elle ne saurait garantir ni le résultat du discours – elle ne donne que des capacités –, ni la véracité ni encore moins la moralité de l'orateur.

La porte est donc ouverte à une formation non pas immorale – ce qui serait d'ailleurs contreproductif, puisque la vérité et le bien concourent fortement à la persuasion (*Rhet.* 1355 a 37-38) – mais axiologiquement neutre – sous réserve d'une formation éthico-politique – ou provisoirement soumise à une morale courante aux impératifs très souples. Il est notable en effet que, à la fin du chapitre premier, le plus « puritain », répétons-le, la capacité de la rhétorique à persuader des contraires se voie moralisée en vertu d'un principe pratique non argumenté, rappelé comme en passant, dans une sorte de parenthèse :

Ἔτι δὲ τἀναντία δεῖ δύνασθαι πείθειν, καθάπερ καὶ ἐν τοῖς συλλογισμοῖς, οὐχ ὅπως ἀμφότερα πράττωμεν (οὐ γὰρ δεῖ τὰ φαῦλα πείθειν), ἀλλ' ἵνα μήτε λανθάνῃ πῶς ἔχει καὶ ὅπως ἄλλου χρωμένου μὴ δικαίως τοῖς λόγοις αὐτοὶ λύειν ἔχωμεν.

En outre, il faut être capable de persuader des thèses contraires, comme aussi dans les syllogismes, non pour soutenir effectivement l'une et l'autre (*car il ne faut pas persuader de ce qui est mal*) mais pour que le procédé ne nous échappe pas et afin que, si quelqu'un d'autre use des discours à des fins injustes, nous soyons nous-mêmes en état de le réfuter. (*Rhet.* 1355 a 29-33)

Au chapitre suivant (3), Aristote définit la fin visée par chacun des trois genres oratoires. Comme on le sait, la fin du délibératif est l'utile (συμφέρον) – ou son contraire –, celle du judiciaire le juste, celle de l'épidictique, le beau. On reconnaît là une topique récurrente et ancienne, puisqu'on en voit les prémisses au Ve siècle chez Gorgias, qui se retrouve chez Thucydide, et qui s'appellera plus tard τελικὰ κεφάλαια, ou points du souverain bien. Cette topique est souvent présentée comme une liste finie de prédicats de l'action propres à l'argumentation délibérative[5]. Chez Aristote, les principaux d'entre eux sont distribués selon les genres qu'ils contribuent à définir, avec le critère du temps et du public touché. Ce passage, notamment, a choqué :

4. *EN* 1-2, 1094 a 14 *sq.*, trad. BODÉÜS 2004.

5. C'est le cas notamment dans la *Rhétorique à Alexandre*, chap. 1, 1421 b 32 *sq.*

Ὁμοίως δὲ καὶ οἱ συμβουλεύοντες τὰ μὲν ἄλλα πολλάκις προΐενται, ὡς δὲ ἀσύμφορα συμβουλεύουσιν ἢ ἀπ' ὠφελίμων ἀποτρέπουσιν οὐκ ἂν ὁμολογήσαιεν· ὡς δ' οὐκ ἄδικον τοὺς ἀστυγείτονας καταδουλοῦσθαι καὶ τοὺς μηδὲν ἀδικοῦντας, πολλάκις οὐδὲν φροντίζουσιν. Ὁμοίως δὲ καὶ οἱ ἐπαινοῦντες καὶ οἱ ψέγοντες οὐ σκοποῦσιν εἰ συμφέροντα ἔπραξεν ἢ βλαβερά, ἀλλὰ καὶ ἐν ἐπαίνῳ πολλάκις τιθέασιν ὅτι ὀλιγωρήσας τοῦ αὐτῷ λυσιτελοῦντος ἔπραξεν ὅτι καλόν, οἷον Ἀχιλλέα ἐπαινοῦσιν ὅτι ἐβοήθησε τῷ ἑταίρῳ Πατρόκλῳ εἰδὼς ὅτι δεῖ αὐτὸν ἀποθανεῖν, ἐξὸν ζῆν. Τούτῳ δὲ ὁ μὲν τοιοῦτος θάνατος κάλλιον, τὸ δὲ ζῆν συμφέρον.

De la même façon, ceux qui interviennent dans une délibération délaissent souvent eux aussi les autres aspects (*sc.* justice, beauté), mais ils ne sauraient admettre qu'ils exhortent à des choses inutiles ou qu'ils dissuadent de choses utiles. Mais affirmer qu'il n'est pas injuste de réduire en esclavage les peuples voisins ou les gens qui n'ont commis aucune injustice, c'est bien souvent le cadet de leurs soucis. De même aussi, ceux qui louent ou qui blâment n'examinent guère si la personne dont ils parlent a accompli des actes utiles ou nuisibles et souvent, même, ils inscrivent dans leur louange l'argument selon lequel c'est au mépris de son propre intérêt que cette personne a agi, parce que c'était beau. C'est ainsi qu'on loue Achille d'avoir vengé son ami Patrocle, lui qui savait bien pourtant qu'en agissant ainsi il lui faudrait mourir alors qu'il lui était loisible de vivre. Pour Achille, une telle mort représentait le choix le plus beau, tandis que vivre, c'était le choix utile. (*Rhet.* 1358 b 33-1359 a 6)

Si la grandeur d'âme des héros suscite l'admiration, l'idée que la délibération se moque de la justice peut en effet paraître choquante, même si l'affaire de Mélos racontée par Thucydide au livre V (84-116) illustre cette prééminence réeelle du pragmatisme sur l'idéalisme dans le domaine politique. Quintilien réagit :

Deliberatiuas quoque miror a quibusdam sola utilitate finitas. Ac si quid in his unum sequi oporteret, potior fuisset apud me Ciceronis sententia, qui hoc materiae genus dignitate maxime contineri putat. Nec dubito quin ii qui sunt in illa priore sententia, secundum opinionem pulcherrimam, ne utile quidem, nisi quod honestum esset, existimarint.

Je m'étonne aussi que l'éloquence délibérative ait été restreinte par quelques auteurs à la seule utilité. S'il était nécessaire d'assigner à l'éloquence délibérative un objet unique, je préférerais adopter l'avis de Cicéron, selon qui ce genre d'éloquence repose surtout sur l'honneur. Et je ne doute pas que ceux qui partagent la première de ces deux opinions n'aient estimé, selon une très belle idée, que rien ne peut être utile qui ne soit honnête. (*Inst. Orat.* III, 8, 1, trad. Cousin)

Il semble bien pourtant que le scandale n'existe pas : que fait Aristote dans le texte cité ? Il distingue au sein de la pratique oratoire trois genres, et il les définit. L'opération de définition, chez Aristote, présuppose, on le sait, l'existence de ce qui est défini[6], d'où ce premier critère qui est tout simplement le constat des pratiques. D'autre part, le finalisme aristotélicien – l'explication des phénomènes par leur fin – est doublé d'un « naturalisme », l'idée – fameuse – que la nature « ne fait rien en vain ni rien de superflu » (*PA* III 1, 661 b 23), d'où l'idée de spécialisation fonctionnelle, qu'on appelle parfois « monotélisme », soit l'existence d'un moyen et d'un seul pour une fin donnée. Le discours délibératif répond donc à une fin et une fin unique. Cela ne signifie pas que le délibératif ne peut pas poursuivre une autre fin mais qu'il répond à sa définition en ce qu'il poursuit cette fin qu'est l'utile. Mais pourquoi précisément cette fin pour le délibératif et pas une autre ?

6. Voir CRUBELLIER et PELLEGRIN 2002, p. 63 *sq*.

La délibération s'inscrit dans le contexte politique. Dans ce domaine, au-delà de la simple tendance grégaire de l'être humain et quand la société devient plus complexe, la nature propre d'un peuple donné commande un et un seul régime (*EN* V 10, 1135 a 5), celui qui lui est adapté dans la « gamme » des possibles, soit la royauté, l'aristocratie, ou le gouvernement constitutionnel (*Pol.* III 7 ; IV 2). Mais ces régimes sont menacés de déviation, respectivement la tyrannie, l'oligarchie, ou la démocratie. Or ce qui fait la différence entre constitutions droites et constitutions déviées est que dans les premières le pouvoir – quel que soit celui qui l'exerce, un seul, ou un groupe étroit ou large – est exercé en vue de l'utilité commune (κοινὸν συμφέρον, voir *Pol.* III 6) aussi bien des gouvernants que des gouvernés, une satisfaction générale accroissant le sentiment d'appartenance et la stabilité du régime et donc son bonheur, celui-ci étant accru par la stabilité. La constitution déviée, elle, voit la captation de l'utilité commune par une composante particulière du corps social, au détriment de l'ensemble. On comprend que, vertueux ou vicieux, un régime, et ce qui détermine son avenir – c'est-à-dire la délibération – est guidé par le συμφέρον, lequel n'est absolument pas incompatible avec la vertu, mais ne lui est pas automatiquement associé.

On peut donc dire que dans ce passage Aristote fait œuvre de philosophe en définissant le τέλος du délibératif selon les règles de son épistémologie et de sa philosophie au sens le plus large du terme. Son point de vue est plus descriptif que normatif et, surtout, n'a rien d'incompatible avec le bien et la vertu. C'est la constitution même où l'on se situe qui fera coïncider – ou non –, selon qu'elle est droite ou déviée, le συμφέρον avec l'utilité commune et donc avec le bien.

Un troisième passage nous amène au cœur du problème, puisqu'il y est question de vertu. Il se situe dans le chap. I 7, consacré au délibératif et, plus spécialement, aux moyens d'établir une hiérarchie entre les options proposées à la délibération comme « utiles ». Ces moyens ont aussi une portée plus générale (« commune », cf. I 3, 1359 a 16 *sq.* ; II 18, 1391 b 28). En d'autres termes, il s'agit du « plus et du moins » appliqués à l'utile ou abordés dans une perspective plus générale. Or on lit cette phrase :

Καὶ ὅλως τὸ χαλεπώτερον (*σχ.* ὑπερέχει) τοῦ ῥᾴονος· σπανιώτερον γάρ. Ἄλλον δὲ τρόπον τὸ ῥᾷον τοῦ χαλεπωτέρου· ἔχει γὰρ ὡς βουλόμεθα. Καὶ ᾧ τὸ ἐναντίον μεῖζον, καὶ οὗ ἡ στέρησις μείζων. Καὶ ἀρετὴ μὴ ἀρετῆς καὶ κακία μὴ κακίας μείζων· τὰ μὲν γὰρ τέλη, τὰ δ' οὐ τέλη.

En général, le difficile est supérieur au facile, car il est plus rare. Mais sous un autre angle, ce qui est plus facile est supérieur à ce qui est plus difficile, car il répond à nos vœux. Est plus grand aussi ce dont le contraire est lui-même plus grand, et ce dont la privation est elle-même plus grande. La vertu est plus grande que la non-vertu, le vice que le non-vice, car vertu et vice sont des fins, les autres ne sont pas des fins. (*Rhet.* 1364 a 28-33)

Nous avons vu jusqu'à présent des passages qui attestent à la fois la neutralité axiologique et le caractère spéculatif de l'entreprise d'Aristote, aurions-nous ici, avec l'idée que le vice est plus grand que le non-vice, un cas patent d'immoralité ? Les commentateurs hésitent beaucoup sur l'interprétation du passage et rivalisent d'imagination pour disculper Aristote. Cope[7] a raison, me semble-t-il, de considérer que le texte est étranger aux considérations morales. Dans l'éthique aristotélicienne, la vertu ou le vice du caractère dépendent de la partie désirante de l'âme, laquelle relève à la fois de la partie rationnelle et de la partie irrationnelle de celle-ci. La possibilité d'un τέλος vicieux est inscrite dans l'éthique aristotélicienne, en rupture on le sait avec l'intellectualisme socratique et le fameux « nul n'est méchant volontairement »[8]. Une fois cela admis, l'importance relative du vice par rapport au non-vice découle simplement du critère du τέλος : ce qui est une fin est « plus grand », « plus important » que ce qui n'en est pas une. Le comparatif μείζων ne signifie pas « meilleur », c'est un terme neutre et l'on peut imaginer un procès où la qualification d'un acte comme vicieux le rendra plus grave qu'un acte identique mais non-intentionnel. On peut objecter bien sûr que le chapitre 7 est consacré au délibératif et qu'il traite donc de la qualification d'un acte futur comme « plus utile ». Il y a trois réponses à faire : d'abord la même que dans le cas précédent. Le plus utile n'est pas forcément le meilleur, tout dépend de la constitution, droite ou déviée, dans laquelle s'inscrit la proposition. D'autre part, la persuasion n'est pas le seul objet du délibératif, qui se propose parfois de dissuader. On peut dire enfin que le chapitre 7 compte d'autres cas de hiérarchies visiblement conçues pour un usage judiciaire, à commencer, dès le début du chapitre, par les considérations sur l'importance relative du détournement de fonds et du vol d'objets sacrés, le premier étant la conséquence potentielle du second (*Rhet.* 1363 b 32-33).

Je voudrais examiner maintenant un cas de figure nettement différent, où la démarche d'Aristote perd une bonne part de ses arrière-plans spéculatifs. Il s'agit du chapitre 9 du Livre I. Après avoir défini le beau, Aristote passe à la mise en œuvre de l'éloge : le développement commence par ληπτέον (1367 a 32), soit un verbe d'obligation qui trace la voie au praticien. C'est là qu'il conseille d'attribuer à l'objet de l'éloge des qualités seulement voisines de ses caractéristiques réelles :

[…] οἷον τὸν εὐλαβῆ ψυχρὸν καὶ ἐπίβουλον καὶ τὸν ἠλίθιον χρηστὸν ἢ τὸν ἀνάλγητον πρᾶον, καὶ ἕκαστον δ' ἐκ τῶν παρακολουθούντων ἀεὶ κατὰ τὸ βέλτιστον, οἷον τὸν ὀργίλον καὶ τὸν μανικὸν ἁπλοῦν καὶ τὸν αὐθάδη μεγαλοπρεπῆ καὶ σεμνόν, καὶ τοὺς ἐν ταῖς ὑπερβολαῖς ὡς ἐν ταῖς ἀρεταῖς ὄντας οἷον τὸν θρασὺν ἀνδρεῖον καὶ τὸν ἄσωτον ἐλευθέριον· δόξει τε γὰρ τοῖς πολλοῖς, καὶ ἅμα παραλογιστικὸν ἐκ τῆς αἰτίας· εἰ γὰρ οὗ μὴ ἀνάγκη κινδυνευτικός, πολλῷ μᾶλλον ἂν δόξειεν ὅπου καλόν, καὶ εἰ προετικὸς τοῖς τυχοῦσι, καὶ τοῖς φιλοῖς· ὑπερβολὴ γὰρ ἀρετῆς τὸ πάντας εὖ ποιεῖν.

[…] L'homme circonspect par exemple sera considéré comme froid et calculateur, le benêt comme bon, l'indifférent comme de bonne composition, et, dans tous les cas, on empruntera aux qualités connexes pour présenter chacun sous le meilleur jour : par exemple l'homme colérique ou le furieux sera présenté comme direct, l'arrogant comme solennel et digne, et tous ceux qui sont dans l'excès de quelque chose comme doués des vertus correspondantes. Le téméraire ainsi

7. COPE 1877, p. 132.

8. Sur cette rupture avec l'intellectualisme socratique, cf. CRUBELLIER et PELLEGRIN 2002, p. 161. Pour une autre interprétation du passage, cf. Grimaldi 1980a, n. *ad loc.*

sera courageux et le prodigue libéral : c'est ce que croiront la plupart des gens, mais en même temps, c'est un paralogisme qui provient d'une confusion sur la cause. Car si quelqu'un est enclin à s'exposer au danger quand ce n'est pas nécessaire, il paraîtra devoir l'être bien davantage quand l'occasion sera belle, et si quelqu'un est enclin à distribuer son bien aux premiers venus, il paraîtra devoir l'être bien davantage avec ses amis, car c'est l'excès de cette vertu que d'être bienfaisant avec tout le monde. (*Rhet.* 1367 a 34-b 7)

Ce qui est remarquable est qu'Aristote démonte lui-même le mécanisme qui permet l'amalgame abusif. Il y a au départ d'un côté un excès, ou un défaut, c'est-à-dire un vice, et de l'autre un juste équilibre – qui représente pour Aristote la vertu. L'amalgame entre les deux tient au fait que face à un comportement dont il ne voit pas le caractère vicieux, le public extrapolera sur ses conséquences éventuellement positives et y verra une vertu : qui donne à n'importe qui, pense-t-il, sera généreux avec ses amis, sans voir qu'il a affaire à deux comportements complètement irréconciliables, l'un vertueux parce qu'issu d'un juste équilibre entre désir et rationalité, l'autre vicieux. Mais on entrevoit assez facilement l'usage positif qui peut être fait de ce paralogisme : un personnage historique ou mythologique deviendra facilement un modèle, quels que soient ses défauts. Quintilien lui-même n'est pas très choqué de cette distorsion de la vérité, dans la mesure où elle peut servir à l'orateur soucieux du bien public (*Inst. Orat.* III 7, 25). Et il faut peut-être rapprocher ce passage de ceux où Aristote évoque la μοχθηρία, intellectuelle et morale, du public. Quand il s'agit d'éloge, le souci de donner des modèles qui puissent guider ce public vers le progrès moral justifie peut-être quelques entorses à la vérité. Il me semble que nous sommes là sur le terrain de la morale ordinaire qui affecte à l'orateur une responsabilité particulière, celle d'un notable éclairé.

Cela dit, il me semble qu'on est déjà dans le cas d'une prescription ouvertement et consciemment immorale, quoique potentiellement justifiable. Mais on ne saurait omettre – parce qu'ils existent bel et bien – les cas où Aristote professe froidement une doctrine indifférente à toute morale, et adopte une posture qui est celle des avocats, appelés à défendre professionnellement n'importe quelle cause. Certains des meilleurs exemples se trouvent dans le chapitre 15 du Livre I, où Aristote – comme l'a montré David Mirhady[9] – reproduit des préceptes voisins de ceux que l'on trouve dans une τέχνη contemporaine à caractère professionnel, la *Rhétorique à Alexandre*. Je citerai seulement ces quelques mots, concernant les συνθῆκαι. Il s'agit des accords privés contractés par consentement mutuel, comme les contrats de vente, de location, de dépôt d'argent (cf. par exemple le *Trapézitique* d'Isocrate).

Περὶ δὲ τῶν συνθηκῶν τοσαύτη τοῦ λόγου χρῆσίς ἐστιν ὅσον αὔξειν ἢ καθαιρεῖν ἢ πιστὰς ποιεῖν ἢ ἀπίστους, ἐὰν μὲν αὐτῷ ὑπάρχωσι, πιστὰς καὶ κυρίας, ἐπὶ δὲ τοῦ ἀμφισβητοῦντος τοὐναντίον.

9. Mirhady 1991.

En ce qui concerne les contrats, le rôle du discours se borne à les conforter ou à les ruiner, à les rendre crédibles ou non crédibles ; s'ils sont pour nous, à les rendre crédibles et valides et, s'ils sont pour l'adversaire, à faire d'eux tout le contraire. (*Rhet.* 1376 a 33-b 2)

Aristote, dans l'*Éthique à Nicomaque* (1131 a 2 *sq.*), dit que ces contrats assurent une « justice partielle ». Dans le passage cité, toute préoccupation de justice s'efface devant la défense de l'intérêt particulier, et l'on retrouve en effet le même type de dichotomie que dans la *Rhétorique à Alexandre* (chap. 13, 1431 a 6 *sq.*) où le rhéteur distingue soigneusement et sans état d'âme, à propos de la preuve, la nécessité – ou impossibilité – « naturelles » de la nécessité – ou impossibilité – « selon nous » ou « selon l'adversaire ».

Il faut préciser que ces deux points de vue, spéculatif ou pratique, ne sont pas forcément séparés. Il y a des cas où Aristote, en spécialiste de la pensée, voire du bon sens, s'insurge contre les insuffisances des techniciens professionnels et critique leurs préceptes pratiques en tant que tels, c'est-à-dire comme malcommodes ou inappropriés. Un exemple éclatant se trouve dans le Livre III, souvent considéré comme ancien dans la carrière d'Aristote. Critiquant la théorie des parties du discours largement répandue – celle qu'on trouve notamment dans la *Rhétorique à Alexandre* – il corrige :

Ἔτι τὸ προσεκτικοὺς ποιεῖν πάντων τῶν μερῶν κοινόν, ἐὰν δέῃ· πανταχοῦ γὰρ ἀνιᾶσι μᾶλλον ἢ ἀρχόμενοι. Διὸ γέλοιον ἐν ἀρχῇ τάττειν, ὅτε μάλιστα πάντες προσέχοντες ἀκροῶνται.

La captation de l'attention des auditeurs est requise, le cas échéant, dans toutes les parties du discours ; car les auditeurs décrochent partout davantage qu'au commencement. C'est pourquoi il est ridicule de placer cette captation au début, quand tous écoutent avec le plus d'attention. (*Rhet.* 1415 b 9-12)

Pour conclure, j'insisterai sur l'*hétérogénéité* du texte de la *Rhétorique*, qui est non seulement une *somme rhétorique* mais un véritable *kaléidoscope des manières d'aborder cette technique*. Je ne nie pas la remarquable constance de concepts opératoires indiscutablement philosophiques, comme la séparation entre induction et déduction, qui se reflète dans l'opposition entre exemple rhétorique et enthymème, comme la séparation entre prémisses nécessaires et prémisses seulement probables, comme la valeur cognitive des ἔνδοξα, ou encore les principes à l'œuvre en psychologie (ἕξις, ἦθος, etc.). Mais ces concepts sont mis au service d'une matière composite, qu'Aristote traite de plusieurs manières différentes, tantôt en pur théoricien, tantôt en historien, tantôt dans la perspective d'un rhéteur professionnel. Toute la difficulté est d'identifier à coup sûr ces différences de perspective. On a vu que certains passages ont été interprétés à tort comme pragmatiques et a-moraux, alors qu'ils reflètent au contraire la méthode du philosophe (je pense en particulier à l'absence de la justice comme τέλος du délibératif). Une des clefs principales de la *Rhétorique* se trouve dans le reste du corpus. Mais on ne doit pas conclure pour autant qu'Aristote s'inscrit toujours dans la moralité ou la neutralité axiologique dont on a donné les raisons, il lui arrive aussi de donner des leçons de pragmatisme aux praticiens eux-mêmes, quand il ne va pas jusqu'à renchérir sur le cynisme – avant la lettre – de certaines traditions professionnelles, je pense ici surtout aux conseils qu'il donne sur l'utilisation des *pisteis* non-techniques au chapitre 15 du Livre I.

Tout cela donne peut-être une signification particulière à la dernière phrase de la *Rhétorique* :

Τελευτῇ δὲ τῆς λέξεως ἁρμόττει ἡ ἀσύνδετος, ὅπως ἐπίλογος ἀλλὰ μὴ λόγος ᾖ· « εἴρηκα, ἀκηκόατε, ἔχετε, κρίνατε. »

À la fin, c'est l'expression en asyndète qui convient, de manière que ce soit un épilogue et non un discours : « J'ai parlé, vous avez entendu, la décision est entre vos mains ; jugez. » (*Rhet.* 1420 b 2-3)

Si la formule vaut comme miroir du traité et pas simplement comme un conseil banal, c'est à la fois un ἐπίλογος – on dirait aujourd'hui un méta-discours – et aussi une conclusion de discours, inspirée, selon toute vraisemblance, de celle du discours 12 *Contre Ératosthène* de Lysias. Tout se passe comme si, jetant un regard ultime sur son œuvre et au moment de la clore, Aristote y voyait le fruit d'une entreprise de persuasion, un discours comme un autre, soumis au jugement du lecteur à qui revient le dernier mot. Peut-être est-ce une vue de l'esprit, mais il me semble que le choix offert à ce lecteur est entre les deux approches de la rhétorique illustrées dans le traité : approche théorique, approche pratique. Cela n'est surprenant, en fait, que si l'on ignore l'importance considérable de la parole dans la vie quotidienne des Athéniens.

Le choix n'était pas secondaire, mais une option de vie quasiment incontournable. Si cela est vrai, Aristote nous laisse devant une conclusion qui n'est pas si éloignée de celle du *Gorgias* de Platon : on retient en général la victoire de Socrate. Mais en réalité ni Gorgias, ni Pôlos, ni Calliclès ne s'avouent battus[10]. Quant à Socrate, son raisonnement le conduit vers une sorte de marginalité. On sait qu'Aristote, lui aussi, plaçait le plus haut degré du bonheur dans une vie théorétique, mais il nous laisse le choix d'opter pour une vie plus engagée, où la rhétorique sera certes moins pure, mais plus efficace.

10. Cf. les remarques de CANTO-SPERBER 2007, p. 10.

ARISTOTE RHÉTEUR ?

Aristote rhéteur[1] ? La question est peut-être encore sacrilège pour certains, mais elle se pose bel et bien, tant est décisive l'influence du philosophe sur la rhétorique postérieure[2], et tant sont ambivalents les rapports qu'il entretient avec la tradition technique antérieure à sa *Rhétorique*. Il a reconnu l'existence de prédécesseurs dans ce domaine – et non en dialectique[3] –, il a compilé leurs manuels – dans un recueil hélas perdu[4] –, et s'ils les critique souvent sans indulgence, il reprend bon nombre de leurs préceptes.

La comparaison avec la *Rhétorique à Alexandre*[5], traité contemporain entièrement centré sur l'obtention d'un résultat et particulièrement peu spéculatif[6], montre l'existence d'un important corpus commun de procédés, de termes techniques,

1. Précisons d'emblée que nous utilisons ce terme dans son acception initiale, antérieure à la distinction entre méta-discours technique et pratique de l'éloquence (cf. PERNOT 2000, p. 8). Par la question « Aristote rhéteur ? », nous suggérons qu'Aristote s'est intéressé de près à l'enseignement de la *pratique* de l'art oratoire (I) et qu'il a inclus la maîtrise et la pratique de cet art dans son activité philosophique (II). Précisons aussi qu'en employant le mot « pratique », nous n'entendons pas « professionnel », ce que personne ne revendiquait à l'époque classique, la démocratie, par principe, condamnant la professionnalisation des fonctions d'intérêt collectif, d'où la piètre opinion réservée aux synégores, logographes et autres activistes, cf. Pseudo-Aristote, *Rhétorique à Alexandre*, 1437 a 34 *sq.* ; 1442 b 12 *sq.* ; 1444 a 18 *sq.*

2. Sur cette place de la *Rhétorique* dans l'ensemble de la tradition rhétorique, voir par exemple FORTENBAUGH 2007.

3. Dans le chapitre 34 et dernier des *Réfutations sophistiques*.

4. Voir la notice « Aristote de Stagire » dans GOULET 1989, p. 427.

5. Pseudo-Aristote, *Rhétorique à Alexandre*, (éd. CHIRON 2002). Sur le souci d'efficacité, peu regardant sur le choix des moyens, qui caractérise ce traité, voir BRAET 1996, p. 348 : « Even a superficial inspection of this book discloses a great many techniques designed to arouse emotions and a variety of other fallacies. Nor does it attempt to disguise its opportunism : the important thing is to win the case, at whatever cost and by whatever means ».

6. La rhétorique, par exemple, n'y est pas définie, et le mot même n'apparaît que dans le titre qui, selon toute probabilité, est apocryphe. Cela dit, il n'est pas impossible que l'auteur de ce traité, profondément influencé par Isocrate, se soit voulu « philosophe », au sens isocratique du terme. Le chapitre 37 du traité, visant à faire de la formation technique l'armature d'un programme complet de formation, va dans ce sens. Mais il faut bien dire que, partout ailleurs, le souci d'efficacité immédiate est omniprésent.

voire de propositions pouvant servir de prémisses dans les domaines judiciaire ou délibératif.

On pourrait être tenté de réduire cet intérêt d'Aristote pour la réalité trop humaine de la persuasion à une tolérance condescendante. Il faudrait considérer comme de faible portée les nombreuses formules où il concède à la médiocrité du public la prise en compte des moyens de persuasion les plus éloignés de la démonstration du fait[7], ou le corpus de propositions constitué par les ἔνδοξα, opinions validées provisoirement ou faute de mieux – la matière traitée ne disposant pas de propositions nécessaires – par un consensus large ou l'autorité de quelques sages[8], ou encore certaines considérations moralement contestables[9], legs d'une discipline constituée indépendamment des sciences architectoniques (éthique, politique) et donc incapable de se réguler sans elles.

Mais en rester là serait ignorer un fait capital : la refonte du projet initial de la *Rhétorique*, opérée en cours de travail, qui a occasionné un véritable « redémarrage » du propos au chapitre 2 du Livre premier, sur des bases beaucoup plus larges, incluant, à côté de la persuasion par le λόγος (l'enthymème), celle qui procède de moyens naguère condamnés sans appel, la persuasion par l'image du locuteur (ἦθος) et par les émotions du public (πάθος). De là une superstructure entièrement renouvelée : l'addition de la plus grande partie du Livre II et, finalement, une théorie générale qui recouvre tous les aspects de la pratique sans exclusive, jusqu'à la « mise en voix » du discours (en grec ὑπόκρισις), dont l'effet – pourtant contestable dans son principe – est reconnu comme décisif[10], en passant par la « mise en mots », ou étude du style (λέξις), qui – elle aussi illusoire *a priori*[11] – occupe pourtant plus de la moitié du Livre III (chapitres 2-12). Il n'est jusqu'à la seconde partie de ce dernier livre, consacrée aux parties du discours (III, chapitres 13-19), qui ne soit elle aussi difficilement compatible avec certains jugements radicaux du chapitre initial[12].

Bref, on a le sentiment que le projet-même d'Aristote a été profondément repensé en cours de route[13], éloigné d'un certain « puritanisme » platonicien, rapproché tant de la théorie que de la pratique contemporaines de l'art oratoire, et que la majeure partie de la substance définitive du traité dérive de ce changement.

7. Voir par exemple *Rhet.* I 1, 1355 a 27 *sq.* ; I 9, 1367 b 4 ; III 1, 1403 b 35, 1404 a 8.

8. *Top.* I 1, 100 b 21.

9. Voir CHIRON 2008.

10. *Rhet.* III 1, 1403 b 21 *sq.*

11. L'effet du travail du style relève de la φαντασία (*Rhet.* 1404 a 11).

12. 1354 b 16-20.

13. Précisons que, sans en contester la légitimité, nous n'entrons pas ici dans des considérations génétiques. La façon dont est rédigée la transition entre les chapitres 1 et 2 laisse ouverte la possibilité d'un changement d'algèbre volontaire, un « faisons comme si… » conforme à l'usage des dialecticiens, cf. *infra*.

Certaines raisons de cette refonte sont assez obvies : comme l'écrit Michel Patillon, « Aristote constate le fait rhétorique et son importance dans les rapports sociaux »[14] et l'on ne saurait exagérer le rôle de la maîtrise de la parole dans l'Athènes classique, tant comme instrument du pouvoir que comme moyen de défense.

De façon plus triviale, la lecture d'un manifeste comme le *Contre les Sophistes* d'Isocrate ouvre des perspectives sur la compétition entre écoles, exacerbée depuis le début du IVe siècle par l'augmentation de leur nombre, d'où une baisse des tarifs pratiqués. Qui dit concurrence économique dit certainement souci de « marketing ». La *Rhétorique*, on le sait, a été composée sur plusieurs décennies et pour des publics différents, par le niveau et par les motivations. On a de bonnes raisons de penser que, sur ce marché de la formation des élites, Aristote a dû pour s'imposer s'attacher à l'enseignement de la pratique la plus décisive dans ce domaine, celle de l'éloquence. La chose est attestée dans le cadre de l'Académie[15], et probable lors du second séjour à Athènes.

À cela s'ajoute sans doute une urgence dérivée du contexte immédiat : lorsque Aristote en disgrâce revient dans la cité en 335, il est en délicatesse avec l'un et l'autre camp, tant les démocrates que les amis d'Alexandre. Athènes vibre encore de la querelle au sommet, ranimée par l'affaire de la couronne, entre Démosthène et Eschine et des débats plus feutrés autour du panhellénisme isocratique. On interprète souvent cette période comme l'agonie de la liberté des cités. C'est une réalité mais la prise de conscience de cette mutation ne fut pas immédiate : Athènes sera prête bientôt, à la mort d'Alexandre, à prendre les armes lors de la « guerre lamiaque » pour recouvrer son autonomie.

À cette époque, l'art oratoire, récemment illustré par Démosthène tant dans son versant délibératif (harangues) que polémique (plaidoyers politiques), dans une Athènes plus menacée encore dans son existence que déchirée par des querelles intestines, ne pouvait plus être caricaturé sous les traits d'un Pôlos. Une fusion aussi dramatique entre destin individuel et destin commun, avec la parole comme ressort principal de la décision collective, contribuait à renforcer la place et le rôle de la rhétorique d'action[16] et conduisait à l'aborder non pas seulement en théoricien, attentif à promouvoir la pratique au rang de technique au sens philosophique du terme (c'est-à-dire soumise à un τέλος, dotée d'une méthode et d'un ensemble de définitions et de divisions dûment hiérarchisées), mais aussi en

14. *DPhA* I, art. cit., p. 451.

15. Cf. CHROUST 1964.

16. On notera que les deux grands traités du milieu du IVe s., les premiers traités systématiques conservés, la *Rhétorique* d'Aristote (1354 b 23 *sq.*) et la *Rhétorique à Alexandre* (1421 b 7 *sq.*), s'accordent pour donner la priorité à l'éloquence d'assemblée sur le judiciaire, contrairement aux usages antérieurs.

praticien, aspirant à maîtriser lui-même cette technique et à communiquer cette maîtrise à des aspirants-politiciens.

Cela fait de la *Rhétorique* un ouvrage « atypique »[17], tantôt purement théorique, tantôt plus pragmatique. Le chaotique début du Livre III est particulièrement représentatif de cette attitude complexe[18] : devant servir d'articulation entre deux premiers livres dépendant eux-mêmes d'options largement contradictoires et un troisième qui n'est légitime que selon une seule de ces options, il oscille entre un puritanisme fidèle à l'*incipit* de l'ouvrage et des compromissions assumées.

Car, dans ces oscillations mêmes, Aristote reste un philosophe. Ces options qui s'affrontent à propos du principal *medium* socio-politique sont des options réfléchies et les adaptations qui en dérivent ne sont ni ponctuelles ni de circonstance. Ce que nous voudrions mettre en relief ici est la richesse et la profondeur de la refonte opérée en réexaminant[19] les tensions qui opposent les deux premiers chapitres de l'ouvrage et qui fournissent à nos yeux l'une des clefs les meilleures pour l'interprétation de l'ensemble de l'œuvre : on y assiste, croyons-nous, non à un exposé dogmatique figé sur des contradictions insolubles, mais à la mise en scène, à l'ἐπίδειξις d'un débat contradictoire élaboré avec tout le recul nécessaire, sur une question d'actualité, avec le lecteur comme témoin, sinon comme juge.

I

Le premier chapitre de la *Rhétorique* distingue très strictement trois paramètres de la relation rhétorique : le fait, l'orateur, le juge. Même si cette relation vaut en droit[20] pour tous les genres oratoires (le fait est passé ou futur – donc d'ordre judiciaire ou délibératif –, l'orateur est ou bien politicien, ou bien plaideur, le mot juge [κρίτης] est pris au sens large, réunissant le citoyen appelé à voter lors d'une réunion de l'assemblée et le juré [δικαστής], membre d'un tribunal populaire), plusieurs indices attestent la prégnance du paradigme judiciaire, à commencer par l'homologie initiale entre la rhétorique et la dialectique, où la première est représentée par l'accusation et la défense[21].

17. BRAET 1996, *loc. cit.*

18. Nous n'envisageons pas ici le problème posé par la liste des œuvres d'Aristote fournie par Diogène Laërce : elle mentionne séparément (n° 78 et 87) les trois livres comme des œuvres distinctes (un *Art rhétorique* en deux livres, un traité *Du Style* en deux livres), cf. *DPhA* I, art. cit., p. 452-453. Certains ont pensé que les sutures seraient l'œuvre d'un « assembleur » et non d'Aristote, mais il s'avère qu'elles n'offrent aucun trait linguistique ou stylistique qui les rende suspectes.

19. Pour une vue d'ensemble des débats sur cette question, voir notamment RAPP 2002, I, p. 172 *sq.* ; II, p. 107 *sq.*

20. Cf. *Rhet.* I 1, 1354 b 22-23.

21. *Rhet.* I 1, 1354 a 5-6.

Ainsi s'explique la tonalité très critique de ce premier chapitre : la rhétorique contemporaine, théorie et pratique, y est condamnée toute entière au nom d'un modèle qui n'a encore aucune existence ou presque et auquel Aristote semble donner naissance sous nos yeux. Le rôle de l'orateur s'y borne à l'établissement du fait à l'aide de l'enthymème. Le juge est chargé de qualifier ce fait en fonction de la loi, tâche rendue nécessaire par l'impossibilité où se trouve le législateur de prévoir tous les cas possibles[22]. Il est de la plus haute importance de ne pas mélanger les fonctions de l'orateur et du juge sauf à « tordre la règle dont on va se servir »[23]. Hélas, constate Aristote, tous les auteurs de τέχναι se détournent de l'enthymème pour enseigner à l'orateur une tâche qui n'est pas la sienne : exciter les passions des juges afin d'interférer dans leur jugement. La tendance naturelle qui mène les hommes jusqu'à la vérité[24] est ainsi dévoyée. Non contente de viser à côté de la cible, la rhétorique contemporaine exerce une influence perverse.

Ce qui est remarquable dans ce chapitre, outre la place prise par le contre-modèle judiciaire et la constatation corollaire d'un vide dans le domaine délibératif où la rhétorique pourrait véritablement s'illustrer[25], est le point de vue adopté : intellectualiste, dépendant en dernière analyse d'une instance extérieure intemporelle, incarnée dans l'idéal par le législateur, et à défaut par un juge de circonstance[26]. Celui-ci procède – ou devrait procéder – par juxtaposition de la règle et du fait. Sa tâche se résume à établir la conformité ou la déviance de l'un par rapport à l'autre puis, mécaniquement en quelque sorte, à acquitter le prévenu ou mettre en œuvre la sanction prévue par la loi. Aristote constate la difficulté de mettre en œuvre réellement ce modèle, mais fait état de précédents qui attestent sa faisabilité : dans certaines cités par exemple, il est interdit au plaideur de « parler en dehors du fait », et à Athènes même, à l'Aréopage, tribunal prestigieux où se jugent les affaires de meurtre, ce principe est réellement appliqué[27].

L'intellectualisme se double d'une sorte d'optimisme ou de candeur sur le plan moral : la rhétorique – comme la dialectique – peut déduire les contraires, mais il ne faut pas persuader de ce qui est mal[28], l'homme est doué naturellement pour la vérité et y parvient la plupart du temps, le vrai et le juste ont naturellement plus de force que leurs contraires[29], etc.

22. D'où le caractère général de la loi. Voir déjà Platon, *Politique*, 294 a 10 *sq*.

23. *Rhet.* 1354 a 25-26. Nous nous référons au texte grec de l'édition KASSEL 1976. Les traductions sont nôtres (CHIRON 2007).

24. *Rhet.* 1355 a 15-17.

25. *Rhet.* 1354 b 22 *sq*.

26. La doctrine est la même que dans l'*Éthique à Nicomaque*, V 14, 1137 a 22 *sq*. Le juge ne doit dire que ce que dirait le législateur s'il était là ou ce qu'il aurait dit s'il avait connu le cas.

27. *Rhet.* 1354 a 18 *sq*.

28. *Rhet.* 1355 a 31.

29. *Rhet.* 1355 a 21-22.

Les innovations du chapitre suivant sont tout sauf anodines. On a signalé cette spectaculaire extension du domaine de la technique rhétorique de plein droit à l'ἦθος et au πάθος, mais d'autres changements plus discrets sont tout aussi révélateurs d'un changement radical de point de vue. Le premier chapitre commençait par une assertion (« La rhétorique est... »), le second par un postulat (« Posons que la rhétorique est... ») annoncé comme un changement de règle du jeu (« Enchaînons sur la suite après avoir, comme si nous reprenions du début, redéfini ce qu'est la rhétorique »[30]). Tout se passe comme si Aristote, avec des pincettes peut-être, mais en dialecticien honnête, se faisait l'avocat du diable.

Autre fait marquant, Aristote rétablit l'équilibre entre les genres et tend même, quand il est le plus spécifique, à privilégier le délibératif sur le judiciaire. Fait plus notable encore, il introduit une seconde image, toute différente, pour rendre compte de la relation entre la rhétorique et la dialectique. À la relation initiale d'homologie, de symétrie parfaite (cf. ἀντίστροφος), entre les deux disciplines, il substitue l'image d'une sorte de rejeton (παραφυές)[31], d'origine identique ou proche, mais se développant clairement παρα-, c'est-à-dire *à côté de* la dialectique, et éventuellement – selon un usage de la langue grecque qui nous est familier grâce au mot *paradoxe* – *contre* elle. Aristote semble assumer ainsi le fait que la rhétorique soit sinon un dévoiement de la dialectique, du moins une méthode distincte de cette dernière dans ses buts et dans ses moyens.

D'autre part, le premier chapitre était marqué par une certaine impersonnalité. Au chapitre deux, le « je » apparaît en plus du « nous » et, dans un passage où Aristote adopte un point de vue interne, celui du récepteur dans la relation de persuasion, ce qui est assez rare, on trouve cette phrase qu'on ne concevrait pas dans le chapitre précédent et qui contribue à donner tout leur sens aux changements apportés ici. Il s'agit de l'ἦθος, au moment de la première apparition de ce terme – important s'il en est – dans le traité, le premier chapitre n'utilisant, d'une manière assez floue, que le terme πάθος. Son effet est ainsi commenté : « Il y a persuasion par le caractère (ἦθος) quand le discours est ainsi fait qu'il rend celui qui parle digne de foi. Car nous faisons confiance plus volontiers et plus vite aux gens *honnêtes* (ἐπιεικεῖς)[32], sur tous les sujets tout bonnement, et même résolument sur les sujets qui n'autorisent pas un savoir exact et laissent quelque place au doute »[33].

30. *Rhet.* 1355 b 23-25.

31. *Rhet.* I 2, 1356 a 25.

32. La traduction de ἐπιεικής, ἐπιείκεια par « honnête », « honnêteté », n'est guère satisfaisante eu égard à la richesse des acceptions de l'original (cf., ici et *infra*, nos oscillations pour l'adjectif entre « honnête », « normal », compréhensif »...), mais elle est préférable au traditionnel « équitable », « équité » qui introduit un sème d'égalité absent du grec (cf. NARCY 2008, p. 360).

33. *Rhet.* 1356 a 5-8.

On se souvient que, dans le chapitre précédent, Aristote déplorait que le législateur ne puisse prévoir tous les cas possibles et doive laisser un espace d'initiative au juge forcément moins éclairé et plus pressé. Il faut rappeler ici la définition de l'ἐπιείκεια donnée dans l'*Éthique à Nicomaque :* c'est la « correction du juste légal », ou du « juste tel que défini par la loi »[34]. L'espace, sinon la contradiction – que l'on songe à l'histoire d'Antigone –, entre ce que dictent dans le cas présent la loi écrite ou particulière et une justice plus universelle, devient l'objet d'une compétence reconnue, qui joue un rôle essentiel dans la relation de persuasion. Dans notre formule « compétence reconnue », le deuxième terme est aussi important que le premier. Celui qui veut persuader par l'ἦθος doit *se faire reconnaître comme* ayant, *donner l'impression* qu'il a le talent de combler les vides de la loi, sinon de produire un jugement qui sera meilleur que la justice elle-même, et c'est cette impression, correspondant ou non à une réalité, qui produira la persuasion par le biais de la confiance. Dans la suite du passage, Aristote précise que « cela aussi [doit être] obtenu par l'entremise du discours et non en raison d'une opinion préconçue sur le caractère de celui qui parle » et enchaîne sur l'importance de l'honnêteté (ἐπιείκεια) de l'orateur *au regard de la technique*, si bien que : « le caractère constitue, pourrait-on presque dire, un *moyen de persuasion* tout à fait décisif ».

Il y a là un coup de force spectaculaire : l'ἦθος, comme moyen de persuasion technique décisif, en vient à occuper la place qu'occupait l'enthymème dans le chapitre précédent, et, surtout, l'« étanchéité » qui devait marquer le rapport entre l'orateur et le juge cesse d'être un principe, l'orateur devant s'attacher à créer chez le juge, par des techniques discursives[35], la confiance en sa capacité à lui, l'orateur, non pas seulement d'établir le fait, mais de produire un jugement distinct de, sinon contraire à l'application stricte de la loi. En tout bien tout honneur, naturellement, la loi écrite comportant effectivement des lacunes à combler. Mais, en tournant les choses au pire et en choisissant comme champ d'application le domaine judiciaire, on pourrait dire que l'orateur, en quelque sorte, se substitue au juge – et donc au législateur[36] –, et s'arroge le pouvoir d'inspirer une décision éventuellement illégale, pourvu que la confiance qu'il parvient à inspirer au juge le lui permette. Il s'agit si bien d'un argument de

34. *EN* V 14, 1137 b 12-13. Texte BYWATER 1894 [1962] ; trad. BODÉÜS 2004.

35. Et non par la construction patiente, dans la vie réelle, d'une bonne réputation, comme le disait Isocrate, ici visé. Cf. *Sur l'Échange*, 276-280 et *Rhétorique à Alexandre*, 1445 a 32 (où la préparation morale, calquée sur la formation rhétorique, vise à la fois à l'efficacité persuasive et à l'obtention d'une δόξα ἐπιεικής).

36. Cf. *supra*, n. 26 de ce chapitre. L'orateur – et non plus seulement le juge – en vient à empiéter sur le domaine réservé chez Platon à « l'homme royal », domaine que l'Étranger du *Politique* (300 e 7 *sq.*) interdit aussi bien aux notables en régime aristocratique qu'au peuple souverain en démocratie. Dans les *Lois* (VI 757 d 8 *sq.*), Platon récuse d'un bloc tant l'ἐπιεικής que toute application compréhensive, indulgente, de la loi.

circonstance qu'au chapitre 15 de la *Rhétorique*, Aristote spécifie qu'on en appelle à l'application souple – selon l'ἐπιείκεια – ou rigide de la loi selon que l'une ou l'autre interprétation est favorable à notre cause[37].

Mais la question qui se pose ici est celle de la source réelle de cette confiance. S'agit-il d'une autorité du même type que celle qui fonde les ἔνδοξα ? Certes non, la confiance en l'orateur ἐπιεικής est discursive alors que les ἔνδοξα s'appuient sur un consensus extérieur devenu impersonnel. Alors qu'est-ce qui, précisément, permet à l'orateur d'acquérir par son discours un crédit plus fort que l'autorité de la loi ?

Il y a ici un certain nombre d'éclaircissements à donner, car si l'adjectif ἐπιεικής et le substantif ἐπιείκεια ont depuis longtemps retenu l'attention des exégètes[38] et si leur sens est aujourd'hui assez sûrement établi, au moins sur le plan philosophique, leur rôle de symptômes dans cette nouvelle approche de la rhétorique initiée par Aristote au chapitre 2 du Livre I doit encore être précisé.

Un bon guide pour la compréhension de cet « intraduisible » subtil, s'il est vrai qu'Aristote ancre sa terminologie dans l'usage de la langue et dans la culture grecque, nous semble être un épisode souvent commenté de l'*Iliade*[39], qui met en scène – d'où son intérêt particulier pour les antécédents rhétoriques de la notion – un orateur et un groupe dans une situation de délibération, c'est-à-dire face à une décision à prendre.

Nous sommes au chant XXIII, c'est le début des jeux funèbres donnés en l'honneur de Patrocle. Achille, l'organisateur de ces jeux, a prévu pour les cinq concurrents de la course de chars – la première épreuve et la plus prestigieuse – une série de cinq prix soigneusement hiérarchisés en valeur[40]. À la différence d'une épreuve qui ne couronne que les premiers et laisse les autres dans une sorte de neutralité, celle-ci prévoit une récompense proportionnée au talent de chacun. Tous, sans exception, se verront évalués et situés dans la série, et tous se battront pour le meilleur rang possible, même si ce n'est pas le premier[41]. Parmi les

37. *Rhet.* 1375 a 27 *sq.* Dans ce passage, comme l'écrit NARCY 2008, p. 362 : « Aristote parle en avocat ».

38. Le mot est très fréquent chez le Stagirite (autour de 200 occurrences, selon l'estimation de PIAZZA 2011). Mais les exégètes se focalisent sur le chap. 14 du Livre V de l'*Éthique à Nicomaque*, ou *Rhet.* I 13, bien davantage commentés que le présent passage. Cf. DE ROMILLY 1979, p. 53-63 ; BRUNSCHWIG 1996a, NARCY 2008 et PIAZZA 2009 et 2011. Ces trois derniers articles fournissent la bibliographie récente.

39. Signalons, entre autres, DE ROMILLY 1979, p. 55 et PIAZZA 2011, p. 161-165. La continuité entre ce passage d'Homère et les analyses d'Aristote est d'autant moins étonnante que l'opposition entre δίκαιον et ἐπιεικές avait acquis un caractère quasi proverbial, cf. PIAZZA 2011, p. 168-169.

40. Une captive, une jument, un grand récipient métallique, deux talents d'or, une φιάλη (vase), cf. vv. 262-271.

41. Cf. les vv. 403 *sq.*

concurrents, les deux favoris sont Eumèle, le cocher le plus habile, et Diomède, tandis que le jeune Antiloque, le fils de Nestor, quoique bon cocher, est défavorisé par des chevaux trop lents, si bien que son père, dans une admonestation détaillée, lui conseille de se concentrer sur la tactique[42].

La course – pleine de *suspense* et de fureur – déjoue les pronostics. Eumèle, après avoir doublé Diomède, est victime d'un accident et s'étale dans la poussière. Diomède prend la tête. Quant à Antiloque, il surmonte son handicap et parvient à s'assurer la deuxième place de justesse, mais en forçant le passage devant l'Atride Ménélas qui le laisse doubler pour ne pas les mettre en danger tous deux[43]. Ce détail a son importance, car il jette une ombre, sinon un doute, sur la légitimité du rang d'Antiloque.

À l'issue de la course, Achille prend la parole, juste au moment où l'excellent Eumèle arrive enfin à pied, « tirant son beau char, poussant devant lui ses chevaux »[44]. À cette vue, Achille souligne l'injustice du résultat : « En dernier vient le meilleur… » et propose, à la première personne du pluriel : « Mais allons, donnons-lui un prix, comme il est *normal* (ἐπιεικές), le second prix, et que le fils de Tydée (*sc.* Diomède) emporte le premier ». Cette proposition remporte l'assentiment de tous : « Tous approuvèrent la recommandation, et Achille lui (*sc.* à Eumèle) aurait donné la jument (le second prix), puisque les Achéens l'avaient approuvé, si Antiloque, etc. »[45].

Ce dernier, en effet, se sent lésé et se rebiffe : il ne trouve pas normal du tout de sacrifier son second prix pour que la collectivité rende hommage au vaincu méritant. Si Achille a pitié d'Eumèle, il n'a qu'à le récompenser en prenant dans ses réserves personnelles. Lui, ne renoncera pas à la jument.

Achille – qui a de l'affection pour Antiloque, aussi bouillant que lui – sourit, et accepte. Eumèle aussi, qui reçoit une cuirasse. Mais ce compromis (respect du règlement[46], lot de consolation donné à Eumèle par Achille à titre privé) ne clôt pas l'épisode, tant l'application de la « loi » (le respect de l'ordre d'arrivée) est injuste eu égard à la brutalité d'Antiloque. Ménélas, qui avait de bien meilleurs chevaux et n'a laissé passer Antiloque que pour éviter l'accident, revendique lui aussi la place de second et relance la querelle. *In fine*, coup de théâtre : l'ἐπιείκεια se révèle si contagieuse que, provoqué par Ménélas, Antiloque déclare

42. Vv. 287 *sq.*

43. Cf. les vv. 426 *sq.*

44. V. 533.

45. Vv. 536-541.

46. L'opposition entre loi au sens étroit (locale, écrite) et loi commune, ou justice universelle, n'est pas en place chez Homère, mais l'idée de règlement et donc d'écart possible est bien sûr parfaitement connue. La compétition est même mise sous le contrôle d'un arbitre, Phénix, placé près de la ligne d'arrivée et chargé de faire un rapport fidèle sur tous les détails de la course (XXIII 359-361).

à son aîné son admiration et son affection et lui cède de lui-même la jument qu'il a si mal gagnée… et que Ménélas, ému, lui restitue aussitôt. On pourrait croire que le palmarès, malgré une profonde transformation symbolique, coïncide finalement avec la règle. Eh bien non : Achille remet le cinquième prix, laissé sans titulaire par l'accident d'Eumèle, au vieux Nestor qui n'a pas concouru, en hommage à ses exploits passés.

Cette querelle un peu enfantine mais si humaine et si touchante est particulièrement riche et éclairante du point de vue rhétorique. Il en ressort que l'ἐπιείκεια traditionnelle est une forme très particulière d'excellence morale, qui peut se manifester dans la prise de décision. Dans ce cas, elle repose en partie, quoiqu'en dise Aristote dans le passage cité ci-dessus[47], sur une autorité acquise (un certain niveau social, le prestige d'un héros tel qu'Achille), mais se déploie dans l'interaction avec un destinataire collectif dont l'approbation est requise, dans une situation telle que l'application étroite de la règle conduirait à un scandale. Est ἐπιεικής l'application d'une règle souple[48] qui recueille l'approbation générale. Le résultat n'est pas assuré : Achille, dans l'épisode de la course de chars, échoue – si tant est que son intention réelle n'était pas seulement de guérir l'amour-propre blessé d'Eumèle –, et doit admettre une autre solution que celle qu'il avait fait accepter au groupe avant l'intervention d'Antiloque. Mais sa façon ouverte et souriante de poursuivre la négociation confirme, renforce son autorité morale et influera considérablement sur la suite de l'épisode.

Mais comment procède *discursivement* l'orateur qui vise à l'ἐπιεικές ? Si l'on élargit l'analyse à l'ensemble de l'échange avec les Achéens, jusqu'à la « contamination » de l'ensemble du groupe par l'ἐπιείκεια d'Achille, on peut déceler plusieurs étapes dans la démarche. Il lui faut d'abord souligner le scandale qu'il y aurait à appliquer la règle, d'où le paradoxe, souligné par une antithèse, du meilleur qui arrive dernier. Il lui faut montrer un esprit de négociation et de compromis tel que son intérêt personnel paraisse lui importer moins qu'un intérêt supérieur[49], il lui faut surtout veiller à ce que sa proposition paraisse « normale » au public à qui il s'adresse.

47. En réalité, la restriction signalée ci-dessus (n. 36) est liée à la définition du champ de la technique rhétorique. On trouve chez Aristote lui-même des emplois d'ἐπιεικής dénotant une distinction de type social, voir par exemple *EN* I 13, 1102 b 11 ; IX 6, 1167 b 1 et NARCY 2008, p. 361.

48. La fameuse règle des maçons de Lesbos (*EN* 1137 b 30-32). Comme l'indique NARCY 2008, p. 370 n. 35, cette souplesse n'est pas à interpréter péjorativement. Il s'agissait sans doute, pour ces artisans construisant un mur de pierres non taillées (comme le mur cyclopéen de Mycènes), de prendre l'empreinte d'un moellon à l'aide d'une règle de plomb, afin de mieux choisir la pierre qui s'y ajusterait. Cette recherche d'ajustement, d'adéquation, correspond particulièrement bien aux aspects rhétoriques de l'ἐπιείκεια.

49. Cet esprit de sacrifice reparaît chez Aristote sous le nom d'« effacement », ἐλάττωσις, cf. *EN* V 12, 1136 b 17-21 et PIAZZA 2011, p. 170-171.

Tout cela peut certes être subsumé, comme l'indique F. Piazza[50], sous le thème général de la convenance, de l'adaptation souple à la circonstance, qui conduit lui-même à des valeurs telles que l'indulgence, la compréhension, la douceur, l'humanité. Mais dans le discours, l'orateur en question doit surtout savoir s'adapter aux représentations déjà présentes dans l'esprit de ses interlocuteurs, et selon lesquelles il est insupportable que le meilleur échoue par accident et passe après le compétiteur sans scrupule, que la grandeur d'âme le cède à la mesquinerie, représentations renforcées, actualisées – autre signe du talent oratoire d'Achille – par le spectacle pathétique de l'arrivée d'Eumèle qui donne le signal de son discours.

Car il est un aspect du mot ἐπιείκεια, ἐπιεικής que l'on indique souvent, mais sans guère le commenter[51], c'est son étymologie : est ἐπιεικής, avec quelque chose en plus (ἐπι-), ce qui est conforme à l'εἰκός, c'est-à-dire ce qui semble (bon, juste…) *a priori*, en raison d'une expérience ancienne et de sentiments partagés[52]. La *Rhétorique à Alexandre* donne cette définition très éclairante de l'εἰκός, qui a le mérite de souligner aussi le caractère circonstanciel, révisable, et aussi affectif de ces propositions « vrai-semblables » : « c'est ce dont, quand on le dit, les gens ont des exemples en tête »[53] et à quoi, par conséquent, on se plaît à adhérer[54]. Il n'est pas indifférent non plus de souligner la proximité de cette définition du vraisemblable ou du plausible avec celle du juste comme usage

50. PIAZZA 2008, p. 164 et *passim*. Grâce à l'examen d'un grand nombre d'occurrences littéraires concurremment avec les emplois aristotéliciens, cet article a le grand mérite de restaurer la cohérence sémantique du mot ἐπιείκεια, et de montrer la continuité qui relie le sème « équité » au sème « indulgence », nuançant ainsi des analyses philosophiques axées sur la pensée juridique du Stagirite et qui, bien souvent, démembrent excessivement la notion en rejetant comme insignifiants des emplois pourtant riches de nuances.

51. Voir cependant NARCY 2008, p. 360 : « Plus donc que celle d'égalité, l'*epieikeia* comporte une connotation de vraisemblance ou de plausibilité, etc. » ; PIAZZA 2011, p. 161 « Originariamente, l'aggettivo era utilizzato per qualificare, sempre in modo positivo, ogetti o situazioni (…) ritenuti adeguati (*epieikès*) rispetto una certa *consuetudine generalmente approvata* » ; p. 162 : « Il discorso di Achille ottiene l'approvazione generale (questo aspetto dell'*approvazione*, lo si è già anticipato, è uno dei tratti costanti del significato dei termini in questione)… » (les caractères italiques sont de notre fait). Dans un contexte rhétorique, cette sanction d'un public revêt une importance capitale.

52. Donnons un exemple homérique, tiré du même épisode : Ajax et Idoménée regardent la course de loin. Commence une querelle stupide, Idoménée prétendant qu'on ne voit plus les chevaux d'Eumèle et Ajax ne voulant pas le croire. La querelle s'envenime. Achille les calme en disant : « Cessez d'échanger des mots durs et méchants, Ajax et Idoménée, car, aussi bien, cela ne se fait pas (ἐπεὶ οὐδὲ ἔοικε) » (v. 493).

53. 1428 a 25-26.

54. Le crédit dont disposent ces propositions est de l'ordre de la connivence, et le plaisir est celui de la reconnaissance, cf. σύνοιδεν, συνειδότας (*Rh. Al.* 1428 a 30, 33).

universel[55]. Quant au préfixe ἐπι-, il indique sans doute la strate de réflexivité supplémentaire qui intervient par rapport à la régulation habituelle, mais sans changer radicalement le mécanisme en jeu. Une fois établie dans l'échange, la nouvelle plausibilité paraîtra plus « normale » encore que celle qu'elle contredit ou corrige.

Une autre équation confirme deux des sèmes fondamentaux – sur le plan rhétorique – du terme ἐπιείκεια, et la coïncidence entre les conceptions d'Aristote sur ce point et l'héritage qu'il reçoit de la culture grecque. À plusieurs reprises, l'ἐπιείκεια est rapprochée par lui de la συγγνώμη[56]. La traduction française de ce mot par « pardon » est trompeuse : il s'agit plus précisément du partage (συν-) de la même γνώμη, c'est-à-dire de la même appréciation de la réalité, du même jugement. L'homme qui en est doté est « compréhensif », il sait adopter la même façon de voir que son ou ses partenaire(s). La présence en arrière-plan d'une norme collective est confirmée par une autre définition, qui fait de l'ἐπιείκεια la « crainte des actions honteuses »[57], définition qui éclaire, chez Homère, tant le comportement final d'Antiloque que celui de Ménélas[58].

Il est vrai que, chez Aristote, l'ἐπιείκεια finit par s'assimiler quasiment à la vertu morale[59] avec qui elle partage l'heureuse combinaison de passion positive et de rationalité, le sens de la mesure et de l'équilibre, mais il est non moins vrai que l'orateur doté de la capacité technique, par sa maîtrise de l'ἦθος, d'inspirer la confiance, c'est-à-dire le sentiment qu'il est ἐπιεικής, dispose d'une marge de manœuvre considérable. Il ne faut pas tant s'étonner de la possibilité de dévoiement – c'est le lot de toute technique, voire de tout bien sauf la vertu, disait Aristote dès le premier chapitre de la *Rhétorique*[60] – mais plutôt de ce que, dans le champ des échanges réels entre les hommes, la régulation rhétorique ne réside plus dans une rationalité objectivement établie par un consensus désincarné mais dans une intersubjectivité dirigée, où s'articulent l'autorité morale d'un être de qualité, son

55. C'est la force de connivence de la loi naturelle qui en fait un auxiliaire précieux de l'ἐπιείκεια rhétorique. Cela ne signifie nullement qu'Aristote fasse de cette loi le fondement de l'ἐπιείκεια, cf. BRUNSCHWIG 1996a, p. 145.

56. Cf. notamment *EN* VI 11, 1143 a 19-24 et PIAZZA 2009, p. 15-17. Voir aussi la formule τὸ τοῖς ἀνθρωπίνοις συγγιγνώσκειν ἐπιεικές, en *Rhet.* I 13, 1374 b 10 et NARCY 2008, p. 362.

57. *EN* IV 3, 1121 b 24.

58. Ce rappel d'une norme de comportement n'est pas sans jeter un certain jour sur les intentions profondes d'Achille, qui sont politiques : l'ἐπιείκεια qu'il réussit à insuffler au groupe est facteur de discipline, mais aussi de cohésion et de dévouement. Quand il reçoit, avec le cinquième prix, une marque d'honneur qu'il juge « normale » (cf. XXIII 649-650 : …τιμῆς ἧς τέ μ' ἔοικε τετιμῆσθαι κτλ.), Nestor prie les dieux d'être les agents de sa gratitude. C'est une dimension qu'Aristote n'a pas oubliée.

59. Cf. *EN* V 14, 1137 b 1 et NARCY 2008, p. 362.

60. *Rhet.* 1355 b 2 *sq.*

habileté oratoire, l'expérience humaine partagée et des circonstances marquées par de puissants affects.

La rhétorique ainsi redéfinie cesse d'être un objet qui pourrait garder son sens et sa fonction quand il est vu de l'extérieur. C'est un réseau d'idées, de valeurs et de sentiments communiqués en contexte, dans lequel on est forcé d'entrer si l'on veut engager une relation de compréhension et d'interaction avec autrui, dès lors que cet autre n'est pas, ou pas encore, un *alter ego* initié à la dialectique.

II

La rhétorique s'insinue donc plus profondément qu'on ne le dit dans la pensée et la méthode d'Aristote. D'abord en tant que discipline transversale[61], recelant un certain nombre de paradigmes épistémologiques extensibles à d'autres domaines, tels la métaphore, ou les ἔνδοξα… c'est une chose bien connue. On dit moins qu'Aristote, dans la *Rhétorique*, nous met face à une alternative : observer la rhétorique comme un objet inerte, ou entrer vraiment *dans son jeu*. Entrer dans son jeu peut engager au moins deux opérations distinctes : adapter à leur mise en œuvre oratoire des savoirs élaborés à d'autres fins, recourir à la démarche rhétorique comme premier outil de conversion aux questionnements dialectiques. L'enjeu est plus important qu'il y paraît : il s'agit de promouvoir les algèbres rhétoriques – point de vue, stratégies persuasives, inflexions de la terminologie[62] – comme instruments de lecture, au moins à titre d'hypothèse, au moins provisoirement, dans l'exégèse des doctrines.

On peut prendre sur ces deux points l'exemple de l'amitié. Sur le plan philosophique, la thèse de J.-C. Fraisse[63] dit l'essentiel : c'est Aristote qui apporte la première définition claire et cohérente de l'amitié comme un fait proprement humain, à la fois rationnel et passionnel, à la fois étranger à toute transcendance et irréductible à un phénomène purement naturel. C'est lui qui a focalisé l'attention vers son principe explicatif. C'est lui qui, sans rompre avec les représentations contemporaines, a le mieux instruit le dossier en recueillant de très nombreux témoignages objectifs et subjectifs sur son vécu, ses réussites et ses échecs, d'où une documentation extrêmement riche et la construction progressive d'une théorie qui fait une place importante à l'amitié dans la définition du bonheur humain sous les différentes formes que ce bonheur peut revêtir, depuis celui du simple citoyen jusqu'à celui du sage qui s'est extrait de la collectivité.

61. Cf. CRUBELLIER et PELLEGRIN 2002, chap. 3.

62. Il en allait ainsi, ci-dessus déjà, de l'*epieikeia* qui, du rôle d'herméneutique du droit en dialectique (cf. NARCY 2008, p. 370-371), passait en rhétorique à celui de ressort essentiel de l'*èthos*.

63. FRAISSE 1974.

Cette exégèse bute souvent sur un obstacle (Fraisse juge que la démarche d'Aristote « sinueuse »[64]) qui tient à l'absence de contextualisation des doctrines, et au rôle que joue tant le point de vue que la méthode rhétoriques.

L'analyse de l'amitié dans l'*Éthique à Nicomaque*[65] procède d'un point de vue non pas seulement éthique, mais éthico-politique, pour la simple et bonne raison que la perspective d'Aristote n'est pas seulement analytique et explicative – « scientifique » en un mot, pour autant que les questions traitées s'y prêtent –, mais législatrice et pratique. La question n'est pas seulement de percer des secrets enfouis, mais – face à une méchanceté humaine qui est ἄπληστον, « sans limites »[66] – de trouver le moyen d'écarter les jeunes gens de la perversité et de favoriser une autre tendance qui est en eux et qui les pousse à la vertu, tâche qui est celle des éducateurs et plus spécifiquement des législateurs. Car la philosophie vise non pas seulement à produire un savoir mais à réguler l'action humaine libre. Dans l'*Éthique à Nicomaque*, tout particulièrement, Aristote n'a pas de mots assez durs pour la spéculation pure et il compare les purs théoriciens en pareille matière à ceux qui écoutent les médecins sans appliquer leurs prescriptions[67].

C'est la raison pour laquelle le développement de l'*Éthique à Nicomaque* consacré à l'amitié est mis sous le signe de la vertu, c'est-à-dire d'une tendance naturelle régulée par la raison, longuement invétérée, et déterminant régulièrement des actions bonnes. D'entrée de jeu, l'amitié est définie comme une vertu particulière ou, à tout le moins, un élément associé à la vertu : « c'est une vertu particulière ou du moins elle va de pair avec la vertu »[68].

Cette entrée en matière énonce ou suppose trois paramètres : 1) un public qui n'est pas d'emblée le public de la dialectique, c'est-à-dire le public assez restreint de ceux qui cherchent à se perfectionner intellectuellement et moralement, bref une élite de gens éduqués et de bonne volonté, d'une part ; 2) d'autre part un instrument, la raison, à laquelle il faut fournir des arguments rationnels de cultiver l'amitié : en effet toute action, et donc toute action vertueuse, selon Aristote, repose sur un processus en trois étapes : la connaissance, le désir et la délibération. Il existe donc un corpus didactique argumenté à transmettre à propos de l'amitié ; 3) un contexte très particulier, qui est celui de l'exercice dialectique, qui a pour objet non la formation de savoirs « scientifiques » au sens fort du terme, mais

64. *Op. cit.*, p. 191.

65. 1155 a 3 *sq.*

66. *Pol.* II 7, 1267 b 1, trad. PELLEGRIN 1993.

67. *EN* 1103 b 26 *sq.* : « ce n'est pas en effet pour savoir ce qu'est la vertu que nous nous livrons à un examen, mais pour devenir bons, sans quoi nous n'aurions nul besoin de ce travail » ; 1105 b 12 *sq.* « Mais voilà ! La plupart n'agissent pas ainsi et cherchent refuge dans l'argumentation, croyant se consacrer à la philosophie et ainsi pouvoir être vertueux. Ils font un peu comme les personnes souffrantes qui écoutent attentivement parler leurs médecins, mais ne font rien de ce qu'ils prescrivent ».

68. *Rhet.* 1355 a 3-4.

l'établissement de probabilités utiles à la délibération. Dans ce domaine, l'expérience collective, pourvu qu'elle soit soumise à la critique, fournit des opinions dignes d'être prises en considération, véritables germes de vérité, les fameux ἔνδοξα.

Tout cela a des conséquences très précises sur la méthode suivie et impose d'appliquer un « protocole de lecture », en tout cas pour les premières pages du chapitre, qui tienne compte de l'interaction du philosophe avec son auditoire.

Il semble en effet qu'on n'assiste pas à l'exposé d'une doctrine arrêtée sur l'amitié, mais à la constitution et à la transmission conjointes de cette doctrine, c'est-à-dire au défilé critique d'opinions éprouvées – qu'il faut considérer à la fois comme des arguments provisoires et comme des leviers dont la capacité de modifier les comportements est déjà effective –, susceptibles de persuader un public éclairé de se tourner vers l'amitié. Cette succession est orientée vers une définition et une explication de plus en plus précises au fur et à mesure que les auditeurs sont mieux préparés à la recevoir. On a donc un exposé assez libre d'allure, mais qui n'est pas pour autant à bâtons rompus.

Ce qui aide à comprendre la façon dont il est conduit est la distinction entre deux types de topiques, celles qui sont proprement dialectiques, qui imposent par exemple de définir la notion, de vérifier que cette définition n'est pas contradictoire en la rapportant aux principes, puis de la démembrer en espèces. Mais on détecte aussi la présence d'un autre type de topique, plus trivial, élaboré en rhétorique, qui coïncide avec les habitudes contractées par des Athéniens lors des réunions de l'Assemblée, de la *Boulè* ou de l'*Héliée*, tant il est vrai qu'il n'y a pas de solution de continuité entre l'éthique personnelle et l'éthique politique.

En effet, si l'on examine le début du développement sur l'amitié avec un œil de rhétoricien, on est frappé par l'omniprésence d'éléments qui ne détonneraient pas dans un *discours public* sur l'amitié. Les considérations sur l'importance de l'amitié (« c'est la chose la plus nécessaire à l'existence, etc. »)[69], par exemple, relèvent de la technique de l'exorde telle qu'elle est décrite dans la *Rhétorique à Alexandre* (chap. 29)[70].

Les remarques qui suivent épousent de près les τελικὰ κεφάλαια, « points du souverain bien », très ancienne topique du délibératif élaborée par les sophistes et les rhéteurs. Cette liste comporte quelques rubriques obligées comme utilité, justice, légalité, nécessité, beauté. Or ces rubriques sont celles qui rendent compte des premières pages du développement d'Aristote sur l'amitié – ce que d'ailleurs les intertitres dans la traduction de R. Bodéüs font nettement apparaître. La démarche est toute simple : il faut cultiver l'amitié, parce que l'amitié est utile, juste, etc. La justification de chaque prédication est elle-même démembrée de

69. *Rhet.* 1355 a 4-5.
70. Notamment 1436 b 8.

manière à couvrir tous les cas possibles. Sur l'utilité de l'amitié, par exemple, la valeur de la proposition est corroborée par le fait qu'elle s'applique à tous les âges de la vie : « les amis permettent aux jeunes d'éviter la faute ; ils permettent aux vieux de compter sur un service et d'avoir ce qui leur manque pour agir, en raison d'une faiblesse de ressource ; et ils permettent à ceux qui sont dans la fleur de l'âge d'exécuter leurs belles actions »[71].

La coïncidence de la proposition « l'amitié est utile » avec les représentations collectives, ou vraisemblance – qui constitue, comme nous l'avons vu, la principale condition de l'adhésion du public dans une optique rhétorique – est attestée par une citation d'Homère mise en forme de dicton : « "À deux, allant de pair" (*Il.* X 224) on est en effet plus capable de penser et d'agir »[72].

On objectera à ce type de lecture que certains des prédicats essentiels du délibératif manquent dans le texte d'Aristote, comme la justice. En réalité, ce thème, sinon cette thèse, est présent par le canal de l'universalité[73] des comportements amicaux. Voilà pourquoi Aristote écrit que « l'amitié s'instaure de façon apparemment naturelle chez les parents envers leur progéniture et chez les enfants envers ceux qui les ont engendrés, non seulement parmi les hommes, mais encore parmi les oiseaux et la grosse majorité des animaux ».

On remarque l'extension considérable de la notion de φιλία qui englobe ici les sentiments liés à la filiation. Il n'y a là aucune sinuosité du développement. Il ne s'agit pas non plus de commencer par les idées les plus *évidentes*, comme le dit R. Bodéüs[74] puisque cette vision des choses va être justement révisée, mais un propos à la fois élémentaire et provisoire adapté à un public dont les préjugés en faveur de l'amitié demandent encore à être renforcés à l'aide des critères les plus courants de la décision collective, afin de le conduire à approfondir la question.

Ce que nous voulons dire par là est qu'Aristote ne privilégie pas forcément l'amitié intéressée, mais qu'il est conduit à traiter ce thème par la structure d'une topique et que l'emploi de cette topique est dicté par le niveau élémentaire des auditeurs sur la question. Une césure nette marque le passage à l'approche proprement dialectique et au débat avec les autres théoriciens : « Cependant les controverses à son sujet ne sont pas peu nombreuses »[75].

Tout se passe comme si, une fois les étudiants persuadés par des moyens rhétoriques du caractère incontournable de la question de l'amitié sur le plan éthico-politique, on les considérait comme capables désormais d'assister à une

71. *EN* 1155 a 12-15.

72. *EN* 1155 a 15.

73. C'est la justice commune ou naturelle décrite, par exemple, en *Rhet.* I 13, 1373 b 6 *sq.* C'est une idée courante. Dans la *Rh. Al.*, la justice est définie comme la prescription d'une « coutume non écrite et d'une loi universelle » (1421 b 41).

74. Bodéüs 2004, p. 407 n. 2.

75. *EN* 1155 a 32.

discussion plus approfondie faisant intervenir le *Lysis* de Platon, etc. Mais toujours avec cette perspective qui est de les persuader de cultiver l'amitié et d'utiliser pour cela des leviers de type rationnel. La démarche n'est pas sinueuse, mais pédagogique et parfaitement adaptée au contexte d'une école philosophique visant à la formation d'une élite destinée à l'action.

Dans la *Rhétorique*, le « recyclage » des notions dans la persuasion collective impose une démarche et un point de vue très différents. Ce qui le montre sans équivoque est le fait que l'amitié est mise non sous le signe de la vertu mais dans la rubrique de la passion. Ce classement ne signifie pas que l'amitié se réduise complètement à une passion, ou que, en tant que passion, elle soit seulement irrationnelle et subie. C'est le traitement rhétorique de l'amitié qui suppose de privilégier en elle, pour des raisons pratiques, ce qui relève de la passion. Et le chapitre 4 du Livre II, où elle est examinée en compagnie de son opposé – la haine – est structuré comme la série comportant la colère et son apaisement, la peur et la confiance, la honte et l'impudence, etc.

La raison précise de cette méthode est que l'amitié fait partie des passions qui modifient les jugements (1378 a 21) et qu'à ce titre elle peut interférer dans les décisions d'un tribunal ou d'une assemblée délibérative. Elle peut interférer dans les décisions si l'on sait l'utiliser ou la contrer *ex tempore*, comme un mouvement intense et subit de l'âme, ce qui suppose une connaissance précise des conditions non seulement de son apparition mais aussi de sa disparition ou de son inversion.

Autrement dit, l'amitié est traitée dans la rubrique de la passion, parce que c'est sa dimension passionnelle qui sert surtout en rhétorique, mais cela ne l'empêche pas d'être aussi un des éléments – sous un autre nom, l'εὔνοια –, de l'ἦθος de l'orateur, avec les deux autres composantes d'un ἦθος persuasif : la prudence et la vertu. Pour préciser que la répartition de sa matière répond à un choix qui aurait pu être différent et qui vise surtout à éviter les redites, Aristote se contente d'une phrase très sobre, au premier chapitre du Livre II, le chapitre qui sert de chapeau introducteur aux chap. 2-17 où sont traités l'ἦθος et le πάθος : « Les moyens de paraître prudent et bon[76] sont à trouver dans les divisions que nous avons opérées à propos des vertus (1, 9). Car ce sont les mêmes moyens qui nous permettront de nous présenter ou de présenter quelqu'un d'autre sous tel ou tel jour. En ce qui concerne la bienveillance et l'amitié, c'est dans la discussion sur les passions qu'il nous faut en traiter[77]. »

La rhétorique est donc présente, sur cette question de l'amitié, sous deux formes : une forme protreptique, en quelque sorte, qui tâche de répondre pratiquement à la question suivante : dans la mesure où l'amitié est facteur de vertu, comment peut-

76. L'adjectif σπουδαῖος se substitue au substantif ἀρετή dans cette présentation de la trilogie de l'ἦθος de l'orateur, simple variation. On pourrait aussi avoir ἐπιεικής, cf. *supra*.

77. *Rhet.* II 1, 1378 a 16-20.

on conduire les individus à cultiver l'amitié, pourquoi et comment le législateur peut-il la favoriser ? Une forme oratoire, qui est double : comment l'orateur peut-il susciter dans son public collectif des sentiments d'amitié susceptibles d'influer sur son vote, que ce soit dans le domaine délibératif ou judiciaire ; comment peut-il se donner à lui-même l'image d'un homme ami de son public, rempli de bienveillance à son égard, et donc bien placé pour faire son bien – afin bien sûr d'être écouté et suivi ?

Ces différences de perspective entraînent des variations non de doctrine, à proprement parler, mais d'accent et de méthode : dans la *Rhétorique*, l'accent est mis à la fois sur l'action immédiate et la volonté – le βούλεσθαι, « vouloir pour quelqu'un ce que l'on tient pour des biens, pour lui et non pour soi, et de faire ce qu'on peut pour les lui procurer »[78] – puisqu'il s'agit de faire prendre sur le champ une décision collective (rappelons que les tribunaux votaient sans délibération). Mais la rhétorique, par exemple, ne se préoccupe pas d'invétérer les habitudes vertueuses, elle doit juste connaître les tendances de son public afin d'agir sur elles si elles existent. D'autre part, la rhétorique ne s'intéresse guère aux amitiés singulières et privilégie une approche collective, à savoir par exemple la sympathie du jury pour un accusé, ou l'inclination d'une assemblée pour un État voisin. Enfin, relevant d'une discipline qui n'est pas architectonique – la rhétorique ne peut pas définir son τέλος, ce qui est la tâche des disciplines qui la jouxtent ou qui l'incluent, à savoir l'éthique et la politique –, elle est « axiologiquement neutre » et n'hésite pas à spéculer sur l'amitié mensongère ou illusoire. Dans l'*Éthique*, l'analyse est infiniment plus fouillée, l'approche est plus individuelle et la dimension rationnelle abordée d'un point de vue subjectif, puisqu'aussi bien la cible est un public d'élite soucieux de son perfectionnement.

Au niveau méthodologique, les deux développements diffèrent très sensiblement : on a vu que celui de l'*Éthique à Nicomaque* est à la fois influencé par la forme dialoguée, c'est-à-dire assez libre, et orienté en fonction des progrès de l'interlocuteur-lecteur ; celui de la *Rhétorique* est très systématique, il s'organise selon un schéma récurrent *mutatis mutandis* dans la partie consacrée aux passions, entièrement ordonné à la mise en œuvre de la passion traitée dans un public donné : il y faut une définition, des considérations sur les dispositions de ceux qui suscitent l'amitié le plus facilement et de ceux qui l'éprouvent le plus facilement – et chez qui, peut-on penser, il sera le plus facile de la susciter, et enfin des remarques sur les différentes sortes d'amitié, afin de proportionner ses efforts à l'effet attendu.

L'alternative entre les deux rhétoriques que présentent successivement les deux premiers chapitres de la *Rhétorique* ouvre des perspectives non seulement

78. *Rhet.* II 4, 1380 b 36-1381 a 1.

sur le reste de l'œuvre d'Aristote mais sur toute l'histoire postérieure de la discipline, jusqu'à la plus récente : le glissement de la rhétorique à la communication (à ceci près que cette dernière n'est guère parvenue à conserver de dimension philosophique), l'avènement actuel de la pragmatique… Mais en son temps, Aristote pouvait donner l'impression de vouloir revenir – au moins pour la zone sublunaire – à la « logologie » sophistique, ou de se rapprocher dangereusement du κοινὸς λόγος – l'idéologie construite par le discours – qui sert de fond et de moyen, chez Isocrate, à l'interaction politique et à l'impérialisme panhellénique. Sans doute est-ce pour cela qu'il conclut son traité en nous laissant libres de choisir : « J'ai parlé, vous avez entendu, la décision est entre vos mains. Jugez ! »[79].

79. *Rhet.* III 19, 1420 b 4, *explicit*.

LA *RHÉTORIQUE* D'ARISTOTE ET LA LITTÉRATURE

Le sujet choisi exige certaines précautions. La *Rhétorique* d'Aristote a pour but de théoriser et de codifier au moyen de préceptes techniques[1] la pratique de la persuasion dans un cadre de référence qui est celui de la communication orale d'un orateur avec un public dans le contexte particulier d'une cité grecque démocratique de la deuxième moitié du IVe siècle av. J.-C. Cette persuasion a elle-même un objet éthico-politique (obtenir un plan d'action qui soit utile à la collectivité dans le cas du genre délibératif, obtenir un jugement conforme aux justes normes du comportement dans celui du judiciaire, je reviendrai plus loin sur le cas particulier du genre épidictique). Nous sommes fort loin de la relation intime entre l'écrivain et son lecteur « semblable et frère » qui définit couramment pour nous le domaine littéraire. Depuis l'époque romantique, d'ailleurs, cette relation paraît totalement gère à l'application de règles apprises, conceptions qui survivent : le style selon Roland Barthes, par exemple, est l'émanation d'un moi profond dont les formes dérivées sont irréductiblement singulières, donc in-enseignables, a-techniques.

Impertinente *a priori*, la recherche d'analogies entre la *Rhétorique* et la littérature est entravée par les contours flous de la notion de littérature. Historique, évolutive, cette notion ne relève pas d'une définition stable, mais de diverses tentatives de définition, ou de la définition de traits particuliers qui peuvent entrer comme composants, à certains moments, de ce qu'on peut appeler, en visant au plus large du champ visé, la « conscience littéraire ».

L'écart évident, sur quelques caractéristiques précises, entre les deux domaines, le caractère insaisissable de la notion de littérature, n'empêchent évidemment pas de constater un fait historique : l'évolution de la rhétorique, à l'époque

1. La *Rhétorique* ne se réduit pas – même si cette dimension existe – à un traité destiné à des professionnels. Quant on lit par exemple *Rhétorique*, I 1, 1354 a 9-11 (et *Éthique à Nicomaque*, VI 4, 1140 a 1 *sq.*), on constate que la fonction de la technique n'est pas seulement de produire rationnellement quelque chose (un savoir-faire, en l'espèce), mais surtout de rendre intelligible le processus par lequel elle a acquis rang de technique.

hellénistique et romaine, et plus encore à l'époque impériale, vers des préceptes et des pratiques dits souvent « ludiques », qui l'écartent considérablement de ses fonctions politiques initiales et la rapprochent de ce qu'on appelle parfois littérature. Dans l'appréciation de ce que cette évolution doit à Aristote, une recherche dans son traité des prémices d'une conception littéraire de la rhétorique est difficilement contournable. De plus, une lecture même rapide du texte de la *Rhétorique* conduit à se poser des questions diffuses, certes, mais dont on pressent qu'elles sont grosses d'analogies intéressantes : Sainte-Beuve parlait d'« une éloquence douce et persuasive », rapprochant ainsi la persuasion de la séduction, elle-même souvent associée à la relation littéraire. Or Aristote évoque souvent le plaisir comme un des ressorts principaux de la persuasion. Voilà – parmi d'autres – un point commun essentiel. Il se trouve aussi que – autre circonstance historique, plus actuelle celle-là – les théories les plus récentes et les plus novatrices en matière de littérature sont celles qui relèvent de l'analyse du discours[2], c'est-à-dire celles qui traitent la littérature comme une *énonciation* particulière, relevant de la *pragmatique*, ce qui réduit *ipso facto* la distance entre la littérature et la rhétorique, anciennement axée sur l'oralité et englobant déjà la plupart des paramètres qui entrent aujourd'hui dans l'analyse des actes de langage. À cela s'ajoute que les sciences humaines, après avoir dilué le *sujet* dans des déterminations sociales ou psychologiques relevant d'une analyse structurale ou psychanalytique, tendent depuis déjà un certain temps à restaurer cette instance, ce qui rend moins improbable et moins anachronique la prise en compte de la technique dans l'appréhension de l'acte créateur[3].

L'idée de chercher dans la *Rhétorique* des correspondances avec la théorie littéraire n'est donc ni si incongrue ni si vaine, à condition de ne viser ni une correspondance parfaite entre les deux domaines, ni l'exhaustivité des rapprochements – qui formeront nécessairement une série ouverte, dépendante des divers éléments pouvant entrer dans telle ou telle définition du phénomène littéraire. J'ai choisi, pour leur importance, deux de ces éléments : le premier est l'*autotélisme*. Il s'agit d'une conception en quelque sorte « gratuite » de la production de l'énoncé, qui n'a pas d'autre but que lui-même, ou plutôt n'a pas d'autre raison d'être que la relation instaurée avec le destinataire. Le second est l'*organicité* du discours/texte, notion qui recouvre un problème, ou une tension, si l'on admet qu'un texte littéraire est l'association, à proportions variables, d'une *réflexivité essentielle*, condition de la perception par le récepteur d'un sens autonome et d'une unité esthétique, avec une narrativité « centrifuge », dédiée à l'illusion. Dans tous les cas, mon but est de montrer si, et dans quelle mesure, Aristote thématise certains des aspects les plus marquants d'une théorie de la production du discours envisagé

2. Par exemple MAINGUENEAU 2004.

3. Sur ce retour du sujet, voir par exemple CALAME 1986 (Préface).

comme œuvre littéraire et donc dans quelle mesure il a créé les conditions de la transformation de la rhétorique en poétique généralisée[4].

L'autotélisme du discours épidictique

Le chapitre 3 du Livre I de la *Rhétorique* est consacré à la présentation des genres oratoires[5]. Il y en a trois, autant que d'espèces d'auditeurs. Le troisième genre, celui que j'ai laissé de côté tout à l'heure, est le genre épidictique, qui se divise en deux opérations, l'éloge et le blâme. Le temps privilégié de ce genre est le présent et son destinataire un public dont le rôle est celui d'un spectateur (θεωρός, 1358 b 2), appelé à juger du talent, de la compétence, de l'orateur. Le τέλος de ce genre est le beau ou le laid (1358 b 28). Si le beau et le laid sont intimement liés à l'éloge et au blâme, c'est en raison d'une quasi-identification du beau et du bien moral, identification confirmée par la définition de l'éloge fournie plus tard au chap. 9 : « l'éloge est un discours qui met en valeur la grandeur d'une vertu[6] ».

L'idée que je voudrais défendre, c'est que ce système confère au discours épidictique un statut tout à fait à part, que cette marginalisation est concertée – à preuve son caractère polémique – et qu'elle tend à diminuer la distance qui sépare le rhétorique du littéraire.

La cible me paraît être Isocrate qui, je le rappelle, se rattachait au courant sophistique par son refus de reconnaître la possibilité d'une science de l'être (ontologie), mais qui a défendu – notamment dans le *Sur l'Échange* - une « philosophie » centrée sur le λόγος, c'est-à-dire une sorte d'ascèse commençant par le travail de d'éloquence, se poursuivant par un progrès intellectuel couronné par l'excellence morale. Dans ce système, il y a une communication directe, en tout cas une continuité, entre le beau – jusque dans ses aspects stylistiques – et le bien, la morale individuelle et la morale collective[7]. Cela fait du beau – futur τέλος de

4. Je n'aurai pas le loisir d'examiner ici le processus de « littérarisation » qui a marqué la rhétorique post-aristotélicienne. Pour un cas particulier mais frappant, on peut renvoyer à un recueil récent : AMATO et SCHAMP 2005. Cet ouvrage illustre abondamment le processus suivant : d'une fonction rhétorique (la représentation des caractères dans la narration), l'éthopée passe au statut codifié d'exercice scolaire, lequel devient un genre littéraire.

5. Sur ce chapitre, voir notamment PERNOT 2002.

6. Ἔστι δ' ἔπαινος λόγος ἐμφανίζων μέγεθος ἀρετῆς (*Rhet.* I 9, 1367 b 26-27). Sauf mention spéciale, l'édition de référence pour les extraits de la *Rhétorique* est l'édition KASSEL 1976. Les traductions proposées sont tirées de CHIRON 2007.

7. Ces thèmes sont repris et variés notamment dans la deuxième partie du *Sur l'Échange*, par exemple au § 231 (aujourd'hui, les orateurs les plus soucieux de leur expression sont les plus honnêtes, dans le passé, les meilleurs orateurs furent aussi les plus grands bienfaiteurs de l'État) ; aux § 253 *sq.* (la parole est une large compensation de l'infériorité physique de l'animal-homme par rapport aux autres espèces, c'est le ciment de la vie sociale, la source des valeurs, du progrès technique, etc.) ; aux § 271-280 (l'homme n'a accès à aucune science ; le souci de bien parler conduit à choisir les sujets les plus beaux et les plus utiles, norme à laquelle on se conforme dans le souci du bien personnel et collectif) ; etc.

l'épidictique chez Aristote – une pièce de l'argumentation *délibérative*, ou – du moins – cela fait des thématiques de l'éloge des éléments pleinement politiques. On peut en donner deux autres indices. Dans la *Rhétorique à Alexandre*[8], ouvrage contemporain de la *Rhétorique* mais d'obédience isocratique, on lit cette définition du beau :

> Καλὰ δ' ἐστὶν ἀφ' ὧν εὐδοξία τις καὶ τιμή τις γενήσεται τοῖς πράξασιν.
>
> Sont belles les actions d'où leurs auteurs retireront du renom ou une distinction honorifique[9].

On est frappé par le *futur* γενήσεται (temps du délibératif) et le fait que le beau – exprimé au pluriel neutre de l'adjectif, comme souvent chez Isocrate quand il s'agit d'abstractions – s'insère dans une série close de prédicats de l'action, après le juste et l'utile. Il s'agit de prédiquer des actions, d'après la définition donnée, afin d'argumenter le conseil que l'on donne : « il faut faire ceci parce que c'est juste, utile, beau, etc. ». Nous avons donc affaire à une topique non pas épidictique mais délibérative. En même temps, ce beau est affaire de réputation, de distinctions honorifiques, c'est-à-dire d'éloge. Autrement dit, dans l'école d'Isocrate, les prémisses qui peuvent servir à l'éloge et au blâme sont aussi pleinement politiques, chose que confirme indirectement une remarque prêtée à Isocrate par Quintilien :

> *Isocrates in omni genere inesse laudem ac uituperationem existimauit.*
>
> Isocrate a considéré qu'il y a de l'éloge et du blâme dans tous les genres[10].

La grande innovation d'Aristote par rapport à Isocrate est donc de repousser le beau comme τέλος de l'éloge et du blâme *hors du politique* en le déconnectant de l'utile et en constituant pour lui – et pour eux – un genre à part.

Cette marginalisation de l'épidictique est corroborée par une certaine dévalorisation. Dès le début du traité, le délibératif est déclaré meilleur, parce que plus politique (I 1, 1354 b 23-25). D'autre part, dans la série des chapitres consacrés aux trois genres (I 3-14), un seul (9) porte sur l'épidictique, en sandwich en quelque sorte entre le délibératif et le judiciaire qui bénéficient tous deux de 5 chapitres (4-8 pour le délibératif ; 10-14 pour le judiciaire).

Il faut revenir aussi sur la fonction du public auquel est destiné l'épidictique. Il est défini par le mot *spectateur* (θεωρός). Ce mot, pour un Grec de l'époque classique, est un mot très « chargé ». Il me semble qu'il entre en résonance notamment avec un passage de Thucydide où le démagogue Cléon – dans la fameuse affaire du châtiment des habitants de Mytilène, coupables de s'être révoltés contre l'hégémonie athénienne – oppose la véritable délibération à la fausse délibération, dont les Athéniens sont coutumiers, et où ils se contentent d'être « spectateurs (θεαταί) des

8. Pseudo-Aristote, *Rhétorique à Alexandre*, cf. l'édition CHIRON 2002.

9. *Rhet. Al.* 1, 12, 1422 a 15-17.

10. Quintilien, *Institution oratoire*, III 4, 11. Cf. RADERMACHER 1951, p. 162. Radermacher ajoute ce commentaire : *sc. proprium genus laudationum non agnovit.*

paroles et auditeurs des faits» (III 38, 4), «bref des gens dominés par le plaisir d'écouter, semblables à des spectateurs assis là pour des sophistes plutôt qu'à des citoyens qui délibèrent de leur cité» (III 38, 7)[11]. Il y a là une configuration notionnelle qui écarte du politique véritable un exercice gratuit, une démonstration (ἐπίδειξις) de compétence oratoire qui tourne à vide, toute dévolue au plaisir passif d'un public subjugué, comme drogué par la forme plus que par le contenu. Mais ces formules négatives peuvent être renversées: la relation littéraire ne peut-elle être caractérisée par le plaisir d'un public subjugué ?

Au chapitre 12 du Livre III, Aristote relie style et genre. Si le délibératif et le judiciaire sont, à des degrés divers, des styles oraux, agonistiques, vivants, improvisés, peu soucieux de détails qui, de toute manière, passeraient inaperçus du public, le style correspondant à l'épidictique est un style *écrit*: «Le style épidictique est le plus écrit, car son objectif est d'être lu»[12]. Il faut entendre qu'il est préparé à l'avance et lu à voix haute, conditions d'énonciation qui empêchent toute réaction du public, toute interactivité entre l'orateur et son public mais permettent un travail minutieux du style et de la composition. Tant et si bien que l'épidictique est dépourvu de contenu propre :

> Ἔχει δὲ κοινὸν εἶδος ὁ ἔπαινος καὶ αἱ συμβουλαί· ἃ γὰρ ἐν τῷ συμβουλεύειν ὑπόθοιο ἄν, ταῦτα μετατεθέντα τῇ λέξει ἐγκώμια γίγνεται.
>
> L'éloge et les conseils relèvent d'une espèce commune, car ce que l'on peut prescrire quand on se livre à l'activité de conseil, si l'on en change l'expression, se transforme en louanges[13].

Certes, on peut lire ce passage comme énonçant une propriété réversible: une règle d'action peut, selon la formulation, servir de conseil «il faut faire ceci» ou de louange «il a fait ceci», donc toute louange repose sur des principes qui peuvent servir de guides à l'action et vice versa. Mais on remarque l'ordre adopté – le délibératif d'abord – et ce qui sert de référence – le délibératif encore. Si l'on veut savoir louer, il faut d'abord savoir conseiller, il suffira ensuite de changer et de travailler l'expression. Détail révélateur, la suite du chapitre porte sur les moyens d'amplification.

La spécificité de l'épidictique réside donc aussi dans le travail de la forme, ce qui constitue l'une des définitions les plus triviales du littéraire[14]. Il paraît clair également que l'épidictique est relié – sur le fond – à un beau à forte connotation morale, lié par exemple à un héroïsme désintéressé, servant à l'éloge et au blâme. Par là, il se rattache à ces conceptions qui font de la littérature un *au-delà de la simple communication*, une création qui vise à la *valeur*, que cette valeur soit

11. ἁπλῶς τε ἀκοῆς ἡδονῇ ἡσσώμενοι καὶ σοφιστῶν θεαταῖς ἐοικότες καθημένοις μᾶλλον ἢ περὶ πόλεως βουλευομένοις (trad. R. Weil et J. de Romilly modifiée).

12. *Rhétorique*, III 12, 1414 a 17-18.

13. *Rhétorique*, I 9, 1367 b 36-1368 a 1.

14. Voir par exemple DUBOIS et LAGANE 1971, *s. v.* littéraire (adj.) 2° «Qui a les qualités *esthétiques* reconnues à une œuvre de la littérature» (l'italique est de mon fait).

morale ou philosophique[15]. Aristote n'invente pas cette pratique de l'éloquence, qui correspond *grosso modo* à ce que nous appelons discours de cérémonie, mais au lieu d'y rechercher comme Isocrate la création utilitaire d'une conscience collective, il la cantonne dans une relation non politique, inter-personnelle, proche de la relation du poète avec ses lecteurs.

Organicité, réflexivité et illusion

L'une des plus anciennes théories du discours anticipant sur la littérature comme œuvre d'art conçoit le λόγος comme un corps[16], dont toutes les parties sont solidaires. Dans la mesure où le discours a un objet, cette organicité doit être compatible avec une représentation du monde. Pour être littéraire, un texte ou un énoncé se doit donc d'évoluer dans un entre-deux dont les extrêmes sont l'effacement du signifiant nécessaire à une représentation efficace, d'une part, et de l'autre la conscience du fait que la communication est médiée, seule condition de la perception de l'œuvre comme unité de forme et de sens[17]. On peut discuter de l'annexion au littéraire du premier régime[18], mais il me semble que si les proportions peuvent varier, par exemple au profit du premier dans le roman, au profit du second dans la poésie, la présence conjointe des deux régimes est un indice du fait que l'œuvre offre bien une *représentation du monde* dotée d'*autonomie*.

Que le discours soit un discours portant sur la réalité est un présupposé inclus dans la fonction même de la rhétorique. Un discours délibératif évoque des projets

15. DUBOIS et LAGANE 1971, *s.v.* littérature 1° « Ensemble des œuvres orales ou écrites qui dépassent dans leur objet la simple communication et visent à une valeur esthétique, morale ou philosophique [...]. »

16. L'idée remonte sans doute au *Phèdre* (264 c *sq.*) : « Mais tu admettras au moins ceci, j'imagine, que tout discours doit être constitué à la façon d'un être vivant (ζῷον), qui possède un corps (σῶμα) à qui il ne manque ni tête ni pieds, mais qui a un milieu et des extrémités, écrits de façon à convenir entre eux et à l'ensemble » (trad. L. Brisson). Voir aussi le *Cratyle,* 425 a. La tradition isocratique se l'est appropriée (cf. par ex. *Sur l'Échange*, 11) ; on la retrouve dans la *Poétique* d'Aristote, notamment au chapitre 7. Sur sa place dans la *Rhétorique* voir ci-après.

17. Cette exigence est bien une condition de possibilité, car elle perdure ju*sq*ue dans les œuvres les plus noires, celles qui évoquent un monde dépourvu de sens ou d'humanité. Citant l'exemple de Céline et de Camus, D. Maingueneau écrit : « L'élaboration esthétique vient ajouter au monde une œuvre dont la compacité, la nécessité intérieure suppléent et contestent la vacuité et la contingence supposées. C'est ce qu'on peut appeler le "paradoxe du phénix", par lequel l'œuvre s'engendre de la destruction qu'elle prétend instaurer » (*Le discours littéraire*, p. 232).

18. Cf. D. Maingueneau, *Le discours littéraire*, p. 110 : « Plutôt que de tracer l'impossible frontière entre ce qui serait proprement littéraire et ce qui serait hors de la littérature, il est plus réaliste d'admettre que la littérature entremêle deux régimes : un régime qu'on pourrait dire délocutif, dans lequel l'auteur s'efface devant les mondes qu'il instaure, et un régime élocutif, dans lequel l'« inscripteur », l'« écrivain » et la « personne », conjointement mobilisés, glissent l'un sur l'autre. Loin d'être indépendants, ces deux régimes, délocutif et locutif (*sic*), se nourrissent l'un de l'autre, suivant des modalités qui varient selon les conjonctures historiques et les positionnements des différents auteurs ». On voit que le « délocutif » est tour à tour dans la littérature et hors d'elle.

d'action, un discours judiciaire des actions et des personnes qu'il faut juger au regard des lois et de la justice, un discours épidictique des actions et des personnes qu'on doit louer ou blâmer. De plus, si le délibératif en est quasiment dépourvu, les deux derniers genres comportent couramment des parties narratives (narration de l'affaire pour le judiciaire, narration discontinue de hauts-faits dans l'épidictique)[19].

Le souci d'effacement du *medium* verbal au bénéfice d'une illusion totale est dûment thématisé dans la théorie du πρὸ ὀμμάτων ποιεῖν. Mais il faut dire auparavant quelques mots rapides de sémiologie aristotélicienne[20]. Pour Aristote, par opposition aux animaux capables de communiquer par des bruits plus ou moins articulés qui sont les *signes* des affections de l'âme[21], l'émission vocale a chez les hommes un statut particulier: elle participe, dans le cadre d'une langue particulière, d'un langage articulé plus diversifié. Les sons émis par la voix sont des *symboles* des affections de l'âme, les mots écrits les *symboles* des sons émis par la voix[22]. Le lien indiqué par le mot symbole est un lien de correspondance stricte mais conventionnelle. Quant au lien des affections de l'âme avec les choses, c'est un lien de ressemblance, tant et si bien que l'étape des affections de l'âme est parfois omise dans la présentation et qu'Aristote évoque un lien symbolique, c'est-à-dire d'homologie arbitraire, entre les mots et les choses, aux homonymies près, que les sophistes exploitent pour duper[23]. Ainsi le langage, si conventionnel soit-il, émane de la perception des choses et sert à communiquer l'empreinte de ces choses sur une âme, à telle enseigne que la métaphore, par exemple, se fonde principalement sur un rapport entre les choses.

Dans la combinatoire que constitue aussi le langage, le mot est une unité signifiante faite d'éléments non signifiants séparément, et l'énoncé (λόγος) un ensemble cohérent de mots (noms ou verbes, selon qu'ils indiquent le temps), signifiants ou non (la conjonction, par exemple, ne signifie rien). À ce dernier niveau, il faut distinguer entre les énoncés apophantiques, assertifs, où intervient la rationalité, dans la mesure où les propositions obtenues peuvent être vraies ou fausses, et les énoncés non apophantiques tels ceux que l'on trouve en poétique et en rhétorique: la prière, par exemple, n'est ni vraie ni fausse[24].

19. Voir *Rhétorique*, III 16.

20. Voir sur cette question la claire synthèse de CRUBELLIER et PELLEGRIN 2002, p. 113-130. Voir aussi LALLOT 1988.

21. Cf. *Politiques*, I 10, 1253 a 10 *sq*. La «voix» des animaux est un signe (σημεῖον), car elle dit quelque chose aux congénères de l'affection ressentie, et le lien entre les deux n'est pas arbitraire.

22. Voir en particulier le *De l'interprétation*, 1, 16 a 3 *sq*.

23. *Réfutations sophistiques*, 1, 165 a 5-13.

24. *De l'interprétation*, 4, 17 a 1-8.

Autre propriété du langage, prometteuse dans la mesure où elle semble faire le lit d'une théorie de la fiction, la capacité de *signifier le non-être :* « en effet le non-étant nul ne sait ce qu'il est, par contre on sait ce que signifie la notion ou le nom quand je dis "bouc-cerf", mais ce qu'est un bouc-cerf il est impossible de le savoir[25] ». On passe ici insensiblement d'une fonction déictique, indicative du langage, à une fonction signifiante.

Le langage peut donc véhiculer des images du monde, voire créer de telles images, et les transmettre avec leur cortège d'émotions. Ainsi, les mots produisent un effet de réel analogue à l'artefact théâtral. La même expression, πρὸ ὀμμάτων ποιεῖν (« mettre sous les yeux ») intervient significativement pour la première fois dans la *Rhétorique* à propos du πάθος, dans un passage où la rhétorique se passe de langage :

Ἐπεὶ δ' ἐγγὺς φαινόμενα τὰ πάθη ἐλεεινά ἐστι, τὰ δὲ μυριοστὸν ἔτος γενόμενα ἢ ἐσόμενα οὔτ' ἐλπίζοντες οὔτε μεμνημένοι ἢ ὅλως οὐκ ἐλεοῦσιν ἢ οὐχ ὁμοίως, ἀνάγκη τοὺς συναπεργαζομένους σχήμασι καὶ φωναῖς καὶ ἐσθῆτι καὶ ὅλως ἐν ὑποκρίσει ἐλεεινοτέρους εἶναι (ἐγγὺς γὰρ ποιοῦσι φαίνεσθαι τὸ κακὸν πρὸ ὀμμάτων ποιοῦντες, ἢ ὡς μέλλον ἢ ὡς γεγονός) καὶ τὰ γεγονότα ἄρτι ἢ μέλλοντα διὰ ταχέων ἐλεεινότερα·

Puisque les malheurs excitent la pitié quand ils paraissent proches, que l'attente ou le souvenir de ceux qui sont arrivés il y a dix mille ans ou qui arriveront dans dix mille ans n'inspirent pas la pitié ou ne l'inspirent pas au même degré, il est nécessaire que ceux qui parachèvent l'effet de leur propos par des postures, la voix ou le vêtement, bref à l'aide des procédés du théâtre, réussissent mieux à exciter la pitié (car, en le mettant sous les yeux comme quelque chose d'imminent ou de juste révolu, ils font paraître le malheur proche) et que les événements fraîchement arrivés ou qui doivent se produire sous peu soient plus pitoyables[26].

Mais au Livre III, ce sont les mots qui sont dotés de cette capacité illusionniste, et ils sont d'autant plus efficaces dans cette fonction qu'ils transmettent l'illusion d'une action, et d'une action en train de se faire, par exemple dans ce passage :

[...] ἔτι (*sc.* εὐδοκιμεῖ) τῷ πρὸ ὀμμάτων ποιεῖν· ὁρᾶν γὰρ δεῖ [τὰ] πραττόμενα μᾶλλον ἢ μέλλοντα. Δεῖ ἄρα τούτων στοχάζεσθαι τριῶν, μεταφορᾶς, ἀντιθέσεως, ἐνεργείας.

[...] ce qui a du succès, c'est aussi de mettre la chose sous les yeux. Car il vaut mieux voir les choses en train de se faire plutôt que devant se produire. Il faut donc viser ces trois objectifs : métaphore, antithèse, vivacité[27].

Il n'est pas indifférent que, dans ce passage, les meilleurs manuscrits (AF) portent non ἐνέργεια (Δ) mais ἐνάργεια, non la *vivacité*, l'impression de mouvement, mais l'*évidence*, l'illusion visuelle. La confusion – ou l'amalgame – entre ces deux paronymes est encouragée par un passage de la *Poétique* (17, 1455 a 22 *sq.*) qui fait de la visualisation d'une scène par le dramaturge en train de composer

25. *Seconds Analytiques*, 2, 7, 92 b 5-8 (trad. P. Pellegrin).

26. *Rhétorique*, II 8, 1386 a 28- b 1. Nous adoptons l. 32 le texte de F καὶ ἐσθῆτι (vs καὶ αἰσθήσει A Kassel).

27. *Rhétorique*, III 10, 1410 b 33-36.

le meilleur moyen de l'actualisation mentale de cette scène dans son mouvement et – par là – du respect de la cohérence narrative.

Mais des mots qui mettent les choses ou les actions sous les yeux ne sauraient former un tout cohérent. L'énoncé leur donnera sens, mais la diction – pour calquer le grec λέξις, c'est-à-dire la formulation, le choix et l'organisation des mots – joue aussi un rôle important, dans la mesure où elle a le pouvoir d'introduire non seulement des variations de grandeur (un *plus* ou un *moins*) mais aussi des variations plus qualitatives, ce qu'on appellerait aujourd'hui des *connotations*. Les textes d'Aristote dans ce domaine sont peu étudiés, en raison du clivage souvent introduit par les Modernes entre la sémiologie (*a priori* digne d'intérêt en raison de sa scientificité potentielle) et la stylistique (laissée aux « littéraires », dans l'acception la plus condescendante du terme). Ce sont pourtant des textes profondément modernes (pragmatiques) par l'attention qu'ils portent au registre et aux propriétés à la fois esthétiques, axiologiques et sociales de la dénomination. Citons ce premier passage :

> Καὶ ἐάν τε κοσμεῖν βούλῃ, ἀπὸ τοῦ βελτίονος τῶν ἐν ταὐτῷ γένει φέρειν τὴν μεταφοράν, ἐάν τε ψέγειν, ἀπὸ τῶν χειρόνων. Λέγω δ' οἷον, ἐπεὶ τὰ ἐναντία ἐν τῷ αὐτῷ γένει, τὸ φάναι τὸν μὲν πτωχεύοντα εὔχεσθαι τὸν δ' εὐχόμενον πτωχεύειν, ὅτι ἄμφω αἰτήσεις, τὸ εἰρημένον ἐστὶ ποιεῖν·
>
> Puisant dans les choses qui appartiennent au même genre[28], il faut tirer la métaphore de ce qui est meilleur si l'on veut donner du lustre, et de ce qui est moins bon si l'on veut dénigrer. Voici un exemple de ce que je veux dire : puisque les contraires appartiennent au même genre, dire que celui qui mendie *prie*, ou que celui qui prie *mendie*, dans la mesure où l'un et l'autre sont des demandes, c'est faire l'opération[29] décrite[30].

Nous avons là dans la substitution d'une espèce à une espèce au sein du même genre l'introduction d'un coefficient de valorisation ou de dévalorisation. Mais la variation semble pouvoir être plus qualitative encore :

> Καὶ ἀπὸ καλῶν· κάλλος δὲ ὀνόματος τὸ μέν, ὥσπερ Λικύμνιος λέγει, ἐν τοῖς ψόφοις ἢ τῷ σημαινομένῳ, καὶ αἶσχος δὲ ὡσαύτως. Ἔτι δὲ τρίτον, ὃ λύει τὸν σοφιστικὸν λόγον· οὐ γὰρ ὡς ἔφη Βρύσων οὐθένα αἰσχρολογεῖν, εἴπερ τὸ αὐτὸ σημαίνει τόδε ἀντὶ τοῦδε εἰπεῖν· τοῦτο γάρ ἐστι ψεῦδος· ἔστι γὰρ ἄλλο ἄλλου κυριώτερον καὶ ὡμοιωμένον μᾶλλον καὶ οἰκειότερον τῷ ποιεῖν τὸ πρᾶγμα πρὸ ὀμμάτων. Ἔτι οὐχ ὁμοίως ἔχον σημαίνει τόδε καὶ τόδε, ὥστε καὶ οὕτως ἄλλου ἄλλο κάλλιον καὶ αἴσχιον θετέον· ἄμφω μὲν γὰρ τὸ καλὸν ἢ τὸ αἰσχρὸν σημαίνουσιν, ἀλλ' οὐχ ᾗ καλὸν ἢ οὐχ ᾗ αἰσχρόν· ἢ ταῦτα μέν, ἀλλὰ μᾶλλον καὶ ἧττον. Τὰς δὴ μεταφορὰς ἐντεῦθεν οἰστέον, ἀπὸ καλῶν ἢ τῇ φωνῇ ἢ τῇ δυνάμει ἢ τῇ ὄψει ἢ ἄλλῃ τινὶ αἰσθήσει. Διαφέρει δ' εἰπεῖν, οἷον *ῥοδοδάκτυλος ἠώς* μᾶλλον ἢ *φοινικοδάκτυλος*, ἢ ἔτι φαυλότερον *ἐρυθροδάκτυλος*.
>
> On doit aussi les (*sc.* les métaphores) tirer de quelque chose de beau. La beauté du mot réside, comme le dit Licymnios, 1) dans les sons ou 2) dans ce qui est signifié, il en va de même pour la laideur. Il y a encore, troisièmement, ce qui réfute l'argument sophistique, car il n'est pas

28. On fera alors une métaphore de l'espèce à l'espèce, type d'opération décrit en *Poétique*, 21, 1457 b 13-16.

29. C'est-à-dire valoriser ou dévaloriser la demande.

30. *Rhétorique*, III 2, 1405 a 14-19.

vrai de dire, comme le faisait Bryson, que nul n'est grossier dans la mesure où, que l'on emploie tel mot plutôt que tel autre, on signifie la même chose. C'est faux, car il y a des mots supérieurs aux autres : mieux autorisés par l'usage, plus ressemblants et en affinité avec la chose, qu'ils mettent sous les yeux. De surcroît, ce n'est pas identiquement qu'il signifie telle et telle chose, de sorte qu'à ce niveau aussi, il faut admettre qu'un mot est plus beau ou plus laid qu'un autre. Tous les deux signifient quelque chose de beau ou de laid, mais pas en tant que beau ou laid ; ou s'ils signifient cela, ils se distinguent par le plus ou le moins. Voici en somme à partir de quoi il faut opérer les métaphores : à partir de ce qui est beau ou bien par le son, ou bien par le sens, ou bien à la vue ou bien à tout autre mode de perception. Il n'est pas indifférent de parler, par exemple, d'Aurore « aux doigts de rose » plutôt qu'« aux doigts de pourpre » ou – pire encore – « aux doigts rouges »[31].

Ce développement se rattache lui aussi à la théorie de la métaphore. Il faut rappeler que la métaphore chez Aristote recouvre très généralement ce qu'on appellera plus tard *trope*, c'est-à-dire le transfert d'un signifiant sur un signifié inapproprié, en raison d'un rapport particulier entre les signifiés dont les signifiants sont échangés. Ce peut être une relation d'inclusion genre/espèce ou l'inverse (c'est-à-dire qu'on appellera l'espèce par le nom du genre ou l'inverse) ou une substitution espèce/espèce dans le même genre (cf. ci-dessus) ou encore une analogie de rapports entre deux couples de réalités : le printemps est à l'année ce que la jeunesse est à la vie, d'où par exemple la métaphore « printemps de la vie » pour la jeunesse.

Ce qu'Aristote ajoute ici, c'est que les métaphores doivent embellir (ou enlaidir) le discours, et que pour cela, elles doivent recourir à des *mots* qui soient beaux. Et il élabore devant nous, à partir de Licymnios, une théorie qui affecte trois sources à la beauté des mots : la sonorité du signifiant, la qualité esthétique de l'objet désigné (visuelle, ou autre), et la « connotation ». C'est l'endroit le plus délicat du passage cité ci-dessus, quasiment impossible à traduire sans le commenter : « Tous les deux (*sc.* le mot de meilleure qualité par rapport à son concurrent) signifient quelque chose de beau ou de laid, mais pas en tant que beau ou laid (ce que l'on peut peut-être comprendre ainsi : le mot désignant quelque chose de laid n'est pas forcément laid pour autant) ; ou s'ils signifient cela, ils se distinguent par le plus ou le moins (*sc.* le mot qui désigne quelque chose de beau doit éventuellement une part de sa beauté à ce qu'il désigne mais par son registre, sa connotation, sa faculté de faire voir, il renforce ou diminue la beauté ou la laideur de la chose) ».

Aristote introduit ainsi une autre règle que l'adéquation du style à son objet. Il confère à la technique du style un pouvoir propre qui est de modifier non seulement quantitativement (comme le fait l'amplification) mais aussi qualitativement la perception de la chose. Les exemples sont éloquents : la différence entre « Aurore aux doigts de rose » et « Aurore aux doigts rouges », notamment en termes d'axiologie, est extrêmement sensible. Ce qui est en germe, c'est une

31. *Rhétorique*, III 2, 1405 b 6-21.

distinction plus tardive, la distinction entre les qualités nécessaires et les qualités ajoutées du style, ou, selon les termes du Pseudo-Démétrios de Phalère, la distinction entre l'expression « servante » du sens et l'expression ornementale[32], qui fait écho elle-même à une opposition très bien attestée, elle, comme aristotélicienne, entre une persuasion occupée de l'affaire, et une persuasion orientée vers le juge[33]. Surtout, Aristote ébauche une théorie de la signification et de l'expression stylistique qui permet de penser l'œuvre comme un artefact doté d'un double pouvoir : représenter le monde, organiser cette représentation en un tout distinct et cohérent[34].

Cette cohérence est rendue possible aussi par une autre faculté de la λέξις qui est de faciliter la perception et l'intelligence du discours en décomposant le flux de l'énoncé en unités faciles à mémoriser et à comprendre[35] et en structurant ces unités de l'intérieur, par différents procédés impliquant la signification (antithèse), le rythme, les figures de correspondance interne entre les subdivisions (κῶλα), etc. La forme obtenue est la période :

> Λέγω δὲ περίοδον λέξιν ἔχουσαν ἀρχὴν καὶ τελευτὴν αὐτὴν καθ' αὑτὴν καὶ μέγεθος εὐσύνοπτον. Ἡδεῖα δ' ἡ τοιαύτη καὶ εὐμαθής, ἡδεῖα μὲν διὰ τὸ ἐναντίως ἔχειν τῷ ἀπεράντῳ, καὶ ὅτι αἰεί τι οἴεται ἔχειν ὁ ἀκροατὴς τῷ ἀεὶ πεπεράνθαι τι αὑτῷ· τὸ δὲ μηδὲν προνοεῖν εἶναι μηδὲ ἀνύειν ἀηδές.
>
> J'appelle période l'expression qui a un début et une fin par elle-même et une étendue facile à embrasser d'un regard. Une telle expression est agréable et facile à comprendre, agréable parce qu'elle s'oppose à l'illimité et parce que l'auditeur a à tout moment le sentiment de tenir quelque chose étant donné qu'il a affaire à tout moment à quelque chose de limité tandis qu'il est désagréable de ne rien prévoir et de ne rien achever[36].

J'ai étudié cette question ailleurs[37] et tâché de montrer la coïncidence entre structuration de la période et forme enthymématique. Pour ce qui m'occupe ici, je soulignerai plutôt le plaisir qui s'attache à la perception de ces unités aisément intelligibles. Elles donnent au récepteur l'occasion d'exercer ses facultés spécifiques d'être humain[38], et en cela de s'accomplir. *Plaisir à l'œuvre*, pourrait-on dire en plusieurs sens, fait d'une activité (πρᾶξις) intelligente, plaisir gratuit, en tout cas dans un premier temps, celui de la compréhension, même si les profits en termes de persuasion sont moins désintéressés. La relation en cause entre le locuteur et le destinataire n'est pas littéraire, mais englobe une relation proche de la relation littéraire.

32. Démétrios *Du Style* (CHIRON 1993), 106.

33. Cf. *Rhétorique*, I 1, 1354 a 18.

34. D'où le thème de l'*apprentissage* permis par les mots, *Rhétorique*, III 10, 1410 b 9-12, apprentissage qui est aussi affaire de structuration des énoncés, cf. ci-dessous.

35. *Rhétorique*, III 9, 1409 b 4-5.

36. *Rhétorique*, III 9, 1409 a 35 - b 4.

37. CHIRON 1999, reproduit dans ce volume, p. 273 *sq.*

38. Sur ce thème, voir CRUBELLIER et PELLEGRIN 2002, p. 208-213.

Dans ces développements d'Aristote, d'ailleurs, les mentions de la poésie ne sont pas rares[39].

Mais qu'en est-il justement de la conscience du *medium*, l'autre versant de la communication littéraire ? En rhétorique, il y a un danger évident à détourner l'attention du récepteur sur la forme du signifiant : il se peut qu'il ne comprenne plus, ou qu'il se méfie. Témoigne de ce risque le discrédit dans lequel est tombé l'ensemble des figures de la période, assimilées après Aristote – sous le nom de gorgianismes – aux procédés les plus artificiels et les plus risqués[40].

Et pourtant, la description par Aristote du processus de la μάθησις (compréhension / apprentissage) montre l'existence d'un interstice entre perception et compréhension. Cet interstice est celui d'un moment de conscience du processus en cours. Dire que cette conscience inclut celle de l'intervention active de l'orateur comme artiste serait sans doute abusif, mais elle atteste qu'un instant l'auditeur *objective* ce qui se passe en lui.

Mais commençons par ces remarques, récurrentes dans les chapitres 10 et 11 du Livre III, sur le court décalage que doit ménager l'expression entre l'énonciation et la compréhension. Si la facilité, l'aisance, la vitesse sont une condition du plaisir de la compréhension (cf. μανθάνειν ῥᾳδίως, 1410 b 10 ; μάθησιν ταχεῖαν, 1410 b 21, etc.), la comparaison est trop longue par rapport à la métaphore :

> [...] διὸ ἧττον ἡδύ, ὅτι μακροτέρως· καὶ οὐ λέγει ὡς τοῦτο ἐκεῖνο· οὐκοῦν οὐδὲ ζητεῖ τοῦτο ἡ ψυχή [...].

> [...] elle est donc moins agréable, pour excès de longueur. De plus, elle ne dit pas que « ceci » est « cela », aussi l'esprit ne s'enquiert-il même pas du « ceci » [...][41].

Dans le cas de la métaphore, l'esprit est donc engagé dans une recherche (ζητεῖ), ce qui implique que ses *attentes* – pour peu qu'elles soient stimulées – ne sont pas immédiatement satisfaites. Plus loin, les enthymèmes trop superficiels sont rejetés au profit de ceux dont la compréhension accompagne l'énonciation ou est légèrement différée (ἢ μικρὸν ὑστερίζει ἡ διάνοια, 1410 b 25-26). Au chapitre 11, Aristote dit que la métaphore doit se faire à partir de choses apparentées, « mais sans que la parenté soit évidente » (καὶ μὴ φανερῶν, 1412 a 10-11) et il établit une analogie entre la faculté de détecter les ressemblances et la compétence philosophique. Il lui arrive aussi d'isoler plus nettement encore le mouvement réflexif sur le processus que l'on constate en soi :

> Ἔστι δὲ καὶ τὰ ἀστεῖα τὰ πλεῖστα διὰ μεταφορᾶς καὶ ἐκ τοῦ προεξαπατᾶν· μᾶλλον γὰρ γίνεται δῆλον ὅτι ἔμαθε παρὰ τὸ ἐναντίως ἔχειν, καὶ ἔοικε λέγειν ἡ ψυχὴ « ὡς ἀληθῶς, ἐγὼ δὲ ἥμαρτον ».

39. Par exemple III 9, 1409 b 6-7 ; III 10, 1410 b 13 *sq.* ; III 11, 1413 a 10-11. Les illustrations sont très souvent poétiques.

40. Sur cette histoire, voir NOËL 1999.

41. *Rhétorique*, III 10, 1410 b 18-19.

Les raffinements d'expression eux aussi font appel pour la plupart à la métaphore, et ont leur source dans une tromperie préalable, car du fait qu'on passe à l'avis opposé, il devient plus évident qu'on a appris, c'est comme si l'esprit disait: «comme c'est vrai! et moi qui m'étais trompé... »[42]

Dans cet autre exemple, le contenu de la réflexion est dûment formulé:

Καὶ ὃ λέγει Θεόδωρος, τὸ καινὰ λέγειν. Γίνεται δέ, ὅταν παράδοξον ᾖ, καὶ μή, ὡς ἐκεῖνος λέγει, πρὸς τὴν ἔμπροθεν δόξαν, ἄλλ' ὥσπερ οἱ ἐν τοῖς γελοίοις τὰ παραπεποιημένα. Ὅπερ δύναται καὶ τὰ παρὰ γράμμα σκώμματα· ἐξαπατᾷ γάρ. Καὶ ἐν τοῖς μέτροις· οὐ γὰρ ὥσπερ ὁ ἀκούων ὑπέλαβεν· «ἔστειχε δ' ἔχων ὑπὸ ποσσὶ χίμεθλα», ὁ δ' ᾤετο πέδιλα ἐρεῖν. Τούτου δ' ἅμα λεγομένου δεῖ δῆλον εἶναι.

Il y a aussi ce que dit Théodore: dire des choses nouvelles. C'est ce qui se passe quand il y a surprise, non par rapport à l'opinion qu'on avait antérieurement, comme il le dit, mais à la manière des plaisanteries où l'on contrefait les mots. Les moqueries par changement de lettre font aussi cet effet-là, car il y a truquage. La même chose est possible en vers, car ce qui vient n'est pas ce à quoi s'attendait l'auditeur:

Il avançait avec aux pieds des engelures.

L'auditeur s'attendait à «chaussures». Mais il faut que cela soit clair dans l'instant qu'on le dit[43].

Au décalage imperceptible entre perception et compréhension du message s'ajoute l'élaboration d'une hypothèse de sens et l'annulation, la correction, de cette hypothèse, occasion de prendre conscience du mécanisme d'anticipation qui marque la compréhension, et du jeu entre ce qui est dit et ce qui aurait dû être dit. On songe à ce que Gérard Genette appelle «l'espace de figure» et qu'il décrit ainsi: «L'esprit de la rhétorique est tout entier dans cette conscience d'un hiatus possible entre le langage réel (celui du poète) et un langage virtuel (celui qu'aurait employé l'expression simple et commune) qu'il suffit de rétablir par la pensée pour délimiter un espace de figure. Cet espace n'est pas vide: il contient à la fois un certain mode de l'éloquence ou de la poésie. L'art de l'écrivain tient à la façon dont il dessine les limites de cet espace, qui est le corps visible de la Littérature»[44].

À un niveau macroscopique, l'horizon d'attente que l'on peut déduire de cette approche de la diction rhétorique est celui d'un discours clos, homogène, densément structuré. Dans le cas de l'épidictique surtout, Aristote utilise des métaphores musicales. L'exorde, par exemple, est ce qui détermine *la tonalité principale* du discours[45] – ce qui implique une homogénéité esthétique. On n'est donc pas surpris de voir le *requisit* d'organicité dûment et explicitement formulé comme un *requisit* minimum, dans ce passage où l'exorde, sans raison d'être faute d'un

42. *Rhétorique*, III 11, 1412 a 17-21.

43. *Rhétorique*, III 11, 1412 a 25-32.

44. GENETTE 1964, p. 45-46. Dans cet article, Genette a pour objet la rhétorique *littéraire* (la fameuse rhétorique restreinte), comme le passage cité l'atteste.

45. *Rhétorique*, III 14, 1414 b 24.

auditeur sensible aux « trucs » traditionnels dans cette partie du discours, n'en est pas moins nécessaire :

Δεῖ δὲ μὴ λανθάνειν ὅτι πάντα ἔξω τοῦ λόγου τὰ τοιαῦτα· πρὸς φαῦλον γὰρ ἀκροατὴν καὶ τὰ ἔξω τοῦ πράγματος ἀκούοντα, ἐπεὶ ἂν μὴ τοιοῦτος ᾖ, οὐδὲν δεῖ προοιμίου, ἀλλ' ἢ ὅσον τὸ πρᾶγμα εἰπεῖν κεφαλαιωδῶς, ἵνα ἔχῃ ὥσπερ σῶμα κεφαλήν.

Il faut bien voir que tous les procédés de ce genre sont extérieurs au discours, car ils visent l'auditeur médiocre et attentif à ce qui est hors-sujet. En effet, s'il n'est pas de ce modèle-là, nul besoin d'exorde, sinon juste ce qu'il faut pour résumer l'affaire, pour que le discours, tel un corps, ait une tête[46].

Conclusion

Cette petite enquête n'est bien sûr qu'une ébauche. On pourrait la poursuivre. Ainsi, le nom même donné à ces « pré-figures » que sont les ἀστεῖα est révélateur : ce sont des raffinements d'expression propres à une communication « urbaine », policée, des formulations heureuses socialement marquées. Le discours selon Aristote reçoit explicitement comme norme un usage « convenable », neutre, de la langue[47], mais il est doté aussi, avec les ἀστεῖα, d'un registre de référence, plus raffiné, et si l'on se fie à l'abondance et à la diversité des citations littéraires constellant le Livre III, on devine qu'il doit se déployer avec à l'arrière-plan un corpus « littéraire ». À ces deux derniers niveaux, Aristote rejoint la définition du discours littéraire comme discours « constituant », soit un discours qui produit ou confirme une norme, linguistique, sociale et esthétique, au sein des usages innombrables et indéterminés qui, sinon, ne forment même pas une langue[48].

46. *Rhétorique*, III 14, 1415 b 4-8.

47. Cf. *Rhétorique*, 3, 2, 1404 b 1-4.

48. Cf. MAINGUENEAU 2004, p. 152 : « La littérature joue un rôle décisif dans ce processus de délimitation des langues. Pour que surgisse une langue comme totalité, pour que se dessinent les frontières d'un espace stabilisé, rapporté à une communauté, il faut la référence à un corpus, une aire d'usage restreinte et prestigieuse, en particulier une littérature. La production d'*énoncés de qualité* donne *qualité de langue* à ce qui, sinon, ne serait qu'une simple aire de communication verbale aux frontières indécidables et soumise à une variation infinie. La communauté linguistique s'institue à partir des rites langagiers d'une minorité. En ce sens, il y a véritablement *langue* à partir du moment où la "masse parlante" est doublée d'une communauté d'absents, d'un trésor de paroles mortes. Adossée à un corpus littéraire, la langue se soutient d'énoncés de qualité, qui d'une certaine manière lui échappent. Paradoxalement, ce qui permet qu'il y ait *une* langue, c'est donc un usage restreint dont l'appartenance à la langue est problématique et dont les linguistes se défient à juste titre. Il existe ainsi une relation essentielle entre la définition de l'identité d'une langue et l'existence d'une littérature, au sens large, d'un corpus d'énoncés stabilisés, valorisés esthétiquement et reconnus comme fondateurs par une société. L'Un imaginaire de la langue se soutient de l'existence d'un corpus d'œuvres. Les écrivains, loin de venir après, participent à sa définition. » On pourrait dire que, réciproquement, Aristote fonde la rhétorique comme littérature en l'inscrivant dans un corpus de pratiques linguistiques et stylistiques réglées. En tout cas, on ne peut considérer comme indifférent le fait qu'Aristote, à la différence

Mais il est temps de conclure. Aristote ne confond pas rhétorique et littérature. Il ne manque pas de signaler le risque que prend l'orateur à se détacher de l'interaction *ex tempore* avec son auditeur. Il semble pourtant que pour lui les deux champs se superposent partiellement, anticipant sur les recherches actuelles qui cherchent à déceler le rhétorique au sens plein dans le littéraire. Un genre, l'épidictique, a vocation à fournir le spectacle d'une œuvre travaillée, « gratuite », vecteur de sens et de valeurs. Plus généralement, l'orateur est invité à travailler à la facile perception et à l'heureuse compréhension du message grâce aux potentialités signifiantes, expressives, dianoétiques et structurantes de la *diction* quand elle est mise en forme. Vecteur d'un ἦθος distingué, cette diction ne s'abolit pas dans une persuasion utilitaire. Elle fonde une norme partagée, où l'auditeur se reconnaît avec plaisir, aussi séduit que persuadé. Il arrive à Aristote d'ironiser sur cette séduction[49], mais c'est elle qui fonde une bonne partie des analyses du Livre III.

En somme, dans la *Rhétorique*, Aristote fait plus qu'ouvrir une piste en direction de ce que nous appelons théorie littéraire, il en emprunte et en balise plusieurs.

de ce qui se passe dans la *Rhétorique à Alexandre* (contemporaine de la *Rhétorique*), emprunte tous ses exemples à la « littérature ».

49. Cf. *Rhétorique*, III 14, 1415 b 28-32 : « Dans les discours épidictiques, il faut faire en sorte que l'auditeur se croie inclus dans l'éloge, que ce soit lui-même, sa famille, sa conduite ou quoi que ce soit d'autre. Car ce que dit Socrate dans l'*Oraison funèbre* est vrai, que ce n'est pas devant les Athéniens, mais bien devant les Lacédémoniens, qu'il est difficile de faire l'éloge des Athéniens ! ».

2. TRADITION, INNOVATION

LA TRADITION CHEZ LES RHÉTEURS : EMPRUNT OU EMPREINTE ?

En réfléchissant à la question de l'emprunt, nous avons pris la liberté de nous éloigner un peu de la question étroite de la citation dans les traités de rhétorique[1], que nous avons déjà étudiée dans des travaux consacrés aux *De figuris* d'Alexandros et de Tibérios[2]. Nous essayions d'y montrer que les citations des rhéteurs sont fort infidèles et que, si l'on ne disposait que de la tradition indirecte pour connaître Démosthène, par exemple, on se ferait sans doute une idée fort inexacte de l'Orateur. Le corollaire est que les citations, d'Homère par exemple chez Alexandros, tendent à construire une représentation de l'auteur cité très cohérente, mais qui nous renseigne surtout sur le citateur-lecteur, son esthétique et les théories rhétoriques qui président à ses jugements critiques[3]. Ce n'est pas sans raison qu'ont été élaborées dans les années soixante-dix les théories dites de la réception. Il y a bien là un objet spécifique.

Nous voudrions poser ici la question plus générale de la relation des Anciens aux productions textuelles – pour utiliser la formule la plus englobante possible – qui les ont précédés. Nous avons réduit le titre en conséquence, tout en conservant la paronomase et l'antithèse emprunt *vs* empreinte, qui nous paraissent toujours grosses d'une problématique intéressante. En effet, si l'on se fie à certaines idées reçues, récurrentes dans les travaux sur l'atticisme, les Grecs et les Latins auraient entretenu un rapport de *servilité* avec les grands textes de leur passé, comme si la charge qu'ils ont fait peser sur leur postérité en devenant des *classiques*, ils l'avaient fait porter par avance sur leurs propres ancêtres. Dès que l'on réfléchit un tant soit peu à ce préjugé, on doit reconnaître d'abord que l'idée de rapport

1. Le premier titre proposé à Corinne Jouanno pour cette contribution à la journée d'études sur l'emprunt (Université de Caen, 26 mai 2011) était : « Emprunt, imitation, pratique de la citation dans les traités de rhétorique anciens ».

2. CHIRON 2006 ; CHIRON 2010.

3. Citons un cas spectaculaire de ce que l'on pourrait appeler le « langage de la citation », ou « citation instrumentalisée ». Dans un passage où il s'inspire d'Aristote tout en élaborant une théorie de la période sensiblement nouvelle, le rhéteur Démétrios (Pseudo-Démétrios de Phalère) modifie à la fois la lettre et l'interprétation stylistique de l'*incipit* des *Histoires* d'Hérodote. Autrement citée, la séquence verbale qui était chez Aristote (*Rhétorique*, III 9, 1409 a 28-29) un *côlon*, exemple d'une *lexis* « additive », faite de pièces cousues, devient chez Démétrios un cas de période simple, fortement et intimement structurée, cf. *Du Style*, 17 et CHIRON 2001, p. 87-90.

servile aux textes dépend de certaines conceptions romantiques de l'écriture comme expression d'un « je » irréductiblement et subjectivement unique, d'autre part que ce culte exclusif du canon – quand il est avéré – est plus propre à certaines époques de l'Antiquité qu'à d'autres, que de surcroît le passé sacralisé n'est pas n'importe lequel et que ladite servilité peut recouvrir des postures plus complexes et ambiguës qu'il y paraît. Par exemple, quand un Grec de l'époque impériale célèbre Thucydide ou l'Athènes du Ve siècle, ou s'efforce de parler un grec qui n'est plus en usage sinon dans le cadre apparemment gratuit et ludique de la déclamation, il tend à s'affirmer comme Grec face à la domination romaine sinon à critiquer indirectement le pouvoir en place au nom de valeurs héritées d'une tradition réputée plus ancienne et plus prestigieuse[4]. Autre cas : certains commentaires rédigés dans l'Antiquité tardive, quoique se référant avec une piété apparente à un texte canonique, lui font dire en réalité tout autre chose[5].

Pour évaluer le poids du passé dans la culture antique, il faut aussi tenir compte d'un paramètre qui nous est devenu presque totalement étranger et qui rend les comparaisons très aventureuses, à savoir le caractère oral de la production et de la transmission textuelles : pour nous, et pour quelques années encore (car notre culture, de ce point de vue, est en train de subir de profondes et rapides mutations), un livre est un objet impérissable, qui trône sur des rayonnages et qui vaut indépendamment des réactualisations muettes que sont les lectures solitaires et successives dont il fait l'objet. Cette conception patrimoniale, les Grecs l'ont eue à certains moments, par exemple au début de la période hellénistique avec la réalisation du projet, d'inspiration péripatéticienne, de la bibliothèque d'Alexandrie, mais pour un Grec, généralement parlant, la tablette ou le rouleau ou la feuille de papyrus ne sont que des pis-aller, des supports malcommodes permettant de conserver un texte qui ne vaut vraiment que par son oralisation collective. Quand Platon est mort, il laissait près de son lit une tablette portant plusieurs rédactions différentes de la première phrase de la *République*[6], et même, selon une des versions de l'anecdote, des quatre premiers mots, dont on connaît le caractère narratif, sinon anecdotique : « Je descendais hier au Pirée… ». C'est une chose fascinante quand on y songe : son livre était publié, c'est-à-dire copié, corrigé et déposé dans la bibliothèque de l'Académie[7], sans doute aussi plus largement diffusé[8], et il y travaillait encore minutieusement pour conférer à un passage

4. Voir par exemple PERNOT 1997 (notamment l'avant-propos, p. 12).

5. Cf. GOULET-CAZÉ et DORANDI 2000.

6. Denys d'Halicarnasse, *De compositione verborum*, 25, 32 ; Quintilien, VIII 6, 64 ; Diogène Laërce, III 37 (= Panaetius, fr. 130 Van Straaten, test. 149 Alesse).

7. Voir IRIGOIN 2003, p. 193-194.

8. Sur le problème de l'« édition » antique, voir DORANDI 2000, notamment le chap. 4. Pour l'importance relative de l'oral et de l'écrit, voir l'anecdote rapportée dans IRIGOIN 2001, p. 20-21 : l'audition d'un texte lu dans la rue par un « libraire » convertit le passant à la philosophie et à la fréquentation d'un maître.

d'importance secondaire une qualité auditive supérieure. Le mot de *tradition* – tant du point de vue du testateur que du légataire – prend un tout autre sens quand ce qui est à transmettre est une « performance » (au sens anglais du terme) et non un objet, quand l'écrit est un auxiliaire transitoire et non l'écrin définitif du texte.

Le mot même de « performance », doit faire l'objet d'une analyse plus précise. On ne saurait la réduire à un spectacle, sinon en donnant à ce spectacle une valeur pragmatique, comme c'était le cas pour la tragédie où le mythe, le chant, la parole et son rythme, concrétisés par la chorégraphie, jouaient un rôle de pacification et de régulation du corps politique[9]. Platon était l'héritier de Damon, le grand théoricien de l'éducation par le rythme et le fondateur de l'éthique musicale. On ne souligne pas assez que le philosophe, après avoir pourfendu la rhétorique spéculaire, celle qui se modèle sur les opinions du public et se trouve, par conséquent, dans l'incapacité de lui apporter quoi que ce soit, a été à la fois le concepteur d'une rhétorique idéale au service du vrai et du beau, et peut-être le meilleur prosateur de l'Antiquité. Ensuite, il arrive qu'Aristote décrive l'exorde d'un discours par analogie avec un prélude musical[10], c'est-à-dire comme une mise en condition esthétique et émotionnelle. Une bonne part des recherches stylistiques du philosophe porte sur la période, que l'on peut interpréter comme un découpage et une structuration de la chaîne parlée visant à faciliter la perception et la saisie du message et à permettre ainsi l'exercice *heureux* de la faculté intellective. De plus, les recherches actuelles sur les antécédents anciens des « actes de langage » d'Austin[11], la redécouverte des théories du discours figuré où l'on assiste à une dissociation totale de la signification obvie du discours et de l'effet concret que ce discours entend obtenir en termes d'opinion ou d'action[12], tout cela fait penser que la tradition textuelle ancienne, loin de se réduire aux joies de l'imagination, ou au partage hédoniste d'une culture commune ou à des rituels de reconnaissance et de consolidation des liens de caste, ambitionnait de transmettre, par le biais du λόγος, des *expériences* au sens le plus fort du terme, c'est-à-dire, selon le mot de Michel Foucault « quelque chose dont on sort changé », ou, pour le dire autrement, non seulement des contenus de pensée mais des modèles concrets d'interaction sociale et politique. La métaphore de l'empreinte que nous utilisons dans le titre ci-dessus n'est pas une invention de notre part, elle vient d'un texte d'Isocrate[13] que nous citerons plus loin et se réfère à des conceptions du texte oral

9. Nous songeons ici à l'interprétation physio-psychologique de la catharsis aristotélicienne, sur laquelle on lira la mise au point récente, définitive à nos yeux, de MARX 2011.

10. *Rhétorique*, III 14, *init.*

11. Voir par exemple PATILLON 2010, p. 36 *sq.*

12. Voir en dernier DENTICE DI ACCADIA 2010.

13. On pourrait remonter la piste de cette métaphore plus en amont encore : elle est présente dans la philosophie des atomistes (voir Gorgias, *Hel.* 13), et chez Platon, qui voit en elle un des moyens de rendre compte du mécanisme cognitif, par exemple dans le *Phèdre*, 276 a. Mais dans notre corpus, Isocrate joue probablement le rôle de source.

qui ne dissocient pas le fond de la forme et confèrent au λόγος des pouvoirs considérables en matière d'exercice intellectuel, éthique et politique, d'où, évidemment, l'importance de son perfectionnement dans l'éducation et la profondeur des transformations qu'il induit. En quelques mots, la transmission des textes n'ambitionne pas seulement la communication d'un sens, elle vise à obtenir une véritable métamorphose du moi individuel et social.

Métamorphose : ce terme appartient au champ lexical de la forme, et ce que l'on constate en effet, c'est que la transmission des textes est très souvent, dans l'Antiquité, médiée par des formes (ἰδέαι), des types (τύποι), des modèles (πλάσματα), etc. – champ lexical que l'on réduit trop souvent au lexique voisin et partiellement commun des genres (γένη) et des espèces (εἴδη), c'est-à-dire à des préoccupations taxinomiques, mais qui recouvre en réalité une anthropologie où la culture joue un rôle fondamental. Dans ce contexte, il n'y a rien de servile à se métamorphoser par la culture, c'est même le seul moyen d'accéder à l'humanité.

Mais plutôt que de continuer avec des généralités, au risque de généralisations abusives, nous voudrions, pour reconsidérer le préjugé de la « servilité » dont les rhéteurs anciens auraient fait preuve à l'égard de la tradition, prendre trois moments très particuliers de l'histoire de la rhétorique ancienne : premièrement le IVe siècle av. J.-C. avec un corpus composé d'Isocrate, de la *Rhétorique à Alexandre* et d'Aristote, deuxièmement le cycle des προγυμνάσματα, ou exercices préparatoires de rhétorique, tel (nous expliquerons pourquoi) qu'il est présenté dans le traité d'Aelius Théon (Ier s. av. J.-C. ?), troisièmement – peut-être un siècle plus tard – la théorie des ἰδέαι décrite dans le Περὶ ἰδεῶν d'Hermogène le Rhéteur, *alias* Hermogène de Tarse.

Pour être plus précis, nous voudrions – à propos de chacune de ces périodes et de chacun de ces corpus – poser une question différente et très simple, au total trois questions qui paraissent ouvrir des lignes de fuite, mais qui, nous l'espérons, susciteront des réponses convergentes.

1) Pourquoi la *Rhétorique à Alexandre* – traité que l'on peut considérer comme étant globalement d'obédience isocratique – ne comporte-t-elle quasiment aucune citation d'auteur alors que la *Rhétorique* d'Aristote, sans doute à peu de choses près contemporaine, fourmille d'extraits pris dans tous les genres que nous appelons aujourd'hui « littéraires », soit le genre poétique, dramatique, historiographique, philosophique… Qu'est-ce qui explique qu'une doctrine que tout le monde s'accorde, par ailleurs, à considérer comme très proche de la pratique oratoire[14], se refuse apparemment à enregistrer l'expérience acquise grâce à la « littérature » ?

2) Maintenant que l'on a redécouvert l'état originel du traité d'Aelius Théon grâce à l'utilisation d'une traduction arménienne ancienne[15], peut-on dire que les προγυμνάσματα méritent encore les reproches d'Henri-Irénée Marrou, accusant

14. Une démonstration, entre autres : PASINI 2011.

15. Aelius Théon, *Progymnasmata* (PATILLON 1997c).

ses lointains collègues de nullité pédagogique et surtout de nullité créative, c'est-à-dire d'une incapacité totale à inventer et donc à faire inventer par leurs élèves quoi que ce soit ?

3) Quelle est la raison d'être de la complication apparente du système des ἰδέαι – que nous n'appellerons décidément pas catégories stylistiques, parce que l'enjeu est beaucoup plus large – substituant aux formules simples à trois ou quatre termes héritées de l'époque classique un complexe dispositif à *x* formes principales et secondaires et à *n* composants ? En d'autres termes, qu'est-ce qui se joue dans la transformation d'une typologie aristotélicienne, généralement à trois termes et définissant un juste milieu, en un système certes encore simple, mais permettant d'obtenir des combinaisons extrêmement nombreuses ? Qu'est-ce qu'une telle innovation nous dit de l'évolution des rapports, dans la théorie rhétorique, de la pratique oratoire et de la critique littéraire, c'est-à-dire de l'empirisme immédiat et de la tradition plus lointaine ?

1) Dans la *Rhétorique à Alexandre*, donc, et c'est une différence spectaculaire avec la *Rhétorique* d'Aristote, qui est sans doute quasiment contemporaine, il n'y a en tout et pour tout qu'une seule citation « littéraire »[16], d'une pièce perdue d'Euripide, le *Philoctète*[17], qui fournit un exemple de contre-anticipation (1433 b 11 *sq.*). Tout discours, enseigne le manuel, doit faire place à l'argumentation de l'adversaire, afin de la détruire par avance : dans le judiciaire, cette anticipation constitue même une partie du discours, introduite par des formules du genre : « Peut-être mon adversaire va-t-il prétendre que.... » suivies d'une argumentation préventive. Le procédé, dans l'esprit du rhéteur, n'est pas seulement d'ordre dialectique. Il spécule sur le pouvoir propre de la nouveauté et son usure rapide. Il s'agit, dirait-on, de « couper l'herbe sous le pied » de l'adversaire, ou même, pour être plus précis tout en restant dans les métaphores végétales, de « déflorer » l'argument adverse. Citons : « Car même si les points qu'on a dénigrés par avance [c'est-à-dire les arguments de l'adversaire que l'on a énoncés avant lui] sont tout à fait solides, ils ne paraîtront pas aussi décisifs à ceux qui en auront déjà entendu parler » (1433 a 38-39). La citation tragique intervient alors, à propos de la contre-anticipation, comme un niveau supplémentaire de réflexivité qui illustre cette manie des renversements successifs qu'on voit à l'œuvre dans l'argument du corax[18] : la thèse est d'autant plus invraisemblable qu'elle est plus vraisemblable. On connaît mal le contexte de la citation tirée du *Philoctète*, et la lettre du texte a été très mal transmise. Mais le sens doit être à peu près celui-ci : « Je vais dire, moi, même s'il semble avoir ruiné mes propos en prenant les devants, que c'est lui le coupable. Non, mon fait, si tu m'écoutes, de moi tu peux vraiment l'apprendre.

16. Pour une approche générale de la question, voir DARBO-PESCHANSKI 2004.

17. Fr. 797 Nauck^2 = 1117 Mette.

18. Sur l'anecdote qui a conduit à donner ce nom à l'argument, voir COLE 1991, p. 65-84.

Lui-même en son discours, ne te montre que lui» (1433 b 11-14). Le message est double, en substance: croyez-le d'autant moins qu'il utilise une technique qui consiste à dénigrer par avance mes propos. Fiez-vous plutôt à la source, c'est-à-dire à ce que je dis moi-même. D'autre part, la méthode tortueuse qu'il utilise dessine son portrait et reflète sa duplicité.

Voilà tout pour les citations poétiques dans la *Rhétorique à Alexandre*. Nous observerons juste que cette citation confère à la «littérature» un haut degré de sophistication oratoire et un caractère rhétorique, c'est-à-dire méta-discursif, puisqu'on y dénonce l'utilisation d'un procédé rhétorique qui se trouve, par conséquent, objectivé ; là est sans doute la raison de cette exception.

En dehors de ce curieux jeu de miroir, et si l'on élimine quelques crypto-citations d'Isocrate[19], les préceptes de la *Rhétorique à Alexandre* sont illustrés de modèles fabriqués pour les besoins de la cause. Le fait est d'autant plus surprenant que le traité s'inscrit dans la tradition sophistique et que les premiers sophistes, afin de vendre aux élites politiques des programmes de formation efficaces, les étayaient généralement sur une culture solide et diversifiée[20].

À l'opposé, comme on le sait, Aristote cite dans sa *Rhétorique* un nombre incalculable de fragments d'auteurs très variés.

Paradoxalement, c'est l'attitude d'Aristote qui est la plus facile à expliquer: philosophe des savoirs, le Stagirite est l'ancêtre des scientifiques autant qu'un grand philosophe. Sa conception de sciences de genres différents[21], aux méthodes et au lexique distincts, l'encourageait à constituer des corpus didactiques propres aux diverses disciplines. Dans le domaine rhétorique, on sait qu'il a constitué un dossier, intitulé *Collection de traités* (Συναγωγὴ τεχνῶν)[22], qui semble avoir condensé tout l'héritage des technographes antérieurs. Cette démarche est parfaitement cohérente avec les considérations du chapitre 34 des *Réfutations sophistiques*, où Aristote oppose la rhétorique, discipline constituée, dotée déjà d'un corpus théorique, à la dialectique, discipline selon lui encore vierge.

Il faut ajouter qu'Aristote a une conception de la τέχνη qui exige de ce type de connaissance pratique la capacité de formuler des règles universelles et d'en comprendre les principes[23]. En d'autres termes, le technicien, c'est-à-dire l'homme de métier, pour choisir les moyens qu'il utilise, doit savoir où il va et pourquoi, et il sera capable ainsi de rendre compte aussi bien de ses succès que de ses échecs.

19. Voir Pseudo-Aristote, *Rhétorique à Alexandre*, CHIRON 2002, p. CXLVI.

20. MARROU 1965, p. 98-102.

21. Cf. CRUBELLIER et PELLEGRIN 2002, p. 102 *sq*.

22. Voir GOULET 1989, p. 427.

23. *Métaphysique*, A, 1.

Pour les disciplines qui jouxtent la sophistique, comme la dialectique[24] – et par conséquent son parèdre, la rhétorique –, il est particulièrement important d'adjoindre une connaissance de la manière dont ces principes ont été institués, afin d'éviter au maximum les risques de paralogisme.

Cette recherche historique est nécessaire aussi parce que – selon le même chapitre des *Réfutations sophistiques* – les origines sont à la fois grosses des principes essentiels et lointaines, donc difficiles à pénétrer[25]. Il n'y a donc pas pour Aristote de technique rhétorique sans histoire de la rhétorique.

Mais comme la rhétorique n'appartient pas pour lui aux disciplines architectoniques, et dépend de la politique et de l'éthique qui peuvent seules lui fixer véritablement sa visée (son τέλος)[26], l'histoire de la rhétorique devient *ipso facto* plus empirique, plus tributaire de pratiques moins théorisées.

À cela s'ajoute que des concepts comme celui d'ἔνδοξον[27], qui recouvre des propositions ou des raisonnements qui ne sont pas encore scientifiquement validés, mais qui bénéficient de l'autorité de certains personnages distingués, l'ont également encouragé à collectionner des emprunts comme autant de germes de vérité dans des domaines comme celui du probable ou des valeurs. Le rôle cognitif de la métaphore, qui découvre des analogies fécondes, susceptibles de donner lieu plus tard à un savoir authentique, explique également cette espèce de transitivité entre persuasion rhétorique et corpus littéraire.

L'éloignement relatif de la technique rhétorique par rapport aux principes éthico-politiques, le fait qu'elle ait déjà une assez longue histoire, le fait aussi qu'Aristote se soit sans doute trouvé à certains moments de sa carrière contraint pour des raisons matérielles d'enseigner la rhétorique dans l'esprit des sophistes, c'est-à-dire avec des préoccupations d'efficacité immédiate[28], tout cela fait que la *Rhétorique* fourmille de préceptes « axiologiquement neutres », sinon franchement tendancieux sur le plan moral, qui sont le fruit d'une documentation très riche. Ainsi, le chapitre 23 du Livre II est une vaste collection de schèmes argumentatifs empruntés à des textes variés ou à des épisodes historiques non moins divers. Immédiatement après (chapitre 24), Aristote présente les lieux des enthymèmes apparents qui ne sont autres que des sophismes. Cette présentation est évidemment thérapeutique : il faut apprendre à détecter les paralogismes. Mais des sophistes pouvaient y trouver des ressources, et l'ensemble du traité fournit un grand

24. *Réf. Soph.* 34, 183 b 1 *sq.*

25. *Réf. Soph.* 34, 183 b 22 *sq.*

26. Pour une situation de la rhétorique dans le système des sciences selon Aristote, voir CRUBELLIER et PELLEGRIN 2002, p. 142-149.

27. Voir sur ce point CRUBELLIER et PELLEGRIN 2002, p. 134-135.

28. C'est un aspect trivial, certes, mais incontournable, de l'histoire des rapports entre philosophie et rhétorique, et cela tout au long de l'Antiquité, voir par exemple HEATH 2009.

nombre de moyens d'abuser le public, avec l'aide de toute l'expérience accumulée par les Grecs dans ce domaine depuis Homère.

On ne s'étonne pas, par conséquent, du nombre et de l'éclectisme des citations qui parsèment la *Rhétorique*. Pour ce qui est du phénomène inverse, l'absence de citations dans la *Rhétorique à Alexandre*, son explication est beaucoup moins simple.

Nous croyons que la meilleure piste est de rapporter le traité à la tradition isocratique – il y a de nombreux indices objectifs en ce sens[29] – et de rappeler rapidement ce que c'est que la « philosophie » pour Isocrate[30].

Ni l'auteur de la *Rhétorique à Alexandre*, ni Isocrate, en effet, ne parlent de rhétorique. La maîtrise du λόγος, pour Isocrate, s'inscrit dans un cadre épistémologiquement sophistique : il n'y a pas de science possible. Ce qui est possible, en revanche, est de perfectionner (d'où le mot de *philosophie*, qui désigne ici l'aspiration à la culture) la maîtrise du λόγος, ce qui a des incidences en matière intellectuelle, sociale et politique.

Le λόγος est en effet le discours énoncé, doté de son efficace propre en matière de communication, c'est aussi la raison, qui permet une adaptation toute pratique à la réalité, c'est aussi ce que l'on appellerait aujourd'hui une idéologie, c'est-à-dire un corpus de valeurs partagées susceptibles de fédérer une collectivité autour d'actions communes et d'un mode de vie commun. Ce corpus est grec, bien sûr, et le panhellénisme d'Isocrate est bien connu, mais ce qui fait la supériorité des Grecs est leur κοινὸς λόγος[31], c'est-à-dire leur discours, leur culture commune, si bien qu'un Grec inculte n'est pas un Grec. Le corollaire est qu'un barbare n'est barbare qu'en raison de son éducation. On a là en germe un humanisme, et même toute la tradition humaniste, car le message d'Isocrate, après avoir joué un grand rôle dans les écoles grecques et romaines, enrichi par Cicéron qui le plaçait très haut dans son estime, a atteint la Renaissance occidentale.

En dehors de toute science de l'être, donc, le λόγος, d'abord λόγος individuel, puis κοινὸς λόγος, est un instrument de perfectionnement intellectuel, moral et socio-politique en vertu d'une sorte d'ascèse. Qui s'essaie à bien parler, forme et fond confondus, doit trouver les meilleurs mots pour exprimer et transmettre sa pensée d'une façon claire et séduisante. Il progresse ainsi en intelligence et en sociabilité. Ces progrès mêmes le font accéder au beau discours, que ne saurait déparer un propos vulgaire ou pernicieux, d'où un gain supplémentaire en termes d'exigence morale, de dévouement à l'intérêt de tous. Et ainsi de suite : les progrès sont tour à tour individuels et collectifs, intellectuels, moraux et esthétiques.

29. Voir CHIRON 2002, p. CXXXI-CXLVIII.

30. La bibliographie sur Isocrate est considérable. On trouvera une excellente présentation d'ensemble dans le cours d'agrégation rédigé récemment par M.-P. Noël (NOËL 2008).

31. Voir sur ce point NOËL 2010a.

Ce cercle vertueux est au cœur de la réussite de royautés démocratiques, si l'on peut oser cet oxymore, où l'orateur – leader mythique comme Thésée ou Busiris, leader réel et passé comme Périclès, leader réel et futur, comme Philippe – fédère autour de lui et d'une idéologie commune un peuple éclairé et consentant.

Dans le *Contre les Sophistes*[32] et le *Sur l'Échange*, surtout, Isocrate définit de manière plus précise l'éducation au λόγος telle qu'il l'entend. Il y a trois paramètres : les dons, la technique, l'exercice. Le premier n'appelle pas beaucoup de commentaires, mais la technique et l'exercice méritent d'être regardés de plus près : un terme revient, celui d'ἰδέα. Sur ce mot, Marie-Pierre Noël écrit ceci : « terme large qui désigne sans doute ici les formes générales ou communes que l'on trouve dans tous les discours (ou qui caractérisent certains types de discours) ». Elle remarque aussi que, dans l'*Éloge d'Hélène* (§ 54, 58), la beauté est considérée comme une ἰδέα, ce que l'on ne peut manquer de relier à la racine du terme qui renvoie à la vision, à la forme sensible. Mais poursuivons la citation : « Il faut sans doute inclure dans ces ἰδέαι, qui sont distinctes des "espèces de discours" (*Soph.* 17, εἴδη), les différents moyens de preuve [...] comme les indices, les exemples ou les enthymèmes ou les parties du discours, comme le προοίμιον, le récit, la confirmation et l'ἐπίλογος »[33]. Au total les ἰδέαι, comme formes sensibles, comme matérialisation du λόγος, ce sont, nous semble-t-il, ce qu'on appellerait aujourd'hui des *procédures*, c'est-à-dire conjointement des contenus de pensée et des modèles d'organisation et de formulation de l'énoncé – qui coïncident, on le sait aujourd'hui grâce aux sciences cognitives, avec un type particulier de mémoire.

Mais pour définir le contenu de l'enseignement, ces remarques ne suffisent pas. Isocrate insiste beaucoup sur le fait qu'il est relativement facile d'apprendre les ἰδέαι, mais qu'il est beaucoup plus difficile d'apprendre à les mettre en œuvre, à les choisir en fonction de la circonstance, à les mélanger, les combiner d'une manière harmonieuse. Un enseignement théorique ne suffit pas. Cela nécessite un long entraînement, qu'Isocrate éclaire dans le *Sur l'Échange* (§ 183) par une comparaison avec les σχήματα, ou positions que l'on adopte à la lutte pour l'emporter plus facilement et que le pédotribe vous fait répéter inlassablement. Ces *figures* – dont on connaît la postérité rhétorique – sont donc des gestes qu'on a suffisamment répétés pour pouvoir non seulement les faire automatiquement, mais aussi en les infléchissant, en les modifiant pour les adapter à l'adversaire du moment.

Il manque évidemment, à côté de cette technique, un paramètre essentiel qui est celui du modèle que l'on suit. Où trouvera-t-on ces ἰδέαι, ces σχήματα que l'on doit répéter ?

32. Sur ce texte moins souvent étudié, voir NOËL 2010.
33. NOËL 2008, p. 153.

On sait qu'Isocrate a écrit des discours-modèles, parfois pourvus, d'ailleurs, de remarques méta-discursives, introduisant dans le discours lui-même des conseils pour celui qui voudrait les imiter. Mais pourquoi se donner soi-même en exemple ? C'est ici qu'intervient, probablement, la fameuse polémique avec Alcidamas[34], qui reprochait à Isocrate sa pratique du discours écrit, entraînant selon lui l'incapacité de s'adapter à la circonstance et de tenir des discours vivants, improvisés.

Nous pensons que cette critique a eu un rôle énorme dans la pédagogie d'Isocrate : en écrivant lui-même ses discours et en se donnant comme modèle, mais en veillant aussi, par la répétition, à l'assimilation de ce modèle et à l'automatisation des procédures, Isocrate pouvait à la fois donner par l'écrit – ce qui était relativement nouveau – un haut standard d'exigence stylistique et esthétique à ses discours, standard nécessaire à leur diffusion dans tout le monde grec et à leur contribution au discours commun des Grecs, et, par ailleurs, personnaliser l'assimilation de ce modèle, sur le mode du « *coaching* », dirait-on aujourd'hui, afin d'habituer ses élèves à la double compétence que requiert un discours à la fois beau, noble, euphonique, à la mesure d'un chef charismatique, et un discours en même temps adapté à la circonstance, vivant, improvisé.

Nous voudrions citer ici un passage du *Contre les Sophistes* (§ 17-18) qui met clairement en évidence ce paradoxe de la métamorphose *subite* que provoque un *lent* apprentissage : « [...] il faut d'abord que l'élève, outre les dons naturels qu'il doit posséder, apprenne les espèces de discours et s'exerce à les pratiquer, et que le maître, d'autre part, soit capable de les expliquer avec assez de précision pour ne rien omettre de ce qui peut s'enseigner ; pour le reste, il doit s'offrir lui-même en modèle tant et si bien que les élèves *ayant reçu son empreinte* (ἐκτυπωθέντας) et capables de l'imiter *s'avèrent tout à coup* (εὐθὺς [...] φαίνεσθαι) des orateurs plus fleuris et plus gracieux que tous les autres ».

Dans ce contexte pédagogique et « philosophique », on comprend bien que la Tradition ne vaut que médiée, digérée, adaptée par le Maître, en l'occurrence Isocrate lui-même. À preuve la rareté des citations *expressis uerbis* dans les discours qu'il a laissés. Et quand Isocrate cite, c'est lui-même, comme dans la longue reprise du *Contre les Sophistes* dans le *Sur l'Échange*. Quand on jette un simple coup d'œil sur le *Panathénaïque*, monument de la toute fin de sa carrière, on constate la présence de nombreuses références implicites à ses autres discours, tant et si bien qu'un critique récent a créé pour lui le concept original d'« auto-anthologie »[35]. Isocrate ne cite aucun autre auteur, mais fait intervenir quelques élèves (§ 200), dont les commentaires infléchissent sa conclusion.

34. Voir PATILLON 2009a.

35. NICOLAI 2004, p. 167, n. 124.

Revenons à la *Rhétorique à Alexandre*, notre meilleure source sur les aspects techniques de l'enseignement d'Isocrate. On y retrouve l'idée la plus originale de ce dernier, l'équation entre perfectionnement du λόγος et perfectionnement moral et social. Cette équation est établie d'une façon particulièrement spectaculaire puisque, dans le dernier chapitre (38), il est dit que les règles de l'art oratoire sont les mêmes que celles qui régissent le perfectionnement personnel, et que pour être meilleur et avoir bonne réputation, c'est-à-dire augmenter ses chances de persuader, il faut s'exercer inlassablement à pratiquer les préceptes rhétoriques. Nous citerons sur ce point une traduction un peu différente de celle que nous avons publiée en 2002 : « Il faut, aussi bien à l'oral qu'à l'écrit, nous efforcer le plus possible de conformer nos discours aux préceptes énoncés ci-dessus, et nous habituer à les appliquer tous à l'improviste. [...] Notre soin doit s'étendre non seulement à nos discours mais aussi à notre propre vie, que nous devons embellir tout du long (διακοσμεῖν) grâce aux formes (ἰδέαι) décrites, car une bonne préparation dans la vie personnelle concourt à la fois à l'efficacité persuasive et à l'obtention d'une bonne réputation. Il faut donc d'abord diviser tes actes selon la division générale de la doctrine [...] ensuite tu dois procéder à ta préparation personnelle à l'instar de ce que nous avons étudié à propos des auditeurs dans le cadre de l'exorde »[36], et ainsi de suite. C'est le même emploi du terme ἰδέαι et, surtout, il existe une parfaite homologie entre les règles du λόγος et les règles de vie.

On ne trouve pas en revanche la figure du maître, sauf, justement, si l'on considère que l'absence d'exemples sinon forgés par l'auteur du manuel fait de ce dernier le modèle. Le traité, dans ce cas, est un substitut d'enseignement personnel, et ne saurait, par conséquent, comporter d'exemples empruntés à autrui.

En d'autres termes, et ce sera notre conclusion sur ce premier point, nous avons à la fin de l'époque classique deux types de rapport aux modèles et deux types de technique rhétorique : dans le premier cas (Aristote), la technique est à la fois empiriquement induite de la tradition et rapportée à des principes. Dans le second, l'opération de tradition ou de transmission se résume à l'appropriation patiente et active par l'élève du modèle représenté par un corpus de règles d'importance secondaire et surtout par le talent du maître illustré sous ses yeux par écrit et par oral. Au bout de la formation, à force d'exercice, l'élève est complètement transformé par l'empreinte reçue, et même s'il a beaucoup lu et écrit à tête reposée, il est devenu capable d'improviser de la manière la plus séduisante, porté vers les hauteurs de l'éloquence politique par une maîtrise de la parole devenue inconsciente.

Si l'on cherche à comparer les deux systèmes en termes d'efficacité, on peut observer qu'Aristote n'a formé aucun orateur de talent, sinon peut-être Démétrios

36. 1445 b 24-38.

de Phalère, alors qu'Isocrate a présidé à la formation de quelques-uns des plus grands politiciens de son époque[37]. Mais il est vrai qu'Aristote a vécu plus tard, juste au moment où la perte de la liberté politique tendait à encourager le repli de la rhétorique sur des performances appartenant au passé.

En tout cas, on voit combien, pour cette époque, il serait absurde de parler de servilité à l'égard de la tradition. Les choses vont-elles changer après la période classique ?

2) À propos des προγυμνάσματα, nous voudrions rappeler rapidement quelques-uns des jugements d'Henri-Irénée Marrou : selon lui, ces exercices « formaient une pesante série, que nous trouvons méticuleusement codifiée dans les verbeux manuels de l'époque impériale [...]. La liste est établie *ne uarietur* », « la pédagogie hellénistique, scrupuleuse et tatillonne, a dépensé un zèle incroyable, un puissant esprit d'analyse, sur ces exercices en apparence si insignifiants » ou encore : « le lecteur moderne est frappé du caractère méticuleux, légaliste, réglé à l'excès de ces exercices : ce caractère s'affirme davantage à mesure que nous montons dans l'échelle ; il deviendra dominant dans l'enseignement de la rhétorique proprement dite. Nous touchons là à l'essence même du classicisme : nous sommes bien loin du romantisme des modernes, de notre recherche systématique de l'originalité. L'écolier antique n'avait pas à être original : on lui demandait d'apprendre à rédiger et à commenter conformément à certaines normes »[38].

La parution en 1997 de l'édition Patillon-Bolognesi du manuel d'Aelius Théon doit conduire à reconsidérer entièrement de tels jugements[39]. Le problème est que les passages nouveaux sont en Arménien et, de l'aveu même de Giancarlo Bolognesi qui les a édités et traduits en collaboration avec M. Patillon, souvent difficiles à interpréter.

Nous sélectionnerons quelques passages qui nous paraissent à la fois les plus clairs et les plus significatifs. Aelius Théon décrit, dans cette dernière partie du traité qui a disparu en grec, cinq exercices d'accompagnement, qui scandent d'une manière plus répétitive, parfois quotidiennement, la série principale, qui suit quant à elle une progression régulière. Ce caractère répétitif nous intéresse particulièrement, parce c'est là qu'on a le plus de chance de détecter les continuités et les ruptures par rapport aux modèles antérieurs.

37. Voir CHIRON 2010b, p. 32.

38. Passages extraits de MARROU 1965, p. 260 *sq*.

39. PERNOT 2008 (spécialement p. 285-293) a déjà attiré l'attention sur la série des exercices d'accompagnement et sur le fait qu'elles remettent en question la thèse d'un enseignement stéréotypé et figé. Un canon, celui d'Aphthonios, s'est imposé, mais les pratiques étaient considérablement plus diversifiées.

À propos de la lecture, le premier des exercices quotidiens[40], nous remarquerons d'abord que l'on y retrouve, au niveau du choix des textes lus, le souci de ménager une progression, des orateurs aux historiens et, parmi les orateurs, du plus limpide – à savoir Isocrate – au plus complet, car mettant en œuvre tous les registres – à savoir Démosthène[41]. Chez les Historiens, de même, on passera des historiens spécialisés aux historiens généralistes et, parmi ceux-ci, du plus facile, Hérodote, au plus ardu, Thucydide.

D'autre part, la lecture est précédée d'une analyse : identification du genre, extraction du sujet, et – si l'élève est intelligent – analyse détaillée de l'argumentation à l'aide de l'algorithme des états de la cause. À cela s'ajoute l'étude des types psychologiques mis en œuvre, des passions, et du style. On entrevoit ici la tradition et même le plan de la *Rhétorique* d'Aristote.

Cela fait, l'oralisation à haute et intelligible voix du texte lu[42] se fait sur le mode d'une sorte de reconstitution archéologique : le professeur réunira le plus d'informations possible permettant au lecteur de reproduire la performance telle qu'elle a dû avoir lieu dans le passé, jusque dans les aspects émotionnels de l'énonciation, « en sorte, est-il dit (103), que nous arrivions le plus possible à croire que ce discours nous concerne réellement ».

L'élève lit donc le texte à la fois comme un acteur et comme une sorte d'archéologue. C'est l'inverse du paradoxe sur le comédien, qui fait sentir une émotion qu'il ne sent pas lui-même et on pourrait croire que l'on touche au cœur de cette aliénation aux classiques dont nous cherchons à montrer l'absence.

Mais non, car il s'agit d'un rôle de théâtre, et même si le but visé est de s'approprier le talent de l'auteur lu, Aelius Théon (105) recommande de diversifier les lectures : ceux qui se bornent à imiter Démosthène, dit-il, sont rebutants, ceux qui se cantonnent à Lysias ont de l'agrément mais manquent de force. Suit une remarque que l'on regrette de ne pas avoir en grec, ce qui permettrait d'en faire une lecture plus fine : « Lorsque quelqu'un admire ce qu'il y a de bon chez tous (*sc.* chez tous les auteurs) et entreprend d'y conformer sa pensée (*sc.* par la performance orale), du fait qu'il existe en lui une sorte de matrice du discours, que chacun peut modeler d'après sa propre nature, il ne se voit pas contraint à fixer les yeux sur un seul style, mais il acquiert spontanément à son usage personnel une part de tous ces biens ».

Par chance, le mot arménien traduit par matrice apparaît ailleurs dans la partie conservée en Grec. M. Patillon note qu'il s'agit très probablement de χαρακτήρ,

40. PATILLON et BOLOGNESI 1997, p. 102-205.

41. Sur le contraste entre les deux orateurs, voir aussi Dion. Hal., *Dem.* 22.

42. Peut-être appris par cœur, mais pourquoi parler alors de « lecture » (ἀνάγνωσις) ? Sur ce point, PERNOT 2008, p. 289 ; PATILLON et BOLOGNESI 1997, p. 167 n. 535, sont un peu moins catégoriques : « comme tout paraît l'indiquer, cette récitation se faisait de mémoire ».

c'est-à-dire de la forme qui laisse une *empreinte :* en diversifiant les auteurs lus, on sculpte en quelque sorte le moule qui donnera leur forme propre à nos discours.

Comme on le constate, nous sommes face à un système qui recourt *Aristotelis more* au corpus des auteurs existants mais qui, pour le reste de la démarche, suit globalement Isocrate et procède à l'apprentissage par la répétition, par l'appropriation, par l'empreinte. Plus haut dans le traité, Aelius Théon emprunte à Apollonios de Rhodes une métaphore très proche de celle qu'on a lue sous la plume d'Isocrate : « La lecture, comme l'a dit un ancien, Apollonios de Rhodes, je crois, est la nourriture de l'expression ; en effet, si nous *imprimons* dans notre âme de beaux exemples (*τυπούμενοι* γὰρ τὴν ψυχὴν ἀπὸ καλῶν παραδειγμάτων), notre imitation sera aussi la meilleure »[43].

La différence avec Aristote, c'est que le modèle n'est plus fragmentaire, mais continu, et la différence avec Isocrate, c'est que le modèle n'est plus unique, mais multiple, ce qui permet à l'imitateur de recombiner à sa manière les modèles imités.

Dans le deuxième exercice quotidien, l'audition, c'est la mémoire qui est à l'œuvre : l'élève va en ville et court écouter conférences, déclamations et cérémonies officielles, et il s'entraîne à retenir ce qu'il a entendu, en commençant par le thème (106), puis les grandes lignes de la structure et il s'exerce enfin, en s'aidant de l'écrit, à restituer la lettre même. L'objectif est toujours de parvenir à imiter : Aelius Théon note que ce travail de restitution a présidé à l'élaboration de grandes œuvres, dont certaines sont même entrées dans le corpus de l'auteur imité, à l'instar des deux *Contre Aristogiton* du Pseudo-Démosthène. Le danger, évidemment, est de prendre « de mauvais plis » (107), il faut donc que les discours écoutés et reproduits soient choisis avec le plus grand soin, de préférence par le maître. Détail tout à fait remarquable, et qui donne tort sans conteste à Henri-Irénée Marrou, l'alternative à ces auditions – s'il n'y a en ville ni déclamations ni cérémonies – est que l'élève compose un texte à partir de notes prises sur le motif, à partir de *ses propres expériences*, « tel qu'un tumulte dans une assemblée, une procession, une agitation politique ». Citons encore : « si nous nous essayons à une telle composition, tout en employant une belle disposition des mots, notre inspiration mettra en même temps à profit non seulement les mots et les notes que nous avons prises, mais aussi les faits et les ἤθη ». Ce qui préside à cette composition est exprimé en arménien par un mot composé que Patillon et Bolognesi traduisent par « inspiration », et dont une partie « désigne normalement un démon ou un esprit impur »[44]. On pense irrésistiblement au génie, et l'on voit se réduire la distance entre ces évocations de la composition littéraire et certaines conceptions modernes de la littérature.

43. 61, 30-33 Spengel = p. 4 Patillon-Bolognesi.

44. PATILLON et BOLOGNESI 1997, p. 107, n. 550.

Les trois autres exercices, qui mériteraient une étude détaillée, sont la *paraphrase*, ou métaphrase, qui consiste en une reformulation du même contenu de pensée selon la fameuse *quadripertita ratio* (addition, soustraction, mutation, métathèse), l'*élaboration*, qui consiste à parachever un texte en lui ajoutant ce qui lui manque, que ce soit au niveau du contenu ou de l'expression, et enfin la *contradiction*, qui consiste à argumenter systématiquement la thèse contraire à celle d'un discours donné : on allait donc jusqu'à encourager la contestation des classiques !

Cela étant, il est vrai que la place occupée par le patrimoine est très importante, et que la part de l'invention pure, même si elle est réelle, est réduite. Sans doute parce que les rhéteurs avaient une formation philosophique : or la morale péripatéticienne enseigne à mettre en acte des potentialités prédéfinies, l'école stoïcienne enseigne à adhérer volontairement à la nécessité, et l'on pourrait continuer avec les autres écoles. Les morales hellénistiques ont introduit une certaine opacité dans la psychologie et il s'est opéré une réelle rupture avec l'intellectualisme classique, mais les Anciens n'ont pas fait du sujet la source de créations *ex nihilo*. Pour autant, chez les rhéteurs, ces conceptions ne font pas de la culture un univers clos : le thème du καιρός cher aux Sophistes et réactivé en rhétorique par ce puissant ressort qu'est l'exigence du public, l'idée d'une idiosyncrasie naturelle[45] qui fait de chaque individu le lieu d'une recombinaison des éléments reçus, l'idée que l'expérience de chacun – sinon sa subjectivité – a un intérêt propre, tout cela a donné lieu à des conceptions de l'éducation très activistes, où l'héritage classique ne vaut que parfaitement assimilé, incorporé en quelque sorte à celui qui en fera l'instrument d'un discours toujours nouveau sinon dans ses éléments du moins dans son énonciation[46]. Là encore, par conséquent, le mot de servilité ne convient pas.

3) Passons à Hermogène et à sa théorie des ἰδέαι, terme que l'on traduit bien mal par *catégories stylistiques*. Il vaudrait mieux parler de doctrine des *formes de l'énonciation*, sinon même de *formes de l'illocution*, pour rendre le fait que le λόγος est entendu à la fois comme sens et comme forme, comme résultat – soumis à la critique littéraire – et comme modèle pragmatique. Nous ne répéterons pas ici les excellentes analyses de M. Patillon[47], qui ont considérablement renouvelé la compréhension de ce texte. Nous voudrions juste nous demander

45. Parfois exprimée par la métaphore de l'assimilation de la nourriture ingérée, qui sera reprise dans l'« innutrition » de nos poètes renaissants (voir par exemple Lucien, *Lexiphane*, 21-22).

46. La nouveauté était une revendication permanente d'Isocrate : cela fait sourire les Modernes, mais s'explique au fond très bien par son ambition de créer, à force de travail sur le texte et sur soi, des discours qui soient à la fois d'une sophistication et d'une séduction inouïes et parfaitement adaptés à la circonstance.

47. PATILLON 2010, p. 101-300, et l'édition PATILLON 2012a.

pourquoi ce système si sophistiqué est venu remplacer les typologies héritées de l'époque classique comme la trilogie grand style/style moyen/style simple et ses variantes.

Ce qui paraît clair est que les typologies du style se répartissent en deux grandes catégories : les unes sont marquées par des variations en quelque sorte quantitatives le long d'un curseur. C'est là un héritage aristotélicien : le style est un, en tout cas pour la prose, et Aristote, à la fin du chapitre 12 du Livre III de la *Rhétorique*, récuse explicitement toute qualification éthique du style et se borne à prescrire un juste milieu entre l'excès de grandeur et l'excès de bassesse. Il existe aussi des typologies plus qualitatives, moins abstraites, plus sensibles à l'originalité, sans doute influencées par la critique d'art. Nous pensons au système des quatre caractères bordés de quatre défauts du Pseudo-Démétrios de Phalère, le style grandiose menacé par la froideur, le style mince menacé par la sécheresse, le style élégant guetté par l'affectation, et enfin le style véhément menacé par le style déplaisant. L'auteur du traité utilise le mot χαρακτήρ au lieu de λέξις et insiste sur la possibilité des mélanges. Il est le premier, semble-t-il[48], à inclure la matière du discours comme facteur de caractérisation, ce qui trahit une évolution de la rhétorique en direction d'usages plus ludiques, plus « littéraires » du λόγος, puisqu'un usage politique ou judiciaire réel ne laisse pas le choix du thème.

Hermogène est clairement sur ce versant qualitatif de la caractérisation, mais il raffine considérablement le système encore relativement fruste de Démétrios, puisqu'il pose l'existence de vingt ἰδέαι, comme la clarté, la grandeur, la beauté, la vivacité, l'ἦθος, etc. Le système formé est complexe parce que certaines ἰδέαι, visiblement induites de l'observation, sont en quelque sorte autonomes, telles la beauté, la vivacité ou l'habileté : il suffit d'un rythme quasi métrique pour donner de la beauté à un énoncé. Mais d'autres, comme la clarté et la grandeur, sont formées d'ἰδέαι de second rang, la clarté par exemple requiert de la pureté et/ou de la netteté. Pour qu'il y ait de la grandeur, il faut qu'il y ait noblesse, et/ou rudesse, et/ou véhémence, et/ou éclat, etc. Certaines catégories enfin, comme l'ἦθος et la sincérité sont des catégories obtenues par des moyens spécifiques, mais qui ne subsistent pas indépendamment l'une de l'autre.

Chacune de ces ἰδέαι est obtenue à l'aide d'une série de composants : a) la pensée ou contenu, on pourrait dire aussi le thème traité, b) la méthode à propos de la pensée, c'est-à-dire le mode de présentation de la pensée, qui peut être juste énoncée, ou développée, ou insinuée, présentée dans l'ordre ou le désordre, et ainsi de suite, c) le vocabulaire, d) la figure, e) le découpage de la chaîne parlée, f) les effets sonores, g) les pauses.

48. Si la datation *ca* 100 av. J.-C. que nous proposons est exacte, cf. CHIRON 1993, p. XXXIX.

Ce système est une synthèse de la critique littéraire, car il permet une caractérisation fine des auteurs[49] – et c'est par là que le traité s'achève[50] –, et de la rhétorique, car il permet de remonter d'un type d'illocution voulu à la gamme des moyens que l'on doit utiliser pour l'obtenir. Mais eu égard au problème posé, l'important est le nombre des combinaisons possibles, qui est évidemment très grand, et l'on voit bien qu'il permet à chacun de trouver « sa » formule personnelle, annulant en quelque sorte la contradiction entre imitation et invention.

Pour conclure, nous dirons que d'un bout à l'autre de la tradition, on retrouve une même conception, d'origine isocratique et concrétisée par la récurrence de ce même mot : ἰδέα, d'une éducation qui vise à structurer le récepteur comme *moule d'émission*, si l'on ose dire, de manière à ce qu'il soit capable d'énoncer un nouveau λόγος constitué de ceux qu'il a reçus.

Mais le modèle, chez Isocrate, est un modèle unique et vivant, c'est le maître, dont l'imitation inlassable, par oral et par écrit, permet un jour d'acquérir la maîtrise du discours. Avec Aristote, pour les raisons et de la manière qu'on a vues, le patrimoine « littéraire » structuré par la technique fait son entrée en rhétorique. Par la suite, dans le corpus scolaire des exercices préparatoires, le capital des énonciations possibles semble définitivement fixé sinon figé dans un programme scolaire, mais la richesse de ce programme, sa diversité, la diversité des manipulations auxquelles l'élève doit se livrer sur les textes, autorisent une part d'initiative et d'invention. Avec Hermogène se produit la synthèse finale qui équilibre parfaitement la tradition et la nouveauté, la technique et l'imitation : la technique diversifie considérablement le nombre des formes possibles et des moyens de les obtenir. La critique littéraire, quant à elle, se livre à des analyses de plus en plus poussées. Cela permet de faire de la performance l'actualisation toujours nouvelle d'un λόγος dont les éléments sont toujours les mêmes, certes, mais très nombreux. Les grands auteurs ne sont pas des modèles à suivre aveuglément, mais, au contraire, des illustrations de la variété des combinaisons possibles. C'est sans doute cette heureuse synthèse qui a permis au corpus hermogénien de jouer un rôle si important et si durable pendant toute la période byzantine[51] et, une fois transmis en Occident, grâce notamment à Georges de Trébizonde, d'influencer si profondément la Renaissance occidentale[52].

49. PATILLON 2010, p. 109, insiste sur le rôle qu'ont dû jouer les monographies critiques des débuts de la période impériale comme celles de Denys d'Halicarnasse.

50. Pages 380 *sq*. Rabe.

51. Voir notamment KUSTAS 1973.

52. Sur Georges de Trébizonde, voir MONFASANI 1976 ; sur la réception en Occident des *ideai* hermogéniennes, voir PATTERSON 1970.

L'ORIGINALITÉ COMME VALEUR CHEZ QUELQUES RHÉTEURS ANCIENS

L'un des postulats sur lesquels se fondait le colloque « Constitution du champ littéraire », qui a fourni l'occasion de cette enquête, était que la littérature est une notion protéiforme, historiquement déterminée, dépendante de multiples facteurs qui retentissent sur ses diverses définitions. Il n'en existe pas moins ce que l'on pourrait appeler des « pôles » définitionnels autour desquels tournent de façon récurrente un certain nombre de notions secondaires. C'est le cas par exemple de la notion d'*auteur* et de la notion connexe d'*originalité*, comme notion pleine, positivement marquée, dénotant l'essentiel de l'apport d'un écrivain.

Il faut immédiatement, si l'on veut s'en servir à propos de textes antiques, décaper ce mot d'*originalité* en lui enlevant ses connotations romantiques (expression du « moi ») et en le coupant de toute référence à la psychologie des profondeurs. Des conceptions floues comme celles de Roland Barthes[1] faisant parfois du style l'expression inconsciente de choix existentiels voire d'une *identité* d'ordre psycho-biologique mystérieusement projetée dans l'écriture, des conceptions pareilles sont étroitement dépendantes de la psychanalyse et, elles aussi, étrangères à l'Antiquité.

Le défi que comporte le sujet choisi est plus intimidant encore en raison du domaine concerné : la rhétorique, c'est-à-dire un méta-discours technique, destiné à l'enseignement de procédures reproductibles, présentées comme une norme. La construction par le discours de l'image du locuteur, comme un homme *prudent, bienveillant et vertueux*, systématisée par Aristote au début du livre II de la *Rhétorique*[2], ne peut guère être que stéréotypée, et ses composantes n'ont pas grand chose à voir avec l'identité d'un auteur. Dans un tel cadre, on peut s'attendre à ce que l'originalité – si elle se manifeste ou perdure chez l'apprenti-orateur – soit considérée comme une anomalie. On peut en faire une contre-épreuve simple : l'entreprise moderne qui consiste à utiliser des constantes stylistiques pour instruire les dossiers d'attribution ou d'authentification des œuvres antiques se heurte à un fait qui est la variabilité *générique* de l'expression. En d'autres termes,

1. Par exemple dans BARTHES 1982, p. 238.
2. À partir d'un matériau traditionnel, cf. WOERTHER 2007, p. 214-220.

un auteur pouvait adopter des modes d'expression très différents selon les conditions objectives de la communication et passer de la narration la plus légère à l'amplification la plus lourde selon qu'il parlait devant un tribunal ou concourait pour un prix d'éloquence lors d'une panégyrie. C'est la prise de conscience de cette variabilité et l'utilisation d'autres critères que des critères littéraires ou stylistiques qui ont permis à M. Gagarin[3], récemment, de conclure à l'unicité des deux, voire trois Antiphon que la tradition ou la philologie nous ont légués.

À la vérité, s'agissant de l'Antiquité, on peut se demander si la poésie elle-même n'est pas exempte de déterminations de cet ordre : dans le cas d'Homère, les critères littéraires échouent à apporter une démonstration définitive de l'unicité de l'auteur et d'autres critères, notamment linguistiques, plaident pour une composition collective dont les couches rédactionnelles seraient séparées de plusieurs siècles[4]. Plus tard, si l'originalité poétique est pour nous un fait, on peut douter qu'elle ait été thématisée ou voulue comme telle. Le souci de perfection formelle, d'adaptation du poème au genre, d'autres fonctions de la poésie comme la fonction mnémotechnique, la fonction rituelle, la fonction politique, d'autres encore semblent l'emporter sur le désir de se singulariser. Et cela même dans les genres poétiques *a priori* les plus ouverts à la singularité auctoriale : les spécialistes de la lyrique concluent bien souvent au caractère conventionnel du *je* qui s'exprime, et cela dès le premier poète du genre, Archiloque. F. Nietzsche[5], déjà, en avait pris conscience, quand il coupait le moi lyrique de ce poète de toute subjectivité et l'identifiait à la voix primitive, celle de la musique « dionysiaque ».

On peut même se demander si le mot *originalité* est à garder comme thème pertinent, bref si le problème posé se pose vraiment. D'ailleurs si l'on me demandait – ce qu'à dieu ne plaise – de traduire « originalité » en grec ancien, je dois dire que j'hésiterais beaucoup.

Il y a pourtant au moins trois bonnes raisons d'enquêter sur la valeur que les rhéteurs anciens ont – ou n'ont pas – accordée à l'originalité.

C'est d'abord l'existence d'une mutation dans la formalisation des préceptes. On en sait peu sur les premiers manuels de rhétorique, mais une des meilleures hypothèses à leur propos est qu'ils adoptaient la pédagogie du discours-modèle. Les *Tétralogies* d'Antiphon en donnent un bon exemple. Peut-être y avait-il aussi des recueils d'arguments-modèles, forgés et regroupés en fonction d'une typologie des affrontements judiciaires[6]. À partir du moment où apparaissent les premiers traités systématiques, soit des traités techniques au sens plein du terme, largement

3. GAGARIN 2002.

4. Pour une discussion récente (un peu partiale, en tout cas ouvertement favorable à la thèse unitaire), cf. BRUNET 1997, p. 59-65.

5. NIETZSCHE 1949, section 5, p. 40 *sq*.

6. On peut se faire une petite idée du contenu de ces recueils grâce à Platon, *Phèdre*, 273 a-b, et à Aristote, *Rhétorique*, II 24, 1402 a 17 *sq*.

dépendants du concept de τέχνη défini par les philosophes, on découvre l'existence de deux formules différentes : la première est illustrée par la *Rhétorique à Alexandre* (*ca* 340), où tous les exemples sont forgés par le rhéteur ; la seconde par la *Rhétorique* d'Aristote, qui date elle aussi du troisième quart du IVe siècle, et où tous les préceptes, que ce soit en matière d'argumentation, de style ou de composition, sont extraits de la production des orateurs, mais aussi des historiens, des poètes, etc. La période hellénistique verra la généralisation de cette pratique et la codification des procédures de l'imitation[7]. La rhétorique se double dès lors d'une *critique*, et l'on assiste à l'élaboration de canons – dont le plus célèbre est le canon des dix orateurs[8] –, et à la rédaction de monographies critiques – dont les plus fameuses sont celles de Denys d'Halicarnasse. Les objectifs complémentaires de ces deux entreprises sont de sélectionner les auteurs à imiter, de les caractériser dans leurs spécificités, de choisir ce que chacun offre de meilleur à imiter, et de déterminer les circonstances particulières dans lesquelles tel ou tel auteur canonique, tel ou tel aspect de son œuvre, sont à reproduire.

La deuxième raison, liée à la première, est qu'une vue cavalière du lexique des classifications stylistiques montre une évolution nette vers la *personnalisation* de l'expression : chez Aristote, on a des catégories pures et abstraites (genres, espèces). Le philosophe se borne à admettre des variations quantitatives du degré d'élaboration en fonction des circonstances de communication, le style écrit requérant plus de précision que le style des débats, lequel doit être plus improvisé[9]. L'idée d'*étrangeté* du vocabulaire, de non-conformité à l'usage, récurrente parmi les procédés de la grandeur, ne saurait être enrôlée ici : elle spécule sur l'admiration que les hommes vouent en général à ce qui est éloigné, et non à la manifestation d'une singularité personnelle[10]. Aristote s'insurge même contre l'idée de distinguer différentes sortes de styles d'après des critères éthiques[11]. On a des traces ensuite de systèmes de catégories du style, sans doute d'origine théophrastienne, formulés parfois en termes d'*empreinte*[12], avec les mots *type* ou *caractère*. Mais ces caractères ou types sont encore corrélés soit à des

7. Sur cette question voir le livre toujours actuel publié par J. Bompaire en 1958 (BOMPAIRE 2000).

8. Fiche d'orientation chez PERNOT 2000, p. p. 57-59.

9. *Rhétorique*, III 12, 1413 b 3 *sq.*

10. Cf. *Rhétorique*, III 2, 1404 b 9-12 : « en effet, l'écart par rapport à l'usage fait paraître l'expression plus noble, car ce que les hommes éprouvent quand ils sont en présence d'étrangers ou de concitoyens, ils l'éprouvent pareillement en face du style – et c'est pourquoi il faut donner de l'étrangeté à son parler : ils sont admirateurs de ce qui est éloigné, et ce qu'on admire est source de plaisir » (trad. CHIRON 2007, p. 490-491).

11. Cf. *Rhet.* III 12, 1414 a 19 *sq.* « Mais pousser plus avant les distinguos en matière de style – en disant qu'il doit être agréable, grandiose… c'est perdre son temps. Pourquoi ces qualités plutôt que la tempérance, la libéralité ou n'importe quelle autre qualité du caractère ? ».

12. Mais la métaphore est ancienne : on la trouve déjà chez Isocrate *ca* 390 (*Contre les Sophistes*, 18).

circonstances de communication (par exemple le *caractère judiciaire*, chez Philodème[13] ou le *caractère épistolaire* chez le Pseudo-Démétrios de Phalère[14]) soit à des effets éthiques ou pathétiques sur l'auditoire : le Pseudo-Démétrios de Phalère, par exemple, parle de *caractère grandiose* du style ou de caractère *effrayant*[15]. À ce stade, la caractérisation éthique est encore celle d'Aristote et de Théophraste et la psychologie, si psychologie il y a, est une psychologie projetée, qui vise à décrire et à classer les comportements prévisibles afin de peser sur eux. Mais une étape nouvelle est franchie avec Denys d'Halicarnasse qui, au tout début de l'Empire romain, parle du *caractère de Thucydide*[16], mariant d'une manière assez paradoxale le général et le particulier.

Parallèlement, et c'est la troisième raison de parler d'originalité à propos de la rhétorique ancienne, l'évolution de la théorie stylistique marque une complexification croissante et comme la volonté de plus en plus marquée de rendre compte de chaque auteur modèle en termes d'*idiosyncrasie*, au sens strict de ce terme, c'est-à-dire de mélange spécifique. Sans entrer dans le détail ni revenir sur le rôle très discuté de Théophraste, on peut prendre quelques grands repères[17]. Après la dichotomie (style écrit/style des débats) d'Aristote, on assiste vers la fin de la période hellénistique à une quadripartition des caractères stylistiques, puis à la mise en place du système si fameux des trois styles (grand, moyen, simple) attesté dans la *Rhétorique à Herennius*, chez Cicéron, etc. À cette époque, quand des styles sont caractérisés, on insiste encore peu sur la possibilité des mélanges. Puis, vers les débuts de l'ère chrétienne, s'est mise en place la complexe théorie des ἰδέαι stylistiques dont le meilleur témoin est le traité Περὶ ἰδεῶν d'Hermogène[18]. Dans ce traité, les *idées*, ou *formes*, ou *catégories* du style, selon la façon dont on traduit le grec ἰδέα, sont au nombre de vingt, à dominante éthique, mais parfois de nature esthétique : il y a des catégories de premier rang comme la *clarté*, la *grandeur*, la *beauté*, la *vivacité*, la *sincérité* ou l'*habileté*, et des catégories de second rang, qui entrent dans la composition des premières mais peuvent aussi exister pour leur propre compte. La *complication*, par exemple, est soit un aspect de la grandeur, soit une forme à part. Il y a aussi la *pureté*, la *netteté*, la *noblesse*, la *rudesse*, la *véhémence*, l'*éclat*, etc… Chacune des idées est obtenue au moyen de composants, c'est-à-dire de classes de procédés, qui sont au nombre de huit, par exemple la *pensée*, les *mots employés*, les *figures*, les *découpages de la chaîne parlée*, le *rythme*, etc. Il existe d'autre part des repères génériques (discours

13. Δικανικὸς χαρακτήρ, S. Sudhaus, *Philodemi volumina rhetorica*, 2 vol., Leipzig, 1892-1896 (vol. 2, p. 137).

14. Ἐπιστολικὸς χαρακτήρ, Démétrios, *Du Style*, 223.

15. Μεγαλοπρεπὴς χαρακτήρ, δεινὸς χαρακτήρ, *op. cit.*, 36.

16. *Démosthène*, 9, 2.

17. Sur cette question complexe, voir CHIRON 2001, chap. IV ; et surtout PATILLON 2010 ; PATILLON 2002, vol. I, p. XXIII-LXIV.

18. Cf. RABE 1913, p. 213-413, PATILLON 1997, p. 319-509, PATILLON 2012a.

politique, panégyrique en prose, panégyrique en vers) et des auteurs modèles, au nombre de trois, Homère, Démosthène et Platon, par rapport auxquels sont définis d'autres auteurs de rang inférieur mais dignes aussi d'imitation.

Je voudrais pour l'instant me borner à une seule observation sur cette théorie : le nombre de formes (au total 20), augmenté bien sûr par la possibilité de mélanges, le fait de fournir pour chaque forme un grand nombre de procédés d'obtention eux-mêmes, évidemment, susceptibles de mélanges, le fait de cadrer la production des textes par des genres et des auteurs-types, ce système complexe est conçu *à la fois pour produire des textes et évaluer les textes produits*. C'est une structure normée, car il y a des modèles, mais c'est aussi une structure *ouverte*, conçue pour rendre compte des déviations et prête à guider et à accueillir de nouvelles productions. C'est surtout une structure *totalisante*. On a remarqué que le système est fait pour rendre compte de textes en prose et de textes en vers. L'expression discours *panégyrique* – au sens propre « discours de cérémonie » – pourrait être sans scandale traduit par *texte littéraire*, si l'on admet comme critère de définition le caractère relativement ludique ou gratuit de la production du texte. Nous sommes donc face à une théorie générale de l'expression qui couvre à la fois la création passée et la création future dans tous les genres, littéraires ou non, et qui, loin d'exclure la singularité d'une expression inédite, donne tous les éléments pour l'analyser et l'évaluer pour ce qu'elle est, en référence certes à des modèles, mais en lui reconnaissant l'identité d'un mélange éventuellement unique. Mais il est temps de passer à quelques analyses plus précises. Je commencerai par Isocrate, qui nous fait remonter dans le temps de plusieurs siècles.

1) Le cas paradoxal d'Isocrate

Isocrate fut l'un des dix orateurs attiques et en outre l'un des principaux formateurs des élites athéniennes à l'époque classique. Il vécut près de cent ans à cheval sur le Ve et le IVe siècles avant J.-C. puisque, né peu avant les guerres du Péloponnèse, il est mort l'année même de l'asservissement des cités grecques par la Macédoine, en 338. S'il s'impose dans cette discussion, c'est qu'il a sans cesse revendiqué la *nouveauté* dans son œuvre et dans son enseignement avec les mots de la famille de καινός (καινότης, καινῶς)[19]. La question est de savoir ce qu'il entendait exactement par nouveauté.

Cette question est d'autant plus intéressante qu'Isocrate est de ceux auxquels la critique presque unanime dénie au contraire tout originalité. H.-I. Marrou par exemple multiplie les notations condescendantes. Il juge son œuvre « plate et monotone, son influence superficielle ou fâcheuse » et souligne que s'il en parle,

19. Voir notamment *Contre les Sophistes*, 13 ; *Éloge d'Hélène*, 2, 69 ; *Panégyrique*, 8, 30 ; *À Nicoclès*, 41 ; *Évagoras*, 9, 36 ; *Sur l'Échange*, 47, 55, 82 ; *Philippe*, 84.

c'est par devoir et « contre [s]on penchant »[20]. Une attitude plus positive, et plus intelligente, est représentée par M. Dixsaut[21], qui s'interroge sur d'autres paradoxes, et en particulier les suivants : Isocrate se revendiquait philosophe et il ne figure dans aucune histoire de la philosophie ; alors que pour nous il faisait métier de rhéteur, il n'utilise jamais ce mot et déprécie les aspects techniques de la rhétorique ; il se voulait écrivain politique et a plaidé toute sa vie pour l'union des Grecs contre le barbare perse mais il n'a eu aucun rôle historique. Les modernes ne sont pas en reste en matière de contradictions : Marrou le dédaigne et pourtant il le considère, plus que Platon, « comme l'éducateur de la Grèce du IVe siècle, et, après elle, du monde hellénistique et romain », comme éducateur de l'Occident, en quelque sorte, commente M. Dixsaut[22]. Ce n'est pas rien.

Face à ces paradoxes, il vaut mieux dire qu'Isocrate nous est devenu opaque et qu'il représente un défi à notre faculté de « décentrement »[23]. Si l'on veut instruire le dossier, je crois aussi qu'il faut ajouter un élément important : devançant certains modernes, Isocrate refuse d'opérer la distinction entre le fond et la forme. Pour désigner les éléments qui entrent dans la composition du discours, il utilise le mot ἰδέα, le même mot qu'Hermogène plus tard[24], et il s'agit à la fois d'une idée et de la forme qui sert à l'énoncer. Une autre distinction qu'Isocrate refuse d'opérer, c'est la distinction entre parler et vivre, apprendre à parler et apprendre à vivre. C'est la raison pour laquelle il identifie la rhétorique et la philosophie, au sens pythagoricien d'apprentissage de la sagesse. Les conséquences sont claires. Si Isocrate n'entre pas dans l'histoire de la philosophie, c'est parce qu'il nie ce qui en fait le fondement, à savoir – je cite M. Dixsaut – « de ne reconnaître pour philosophique qu'une pensée qui s'anticipe elle-même dans sa représentation normative »[25]. Isocrate, à l'instar des sophistes, nie la possibilité d'une ontologie. Pour lui, toute connaissance rationnelle, a fortiori une connaissance rationnelle de la vertu est impossible. Seule est accessible une δόξα, une δόξα qui se forge dans et par les mots, au sein d'une réalité instable et fuyante.

Parmi de nombreux textes, j'en citerai seulement un, un passage célèbre du *Contre les Sophistes*, où Isocrate s'attaque à ceux qu'il appelle sophistes (soit les intellectuels qui font métier de former les élites, ce qui regroupe des philosophes selon nous authentiques et ceux que nous appelons sophistes). Il leur reproche de prendre comme paradigme de la maîtrise oratoire la maîtrise des lettres, les

20. MARROU 1965, p. 131-147 (p. 131).

21. DIXSAUT 1986.

22. MARROU 1965, p. 132, cité par DIXSAUT 1986, p. 64.

23. DIXSAUT 1986, p. 65 : « c'est ce mécanisme d'exclusion qu'il faut d'abord analyser, en liaison avec la perte d'un sens ».

24. Voir notamment *Contre les sophistes*, 16 (dans un passage – § 14-18 – repris textuellement plus de vingt-cinq ans après dans le *Sur l'Échange*, 194 *sq.*).

25. DIXSAUT 1986, p. 67.

γράμματα, graphiques ou phoniques, qu'il suffirait d'apprendre pour être capable de parler.

Je m'étonne de voir jugés dignes d'avoir des disciples des gens qui, sans s'en rendre compte, ont fourni comme exemple d'un art créateur une technique figée. En effet, eux exceptés, qui donc ignore que les lettres sont fixes et gardent la même valeur, de sorte que nous employons toujours les mêmes lettres pour le même objet tandis que c'est tout le contraire pour les paroles ? Ce qu'un homme a dit n'a pas la même utilité pour celui qui parle en second lieu ; et le plus habile en cet art est celui qui s'exprime comme le demande le sujet, mais en pouvant trouver des expressions absolument différentes de celles des autres. Et voici qui prouve le mieux la dissemblance de ces deux choses : les discours ne peuvent être beaux s'ils ne sont pas en accord avec les circonstances, adéquats au sujet et pleins de nouveauté ; mais les lettres n'ont jamais eu besoin de rien de tout cela[26].

S'il n'y a pas de connaissance stable, ni de la vertu, ni de l'art oratoire, dont il n'existe par conséquent pas de technique, il est logique que le système d'éducation d'Isocrate s'appuie sur les dons naturels de l'élève et surtout sur un entraînement inlassable. D'autant plus qu'Isocrate a découvert empiriquement que, chez les êtres bien doués, l'entraînement régulier à la beauté de l'expression améliore la pensée – dans cette interaction où s'abolit la distinction entre fond et forme – et que l'amélioration de la pensée entraîne à son tour un progrès moral, qui touche, par l'éloquence, d'autres individus et le reste de la société. L'ensemble du dispositif s'identifie pour Isocrate à l'hellénisme, c'est-à-dire à la civilisation[27].

À quoi correspond alors ce souci permanent de la nouveauté ? À son charme propre, certes, mais aussi au fait que la réussite oratoire est inconnaissable, imprévisible, elle ne se réalise que dans l'instant et compte tenu d'un ensemble de circonstances complexes. Sa nouveauté est pour une bonne part son adéquation à l'événement. On pourrait dire que pour Isocrate, un discours n'est bon que s'il émane d'un homme de talent et que s'il est original, au sens où il est adéquat au contexte de son émission.

Mais Isocrate lui-même était timide et lent, peu réactif. Il aurait mis dix ans à composer et à limer son *Panégyrique*. Conscient du paradoxe, il imagine non pas une théorie, mais une métaphore qui rend compte selon lui de la compatibilité entre un entraînement long et patient et un discours adapté à une circonstance unique.

Pour ma part, je l'affirme, s'assurer la connaissance des matériaux à l'aide desquels nous prononçons et composons nos discours n'est pas des tâches très difficiles, si l'on se confie non à ceux qui ont la promesse facile mais à ceux qui y connaissent quelque chose ; en revanche, choisir pour chaque sujet ceux qu'il faut, les combiner ensemble, les placer comme il convient, et en outre ne pas se tromper de moment mais ornementer de façon appropriée l'ensemble du discours avec des réflexions bien tournées et donner aux mots un bon rythme et de la musicalité, cela demande beaucoup de soin et c'est l'œuvre d'un esprit viril et apte à former des opinions ; il

26. Isocrate, *Contre les Sophistes*, 12-13 (trad. G. Mathieu et E. Brémond modifiée).

27. L'ensemble de ces conceptions trouve son expression la plus claire dans le *Sur l'Échange*, 253 *sq*.

faut d'une part que l'élève – outre qu'il doit avoir le naturel qu'il faut – apprenne les espèces de discours et s'entraîne à leur emploi ; d'autre part que le maître soit capable de les exposer avec assez de rigueur pour ne rien laisser de côté de ce qui peut s'enseigner et, pour le reste, de s'offrir lui-même en exemple, un exemple tel que ceux qui en auront reçu l'empreinte et qui sauront l'imiter s'avéreront tout de suite des orateurs plus fleuris et plus élégants que les autres[28].

Il faut entendre « recevoir l'empreinte » au sens le plus concret. Le grec utilise le verbe ἐκτυποῦν, qui renvoie à la technique du moulage. Il n'y a pas de difficulté alors à concilier une longue préparation de la part du maître et une adaptabilité parfaite de l'élève à des circonstances toujours nouvelles. On peut souligner aussi le lien intime entre la formation oratoire et le développement de la personnalité : le talent d'adaptation n'est pas seulement rhétorique, c'est l'œuvre d'un esprit *viril*, c'est-à-dire énergique.

Isocrate conçoit donc son école comme un atelier où il modèle des statues vivantes à son image, statues vivantes qui seront capables de véhiculer partout, par la beauté toujours nouvelle de leur langage, l'empreinte de la civilisation. Le talent personnel du modèle, perfectionné par un travail inlassable, joue un rôle essentiel, et l'on peut dire que toutes les caractérisations hellénistiques du style sont dérivées de ces conceptions[29]. Elles semblent non pas tant étrangères à la philosophie qu'*en amont de celle-ci*, préfigurant le mot de Nietzsche cité par M. Dixsaut à la fin de l'article que j'ai déjà cité : « Ayez d'abord une civilisation, puis vous apprendrez ce que veut la philosophie et ce qu'elle peut »[30].

2) Démétrios (Pseudo-Démétrios de Phalère)

Un autre auteur intéressant pour notre sujet est le Pseudo-Démétrios de Phalère. Cet auteur méconnu, qu'on peut situer, je crois, de la fin de l'époque hellénistique, soit vers 100 avant J.-C., présente un système stylistique où la part de la critique est spécialement grande. Sa typologie des quatre caractères du style (en traduction littérale : caractère *grandiose*, caractère *ciselé*, caractère *maigre* et caractère *effrayant* ou *terrible*) est ouvertement dérivée de l'observation des grands auteurs[31]. Le système présenté s'inspire aussi, pour la méthode, des topiques aristotéliciennes car il a vocation à englober l'ensemble des potentialités de l'expression. On peut dire qu'il annonce, en beaucoup moins complexe, le système hermogénien dont on a parlé tout à l'heure.

28. *Contre les Sophistes*, 16-18 (trad. personnelle).

29. Cela d'autant plus que l'orateur se construit aussi en en même temps comme être social modèle, ce qui retentira sur le succès de ses discours. Aristote en revanche rejette hors de la technique la réputation acquise et fait de la persuasion par l'ἦθος un effet du discours.

30. NIETZSCHE 2000, p. 343.

31. Démétrios, *Du Style*, 37.

Un des traits les plus attachants du traité est une sorte d'imperturbable loyauté intellectuelle, qui confine parfois à la naïveté, mais qui débouche sur des finesses. Par exemple, Démétrios compte le sujet traité parmi les facteurs du résultat esthétique visé : « ...le thème lui-même est une partie constitutive de l'art picturale, comme les mythes le sont pour les poètes. Il n'y a rien d'étonnant à ce que, en prose aussi, de grands sujets soient facteurs de grandeur »[32]. Cela seul suffit à montrer qu'à l'époque hellénistique la rhétorique est au moins partiellement déconnectée de ses fonctions traditionnelles et déjà « littérarisée ». Car une telle recommandation suppose évidemment une grande liberté dans le choix du sujet et donc une production de texte ludique ou gratuite. Démétrios sait aussi distinguer très clairement le niveau linguistique du niveau stylistique en remarquant que des moyens stylistiques contraires (mot composé ou périphrase) peuvent produire des effets de sens identiques[33].

On peut donc s'attendre de sa part à des réactions spontanées et signifiantes quand il est confronté à des déviations. Je citerai seulement deux cas. Le premier est son appréciation de l'orateur Démade[34]. Démade est un orateur – c'est-à-dire, ne l'oublions pas, un politicien, l'action politique passant à Athènes presqu'exclusivement par la parole – de la période très troublée qui a vu les cités grecques passer sous contrôle macédonien. Si l'on adopte un point de vue favorable, Démade est de ceux qui ont évité à Athènes le triste sort de Thèbes, rasée pour s'être opposée à Philippe. Mais beaucoup l'ont tenu pour l'archétype du politicien fourbe et du « collaborateur ».

Toujours est-il que, selon certaines sources, il aurait été ouvrier du port et se serait illustré par une éloquence d'autodidacte[35]. Voici ce que dit de lui Démétrios :

> Sont véhémentes aussi les formules à la Démade, malgré leur originalité et leur extravagance apparentes. La véhémence leur vient de l'emphase, du recours à une certaine forme d'allégorie et, troisièmement, de l'hyperbole. En voici un exemple : « Alexandre n'est pas mort, Athéniens, car (*sc.* s'il l'était) la terre entière empesterait son cadavre ». L'emploi d'*empesterait* au lieu de *sentirait* est à la fois allégorique et hyperbolique ; dire que *la terre entière* sentirait cette mort est une manière emphatique d'exprimer la grandeur d'Alexandre. Du coup, la phrase a quelque chose de frappant qui vient de la concentration des trois effets : or tout ce qui frappe est véhément, parce qu'effrayant. Dans le même genre on peut citer : « Ce décret, ce n'est pas moi qui l'ai rédigé, mais la guerre, qui l'a écrit avec la lance d'Alexandre », et « La puissance macédonienne ressemblait, quand elle eut perdu Alexandre, au Cyclope aveuglé » et, quelque part

32. Démétrios, *Du Style*, 76.

33. Démétrios, *Du Style*, 92.

34. Cf. BRUN 2000.

35. Les historiens modernes font la part, dans la tradition « anecdotique », des *topoi* de l'invective et du caractère aristocratique des sources : Démade était sans doute plus expérimenté qu'on ne l'a dit et fort bien préparé par sa famille à jouer un rôle au plus haut niveau. Les sources épigraphiques donnent du personnage une idée fort différente, cf. BRUN 2000, notamment chap. II.

ailleurs : « La cité – non pas la puissance navale du temps de nos ancêtres, mais une petite vieille, chaussée de pantoufles et sirotant de la tisane –... ». *Petite vieille* est une manière allégorique de dire *faible, déjà déclinante* ; l'expression fait aussi ressortir l'apathie de la cité par l'emploi de l'hyperbole ; quant à *sirotant de la tisane*, c'est une allusion au fait que la cité d'alors passait son temps en distributions de viande et en banquets qui épuisaient les fonds militaires. Concernant la véhémence à la Démade, voilà qui doit suffire ; remarquons toutefois qu'elle a quelque chose de périlleux et de fort difficile à imiter, car le genre comporte une part de poésie, si tant est qu'il y ait de la poésie dans l'allégorie, l'hyperbole et l'emphase ; en tout cas, ce serait une poésie mêlée de comique[36].

Le cadre général de cette critique est une analyse de la notion de δεινότης, caractère du style marqué par une certaine violence, la volonté du locuteur d'établir son pouvoir sur autrui. C'est un style qui fait peur, en opposition radicale à un autre caractère, le caractère *ciselé* ou *élégant*, qui – lui – cherche à séduire. Dans ce cadre, Démétrios n'évoque pas l'éloquence *de* Démade, mais les Δημάδεια, c'est-à-dire les formules dans le style de Démade, ce qui suppose la médiation critique d'une typologie. Quoi qu'il en soit, Démétrios applique à Démade deux équivalents grecs possibles pour le français *originalité :* Démade a un mode d'expression ἴδιον, c'est-à-dire au sens strict *particulier*, et ἄτοπον, c'est-à-dire inclassable, impossible à situer, extravagant, à l'instar de Socrate. Ce qui est tout à fait clair aussi est que le jugement de Démétrios n'est pas négatif. On pourrait évidemment trouver des raisons politiques à cette indulgence, Démade étant pro-macédonien et notre critique pro-aristotélicien, c'est-à-dire à peu près du même bord. Mais ce texte a été écrit, selon toute probabilité, près de deux siècles après les événements. Non : la sympathie de Démétrios vient de ce que les formules de Démade sont adéquates à leur intention expressive, elles sont *frappantes*, *marquantes* et *efficaces*. S'il y a réticence à leur propos, c'est qu'elles sont *difficiles à imiter*. Cette difficulté vient elle-même du caractère d'une part *transgressif* des Δημάδεια : à cheval entre prose et poésie, sérieux et comique ; d'autre part de leur caractère *mêlé*, associant dans quelques mots plusieurs figures : l'emphase, l'allégorie, l'hyperbole, ce qui rompt avec un des principes légués par Aristote, le *monotélisme*, c'est-à-dire la correspondance stricte entre une fonction et l'instrument unique qui sert à l'accomplir. L'originalité de Démade est donc remarquable, jugée positivement, mais elle pose un problème au professeur qui doute de l'aptitude de ses élèves à maîtriser à la fois la transgression des règles et le mélange des genres.

Un autre auteur conduit Démétrios à sortir des cadres et à reconnaître les limites mêmes de son enseignement. Avec Démade, il y avait emploi de moyens incorrects, eu égard à des convenances arbitraires, rhétoriques et sociales, mais adéquats à l'intention expressive, avec Sappho, c'est le lien même entre effet et moyen employé qui est subverti. Avec cette loyauté un peu naïve dont je parlais tout à l'heure, Démétrios s'avoue confronté à quelque chose qui le dépasse et qui

36. Démétrios, *Du Style*, 282-286.

l'émerveille. Dans son système, chaque caractère du style est guetté par une déviation, dont il faut se garder. Dans le cas du style grandiose, majestueux, le défaut qui menace est la froideur. La figure même de la froideur est l'hyperbole. Après avoir analysé diverses formes d'hyperboles, il ajoute :

> Quant au « plus or que l'or... » de Sappho[37], c'est aussi une hyperbole, elle aussi par impossibilité, à cette différence près que l'impossibilité lui confère de la grâce et non de la froideur. C'est bien ce qu'il y a de plus admirable chez Sappho la divine : elle a pris une matière périlleuse par nature et difficile à réussir, et l'a utilisée avec grâce[38].

Il s'agit donc du grand style et de sa dérive principale. Sappho sort complètement et de la norme et même de la déviation prévisible, la froideur. Le fragment érotique en question est cité une seconde fois ensuite, un peu plus longuement[39]. Il s'agit de la femme aimée « à la voix plus mélodieuse que la lyre, aux cheveux plus or que l'or ». « Plus or que l'or » est un objet périlleux, en l'occurrence une absurdité. Sappho en tire de la grâce, c'est-à-dire une expression à la fois indéfinissable, séduisante et reliée à l'élégance, c'est-à-dire à un caractère expressif sans rapport avec la grandeur. Avec ce mot *grâce*, avec l'adjectif « divine », dans la formule enthousiaste « Sappho la divine », Démétrios admet donc avec enthousiasme qu'on puisse subvertir toutes les analyses et toutes les classifications. Le problème est qu'il ne prend en exemple de ces transgressions que des auteurs de la période archaïque ou classique.

3) Hermogène le rhéteur

Comme troisième et dernière étape de ce modeste parcours, je voudrais brièvement revenir à Hermogène et à sa théorie des ἰδέαι : je me suis livré bien sûr à une petite enquête lexicale sur les mots qui peuvent dénoter quelque chose qui se rapproche de notre originalité, καινός, ἄτοπος, ἴδιος. Sans résultat, ou presque, du moins qui soit significatif. Je crois que cette non-thématisation est à corréler à ce que je disais tout à l'heure : la minutie de l'analyse, le nombre presque infini de combinaisons possibles fait de ce système apparemment normatif un guide pour l'innovation et un moyen d'évaluation universel. C'est bien ainsi que l'entendait Hermogène :

> Il est impossible sans la science (*sc.* des ἰδέαι) de savoir juger les œuvres d'autrui, qu'il s'agisse d'un auteur ancien, ou d'un auteur moderne, dans ce qui en elle est beau et parfait, et dans ce qui ne l'est pas. En outre, si l'on veut devenir soi-même un artisan de beaux et excellents discours, comparables à ceux des anciens, le secours de cette science est tout à fait indispensable pour ne pas se laisser emporter trop loin de la perfection. Car à coup sûr l'imitation des anciens et le désir de rivaliser avec eux, poursuivis d'une façon toute empirique et par une sorte de pratique non raisonnée, ne sauraient, je pense, donner de bons résultats, eût-on les meilleures dispositions naturelles. Au contraire, ces avantages naturels, en se jetant sans aucune technique

37. Fr. 156 Voigt.
38. Démétrios, *Du Style*, 127.
39. Démétrios, *Du Style*, 161.

et de façon raisonnée sur n'importe quoi, risquent d'égarer davantage. En revanche, la science et la connaissance des catégories stylistiques permettront à qui désire rivaliser avec les anciens, n'eût-il que des dons ordinaires, de ne pas manquer son but. Tout sera pour le mieux si on y joint encore les dispositions naturelles, et la réussite n'en sera que plus grande. Sinon, eh bien ! il faut tâcher d'acquérir ce qui peut s'apprendre et s'enseigner, et qui ne dépend que de nous ; car peut-être alors ceux qui ne sont pas doués dépasseront-ils ceux-là même qui le sont, à force d'entraînement et d'exercices bien réglés[40].

Dans ce passage, la double vocation, critique et rhétorique, de la théorie est clairement réaffirmée. La tonalité isocratique du texte est indiscutable, avec le thème des dons naturels, de l'exercice et de l'imitation. Mais cette dernière est minimisée. L'œuvre réussie est surtout le résultat des dons personnels et de la technique. Et l'on remarque que cette technique du style est présentée comme une science, ce qu'Isocrate n'aurait pas fait, et que le but poursuivi est non seulement d'imiter les Anciens mais de *rivaliser* avec eux. Les auteurs modernes, eux aussi, sont une source de beauté et de perfection.

Un autre passage confirme que le système des ἰδέαι n'est pas figé. Personne, dit Hermogène, y compris parmi les anciens, ne coïncide exactement avec une et une seule espèce stylistique.

Toute catégorie stylistique du discours étant faite des composants nommés ci-dessus, il est très difficile et même impossible de trouver chez un des anciens un discours ainsi fait que par tous ses composants, il appartienne en propre exactement à une seule espèce stylistique [...] mais c'est la prédominance des composants propres à chaque catégorie stylistique qui fait que chacun d'eux est de telle ou telle qualité[41].

Il existe certes un modèle qui a atteint la perfection, c'est Démosthène.

Exception faite pour l'Orateur. Car il ne donne pas comme eux (*sc.* les autres orateurs) la prédominance à une seule des catégories nommées ci-dessus, mais parce que, bien qu'il ait employé plus que tout autre une partie ou plutôt une espèce d'une seule catégorie, à savoir la complication [...] il a cependant attribué à toutes les autres la part que chacune méritait, et parce qu'il a donné de la pureté aux pensées d'une grande élévation et d'un grand éclat par le recours à certaines méthodes, figures ou autres composants, cependant qu'il a relevé et redressé avec ces mêmes composants les pensées maigres et pauvres, parce qu'il a de même mêlé chacune des autres à des parties qui ne leur sont ni propres ni particulières, parce qu'il a diapré ainsi son discours, il a obtenu que tout leur convienne et que l'ensemble trouve son unité dans la compénétration de toutes les catégories stylistiques : aussi est-elle faite de toutes les beautés, cette espèce de discours, une et belle entre toutes, qui est celle de Démosthène[42].

L'art de Démosthène n'est donc pas de se couler dans un moule unique, il est d'exploiter absolument toutes les potentialités de l'expression et de donner à la synthèse de ces éléments connus une unité qui est aussi une unicité. On a donc ici deux paradigmes pour l'originalité : une combinaison particulière d'éléments choi-

40. Hermogène, *Les catégories stylistiques*, p. 213, 6 *sq.* Rabe (trad. PATILLON 2010, p. 115 n.).

41. Hermogène, *op. cit.*, p. 220, 23 *sq.* Rabe (trad. PATILLON 2010, p. 113).

42. *Ibidem.*

sis, ou la perfection unique d'une synthèse exhaustive de tous les moyens d'expression.

Conclusion

Je ne tirerai de ce parcours rapide qu'un bilan incomplet et provisoire. Il y avait beaucoup d'autres choses à dire, notamment sur le laboratoire de l'identité expressive qu'a représenté pour les rhéteurs l'activité de logographe. Ce métier, illustré par les plus grands orateurs attiques comme Isocrate ou Lysias, consistait à écrire un discours qui serait prononcé par son auteur présumé, engagé dans un procès. Il y fallait la capacité de reproduire ce que nous appelons idiolecte, afin que l'orateur, prononçant le discours d'un autre, parût parler lui-même. Mais si j'en reviens à la question posée, je crois pouvoir dire : oui l'originalité représente une valeur pour les rhéteurs anciens, mais selon des modalités différentes. La rhétorique grecque ancienne est incompréhensible si l'on ne prend pas en compte à la fois sa continuité historique, la permanence de ses références et deux phénomènes qui ont modifié le sens et la fonction de ces références : la disparition de la liberté politique et le passage sous la domination romaine. La disparition de la liberté politique a tendu à instaurer chez les rhéteurs un rapport sinon ludique du moins distancié avec leur discipline, d'où un premier niveau de ce que l'on pourrait appeler « littérarisation ». Cela joue, bien sûr, sur le thème que j'ai abordé. Dans une rhétorique politique, surtout démocratique, la personnalité singulière de l'orateur doit s'effacer, car son discours est peut-être une future loi. Détail significatif, dans la *Rhétorique à Alexandre*, la δόξα de l'orateur, c'est-à-dire son opinion personnelle, est présentée comme un élément adventice, une preuve ajoutée, *a priori* illégitime, et dont l'expression doit être justifiée et accompagnée de précautions[43].

À la vérité notre documentation s'enrichit au moment même où la rhétorique vivante disparaît. Avec Isocrate, la personnalité de l'artiste en marge de la société prend de l'importance et du relief, un relief qu'il va tâcher d'imprimer sur autrui, mais la nouveauté, pour lui, est surtout liée à l'imprévisibilité de la circonstance dans laquelle l'orateur va parler. Cette rhétorique de l'adaptation, très sophistique d'esprit, témoigne encore d'une rhétorique vivante.

Pour ce qui concerne l'époque hellénistique, on a envie de citer Horace et sa formule célèbre : *Graecia capta ferum uictorem cepit et artes / intulit agresti Latio* (La Grèce conquise a conquis son farouche vainqueur et porté les arts dans le rustique Latium)[44]. Le problème est que, pour s'imposer, la culture grecque n'avait pour ressource que son glorieux passé. D'où la canonisation des auteurs classiques. J'ai montré qu'avec Démétrios cette canonisation n'était pas contraire

43. Cf. Pseudo-Aristote, *Rhétorique à Alexandre*, 1431 b 9 *sq.* et la n. 332 de l'éd. de la *CUF*.

44. Horace, *Épitres*, II 1, v. 156-157 (trad. Villeneuve).

à une sensibilité toute moderne à l'originalité, mais les auteurs chez qui il admire cette originalité, Sappho et Démade, sont des auteurs anciens, même pour lui. On pourrait dire qu'une originalité passée n'en est plus une. Cela dit, la permanence d'un panthéon d'auteurs indépassables a conduit à la doctrine de l'imitation et au raffinement de l'analyse stylistique. Le résultat est l'introduction en rhétorique, devenue poétique généralisée, d'une dimension réflexive, et à la promotion de l'intertextualité comme on dit aujourd'hui. Cela aussi concourt à la « littérarisation » de la rhétorique.

Il me semble aussi qu'avec Hermogène, ce système se complexifie et prend un caractère scientifique. Toutes les modalités possibles de l'expression sont codifiées et, en même temps, la création est conçue comme une combinatoire. Le système est à la fois clos et ouvert. Il marque un dépassement de l'imitation, et s'il n'est plus guère question de nouveauté ou d'originalité, c'est peut-être parce que la création est devenue plus libre. Rétrospectivement, Démosthène devient l'incarnation de cette liberté créatrice et se retrouve promu au rang d'auteur. Mais ne nous moquons pas. C'est dans cette rhétorique que des genres vraiment nouveaux prennent leurs racines, je pense à des petits genres d'origine rhétorique, dont le caractère littéraire, à date tardive, est indubitable, comme l'éthopée[45], mais je pense surtout à de grands genres comme le roman.

45. Sur cette question, voir AMATO et SCHAMP 2005.

LA DOCTRINE CRITIQUE DU RHÉTEUR TIBÉRIOS*

Avant de tenter de décrire la doctrine critique du rhéteur Tibérios, il faut s'assurer que cet objet d'étude existe réellement. Qui dit doctrine critique, de la part d'un rhéteur, suppose une réflexion personnelle sur le choix et le rôle des modèles dans son enseignement, sur la caractérisation de ces modèles et sur les instruments linguistiques ou rhétoriques permettant de les analyser et de proposer à l'imitation les moyens de persuasion ou d'expression ainsi isolés et décrits. Or il y a plusieurs raisons de douter de l'existence d'une telle réflexion dans le *De figuris demosthenicis*[1].

En toute première approche – mais c'est un symptôme inquiétant – l'intérêt même du traité ne paraît pas évident pour tout le monde[2]. La première édition, celle de Thomas Gale, fut publiée à Oxford vers la fin du XVIIe siècle (1676), soit plus de 160 ans après l'édition princeps des rhéteurs grecs par Alde Manuce (Venise, 1508, 1509). On lui consacre très peu d'études[3]. Le tout récent ouvrage de Craig A. Gibson sur les anciens commentateurs de Démosthène, quoique donnant intentionnellement au mot commentaire une acception très large, qui devrait justement inclure le traité de Tibérios, n'en souffle mot[4]. Bien souvent, les modernes ne citent pas le texte de Tibérios, mais se bornent, quand ils abordent telle ou telle figure traitée par lui, à donner parmi d'autres les références de cette description.

*Cette étude s'inscrit dans le cadre de nos tout premiers travaux préparatoires à l'édition du texte de Tibérios dans la Collection Budé. Nos conclusions sont donc provisoires. Nous tenons à remercier Marie-Pierre Noël et Michel Patillon pour leur relecture et leurs conseils.

1. Texte dans les *Rhetores graeci*, p. 520-577 (WALZ 1835) (reproduction de l'éd. Boissonade, cf. *infra*, n. 5 de ce chapitre); *Rhetores graeci* Spengel III (SPENGEL 1856), p. 57-82. Mais l'édition de référence est celle de G. BALLAIRA 1968.

2. Une exception : c'est Tibérios qui est chargé d'illustrer la théorie antique des figures dans le manuel de PATILLON 1990, p. 89-97. Plusieurs traductions de noms de figures (cf. *infra*) sont empruntées à cet ouvrage.

3. On ne compte qu'une seule étude importante. Encore est-elle ancienne et le texte de Tibérios au service de la reconstruction d'un autre : SCHWAB 1916.

4. GIBSON 2002. Cf. p. 5 n. 8 : « I use the word "scholia" to denote comments written in the margins of manuscripts, and "commentaries" to denote texts written separately from the text of the target author, but modern scholars are not always uniform in this practice. »

Ce type de référence-alibi, souvent de deuxième main, ne témoigne guère d'un intérêt réel. Autre mauvais signe, un des premiers éditeurs du *De figuris demosthenicis*, Jean-François Boissonade[5] affirme que c'est le hasard qui l'a conduit à Tibérios : la découverte fortuite, dans le *Vaticanus graecus* 483, de la seconde partie du traité, dont les éditeurs précédents ignoraient l'existence. Boissonade ne voulut pas garder sa trouvaille pour lui, d'où son édition, mais il précise assez cruellement que, sans ce hasard, Tibérios était le dernier auteur qu'il aurait songé à éditer[6]. Comme autre indice de son manque d'intérêt, on peut ajouter que Boissonade n'a pas fait l'effort de collationner ce nouveau manuscrit pour la partie du traité déjà connue de Gale[7].

À vrai dire, une telle attitude est assez peu spécifique. Il se peut que Tibérios ait fait et fasse encore les frais des préjugés invétérés qui s'attachent à la rhétorique - *horresco referens* – et qui s'aggravent quand cette rhétorique est d'époque tardive[8] et/ou traite des figures, question réputée anecdotique et sans enjeu[9].

Plus adéquate est sans doute la critique qui s'attache à la forme du traité : une liste, ce qui – intellectuellement – représente le degré zéro de l'effort de composition. On soupçonne ce cadre flou d'être propice tant aux oublis qu'aux emprunts[10]. Le soupçon est vite confirmé. L'une des notices de Tibérios, celle qui est consacrée au serment, est empruntée presque mot pour mot au traité *Du discours politique* du Pseudo-Aristide[11], dont l'auteur est peut-être Basilikos de Nicomédie. Mais il faudra revenir sur ce point. Cet emprunt est clandestin. Il en est d'autres, clandestins eux-aussi, qui se détectent non à la formulation mais à la substance. Quand on examine la notice que Tibérios a consacrée au *climax*[12], ou gradation, on constate qu'elle ne présente guère de nouveauté de fond par rapport au traité

5. BOISSONADE 1815.

6. *Casu ad Tiberium fui delatus, nihilque unquam minus cogitavi, quam me hujus fore scriptoris editorem* (Préface, p. V).

7. Cf. BALLAIRA 1968, p. XXXIII.

8. On situe Tibérios aux IIIe-IVe siècles ap. J.-C. Cette estimation se fonde sur deux *terminus* : d'une part, Tibérios déclare avoir utilisé comme source Apsinès de Gadara (*ca* 190-250 d'après Brzoska, *RE* II [1896], col. 278, voir aussi PATILLON 2001, p. VII-IX. D'autre part, le traité de Tibérios a lui-même servi de source à Syrianus (*acmè* : début ou milieu du Ve siècle). Cf. SOLMSEN 1936 ; BALLAIRA 1968, p. XI. Le personnage n'est autrement connu que par une notice de la *Souda* (cf. *infra*). Les inscriptions sont muettes à son sujet, cf. PUECH 2002.

9. Lu sur une affiche placardée à l'automne 2002 à l'ENS-Ulm et annonçant le programme d'un séminaire consacré à la métaphore vive selon Paul Ricœur : « La métaphore n'est-elle qu'une figure de rhétorique » ? (souligné par nous).

10. Nous nous gardons de souscrire sans nuances au jugement négatif qui s'attache *a priori* aux taxinomies rhétoriques de l'Antiquité tardive, cf. *infra* et CHIRON 2003b.

11. § 8, p. 105 de la récente édition par M. Patillon (PATILLON 2002). Cf. *infra*.

12. Le mot grec est du féminin, mais sa transcription, quand il s'agit de la figure, est du masculin (Littré).

d'Alexandre, fils de Nouménios, auteur lui aussi, mais au IIᵉ siècle ap. J.-C., d'un traité des figures de pensée et d'expression[13] :

Alexandros, Figure n° 32 (p. 31, 9-25 Spengel III)

Κλῖμαξ δὲ γίνεται ὅταν ἐπὶ πλεῖον μηκύνοντες τὸ προκείμενον κεφάλαιον καθ' ἕκαστον κόμμα τὴν αὐτὴν λέξιν τελευτήν τε καὶ ἀρχὴν ποιήσωμεν, ὡς ἔχει τὸ Δημοσθενικόν· *καὶ οὐκ εἶπον μὲν ταῦτα, οὐκ ἔγραψα δέ· οὐδὲ ἔγραψα μέν, οὐκ ἐπρέσβευσα δέ· οὐκ ἐπρέσβευσα μέν, οὐκ ἔπεισα δὲ Θηβαίους.* Γίνεται δὲ καὶ κατὰ συνωνυμίαν κλῖμαξ, ὡς ἔχει τὸ Ὁμηρικόν·

Ἥφαιστος μὲν δῶκε Διῒ Κρονίωνι ἄνακτι·
αὐτὰρ ἄρα Ζεὺς δῶκε διακτόρῳ Ἀργειφόντῃ·
Ἑρμείας δὲ ἄναξ δῶκε Πέλοπι πληξίππῳ·
αὐτὰρ ὁ αὖτε Πέλοψ δῶκ' Ἀτρέϊ ποιμένι λαῶν·

καὶ γὰρ Κρονίων καὶ Ζεὺς συνώνυμά πώς ἐστι, καὶ τὸ Ἀργειφόντης καὶ Ἑρμῆς· εἴληφε δὲ τὸ σχῆμα τὸ ὄνομα ἀπὸ τῆς κλίμακος· καὶ γὰρ ἐν ταύτῃ, ἐφ' ὃν λήγομεν βαθμόν, ἀπ' ἐκείνου πάλιν ἀρχόμεθα.

Un « climax » naît quand, nous efforçant d'allonger davantage le point qui nous occupe, nous faisons de la même expression, à chaque comma, la fin et le début, comme dans le passage de Démosthène : « Je n'ai pas tenu ces propos sans écrire de projet de décret, je n'ai pas rédigé de projet de décret sans partir en ambassade, je ne suis pas parti en ambassade sans persuader les Thébains » (*Cour.* [XVIII] 179). Un climax naît aussi avec la synonymie, comme dans le passage d'Homère : « Héphaistos l'a transmis (*sc.* le sceptre) au seigneur Zeus, Fils-de-Cronos. Puis Zeus l'a remis au messager, Tueur-d'Argos. Le seigneur Hermès l'a transmis à Pélops, Dompteur-de-chevaux. Puis Pélops l'a remis à son tour à Atrée, Berger-de-peuples » (*Iliade*, II 102-105). En effet, « Fils-de-Cronos » et « Zeus » sont d'une certaine manière des synonymes, de même que « Tueur d'Argos » et « Hermès ». La figure tire son nom de l'échelle. Sur une échelle en effet, le barreau sur lequel nous finissons est aussi celui d'où nous repartons.

Tibérios, Figure n° 25 (Chap. 28, p. 29 Ballaira)

Κλῖμαξ δέ ἐστιν ὅταν, εἰς πολλὰ κῶλα ἑνὸς ἐνθυμήματος διαιρουμένου, ἕκαστον κῶλον ἄρχηται ἀπὸ τοῦ ἐν τῷ προηγουμένῳ κώλῳ τελευταίου. Μετενήνεκται δὲ τὸ ὄνομα ἀπὸ τῶν ἀναβαινόντων τὰς κλίμακας· ὥσπερ γὰρ ἐκείνοις τὰ τελευταῖα πρῶτα γίνεται κατὰ τὴν τῶν ποδῶν μετάθεσιν, οὕτω καὶ ἐν τῷ σχήματι τούτῳ τὰ τῶν πρώτων κώλων τελευταῖα τῶν ἐπιφερομένων ἀρχὴ γίνεται. Σαφέστερον δ' ἔσται τοῖς παραδείγμασιν· οὐκ εἶπον μὲν ταῦτα, οὐκ ἔγραψα δέ· ἢ ἔγραψα μέν, οὐκ ἐπρέσβευσα δέ· οὐκ ἐπρέσβευσα μέν, οὐκ ἔπεισα δὲ Θηβαίους. Καὶ τό·

Ἥφαιστος μὲν δῶκε Διῒ Κρονίωνι ἄνακτι,
αὐτὰρ ἄρα Ζεὺς δῶκε διακτόρῳ Ἀργειφόντῃ·
Ἑρμείας δὲ ἄναξ δῶκε Πέλοπι πληξίππῳ,
αὐτὰρ ὁ αὖτε Πέλοψ δῶκ' Ἀτρέϊ ποιμένι λαῶν·
Ἀτρεὺς δὲ θνῄσκων ἔλιπεν πολύαρνι Θυέστῃ,
αὐτὰρ ὃ αὖτε Θυέστ' Ἀγαμέμνονι λεῖπε φορῆναι.

13. p. 9-40 Spengel III. Tibérios ne dépend pas d'Alexandre. Les deux traités puisent à des sources communes, cf. BALLAIRA 1968, p. XIV.

Τινὲς δὲ νομίζουσι τοῦτο τὸ σχῆμα τὸ αὐτὸ εἶναι τῇ ἐπαναδιπλώσει, ἠγνοήκασι δὲ ὅτι ἡ μὲν ἀναδίπλωσις ἐν δύο κώλοις γίνεται, ἡ δὲ κλῖμαξ ἐν πολλοῖς, καὶ ὅτι πλήθους ἔμφασιν ἐργάζεται.

Il y a un « climax » quand, une pensée unique étant divisée en plusieurs côla, chaque côlon commence sur l'élément final du côlon précédent. Le nom de la figure lui a été appliqué par métaphore à partir de ceux qui escaladent les échelles. De même que pour eux la fin devient le début lors du changement de pieds, de même dans cette figure la fin du côlon précédent devient le début du suivant. Ce sera plus clair avec les exemples : « Je n'ai pas tenu ces propos sans écrire de projet de décret ni rédigé de projet de décret sans partir en ambassade, je ne suis pas parti en ambassade sans persuader les Thébains » (*Cour.* [XVIII] 179). Et : « Héphaistos l'a transmis (*sc.* le sceptre) au seigneur Zeus, Fils-de-Cronos. Puis Zeus l'a remis au messager, Tueur-d'Argos. Le seigneur Hermès l'a transmis à Pélops, Dompteur-de-chevaux. Puis Pélops l'a remis à son tour à Atrée, Berger-de-peuples. Atrée en mourant l'a laissé à Thyeste Riche-en-troupeaux. Puis Thyeste le laisse à son tour à Agamemnon, pour qu'il le porte » (*Iliade*, II 102-107). Certains pensent que cette figure est la même que l'anadiplose (redoublement). Ils ignorent que l'anadiplose se fait dans deux côla, tandis que le climax se fait dans beaucoup, et que ce dernier produit une impression de quantité.

Ces deux notices se ressemblent par les quatre points essentiels de leur contenu : a) la définition elle-même de la figure, b) la justification de son emploi (allonger, chez Alexandre ; donner une impression de quantité, chez Tibérios) c) l'explication de la métaphore de l'échelle, d) les deux exemples, l'un de Démosthène, l'autre d'Homère. La ressemblance est moins grande avec la définition de Quintilien[14], mais il est probable que ces trois textes doivent être isolés du reste de la tradition du climax[15] et rattachés à une source commune, sans doute le traité des figures de Caecilius de Calê-Actê[16]. Les différences ne sont pas négligeables, mais – autant qu'on puisse le dire en l'absence de la source – Tibérios apparaît ici davantage comme un compilateur que comme un novateur.

Il est une troisième catégorie d'emprunts, tout à fait explicites eux. Le traité se conclut (chap. 43-48) sur une série de six figures, trois de pensée (διατύπωσις [diatypose], διασυρμός [sarcasme], ἐπάνοδος [reprise]), trois d'expression[17] (ἀφαίρεσις [aphérèse], ἀλλοίωσις [changement], παρεμβολή [digression, parenthèse]). À propos des deux premières, Tibérios dit qu'Apsinès les a omises et que Caecilius les fournit. Les quatre suivantes sont dites tantôt présentes chez Caecilius, tantôt « introduites » par lui. Dans la mesure où Caecilius était déjà non seulement utilisé comme source mais aussi désigné par son nom auparavant dans le traité (chap. 26, 34), on peut déduire que Tibérios a eu comme source Caecilius et Apsinès, jusqu'au chapitre 42, puis seulement Caecilius pour la série complémentaire.

14. Quintilien, *Inst.* IX 3, 54-57.

15. Cf. Démétrios, *Du Style*, 270. Pour d'autres références, cf. *infra* p. 144.

16. Cf. OFENLOCH 1907, fr. 62, 62a, 62b.

17. Cette distinction n'est pas explicitée par Tibérios. Elle est le fruit de l'observation de S. Mariotti et G. Ballaira, *apud* BALLAIRA 1968, p. XIII.

Quant aux oublis, il y en a de deux ordres. Si l'on en croit l'introduction et un chapitre de transition (chap. 2 et 23), le traité présente deux séries de 20 figures chacune, figures de pensée d'abord puis figures de mots. Ce diptyque de deux fois 20 figures est à la fois traditionnel (c'est déjà la forme du traité de Rutilius Lupus[18]) et concerté (cf. ἐκ παραλλήλου, chap. 23, p. 25 Ballaira). Mais la deuxième partie contient une figure qui n'est pas annoncée au chap. 23 (l'ἐπιμονή, n° 28, chap. 31), et la charnière du chap. 23 annonce deux figures, l'ἀπόλυτον et la μετάθεσις, qui ne sont pas traitées ensuite.

La forme de la liste coïncide également avec une tendance à l'automatisme – degré zéro non plus de l'effort de composition, mais de l'effort de rédaction. Ce que nous présente Tibérios, ce n'est guère autre chose qu'une série de 45 fiches[19]. Sur ces 45 fiches, une écrasante majorité (29) sont présentées de la manière suivante : ἐπιτίμησις δέ ἐστιν ὅταν... (« Il y a reproche quand... » ou, plus familièrement : « Le reproche, c'est quand... ») et cela jusqu'à neuf fois de suite[20]. À titre de comparaison, on peut se reporter au traité d'Alexandre. Ce dernier utilise de temps à autre le même moule de présentation simpliste, mais jamais plus de

18. Rutilius Lupus est un rhéteur du début du Ier siècle av. J.-C. , qui adapta en latin l'œuvre de son contemporain Gorgias le Jeune. On a conservé son traité des figures de pensée et d'expression (BROOKS 1970).

19. Figures de pensée : n° 1 (chap. 3) εἰρωνεία (ironie), n° 2 (chap. 4) ἐπιτίμησις (réprimande), n° 3 (Chap. 5) παράλειψις (prétérition), n° 4 (chap. 6) διαπόρησις (hésitation, embarras), n° 5 (chap. 7) ἀποστροφή (apostrophe), n° 6 (chap. 8) προδιόρθωσις (précaution, rectification préventive), n° 7 (chap. 9) ἐπιδιόρθωσις (rectification aggravante), n° 8 (chap. 10) ἀποσιώπησις (réticence), n° 9 (chap. 11) ἠθοποιΐα (éthopée), n° 10 (chap.12) προσώπου ὑποβολή (supposition d'un personnage), n° 11 (chap. 13) πυσματικόν (question oratoire), n° 12 (chap. 14) ἔμφασις (insinuation), n° 13 (chap. 15) τό ἀπὸ τοῦ ἀντικειμένου (<figure> à partir du personnage opposé), n° 14 (chap. 16) παρὰ προσδοκίαν (effet de surprise *ou* attente déçue), n° 15 (chap. 17) αὐτοσχέδιον (improvisation, inspiration soudaine), n° 16 (chap. 18) ἀντίθετον (antithèse), n° 17 (chap. 19) διαλεκτικόν (énoncé dialogué), n° 18 (chap. 20) τόπου ἐμβολὴ ἐξ ὀνόματος (insertion d'un point de développement à partir d'un mot), n° 19 (chap. 21) καθόλου (généralisation), n° 20 (chap. 22) ὅρκος (serment, attestation solennelle). Figures d'expression : n° 21 (chap. 24) ἀλληγορία (allégorie), n° 22 (chap. 25) ἀναστροφή (anastrophe), n° 23 (chap. 26) ἐπανάληψις (reprise), n° 24 (chap. 27) παρονομασία (paronomase), n° 25 (chap. 28) κλῖμαξ (gradation), n° 26 (chap. 29) ἐπαναφορά (épanaphore), n° 27 (chap. 30) ἀντιστροφή (antistrophe), n° 28 (chap. 31) ἐπιμονή (insistance), n° 29 (chap. 32) ὑπερβατόν (hyperbate), n° 30 (chap. 33) παρίσωσις (parisose), n° 31 (chap. 34) πλεονασμός (pléonasme), n° 32 (chap. 35) περίφρασις (périphrase), n° 33 (chap. 36) συζυγία (syzygie, appariement), n° 34 (chap. 37) τὸ ἀπὸ κοινοῦ (mise en facteur commun), n° 35 (chap. 38) μεταβολή (variation), n° 36 (chap. 39) ὑποφορά (hypophore), n° 37 (chap. 40) ἀσύνδετον (asyndète), n° 38 (chap. 41) ἀντίθετον (antithèse), n° 39 (chap. 42) ἔλλειψις (ellipse *ou* omission). À ces deux séries s'ajoute la liste complémentaire des six figures « caeciliennes » évoquées ci-dessus, d'où ce total de 45.

20. N° 2, 3, 4, 5, 6, 7, 8, 9, 10, 12, 13, 14, 15, 17 (légère variante), 18, 19, 21, 22 (var.), 23, 24, 25, 26, 27 (var.), 28, 32, 33, 35, 36, 39.

quatre fois de suite et l'on trouve chez lui une beaucoup plus grande variété de formules introductives[21].

Il arrive même parfois à Tibérios de passer directement du nom de la figure à l'exemple, en sautant l'étape de la définition, comme dans le cas du pléonasme (n° 31, chap. 34, p. 34 Ballaira) : πλεονασμὸς δέ ἐστι· τί δεῖ πράττειν καὶ ποιεῖν τὴν πόλιν; (Le pléonasme, c'est : « Que faut-il que la cité fasse et accomplisse » [Démosthène, *Cour.* (XVIII) 62]). Cette présentation a paru si abrupte qu'Engelbert Drerup a proposé d'insérer un οἷον avant l'exemple[22].

Cette attitude quelque peu cavalière se retrouve dans le fait fréquent[23] que l'on retrouve dans la définition, comme verbe censé éclairer l'opération accomplie par la figure, un verbe de même radical que le nom de la figure, voire celui dont le nom de la figure est le déverbatif, ainsi (n° 12, chap. 14, p. 19 Ballaira) : ἔμφασις δέ ἐστιν ὅταν μὴ αὐτό τις λέγῃ τὸ πρᾶγμα, ἀλλὰ δι' ἑτέρων ἐμφαίνῃ, οἷον κτλ. (Il y a insinuation quand on ne dit pas la chose elle-même mais qu'on l'insinue par l'intermédiaire d'autres choses, par exemple...).

À ces définitions quasi-tautologiques s'ajoutent des fiches manifestement improvisées. Citons le cas de l'asyndète, figure d'expression décrite sans grand effort de rigueur ni de soin :

Figure n° 37 (chap. 40, p. 38-39 Ballaira)

Ἀσύνδετον δέ ἐστιν, ᾧ πολλαχῶς χρῆται ὁ Δημοσθένης, κατ' ὄνομα καὶ κατὰ κῶλον <καὶ κατὰ κόμμα> (καὶ κατὰ κόμμα add. Finckh) καὶ ἐν τόπῳ (ἐν τόπῳ cod. V : κατὰ τόπον Ballaira).

Κατ' ὄνομα μέν · *Ἀμφίπολιν, Πύδναν, Ποτίδαιαν, Ἁλόννησον* · ἐξ ὧν πλήθους ἔμφασις γίνεται.

Κατὰ κῶλον δέ · *ἴσασιν Εὐαίωνα πολλοὶ τὸν Λαοδάμαντος ἀδελφόν*... εὐειδὲς τὸ τοιοῦτο.

Κατὰ κόμμα δέ · *ὅταν ἐπὶ κόρρης, ὅταν κονδύλοις, ταῦτα κινεῖ, ταῦτα ἐξίστησι.* Ταῦτα δείνωσιν ἔχει καὶ ἐνέργειαν.

Κατὰ τόπον ἀσυνδέτως · *πολλὰ ἂν εἰπεῖν ἔχοιεν Ὀλύνθιοι, ἃ τότε εἰ προείδοντο, οὐκ ἂν ἀπώλοντο, πολλὰ ἂν Ὠρεῖται, πολλὰ Φωκεῖς.* Καὶ πάλιν προθείς · *ἀλλὰ τί τούτων ὄφελος τῇ πόλει* ; [Πάλιν] (πάλιν del. dub. Boissonade del. Ballaira) ἐπήγαγεν εἰς τὸ ἀσύνδετον · *ἕως ἂν σῴζηται τὸ σκάφος, τότε χρὴ καὶ ναύτην καὶ κυβερνήτην καὶ πάντα ἄνδρα ἐφεξῆς προθύμους εἶναι.*

Λαμπρότητα δὲ καὶ φαντασίαν τοῦτο τὸ σχῆμα παρέχεται ἄνευ συνδέσμων ἐλευθέρᾳ φωνῇ τοῦ λόγου προϊόντος ταῖς τῶν τόπων ἐμβολαῖς.

Τῷ σχήματι κέχρηται ἢ κατ' ὄνομα εἰς πλῆθος, ἢ κατὰ κῶλον εἰς κάλλος, ἢ κατὰ κόμμα εἰς ἐνέργειαν, ἢ κατὰ τόπον εἰς λαμπρότητα.

21. Cf. SCHWAB 1916, p. 37 *sq.*

22. Cf. BALLAIRA 1968, apparat *ad loc.*

23. Neuf fois : figures n° 3, 4, 5, 7, 8, 12, 24, 35, 39.

Κἀκεῖνο ἀσύνδετον· *ὁρῶ δὲ αὐτὸν τὸν Φίλιππον, πρὸς ὃν ἡμῖν ὁ ἀγών, τὸν ὀφθαλμὸν ἐκκεκομμένον, τὴν [δὲ]* κλεῖν κατεαγότα, τὴν [δὲ] (δὲ codd. Tib. om. Dem. bis secl. Ballaira) *χεῖρα καὶ τὸ σκέλος πεπηρωμένον.*

Il y a asyndète – figure dont Démosthène se sert de beaucoup de manières – par mot, par côlon, <par comma>, et dans un passage. Par mot : « Amphipolis, Pydna, Potidée, Halonnèse » (*Cour.* [XVIII] 69) ; il en ressort une impression de quantité. Par côlon : « Beaucoup savent qu'Evéon, le frère de Léodamas... » (*C. Midias* [XXI], 71) ; ce passage a belle allure. Par comma : « quand (*sc.* on les frappe) en pleine face, avec les poings, voilà qui soulève de colère, voilà qui met hors de soi » (*C. Midias* [XXI], 72) ; cela a de l'intensité et de la vivacité. Par passage en asyndète : « Sans aucun doute, il y a beaucoup de choses dont les Olynthiens pourraient dire que, s'ils les avaient prévues, ils auraient échappé à leur perte, et tout autant les Oréitains, tout autant les Phocidiens (*IIIe Phil.* [IX] 68) ». Après avoir mis d'abord : « Mais quel avantage en revient à leur cité ? » (*IIIe Phil.* [IX] 69), il revient à l'asyndète : « C'est quand l'embarcation est encore sauve que le matelot, le pilote, n'importe quel homme à bord, doivent se donner avec ardeur » (*ibid.*) ; cet emploi de la figure apporte de l'éclat et de la suggestivité, le discours avançant sans conjonction, d'une expression libre, avec l'irruption des passages. Il s'est servi de la figure soit par mot pour obtenir de la quantité, soit par côlon pour obtenir de la beauté, soit par comma pour obtenir de la vivacité, soit par passage pour obtenir de l'éclat. Cela aussi est une asyndète : « Philippe en personne, celui contre qui est engagée notre lutte, je le vois l'œil crevé, la clavicule cassée, le bras et la jambe estropiés. » (*Cour.* [XVIII] 67)

En lieu et place d'une vraie définition, le rhéteur présente une subdivision justifiée implicitement par l'usage varié (πολλαχῶς χρῆται) que Démosthène fait de la figure. Mais Tibérios oublie – sauf à corriger le texte comme le font généralement les éditeurs – l'un des quatre termes de sa subdivision. Suivent les exemples de chaque cas et la formulation de l'effet produit. On remarque la bizarrerie de l'ordre adopté, le côlon – unité plus grande de la chaîne parlée – précédant le comma alors que la série est orientée du plus petit (le mot) au plus grand (le passage). On remarque aussi que la citation qui illustre la deuxième forme est un peu « frustrante », puisque, sur l'asyndète de côla, c'est un côlon seul, incomplet de surcroît, qui est reproduit. Ce découpage n'empêche pas la compréhension du procédé, car l'*incipit* suffit à montrer que le côlon cité n'est pas relié à ce qui précède, mais l'absence de contexte compromet l'analyse de l'effet de sens. Suit une récapitulation. Celle-ci, sans que l'on sache pourquoi, est amputée de deux des fonctions stylistiques précédemment indiquées : ni l'intensification (δείνωσις) produite par la deuxième forme, ni la capacité évocatrice, la suggestivité (φαντασία) de la quatrième ne sont rappelées. Mais cela tient peut-être à la volonté de simplification qui accompagne, généralement, les récapitulations. Ce qui gêne davantage est un glissement terminologique : la belle allure (εὐειδές) de l'asyndète par côla se transforme, dans la récapitulation, en beauté (κάλλος), ce qui, dans les théories stylistiques de l'époque, n'est pas tout à fait la même chose. Après la récapitulation vient enfin un dernier exemple, cavalièrement présenté, et dont on ne sait ni à quelle espèce il appartient, ni – s'il représente une espèce nouvelle – comment se définit cette nouvelle espèce, ni quel effet y est produit, ni pourquoi on le cite. Le texte de cette citation, de surcroît, est doté de conjonctions absentes chez Démosthène, conjonctions aberrantes puisqu'il s'agit justement d'illustrer l'asyndète, et dont on ignore s'il faut les attribuer à la négligence d'un copiste ou de l'auteur. On peut se demander enfin si la quatrième forme d'asyndète, qui paraît relever d'une démarche « à sauts et à gambades » est parfaitement à sa place parmi les figures d'expression et si elle ne serait pas plutôt à ranger parmi les figures de pensée.

Cela dit, malgré ses insuffisances, ce texte présente plusieurs détails intéressants, auxquels il faudra revenir. C'est beaucoup moins vrai de la médiocre notice que Tibérios consacre à la parisose :

Figure n° 30 (chap. 33, p. 33-34 Ballaira)

Παρίσωσις δὲ γίνεται μὲν καὶ κατὰ τὴν ἀρχήν, οἷον· *ὅτε τοίνυν τοῦθ' οὕτως ἔχει, προσήκει προθύμως* (ὃ καὶ ὁμοιόαρκτον λέγεται), καὶ κατὰ τὸ τέλος, οἷον· *ἐθέλειν ἀκούειν*. Κάλλος δὲ τὸ σχῆμα ἐργάζεται, ἐάν τις αὐτῷ ἀνεπαχθῶς χρῆται. Τῶν δὲ κατὰ τὸ τέλος παρισώσεων τὸ μέν ἐστιν ὁμοιόπτωτον, τὸ δὲ ὁμοιοτέλευτον. Καὶ ὁμοιοτέλευτον μέν, οἷον τὸ Ἰσοκράτους ἐν Ἑλένῃ· *τοῦ μὲν ἐπίπονον καὶ φιλοκίνδυνον τὸν βίον ἐποίησε, τῆς δὲ περίβλεπτον καὶ περιμάχητον τὴν φύσιν κατέστησεν*· τὸ γὰρ *ἐποίησε* καὶ *κατέστησεν* ἰσοσύλλαβόν ἐστι καὶ ὅμοιον τῷ τόνῳ. καὶ τὸ παρ' Αἰσχίνῃ· *καὶ οὐ τὸ δυστύχημα ὀνειδίζω, τὸν δὲ τρόπον ἐξετάζω*· ἐν γὰρ τούτοις κώλοις ὁμοία ἡ τελευτὴ γέγονεν. Ὅταν δὲ εἰς ὄνομα λήγωσιν αἱ περίοδοι ἢ τὰ κῶλα, τὰ δ' ὀνόματα ἔχῃ τὰς πτώσεις ὁμοίας, τότε ὁμοιόπτωτον λέγεται, οἷον τὸ Ἰσοκράτους· *τῆς ὑπὸ μὲν Ἀθηναίων καὶ Λακεδαιμονίων στρατηγουμένης, ὑπὲρ δὲ τῆς τῶν Ἑλλήνων ἐλευθερίας ἀθροιζομένης, ἐπὶ δὲ τὴν τῶν βαρβάρων πονηρίαν πορευομένης*.

La parisose naît par le début, par exemple : « S'il en va bien ainsi, vous *de*vez *de*-bon-gré » (*I*e *Ol.* [I] 1) – c'est ce qu'on appelle aussi homéoarcte – et par la fin, par exemple : « accep*ter* d'écou*ter* » (*ib.*). La figure produit de la beauté pourvu qu'on l'emploie d'une manière supportable. Parmi les parisoses par la fin, il y a l'homéoptote et l'homéotéleute. L'homéotéleute, c'est par exemple ce passage de l'*Hélène* d'Isocrate : « à l'un, c'est une vie pénible et dangereuse qu'il *fabriqua*, à l'autre, c'est une nature pleine d'attraits et très enviable qu'il *procura* » (*El. d'Hél.* 17). « Fabriqua » a même nombre de syllabes et même accent que « procura ». Et chez Eschine : « Ce n'est pas son malheur que j'*incrimine*, c'est son caractère que j'*examine* » (*C. Ctés.* [III] 78). Dans ces citations, c'est la fin des côla qui a été rendue semblable. Quand les périodes ou les côla se terminent sur un nom et que ces noms sont au même cas, on parle alors d'homéoptote, par exemple ce passage d'Isocrate : « (*sc.* Qui ne souhaitera faire partie de cette armée) par les Athéniens et les Lacédémoniens *commandée*, pour la liberté des Grecs *rassemblée*, contre la vilenie des barbares *expédiée* ? » (*Panég.* [IV] 185)

La réticence traditionnelle à l'égard des gorgianismes[24] s'exprime ici dans l'adverbe ἀνεπαχθῶς (de manière supportable), banalité qui constitue l'unique apport critique de cette fiche où la parisose, depuis très longtemps[25] définie clairement comme l'égalité en nombre de syllabes de côla successifs, est confondue avec la paromoiose, qui désigne, non moins traditionnellement, les échos sonores

24. Sur cette question, on consultera l'étude novatrice de NOËL 1999.

25. Pour une doctrine incomparablement plus claire, voir Démétrios (Pseudo-Démétrios de Phalère), *Du Style*, 25-26. L'essentiel de la terminologie et des définitions est en place dès le IVe siècle av. J.-C. (NOËL 1999, p. 196). La notice d'Alexandre est elle aussi dépourvue d'équivoque (p. 40, 1-10 Sp. III).

de côlon à côlon, et qui se subdivise, elle – et non pas la parisose –, en homéoarcte et homéotéleute. Cette confusion est aggravée par le flou longtemps maintenu dans ce texte entre échos verbaux (de mot à mot) et échos structuraux (de côlon à côlon). Si d'aventure on était tenté d'attribuer à Tibérios l'invention de la notion moins attestée d'homéoptote (côla se terminant sur des mots au même cas), il faudrait déchanter, puisque notre auteur répercute ici une catégorie exposée par Alexandre. Qu'il n'y ait aucune invention dans cette fiche est confirmé par le choix d'exemples majoritairement étrangers à Démosthène. En d'autres termes, Tibérios répète une appréciation stylistique éculée – Isocrate lui-même, au début du *Panathénaïque*, prenait distance par rapport à ces effets jugés voyants et puérils –, ne fait pas l'effort d'étudier l'usage proprement démosthénien de ces procédés, et introduit plusieurs confusions sur un point de technique jusqu'à lui parfaitement clair. Admettrait-on qu'il s'adresse à un public peu formé, à qui il destinerait un manuel élémentaire, que l'on s'étonnerait quand même de cette négligence.

Il faut même enlever à Tibérios le mérite de son goût éclairé pour Démosthène. L'apothéose de ce dernier, ainsi que la dialectique subtile entre l'art polymorphe de l'orateur et le raffinement progressif des théories du style, ont déjà, à l'époque de Tibérios, plusieurs siècles derrière elles[26]. Loin d'être un novateur, il s'inscrit dans la continuité de Denys d'Halicarnasse, de Caecilius, du Traité du Sublime, de Basilicos, d'Hermogène et de bien d'autres.

Est-il même un suiveur averti ? Rien n'est moins sûr. Tibérios (n° 14, chap. 16, p. 20 Ballaira) donne comme exemple de la plaisanterie παρὰ προσδοκίαν, ou *attente déçue*, une formule extraite du discours VII du corpus démosthénien, le *Sur l'Halonnèse*. Or on sait par Libanios – auquel Tibérios n'est guère antérieur – que l'identité du véritable auteur de ce discours, Hégésippe, était connue de critiques anciens[27]. Déjà Libanios use, parmi d'autres arguments, de critères sty-

26. Sur la fortune de Démosthène dans l'Antiquité, cf. BOMPAIRE 1984. Voir aussi PERNOT 2001 (riche bibliographie dans les n. 11 et 12, p. 86-87).

27. Cf. CROISET 1967, p. 44. On ne saurait faire le même procès à Tibérios pour sa citation, à propos du pléonasme (n° 31, chap. 34, l. 9-12, p. 35 Ballaira), d'un passage du discours XI (*Réponse à la lettre de Philippe*). Ce discours est en réalité un artefact, indûment rattaché au corpus démosthénien. Déjà Didyme (*ca* 65 av. J.-C. – *ca* 10 ap. J.-C., cf. PEARSON et STEPHENS 1983, 11, 7) soupçonnait cette harangue d'être un centon de fragments démosthéniens. Certains, dit-il, l'attribuent à Anaximène de Lampsaque. On le lirait au VIIe Livre de ses *Philippiques*. La thèse répercutée par Didyme est souvent accueillie avec faveur par les savants modernes, par exemple l'éditeur des *Harangues* de Démosthène dans la *CUF*, Maurice Croiset, qui caractérise le morceau, de façon plus précise, comme à la fois une anthologie, un résumé, un pastiche et une adaptation personnelle (« isocratisée ») de morceaux authentiques de l'orateur. Mais le jugement dont fait état Didyme ne semble pas avoir été diffusé dans l'Antiquité. Libanios lui non plus n'exprime aucun doute sur l'authenticité du discours.

listiques pour démontrer que le discours ne peut pas être de Démosthène. Tibérios n'a pas eu cette clairvoyance[28].

Et puis, est-il si évident que Tibérios s'intéresse vraiment à Démosthène ? Ne s'intéresse-t-il pas plutôt, dans une optique étroitement scolaire, aux figures, Démosthène n'étant qu'un prétexte, ou un laboratoire, la diversité de son style faisant de lui un réservoir commode parce qu'à la fois complet et unique ?[29] Ce qui peut justifier ce soupçon est la reprise, comme structure du traité, de deux séries de 20 figures, forme de présentation déjà attestée avant lui dans un traité non restreint à l'orateur[30]. Une recherche fondée librement sur l'observation de la pratique démosthénienne, même à partir de catégories déjà fixées, ne pouvait pas plausiblement aboutir à ce double chiffre rond. Ce qui jette le trouble aussi, c'est le fait – on vient d'en voir une illustration avec la parisose – que 20% des exemples, dans la double série principale, ne sont pas de Démosthène[31]. Plus troublant encore, ce pourcentage monte à plus de 60% (11 sur 18) dans la série complémentaire des six figures que Tibérios est allé chercher dans le traité de Caecilius faute de les avoir trouvées chez Apsinès. Dans cette série, il y a même trois figures (n°42, 43, 45, chap. 45, 46, 48) dont la notice ne présente aucun extrait de Démosthène. Dans un traité dévolu aux figures chez cet auteur, la chose ne laisse pas d'intriguer.

Dans le même ordre d'idée, certains indices peuvent conduire à douter que Tibérios a lu Démosthène. Ce point est difficile à établir avec certitude, parce que des arguments forts se présentent de part et d'autre.

En faveur d'une vraie connaissance des œuvres, plaide d'abord, tout simplement, la présence dans le traité de 110 extraits de l'orateur, ce qui, quantitativement, n'est pas négligeable, et implique déjà un premier niveau de compétence. L'éloquence politique y est privilégiée, mais on dénombre quand même trois extraits de plaidoyers privés[32], et l'éventail des *Harangues* (10 discours, 23 citations)[33] et des *Plaidoyers politiques* (8 discours, 84 citations)[34] est par ailleurs très

28. Pour une approche plus générale de cette question, cf. RUTHERFORD 1998, p. 80-87.

29. Sur cette fonction du corpus démosthénien chez Hermogène et dans la critique d'époque impériale, cf. Hermogène le rhéteur, *De ideis*, p. 214, 22-215, 22 Rabe ; PATILLON 2010, p. 104.

30. Chez Rutilius Lupus, cf. *supra*. Chez Alexandre, on dénombre 25 figures de pensée et 27 figures d'expression.

31. À savoir 20 sur 103. Il y a en tout 141 citations dans le traité, dont 31 sont empruntées à d'autres auteurs que Démosthène (Eschine : 4 ; Eupolis : 1 ; Euripide : 3 ; Hérodote : 2 ; Homère : 6 ; Isocrate : 2 ; Platon : 2 ; Sophocle : 2 ; Thucydide : 9).

32. *P. Phormion* (XXXVI) ; *C. Stéphanos* I (XLV) ; *C. Néaira* (LIX).

33. *Ol.* (I) 3 citations ; *IIe Ol.* (II) 3 cit. ; *IIIe Ol.* (III) 2 cit. ; *I^e Phil.* (IV) 1 cit. ; *IIe Phil.* (VI) 1 cit. ; *Sur l'Halonnèse* (VII) 1 cit. ; *Chers.* (VIII) 5 cit. ; *IIIe Phil.* (IX) 5 cit. ; *Réponse à la lettre de Philippe* (XI) 1 cit. ; *Rhod.* (XV) 1 cit.

34. *Cour.* (XVIII) 48 citations (dont quatre passages cités deux fois et un passage cité trois fois) ; *Amb.* (XIX) 8 cit. ; *C. Midias* (XXI) 12 cit. (dont un passage cité deux fois) ; *C. Leptine*

ouvert. Avec ces 18 discours, c'est près de 70% de l'œuvre politique de Démosthène[35] qui sont représentés dans le traité de Tibérios. Bien plus, certaines citations sont enrichies d'indications contextuelles. On peut donner comme exemple la fiche consacrée à la généralisation (καθόλου) :

Figure n° 19 (chap. 21, p. 24 Ballaira)

Καθόλου δέ ἐστιν ὅταν μὴ ἐπὶ τοῦ προκειμένου εἴπῃ τὸ νόημα ὃ βούλεται, ἀλλ' εἰς τὸ καθόλου ἀνενεγκών. Οἷον οὐχ αὑτῷ τοὺς δικαστὰς ᾐτήσατο ἐφεῖναι τάξιν ᾗ βούλεται χρήσασθαι, ἀλλὰ τὸ τοῦ ὅρκου φησί, καὶ τοῦτό ἐστι δίκαιον· *τὸ τῇ τάξει καὶ τῇ ἀπολογίᾳ, ὡς βεβούληται τῶν ἀγωνιζομένων ἕκαστος, οὕτως ἐᾶσαι χρῆσθαι.* Οὐ γὰρ ἴδιον πλεονέκτημα ᾔτησεν, ἀλλ' ἐβεβαίωσε κοινὸν δικαίωμα. Καὶ ἔστιν ἐν τῷ σχήματι τούτῳ πολλάκις τὴν χρείαν τοῦ νοήματος τηροῦντα τὸ προσκροῦον φυλάττεσθαι.

Il y a généralisation lorsqu'on exprime la pensée qu'on souhaite exprimer sans l'appliquer au cas traité mais en la reportant dans la généralité. C'est ainsi qu'il (*sc.* Démosthène) ne demande pas pour lui-même l'autorisation d'adopter le plan qu'il souhaite utiliser, non, il dit qu'il est juste d'appliquer aussi ce que prévoit le serment (*sc.* des dicastes), et « d'autoriser chacune des parties à utiliser le plan et la stratégie de défense qu'elle veut » (*Cour.* [XVIII] 2). Au lieu de demander un privilège particulier, il a apporté du renfort au droit commun. Cette figure permet souvent de préserver la fonction de la pensée mais en évitant ce qui en elle est susceptible de heurter.

Dans ce texte, la citation est précédée et suivie de commentaires et d'indications de contexte sans lesquels, d'ailleurs, le morceau cité serait parfaitement inintelligible.

On peut citer un autre cas, celui de l'antithèse, non pas figure d'expression mais figure de pensée, qui consiste à opposer l'attitude de l'adversaire avec celle d'un être présumé inférieur, en l'occurrence l'acteur comique Satyros. Tibérios fournit une citation brévissime et incomplète d'Eschine – destinée à attester le choc produit par la figure sur la victime – et résume la stratégie correspondante de Démosthène telle qu'elle s'étend sur plus de deux pages (Budé) du *Sur l'Ambassade* (§ 192-199), racontant combien Satyros fut courageux et magnanime en demandant à Philippe, lors de la fête donnée par celui-ci pour célébrer la prise d'Olynthe, la libération des deux filles de son hôte Apollophanès, qui n'était autre que l'un des meurtriers du frère de Philippe. Puis, en contraste, Démosthène raconte le comportement odieux d'Eschine ivre à l'égard d'une femme libre d'Olynthe lors d'un banquet donné en Macédoine :

Figure n° 16 (chap. 18, p. 21 Ballaira)

(XX) 6 cit. ; *C. Androtion* (XXII) 2 cit. ; *C. Aristocr.* (XXIII) 5 cit. ; *C. Timocrate* (XXIV) 1 cit. ; *C. Aristogiton I* (XXV) 2 cit. On peut remarquer au passage que ces statistiques attestent une hiérarchie assez proche de celle que l'on rencontre dans le corpus hermogénien (cf. J. Bompaire, art. cit., p. 22).

35. Il y a, fait rarissime, coïncidence presque parfaite entre le corpus démosthénien connu dans l'Antiquité et l'œuvre conservée de l'orateur, cf. CARLIER 1990, p. 306.

Ἀντίθετον δέ ἐστι τὸ κατὰ διάνοιαν, οὗ καὶ Αἰσχίνης μέμνηται τὸ *τοῖς ἐπιβεβουλευμένοις*[36]... λέγων. Βουλόμενος γὰρ ὁ Δημοσθένης τοῦ Αἰσχίνου τὸ περὶ τὴν Ὀλυνθίαν συμπόσιον μᾶλλον διαβάλλειν, ἐξ ἀντιθέτου προεῖπε τὸ τοῦ Σατύρου [ὁ] περὶ τὰς Ὀλυνθίας αἰχμαλώτους φιλάνθρωπον, διὰ τῆς κατὰ τὸν Σάτυρον ἐπιεικείας εἰς τὴν τοῦ Αἰσχίνου παροινίαν μᾶλλον παροξύνων τοὺς δικάζοντας.

L'antithèse – celle qui joue au niveau de la pensée –, c'est ce que rappelle Eschine quand il parle des « tortueuses... » (*sc.* et malveillantes antithèses) (*Sur l'Ambassade infidèle* [II], 4). Désireux de dénigrer davantage l'attitude d'Eschine lors du banquet d'Olynthe, Démosthène évoque d'abord en antithèse l'attitude humaine de Satyros envers les prisonnières olynthiennes, afin, à l'aide de la bonté de Satyros, d'irriter davantage les jurés contre l'ivrognerie d'Eschine. (cf. Dém. *Amb.* [XIX] 192-199)

L'allusivité de la citation d'Eschine – où ne se lit même pas la fin de la phrase contenant le mot qui autorise le rapprochement avec la figure –, la longueur du passage condensé, tout cela invite à penser, évidemment, que le citateur possède lui-même et considère comme acquise par son public une connaissance assez précise non seulement de l'œuvre de Démosthène, mais aussi de la polémique entre Démosthène et Eschine .

On doit ajouter que Démosthène, devenu *L'*Orateur au même titre qu'Homère était *Le* Poète, faisait l'objet lui aussi de lectures et de récitations dans les écoles[37]. Il paraît peu plausible dans ces conditions, que Tibérios se soit borné à recopier des recueils d'exemples sans se reporter au texte et/ou se le remémorer.

Mais, en sens inverse, il faut admettre aussi la présence d'un stock d'exemples conventionnels, communs à Tibérios et à Alexandre ou même plus anciennement associés à telle ou telle figure. Prenons le cas de la prétérition. Cette figure d'omission feinte est illustrée chez Tibérios (figure n° 3, chap. 5, p. 10 Ballaira) par les § 69-70 du *Sur la Couronne* (XVIII) : « Car maintenant je te pose la question, en laissant de côté tout le reste. Amphipolis, Pydna, Potidée, Halonnèse, je ne rappelle aucune de ces places. Serrhion, Doriscos, le saccage de Péparèthos, je ne sais même pas si ces événements ont eu lieu ». Ce passage est cité également par Alexandre pour illustrer la même figure (p. 23, 12-17 Sp. III). Il arrive aussi à Tibérios de reprendre le texte qui joue le rôle en quelque sorte d'exemple obligé, de la même façon qu'en français on cite toujours « Pour qui sont ces serpents... » pour illustrer le procédé d'allitération. C'est ainsi que le passage (*Cour.* [XVIII] 179, cf. ci-dessus) donné comme exemple de gradation par Tibérios, est utilisé aussi par Démétrios (*Du Style*, 270), l'auteur de la *Rhétorique à Herennius*, IV 34 (p. 171 Achard), Quintilien (IX 3, 55), Alexandre (p. 31, 13-16 Sp. III), Hermogène (*De id.* p. 304, 19-21 Rabe)...

36. C'est chez Eschine que l'on trouve la fin de la phrase : ...καὶ κακοήθεσι τούτοις ἀντιθέτοις.

37. Sur ce contact direct avec les textes d'orateurs et d'historiens dans le cadre de la pédagogie de niveau moyen (entre l'enseignement du *grammatikos* et celui du rhéteur), c'est-à-dire dans le cadre des *progymnasmata*, cf. PATILLON 1997c, p. XCVIII-CIV.

Mais on aurait tort d'exagérer l'importance de ce phénomène. Sous réserve d'une étude exhaustive qui reste à faire, le pourcentage de ces exemples obligés paraît chez Tibérios assez faible et les spécialistes qui doutent de sa connaissance directe des œuvres mettent en avant un autre argument. Il s'agit des graves déformations infligées aux textes qu'il cite. Donnons comme premier exemple cet extrait d'une notice déjà évoquée, celle consacrée à l'asyndète :

Démosthène, *Cour.* (XVIII) 67

[...] ἑωρῶν δ' αὐτὸν τὸν Φίλιππον, πρὸς ὃν ἦν ὑμῖν ὁ ἀγών, ὑπὲρ ἀρχῆς καὶ δυναστείας τὸν ὀφθαλμὸν ἐκκεκομμένον, τὴν κλεῖν κατεαγότα, τὴν χεῖρα, τὸ σκέλος πεπηρωμένον κτλ.

Philippe lui-même, contre qui était engagée votre lutte, je voyais qu'il s'était fait crever l'oeil, casser la clavicule, estropier le bras, la jambe, pour le pouvoir et la domination.

Démosthène, *ibid. ap.* Tibérios, p. 39 Bal.

[...] ὁρῶ δὲ αὐτὸν τὸν Φίλιππον, πρὸς ὃν ἡμῖν ὁ ἀγών, τὸν ὀφθαλμὸν ἐκκεκομμένον, τὴν [δὲ] κλεῖν κατεαγότα, τὴν [δὲ] (δὲ codd. Tib. om. Dem. bis secl. Ballaira) χεῖρα καὶ τὸ σκέλος πεπηρωμένον.

Philippe lui-même, contre qui est engagée notre lutte, je le vois l'œil crevé, la clavicule cassée, le bras et la jambe estropiés.

Sans revenir sur l'addition aberrante de conjonctions, sans insister non plus sur le passage – peut-être imputable aux aléas de la transmission – de la deuxième à la première personne (ὑμῖν-ἡμῖν), on remarque que Tibérios ampute la citation du syntagme ὑπὲρ ἀρχῆς καὶ δυναστείας, si bien que le thème de la grandeur de Philippe – acceptant de nombreuses mutilations en échange du pouvoir – disparaît. Le sens du passage en est profondément altéré. Plus grave encore, Tibérios modifie les temps (ὁρῶ *vs* ἑωρῶν, omission de ἦν). Si l'on ne disposait pas d'autres sources, on pourrait croire que Philippe est encore vivant en 330, à l'époque du *Sur la Couronne* – alors qu'il est mort en 336 – et que le discours s'inscrit dans le prolongement des Harangues antérieures à Chéronée au lieu d'être un bilan bien postérieur à cette période. La citation – à supposer qu'elle ne le manifeste pas – pourrait conduire le lecteur à un véritable contre-sens.

À ces indices de méconnaissance – de certains textes au moins – s'ajoute un indice ténu que l'on utilisera avec prudence. Il arrive que Tibérios cite plusieurs fois le même discours pour la même figure. Si le relevé avait été fait lors d'une lecture suivie, on peut penser que les citations se succéderaient dans l'ordre du texte : or ce n'est pas le cas une fois sur deux[38], ce qui confirme que Tibérios est

38. Citations consécutives du même discours faites dans l'ordre du texte : fig. n° 1, chap. 3 Ballaira : *IIIe Ol.* (III) 24 ; 27 ; n° 9 chap. 11 B. : *Chers.* (VIII) 34 ; 35 ; n° 11 chap. 13 B. : *C. Aristocr.* (XXIII), 27 ; 30 ; 31 ; (...) 144 ; *Cour.* 62 ; 64 ; 66 ; 69 ; 71 ; n° 24 chap. 27 B. : *Amb.* (XIX), 122 ; 137 ; n° 31 chap. 34 B. : *Cour.* 62 ; 180 ; n° 41 chap. 44 B. : *Cour.* 28 ; 232. Citations consécutives du même discours faites dans un ordre inversé : n° 6, chap. 8 B. : *Cour.* (XVIII), 221 ; 199 ; n° 7 chap. 9 B. : *Cour.* 297 ; 130 ; n° 23 chap. 26 B. : *Cour.* 51 ; (...) 242 ; (...) 208 ; n° 26 chap. 29 B. : *Cour.* 48 ; 121 ; 158 ; (...) 229-230 ; 81 ; 265 ; n° 37 chap. 40 B. : *Cour.* 69 ;

parfois tributaire d'une source, non seulement pour la partie technique mais aussi pour le choix de l'exemple démosthénien, alors que c'était là, *a priori*, l'aspect le plus neuf et le plus personnel de son travail.

Sur cette question de la connaissance directe ou indirecte des œuvres, il faut donc être nuancé. Tibérios, semble-t-il, cite sans grand scrupule ni souci d'exactitude, tantôt à partir du souvenir personnel qu'il a gardé des textes tantôt à partir de la source technique, Caecilius, Apsinès, d'autres peut-être, dont il reprend la définition. Cette liberté – ou cette licence, comme on voudra –, on peut l'observer d'une façon particulièrement claire si l'on compare au modèle puis entre elles les citations des mêmes textes :

Dém. *Cour.* (XVIII) 62 : ...τί προσῆκον ἦν ἑλέσθαι πράττειν καὶ ποιεῖν τὴν πόλιν κτλ.

Loc. cit. ap. Tib. chap. 13 Ballaira (interrogation oratoire) : τί πράττειν ἔδει καὶ ποιεῖν τὴν πόλιν; Chap. 34 B. (pléonasme) : τί δεῖ πράττειν καὶ ποιεῖν τὴν πόλιν;

Dém. *Cour.* 69-70 : ἤδη γάρ σ' ἐρωτῶ, πάντα τἄλλ' ἀφείς, Ἀμφίπολιν, Πύδναν, Ποτείδαιαν, Ἁλόννησον· οὐδενὸς τούτων μέμνημαι· Σέρριον δὲ καὶ Δορίσκον καὶ τὴν Πεπαρήθου πόρθησιν καὶ ὅσ' ἄλλ' ἡ πόλις ἠδικεῖτο, οὐδ' εἰ γέγονεν οἶδα.

Loc. cit. ap. Tib. chap. 5 B. (prétérition) : ἤδη γάρ σε ἐρωτῶ, πάντα τὰ ἄλλα ἀφείς, Ἀμφίπολιν, Πύδναν, Ποτείδαιαν, Ἁλόννησον· οὐδενὸς τούτων μέμνημαι· Σέρριον δὲ καὶ Δορίσκον καὶ τὴν Πεπαρήθου πόρθησιν καὶ ὅσα ἄλλα τοιαῦτα ἡ πόλις ἠδικεῖτο, οὐδ' εἰ γέγονεν οἶδα. Chap. 13 B. (question oratoire) : ἤδη γάρ σε ἐρωτῶ, πάντα τὰ ἄλλα ἀφείς. Chap. 40 B. (asyndète) : Ἀμφίπολιν, Πύδναν, Ποτείδαιαν, Ἁλόννησον.

Dém. *Cour.* 265 : ἐδίδασκες γράμματα, ἐγὼ δ' ἐφοίτων· ἐτέλεις, ἐγὼ δ' ἐτελούμην· ἐγραμμάτευες, ἐγὼ δ' ἠκκλησίαζον· ἐτριταγωνίστεις, ἐγὼ δ'ἐθεώρουν· ἐξέπιπτες, ἐγὼ δ' ἐσύριττον.

Loc. cit. ap. Tib. chap. 29 B. (épanaphore) : ἐδίδασκες γράμματα, ἐγὼ δὲ ἐφοίτων· ἐτέλεις, ἐγὼ δὲ ἐτελούμην· ἐγραμμάτευες, ἐγὼ δὲ ἐκκλησίαζον. Chap. 41 B. (antithèse) : ἐδίδασκες γὰρ (γὰρ del. Sp. ex Dem.) γράμματα, ἐγὼ δ' ἐφοίτων· ἐτέλεις, ἐγὼ δὲ ἐτελούμην· ἐγραμμάτευες (ἐγὼ δὲ ἐκκλησίαζον. 'Ετριταγωνίστεις post ἐγραμμάτευες add. Ball. ex Dem.), ἐγὼ δ'ἐθεώρουν· ἐξέπιπτες, ἐγὼ δ' ἐσύριττον.

Dém. *C. Midias* (XXI), 72 : ...ὅταν κονδύλοις, ὅταν ἐπὶ κόρρης. Ταῦτα κινεῖ, ταῦτα ἐξίστησιν ἀνθρώπους αὑτῶν.

Loc. cit. ap. Tib. chap. 29 B. (épanaphore) : ὅταν ἐπὶ κόρρης, ὅταν κονδύλοις. Chap. 40 B. (asyndète) : ὅταν ἐπὶ κόρρης, ὅταν κονδύλοις, ταῦτα κινεῖ, ταῦτα ἐξίστησιν.

On voit bien par ces comparaisons qu'on ne saurait inférer d'une citation inexacte la méconnaissance de l'œuvre citée, puisque le même passage, déformé une fois, est cité plus exactement et/ou plus complètement, une autre fois. Ce qui prévaut, manifestement, plus que la fidélité à l'auteur, c'est la capacité de la phrase à illustrer la figure, d'où un certain nombre de distorsions. Le premier cas ci-dessus l'illustre assez clairement. La première version fait ressortir l'interro-

C. Midias (XXI), 71 ; 72 ; *IIIe Phil.* (IX), 68 ; 69 ; *Cour.* 67 ; n° 39 chap. 42 B. : *Cour.* 1 ; 243 ; 174.

gation (τί πράττειν ἔδει) tandis que la seconde rapproche les synonymes (πράττειν καὶ ποιεῖν).

Ces distorsions sont plus ou moins conscientes sans doute, et facilitées, dirait-on, par le recours à la mémoire plus qu'au livre. Plusieurs fois, en effet, une recherche dans le contexte de la citation chez l'auteur cité fournit une des clefs de la réminiscence. Cela est vrai de l'antithèse ci-dessus (p. 143) mais aussi de l'asyndète de côla (*supra* p. 138 : la présence du mot δεινός à proximité du passage cité, chez Démosthène (*C. Midias* [XXI] 72)[39], n'est probablement pas sans rapport avec le commentaire du procédé par le mot δείνωσις chez Tibérios. Autre cas : dans la notice sur le pléonasme (cf. *infra*), Tibérios amalgame en une citation Dém. XXI 59 et XV 22 : ἐφοβήθησαν, εἴ<ασ>αν, οὐδεὶς ἥψατο. Or on lit en XV 22 : οὐκ ἀπώκνησαν οὐδ' ἐφοβήθησαν et en XXI 59 : ὤκνησαν, εἴασαν, οὐδεὶς ἥψατο. L'amalgame des deux textes est visiblement dû au mot commun (ἀπ)ώκνησαν, qui n'est d'ailleurs pas cité. Cela suffit à prouver, pensons-nous, que Tibérios cite parfois de mémoire.

Voilà donc les faiblesses, les indices de négligence ou de servilité, qui peuvent conduire à mettre en doute la présence d'une doctrine critique dans le *De figuris Demosthenicis*. Il n'est évidemment pas question, après ces duretés, de réhabiliter Tibérios et de lui tresser autant de couronnes qu'on lui a lancé de flèches. Ce serait pousser le goût de l'antithèse au-delà du raisonnable. Cela dit, il existe de bonnes raisons de revisiter ce jugement et de le nuancer.

Avant de donner ces raisons, il est toutefois un préalable indispensable : il faut lever le doute qui pèse sur l'existence même du traité comme entité homogène. Car ces traités tardifs, et plus généralement les textes à caractère technique, doivent leur conservation aux besoins de l'enseignement. À un certain stade de la transmission, les copistes ont sans doute été des utilisateurs, plus soucieux d'adapter le texte à leur usage que de le restituer avec piété à la lettre près. On parle dans ces cas-là – doux euphémisme – de transmission « fluide ». Or le texte de Tibérios nous est parvenu sous la forme de deux recensions. L'une d'elle, la seule imprimée avant Boissonade, est appelée *x* par G. Ballaira et correspond au *consensus* de trois manuscrits[40]. Elle porte comme titre *De Tibérios, sur les figures que l'on trouve chez Démosthène* (Τιβερίου περὶ τῶν παρὰ Δημοσθένει σχημάτων). Cette recension a comme autres caractéristiques majeures qu'elle omet le titre des

39. Le mot δεινός se trouve juste avant : οὐδὲ τὸ τύπτεσθαι τοῖς ἐλευθέροις ἐστὶ δεινόν, καίπερ ὂν δεινόν, ἀλλὰ τὸ ἐφ' ὕβρει (ce n'est pas d'être frappé qui est terrible pour les hommes libres, quoique ce soit terrible, c'est de l'être d'une manière outrageante), et juste après la citation : οὐδεὶς ἄν, ὦ ἄνδρες Ἀθηναῖοι, ταῦτ' ἀπαγγέλλων δύναιτο τὸ δεινὸν παραστῆσαι τοῖς ἀκούουσιν κτλ. (Personne ne saurait, Athéniens, restituer aux auditeurs, en les racontant, le caractère terrible…).

40. *Laurentianus* 55, 10 (saec. XIII) ; *Parisinus gr.* 2918 (saec. XIV ex.) ; *Mutinensis* α. P.5.14 (med. saec. XV).

fiches (Περὶ εἰρωνείας, etc.) ainsi que toute la deuxième partie – celle qui est consacrée aux figures d'expression et à la série complémentaire tirée de Caecilius (chap. 23-48). La deuxième recension, *y*[41] comporte l'ensemble des 45 figures, le titre des notices et un titre général fort différent: *De Tibérios, sur les figures oratoires* (Τιβερίου περὶ ῥητορικῶν σχημάτων).

Face à ces données, on peut se demander quelle était la forme du traité primitif, s'il comportait bien les deux séries ou seulement l'une d'elles, s'il était bien consacré à Démosthène ou non: il ne manque pas de ces corpus tardifs constitués par des professeurs à partir de pièces rapportées d'auteurs et d'époques différents unifiées tant bien que mal[42].

G. Ballaira a apporté une réponse définitive à ces questions. Il ne fait aucun doute, tout d'abord, que la version longue est la version originelle, car l'introduction du traité, qui – entre autres choses – annonce à la fois le thème (les figures chez Démosthène, cf. chap. 1, 14-15, p. 8 B.)[43] et un traitement en plus d'un temps (cf. πρῶτον, chap. 2, 1, p. 8 B.), est présente dans les deux recensions. D'autre part, il est clair que la séparation des deux recensions est très tardive, car elles ont toutes deux en commun des fautes de mélecture d'onciales attestant leur communauté d'origine et, chacune séparément, des fautes imputables à la copie de l'écriture minuscule. Il faut en déduire, comme le fait G. Ballaira, que la scission est postérieure au IXe siècle[44]. Quant au titre de la recension la plus complète (Τιβερίου περὶ ῥητορικῶν σχημάτων), contradictoire par rapport au projet explicitement annoncé dans l'introduction du traité, il provient sans doute d'une intervention de copiste, que justifie partiellement la présence d'un plus grand nombre d'exemples non démosthéniens dans la deuxième série de figures[45].

Passons donc aux raisons de revisiter l'appréciation présentée ci-dessus. Elles sont au nombre de trois: une raison interne au texte, une raison externe, et une raison d'ordre méthodologique.

La raison interne au texte est la présence d'indices d'innovation. Il faut le dire d'emblée, cette originalité de Tibérios est indémontrable, tout simplement parce que nous avons perdu ses deux sources principales: le traité de Caecilius et celui d'Apsinès. Il existe cependant au moins un cas qui laisse supposer et presque

41. *y* = consensus V (*Vaticanus graecus* 483, saec. XIII-XIV) M (*Marcianus graecus* Z 81, fere saec. XIV).

42. Sur ce phénomène, voir PATILLON 1997b (spécialement p. 124).

43. Μέλλοντι τὴν τῶν σχημάτων θεωρίαν τῶν παρὰ Δημοσθένει κατανοεῖν, ἀνάγκη (ἀνάγκη *x*: ἀναγκαῖον *y*) εἶναί μοι δοκεῖ πρῶτον εἰπεῖν τί τὸ σχῆμά ἐστιν (τί τὸ σχῆμά ἐστιν *x*: τί ἐστι σχῆμα *y*). « Pour qui s'apprête à étudier la théorie des figures que l'on rencontre chez Démosthène, il me paraît indispensable de dire d'abord ce que c'est qu'une figure. » Les variantes entre les deux recensions sont minimes.

44. BALLAIRA 1968, p. XXIV-XXV.

45. Il y a 3 exemples non démosthéniens dans la première série (fig. de pensée) et 28 dans le reste du traité.

entrevoir la capacité d'invention de Tibérios, c'est celui du pléonasme, déjà cité pour la brusquerie de la présentation du premier exemple. Voici la notice complète :

Figure n° 31 (chap. 34, p. 34-35 Ballaira)

Πλεονασμὸς δέ ἐστι· *τί δεῖ πράττειν καὶ ποιεῖν τὴν πόλιν ;* Ἐνέργειαν τὸ σχῆμα ἔχει ἐν τῷ πυσματικῷ τιθεμένην. Συνωνυμίαν ὀνομάζει τὸ σχῆμα Καικίλιος ὅταν κατὰ τοῦ αὐτοῦ πράγματος καὶ κατὰ τοῦ προκειμένου δύο λέξεις γενηθῶσιν. Τοῦτο δὲ πλεονασμὸν ὀνομάζει Ἀψίνης· *τότε δὴ καὶ κατὰ τὸν καιρὸν ἐκεῖνον*· θάτερον γὰρ τούτων εἰπεῖν ἐξήρκει. Καὶ ὁ Δημοσθένης· *ἐφοβήθησαν, εἴ<ασ>αν, οὐδεὶς ἥψατο.* Καὶ πάλιν ἐν τοῖς Φιλιππικοῖς· *καὶ γιγνώσκεται μὲν ὑπὸ τῶν Κορινθίων καὶ παρ' Ὀλυνθίοις πρότερον, οὐκ ἀγνοεῖται ὑπὸ Θετταλῶν.* Κατὰ γὰρ τοῦ αὐτοῦ πράγματος τὰ αὐτὰ σημαινόμενα τέθειται.

Le pléonasme c'est : « Que faut-il que la cité fasse et accomplisse » (Démosthène, *Cour.* [XVIII] 62). La figure a une énergie qui tient à l'interrogation oratoire. Caecilius appelle la figure *synonymie* quand on a deux expressions pour la même chose et pour le sujet. Apsinès appelle pléonasme ceci : « C'est alors et à ce moment-là » (Dém. *Cour.* [XVIII] 180). Il suffisait en effet de dire l'un des deux. Et Démosthène : « Ils eurent peur, ils laissèrent faire, personne ne chercha querelle » (cf. *Rhod.* [XV] 22). ; *C. Midias* [XXI], 59). Et dans les *Philippiques* aussi : « On sait à Corinthe et chez les Olynthiens précédemment, on n'ignore pas chez les Thessaliens » (*Réponse à la lettre de Philippe* [XI] 3-4) : des éléments de même signification ont été appliqués pour la même chose.

Cette fiche assez désordonnée[46] se distingue par le fait exceptionnel que les deux sources connues de Tibérios y sont citées, ce qui, à soi seul – puisque ces citations ne semblent pas couvrir tout le texte –, laisse penser qu'une troisième part (le reste) est de Tibérios. Plus précisément, la fiche a déjà commencé (par un exemple et un commentaire sur la fonction de la figure) quand intervient la citation de Caecilius. La référence à Apsinès suit immédiatement. Mais où s'arrête-t-elle ? On peut observer que l'exemple de Démosthène cité par Apsinès est suivi de la formule : « Et Démosthène… » et d'un nouvel exemple, lequel se signale par une inexactitude singulière, que nous avons déjà étudiée[47]. Tout se passe comme si Tibérios ignorait que la citation qu'il vient de reprendre d'Apsinès est de Démosthène. On peut en déduire assez plausiblement qu'avec la formule « Et Démosthène… », il reprend son autonomie et cesse de dépendre de son modèle. Jusqu'où ? Probablement jusqu'au dernier exemple exclu (*Réponse à la lettre de Philippe* [XI] 3-4), car cet exemple est commun à Tibérios et à Alexandros (cf. *infra*), même si les citations ne se recoupent pas exactement. C'est donc au début et vers la fin de la fiche que se trouvent les éléments personnels, à savoir des exemples, un commentaire un peu oiseux (le commentaire final), mais aussi une notation plus intéressante : associé à la question oratoire, le pléonasme est facteur d'énergie (ἐνέργεια). Indice supplémentaire de la relative originalité

46. SCHWAB 1916, p. 82, adopte les lourdes corrections de Drerup. Nous préférons travailler sur le texte des ms.

47. Cf. *supra* p. 147.

de Tibérios sur ce point, la fiche sur la question oratoire à laquelle il est fait référence (fig. n° 11, chap. 13 B.) contient une division des quatre fonctions de la figure (a) προσοχή [(susciter l') attention], b) σαφήνεια [clarté], c) ἐνάργεια[48] [évidence], d) ἔλεγχος [argument *ou* preuve]) à la fois riche et – sauf erreur – attestée nulle part ailleurs à cette date[49].

Pour apprécier plus finement le coefficient d'appropriation des sources, du côté d'Apsinès, l'enquête, hélas, s'arrête vite. Du côté de Caecilius, il y a heureusement une possibilité de la poursuivre, car le traité d'Alexandre, dont on sait qu'il dépend de Caecilius, fournit justement deux fiches, l'une sur le pléonasme, l'autre sur la synonymie. Lisons d'abord la définition du pléonasme :

ΠΕΡΙ ΠΛΕΟΝΑΣΜΟΥ (Alexandre, p. 32, 19-28 Sp. III)

Πλεονασμὸς δέ ἐστιν ὅταν ᾖ τῷ λόγῳ προσκείμενον μόριον ἐκ τοῦ περιττοῦ κόσμου χάριν ἢ ἐμφάσεως, οὗ ἀφαιρεθέντος οὐδὲν ἡ διάνοια βλάπτεται, ὡς ἔχει τὸ τοιοῦτον· *κίνησις γὰρ αὕτη μεγίστη δὴ τοῖς Ἕλλησιν ἐγένετο*· ἐνταῦθα γὰρ τὸ *δὴ* προσκείμενον τῷ λόγῳ παρέσχε κόσμον, ἀφαιρεθὲν δὲ οὐδὲν λυμαίνεται τὴν διάνοιαν. Πάλιν· *ἐκεῖνος Καλλίστρατος* [ἐκρίνετο]· τὸ γὰρ *ἐκεῖνος* προσκείμενον ἔμφασίν τινα μεγέθους περὶ τὸν ἄνδρα δηλοῖ.

Il y a pléonasme quand un élément facultatif est ajouté au discours, pour lui apporter de l'ornement ou de l'effet, élément dont l'omission ne nuit en rien à la pensée, comme dans ce cas : « Car ce fut bien la crise la plus importante qui affecta les Grecs » (Thuc. I 1, 2). Ici, en effet, l'ajout de « bien » a apporté de l'ornement au discours, mais si on l'enlève, cela ne gâche en rien la pensée. De même : « Le (fameux) Callistrate » (Dém. *Cour.* [XVIII] 219). L'ajout du « le (fameux) » confère un certain effet de grandeur à l'évocation du personnage.

Trois caractéristiques peuvent être soulignées ici : a) le pléonasme consiste à ajouter des éléments inutiles au sens. b) Ces éléments ne sont pas linguistiquement définis. Les exemples donnés comportent la particule δή et un adjectif démonstratif. Dans la tradition grammaticale, depuis Denys le Thrace, δή fait partie des conjonctions explétives[50]. La raison pour laquelle ἐκεῖνος est décrit comme inutile au sens tient sans doute, davantage qu'à sa nature même, au fait qu'il est apposé[51]. c) La fonction de la figure est double : ornement ou relief. La synonymie, maintenant :

48. Radermacher (*apud* Ofenloch, *op. cit.*, p. 47) proposait de corriger d'après cette leçon la fiche sur le pléonasme et d'y changer ἐνέργεια en ἐνάργεια. Sur l'histoire conjuguée et difficilement démêlable de ces deux mots, cf. CHIRON 2001, p. 217-221.

49. La rencontre, sur ce point de doctrine, entre Tibérios et un auteur bien postérieur, Grégoire de Corinthe (XIIe siècle), a fait penser qu'ils dépendaient tous deux d'une source commune, à savoir Caecilius de Calê-Actê (Ofenloch, *op. cit.*, p. 39 ; 41). Comme la division n'est pas chez Alexandre et qu'il est avéré que Grégoire disposait d'un large éventail de sources pour son commentaire d'Hermogène, il est préférable de considérer que le modèle de Grégoire est Tibérios et non pas Caecilius. On ajoutera qu'Alexandre (qui dépend de Caecilius, rappelons-le) ignore presque complètement ἐνέργεια / ἐνάργεια (une seule occurrence du pluriel ἐνέργειαι, p. 34, 17 Sp. III).

50. Cf. LALLOT 1989, p. 65.

51. Pour ce lien entre apposition et pléonasme, cf. notamment DALIMIER 2001, p. 189.

ΠΕΡΙ ΣΥΝΩΝΥΜΙΑΣ (Alexandre, p. 30, 13-21 Sp. III)

Συνωνυμία δέ ἐστιν ὅταν τῷ χαρακτῆρι διαφόροις ὀνόμασι, τῇ δυνάμει δὲ τὸ αὐτὸ δηλοῦσι χρώμεθα πλείοσιν, ἓν μὲν καὶ τὸ αὐτὸ βουλόμενοι δηλοῦν, ὡς καὶ Δημοσθένης· *καὶ γινώσκεται μὲν ὑπὸ τῶν Περινθίων καὶ Βυζαντίων, οὐκ ἀγνοεῖται δὲ ὑπὸ Θετταλῶν δεσπόζειν, ἀλλ' οὐχ ἡγεῖσθαι τῶν συμμάχων προαιρούμενος, ὑποπτεύεται δὲ ὑπὸ Θηβαίων.*

Il y a synonymie quand nous utilisons plusieurs mots différents par l'écriture mais renvoyant par la signification à la même chose, en voulant dire une seule et même chose, comme Démosthène : « On sait à Périnthe et à Byzance, on n'ignore pas chez les Thessaliens qu'il compte être le maître et non commander à une coalition, on le soupçonne à Thèbes. » (*Réponse à la lettre de Philippe* [XI] 3-4)

On soulignera ici seulement deux aspects : a) la synonymie paraît propre aux mots (ὀνόμασι) et ne plus concerner les « parties » du langage (μόρια) impliquées dans le pléonasme. b) La figure ne fait l'objet d'aucune caractérisation stylistique.

Quintilien, une des autres grandes sources pour la reconstitution de la doctrine de Caecilius, utilise le mot synonymie pour désigner l'emploi de mots (*uerba*) de même signification (VIII 3, 16 ; IX 3, 45). Dans des contextes assez rapprochés – indice corroborant l'identité de la source – Quintilien évoque aussi le pléonasme et nomme à ce propos Caecilius. Ce dernier, dit-il, définit le pléonasme comme un énoncé d'une surabondance inutile (*abundans super necessitatem oratio* IX 3, 46 ; Caecilius, fr. 64 Ofenloch), et l'illustre par une phrase où le pronom *ipse* est inutilement redondant par rapport au verbe à la première personne du singulier (*Vidi oculos ante ipse meos*). Caecilius, ajoute Quintilien, en donnant le nom de pléonasme à ce vers, énonce un jugement négatif (47, cf. aussi VIII 3, 53). Il pense quant à lui que la figure est susceptible d'apporter de la force et de la clarté.

On peut conclure avec vraisemblance que Caecilius appelait *pléonasme* – et déconseillait – le remplissage de la phrase avec des éléments adventices, redondants ou non signifiants. Il appelait synonymie, dans une optique plus descriptive, moins rhétorique que grammaticale, la répétition de mots de même sens. Alexandre et Quintilien, peut-être d'après une source commune intermédiaire, reconnaissaient à la figure une certaine légitimité stylistique.

Ces éléments permettent de reconstituer la démarche de Tibérios :

a) il commence par un exemple qui relève de la synonymie (πράττειν et ποεῖν sont des *onomata*). *De facto*, la synonymie est incluse dans le pléonasme.

b) Tibérios donne ensuite une caractérisation stylistique visiblement conçue pour soustraire la figure au reproche de « remplissage » que lui adressait Caecilius : elle est utile en association avec l'interrogation oratoire et dans ce cas apporte de l'énergie. Ce jugement, sans être très éloigné de celui de Quintilien et d'Alexandre, est plus restrictif, tout en restant plus ouvert et plus tolérant que le strict atticisme de Caecilius.

c) Il renvoie à la définition de la synonymie de Caecilius en maintenant son inclusion dans le pléonasme (C. appelle la figure *synonymie* quand…) ;

d) il cite Apsinès définissant le pléonasme – si l'on en croit l'exemple – par la répétition d'éléments de même sens qui ne sont ni exclusivement des mots ni des éléments non signifiants : un adverbe (τότε), un groupe prépositionnel complément circonstanciel (κατὰ τὸν καιρὸν ἐκεῖνον)[52] ;

e) il élimine par conséquent le remplissage avec des éléments non signifiants, ce qui revient – en dernière analyse – à vider le pléonasme de son contenu « caecilien » et à mettre à la place la synonymie, mais dans un sens élargi – grâce à Apsinès – aux unités *signifiantes autres que le mot.*

En résumé, et avec les réserves qu'imposent à la démonstration les lacunes de la documentation, on peut créditer Tibérios, au moins de temps en temps, d'une nouvelle hiérarchisation des notions, d'une reformulation des définitions, d'un choix personnel d'exemples et surtout d'un commentaire stylistique original[53].

On ne peut éviter, à ce stade de la réflexion, une brève comparaison systématique avec le traité d'Alexandre[54]. On n'en tirera pas non plus de conclusion sûre, bien évidemment, mais on pourra évaluer *grosso modo* la part d'originalité que contient, sinon le traité de Tibérios lui-même, du moins la tradition qu'il restitue, et cela par rapport aux documents conservés, sinon à ses modèles. Quelques chiffres suffiront.

52. On se perd en conjectures sur la raison de la présence marginale, dans la citation d'Apsinès, des deux mots qui illustraient le pléonasme chez Alexandros (δή, ἐκεῖνος).

53. Nous ne remettons pas en cause, nous nuançons seulement la conclusion de SCHWAB 1916, p. 114-115. Schwab crédite Alexandre d'un véritable esprit de synthèse. « Dem Tiberios dagegen gelingt es nicht, seine verschiedenen Quellen in einer neuen, organischen Einheit aufgehen zu lassen ; wo seine beiden Vorlagen, Apsines und Kaikilios, auseinandergehen, stellt er ihre verschiedenen Lehren mit Angabe der Quelle nebeneinander (vgl. sein Kapitel πλεονασμός S. 75, 13 f. Sp.). Da er im wesentlichen nur Vermittler fremden Gutes, nicht Neuschöpfer sein will, ist seine Abhängigkeit von den Quellen viel enger, als wir es bei Alexander angetroffen haben ; seine Zitate (wenigstens die aus Kaikilios) sind meist wörtlich genau, so daß wir ihm die Erhaltung wertvollen Materials aus sonst verlorenen Schriften verdanken. – Die extreme Weiterführung des tiberischen Arbeitsprinzips führt schließlich, wie es scheint, zur Erstellung eines großen Kompilationswerkes, in dem nicht mehr zwei, sonderne viele Quellenschrifsteller in mehr oder weniger trauen Auszügen zu Worte kommen. »

54. Fig. de pensée : n° 1 προδιόρθωσις, n° 2 ἐπιδιόρθωσις, n° 3 ἀμφιδιόρθωσις, n° 4 προκατάληψις, n° 5 ὑπεξαίρεσις, n° 6 αἰτιολογία, n° 7 συναθροισμός, n° 8 ἐπιμονή, n° 9 λεπτολογία, n° 10 προσωποποιΐα, n° 11 ἐπανάληψις, n° 12 ἐπαναφορά, n° 13 ἠθοποιΐα, n° 14 ἀποσιώπησις, n° 15 ἐπιτροχασμός, n° 16 εἰρωνεία, n° 17 παράλειψις, n° 18 ἀποστροφή, n° 19 διαπόρησις, n° 20 ἐρώτημα, n° 21 πύσμα, n° 22 διατύπωσις, n° 23 ἀντεισαγωγή, n° 24 διασυρμός, n° 25 μετάστασις. Figures d'expression : n° 26 ἀναδίπλωσις siue παλιλλογία siue ἐπανάληψις, n° 27 ἐπαναφορά, n° 28 ἀντιστροφή, n° 29 συμπλοκή siue σύνθεσις, n° 30 συνωνυμία, n° 31 ἐπάνοδος, n° 32 κλῖμαξ, n° 33 προσδιασάφησις, n° 34 περίφρασις, n° 35 πλεονασμός, n° 36 ἀσύνδετον siue διάλυσις, n° 37 ἔλλειψις, n° 38 ἀλλοίωσις siue ἀλλαγή, n° 39 πολυπτωτόν, n° 40 μεταβολή, n° 41 ζεῦγμα, n° 42 ὁμοιοτέλευτον, n° 43 ὁμοιόπρωτον, n° 44 παρονομασία, n° 45 ἀντίθεσις, n° 46 ἀντιμετάθεσις siue σύγκρισις siue πλοκή, n° 47 ἀντεναντίωσις, n° 48 ὑπερβατόν, n° 49 παρεμβολή, n° 50 πάρισον, n° 51 προσυναπάντησις, n° 52 ἐπιτίμησις siue ὑπαλλαγή.

En s'en tenant à la dénomination précise de chaque figure[55] et compte non tenu des variations terminologiques qui demanderaient une analyse plus poussée, la moitié environ des figures de pensée de Tibérios ne sont pas chez Alexandre (11/20)[56]. Pour les figures d'expression, la proportion tombe au tiers environ (7/19)[57]. Par rapport à Alexandros, Tibérios s'est « débarrassé » de 13 figures de pensée[58] et de 10 figures d'expression[59]. Deux figures sont classées différemment[60]. Deux autres figures, qui « bénéficiaient » d'un double classement, sont mises par Tibérios dans une seule catégorie[61].

Cette originalité relative, pour autant qu'on puisse la détecter, n'est pas la seule raison de réviser le jugement sévère par quoi nous avons commencé. Il existe une notice de la *Souda* qui prête à Tibérios un éventail d'intérêts et de compétence interdisant de traiter à la légère ce que l'on a conservé de son œuvre.

Souda, lettre T 550 1 (pars IV, p. 545 Adler) Τιβέριος, φιλόσοφος καὶ σοφιστής. Περὶ ἰδεῶν λόγου βιβλία γ', Περὶ παρασκευῆς, Περὶ μεταποιήσεως, Περὶ ἱστορίας, Περὶ λόγου τάξεως καὶ συνθέσεως, Περὶ διαιρέσεως λόγου, Περὶ μεταβολῆς λόγου πολιτικοῦ, Περὶ λόγων ἐπιδεικτικῶν, Περὶ προλαλιῶν καὶ προοιμίων, Περὶ ἐπιχειρημάτων, Περὶ Δημοσθένους καὶ Ξενοφῶντος, Περὶ Ἡροδότου καὶ Θουκυδίδου.

55. Nous ne pensons pas que ce principe, destiné à simplifier la comparaison, accroisse artificiellement la distance entre les deux traités. Par exemple, la variante πυσματικόν (Tibérios) *vs* πύσμα (Alexandre) n'est pas une simple et légère variante terminologique : les fiches correspondantes sont extrêmement différentes. Alexandre se borne à reprendre la définition traditionnelle du πύσμα comme question ouverte (par opposition tacite à l'ἐρώτησις, qui désigne tantôt la question au sens général, tantôt la question « totale », la « yes or no question »). Tibérios quant à lui, suppose acquise cette distinction et propose une division nouvelle des *fonctions* de la figure, cf. ci-dessus.

56. Voici les figures de pensée que Tibérios « ajoute » : n° 10 (chap. 12) προσώπου ὑποβολή, n° 11 (chap. 13) πυσματικόν, n° 12 (chap. 14) ἔμφασις, n° 13 (chap. 15) τὸ ἀπὸ τοῦ ἀντικειμένον, n° 14 (chap. 16) παρὰ προσδοκίαν, n° 15 (chap. 17) αὐτοσχέδιον, n° 16 (chap. 18) ἀντίθετον, n° 17 (chap. 19) διαλεκτικόν, n° 18 (chap. 20) τόπου ἐμβολὴ ἐξ ὀνόματος, n° 19 (chap. 21) καθόλου, n° 20 (chap. 22) ὅρκος. On remarque que ces figures sont consécutives, mais on ne sait trop quelle conclusion en tirer. Autre fait difficile à interpréter : Tibérios reproduit souvent les figures par petites séries. On peut comparer la séquence : εἰρωνεία, ἐπιτίμησις, παράλειψις, διαπόρησις, ἀποστροφή à celle que présente Alexandre : εἰρωνεία, παράλειψις, ἀποστροφή, διαπόρησις. Ce cas n'est pas unique.

57. Voici les figures d'expression que Tibérios « ajoute » : n° 21 (chap. 24) ἀλληγορία, n° 22 (chap. 25) ἀναστροφή, n° 30 (chap. 33) παρίσωσις, n° 33 (chap. 36) συζυγία, n° 34 (chap. 37) τὸ ἀπὸ κοινοῦ, n° 36 (chap. 39) ὑποφορά, n° 38 (chap. 41) ἀντίθετον.

58. ἀμφιδιόρθωσις, προκατάληψις, ὑπεξαίρεσις, αἰτιολογία, συναθροισμός, λεπτολογία, προσωποποιΐα, ἐπιτροχασμός, ἐρώτημα, πύσμα, διατύπωσις, ἀντεισαγωγή, μετάστασις.

59. ἀναδίπλωσις siue παλιλλογία, συμπλοκή siue σύνθεσις, συνωνυμία, προσδιασάφησις, πολυπτωτόν, ζεῦγμα, ὁμοιοτέλευτον, ὁμοιόπτωτον, ἀντίθεσις, ἀντιμετάθεσις siue σύγκρισις siue πλοκή, ἀντεναντίωσις, πάρισον, προσυναπάντησις.

60. L'ἐπιτίμησις est figure de pensée chez Tibérios, figure d'expression chez Alexandre, l'ἐπιμονή est figure d'expression chez Tibérios, figure de pensée chez Alexandre.

61. L'ἐπανάληψις apparaît dans les deux listes chez Alexandre, mais ce n'est, chez Tibérios, qu'une figure d'expression. Il en va de même pour l'ἐπαναφορά.

Ce Tibérios, s'il est bien l'auteur de notre traité, est étiqueté non seulement comme sophiste mais aussi comme philosophe. Ses centres d'intérêt en rhétorique englobent – pour s'en tenir aux aspects qui peuvent éclairer le *De figuris demosthenicis* – la théorie des *idéai*, l'histoire, les historiens, le discours politique (c'est-à-dire, selon les catégories de l'époque, le délibératif et le judiciaire), l'argumentation et enfin Démosthène. Voilà qui justifie une enquête plus poussée.

Méthodologiquement enfin, s'il est essentiel d'aborder ces traités dans une perspective à la fois historique et philologique, de s'attacher à la critique de leurs sources et à leur situation dans la transmission des textes et des doctrines, il est non moins essentiel de les considérer dans leur immanence[62]. *A priori*, un recueil de figures utilisées par Démosthène suppose un double choix, choix de figures, choix d'extraits, double choix qui ne peut pas ne pas être signifiant. Autrement dit, notre objectif, *in fine*, doit être d'essayer de parvenir, en quittant la démarche comparative et historique, à l'appréciation du traité en lui-même, compte non tenu de ses sources, dans ce qu'il offre, par le choix et l'illustration des figures, comme portrait de Démosthène.

Cette nouvelle enquête fait apparaître un certain nombre de caractéristiques extrêmement positives, que l'on peut ramener au nombre de trois : (I) une intervention active sur la théorie des figures orientée par un souci de simplification et de clarification, (II) l'introduction dans le champ de la figure de pensée ou d'expression de catégories rhétoriques et stylistiques qui n'y sont généralement pas associées, (III) la construction d'une caractérisation à la fois subtile et pertinente de l'art de Démosthène.

I- Le souci de clarté et de simplicité paraît un mince mérite. Dans le domaine des figures, cela n'est pas tout à fait vrai. Denys d'Halicarnasse déjà notait la complexité de cette doctrine[63] et l'on sent bien que les listes de figures, si l'on définit ce mot au plus flou comme toutes les formes remarquables du discours, peuvent s'allonger indéfiniment de descriptions trop particulières. C'est sans doute la raison pour laquelle les figures sont souvent, dès l'époque hellénistique – avec le Pseudo-Démétrios de Phalère – puis à l'époque impériale – chez le Pseudo-Aristide et Hermogène le rhéteur, par exemple – incluses dans les *caractères* ou les *idéai* stylistiques. Un tel cadre limitait la prolifération des figures en les soumettant à une intention expressive.

Tibérios, tout en adoptant la forme de la liste, semble avoir eu cette même volonté d'économie. C'est la raison pour laquelle M. Patillon lui a fait place dans un manuel récent : « J'ai choisi ces deux auteurs (*sc.* Quintilien pour illustrer les tropes et Tibérios pour illustrer les figures) pour la qualité de leurs exposés, mais précisé-

62. Sur la nécessité de cette approche, cf. PATILLON 2010, p. 107.

63. *De compositione verborum* (VI), 8, 2.

ment aussi parce qu'ils opèrent un tri qui permet de ne retenir que l'essentiel»[64]. Cette volonté apparaît dès l'introduction du traité. Après avoir défini le σχῆμα comme une expression de la pensée qui n'est ni naturelle ni directe, mais détournée et modifiée pour des raisons d'ornement ou d'utilité, et avant de la distinguer du solécisme, Tibérios déclare : ὁ γὰρ χαριέστερος <ὅρος> πλειόνων ὄντων καὶ ἄλλων οὗτος (il y en a beaucoup d'autres, mais c'est une <définition> assez heureuse).

Nous avons été très sévère avec la fiche que Tibérios consacre à la parisose, et nous ne retirons rien à ce jugement, mais il faut ajouter que cette fiche unique, consacrée à un procédé qui demande selon lui de la prudence – car il ne faut pas oublier que ces listes ont aussi comme fonction de guider l'utilisation des figures par des *praticiens* de l'éloquence – a pour pendants chez Alexandre non moins de quatre fiches distinctes (πολυπτωτόν, ὁμοιοτέλευτον, ὁμοιόπτωτον, πάρισον). Certes, le matériau a été condensé avec maladresse, mais la volonté de simplification est claire non moins que l'avertissement donné aux futurs utilisateurs. De même, Alexandre enchaîne trois figures de *correction*, la προδιόρθωσις, l'ἐπιδιόρθωσις, l'ἀμφιδιόρθωσις qui consistent toutes les trois à atténuer l'audace d'un propos par des avertissements, des excuses et des justifications. La différence entre ces trois figures, c'est que ces atténuations prennent place avant les propos risqués, ou bien après eux, ou bien à la fois avant et après. Tibérios a jugé bon de réduire de trois à deux le nombre de ces figures en éliminant l'ἀμφιδιόρθωσις. De plus, pour éviter tout risque de redite, Tibérios spécialise l'ἐπιδιόρθωσις dans le rôle de correction *aggravante*, destinée non pas à atténuer mais à renforcer au contraire la sévérité d'un propos (chap. 9, p. 13 B.). La même volonté de simplification, un peu « hussarde » cette fois, se fait sentir dans la réduction, au chap. 25, de l'épanadiplose à l'anastrophe[65], alors que les deux exemples donnés illustrent des choses assez différentes : une reprise simple ...X, X..., pour le premier, et une reprise en chiasme ...XY, YX, pour le second, qui illustre plus proprement l'anastrophe (anastrophe signifie renversement). On pourrait citer d'autres exemples.

Ce souci de simplification se double – parfois, car les deux mouvements peuvent être contradictoires, on vient de le constater – d'un effort de clarification. On a vu plus haut Tibérios critiquer vigoureusement ceux qui assimilent le *climax* et l'*anadiplose* et introduire un critère de distinction entre les deux, on l'a vu donner une valeur spécifique à l'ἐπιδιόρθωσις. Mais on peut observer cet effort avec plus de finesse grâce à l'unique emprunt fait par Tibérios à une source que nous ayons conservée, le Pseudo-Aristide, à propos de l'attestation solennelle (ou serment, selon les traductions). Comparons ces textes :

64. PATILLON 2010, n. 28 p. 121.

65. ᾿Αναστροφὴ δέ ἐστι (τὸ αὐτὸ καὶ ἐπαναδίπλωσις) κτλ. (p. 26 B.). La fin de la notice, d'ailleurs, rétablit la distinction.

Pseudo-Aristide, *Art rhétorique*, I 8, p. 105 Patillon

Φαίη δ' ἄν τις καὶ τὸ τοῦ ὅρκου σχῆμα εἶναι πᾶν· αὐτὸ γὰρ τό· *Οὐ μὰ τοὺς ἐν Μαραθῶνι προκινδυνεύσαντας* οὐκ ἔστιν ὅρκος, ἀλλὰ παράδειγμα, οἷον· «Οὐχ ἡμαρτήκατε τὸν ὑπὲρ τῆς ἁπάντων ἐλευθερίας καὶ σωτηρίας ἀράμενοι κίνδυνον, ὥσπερ οὐδ' οἱ ἐν Μαραθῶνι προκινδυνεύσαντες». Καὶ γάρ ἐστιν ὅμοιον τῷ τὸν ὑπὲρ τῆς ἁπάντων σωτηρίας κίνδυνον ἄρασθαι τὸ ἐν Μαραθῶνι προκινδυνεῦσαι. Τὸ μὲν οὖν πρᾶγμα εἰς παράδειγμα ἀντὶ τοῦ εὐθέως εἰπεῖν ἐσχημάτισε, πρός τε τὸ λαμπρὸν ἅμα καὶ ἀξιόπιστον εἰς ὅρκου φαντασίαν μεταβαλών.

On peut ajouter que le fait d'attester n'est rien d'autre qu'une figure. En soi en effet «Non par ceux de nos ancêtres qui sont allés se battre à Marathon» (Dém. *Cour.* [XVIII] 208) n'est pas une attestation, mais un exemple, du genre: «Vous n'avez pas eu tort d'engager les hostilités pour la liberté et le salut de tous, comme n'ont pas eu tort ceux qui sont allés se battre à Marathon». Et en effet il y a similitude entre avoir engagé les hostilités pour le salut de tous et être allé se battre à Marathon. Au lieu donc d'énoncer ce fait à titre d'exemple de façon simple, il l'a modalisé et lui a fait prendre la figure d'une attestation solennelle, en recherchant l'éclat et la crédibilité à la fois. (trad. M. Patillon)

Tibérios, Figure n° 20 (Chap. 22, p. 24-25 Ballaira)

Ὅρκος δ' ἐστὶν οὗτος. (Ὅρκος-οὗτος del. Ballaira) Φαίη δ' ἄν τις καὶ τὸ τοῦ ὅρκου σχῆμα εἶναι παρ' αὐτῷ. Τὸ γάρ· *Οὐ μὰ τοὺς ἐν Μαραθῶνι προκινδυνεύσαντας, καὶ τοὺς ἐν Πλαταιαῖς παραταξαμένους, καὶ τοὺς ἐπ' Ἀρτεμισίῳ ναυμαχήσαντας, καὶ*... ὅρκος ἐστίν. Τινὲς δέ φασὶ τοῦτ' εἶναι παράδειγμα· *οὐ γὰρ ἡμάρτετε – φησίν – ὑπὲρ τῆς ἁπάντων ἐλευθερίας καὶ σωτηρίας κίνδυνον ἀράμενοι*, ὥσπερ οὐδὲ οἱ ἐν Μαραθῶνι προκινδυνεύσαντες· καὶ γάρ ἐστιν ὅμοιον τῷ «*τὸν ὑπὲρ τῆς ἁπάντων ἐλευθερίας καὶ σωτηρίας κίνδυνον ἄρασθαι*» τὸ «*ἐν Μαραθῶνι προκινδυνεῦσαι*». Τὸ μὲν οὖν πρᾶγμα παράδειγμα ἐποίησεν, ἀντὶ δὲ τοῦ εὐθέως εἰπεῖν ἐσχημάτισεν, πρός τε τὸ λαμπρὸν ἅμα καὶ τὸ ἀξιόπιστον εἰς ὅρκου φαντασίαν μεταβάλλων.

On pourrait dire que la figure du serment existe aussi chez lui (*sc.* Démosthène). En effet, le passage «non, par ceux qui ont affronté le danger à Marathon, qui se sont rangés à Platées, qui ont combattu sur mer devant l'Artémision et...» (Dém. *Cour.* [XVIII] 208) est un serment. Certains disent que c'est un exemple. «En effet, vous n'avez pas commis de faute», dit-il, «en vous exposant au danger pour la liberté et le salut de tous» (*ibidem*), pas plus que ceux qui ont affronté le danger à Marathon; effectivement, le fait d'«avoir affronté le danger à Marathon» est semblable à «s'être exposé au danger pour défendre la liberté et le salut de tous». Donc, il a fait du fond un exemple, mais au lieu de parler directement il a usé d'une figure, effectuant une modification pour éveiller la représentation d'un serment, en vue à la fois de l'éclat et de la crédibilité. (trad. L. Pernot (PERNOT 2001, T 24] légèrement modifiée)

La confrontation des deux versions est instructive. L'appropriation[66] du Pseudo-Aristide par Tibérios est telle que d'aucuns, et non des moindres[67], ont pensé que la filiation s'était opérée dans l'autre sens. On pourrait penser en trouver une preuve dans le fait que Tibérios cite plus complètement Démosthène. L'argument ne tient guère: on a vu que Tibérios est capable de citer de mémoire

66. Ce mot nous est inspiré par une phénomène curieux d'imbibition: le φαίη δ' ἄν τις κτλ. du début du chap. 22 emprunté au Pseudo-Aristide fait fortement songer au φαίη τις κτλ. du chap. 23 (p. 25 B.). Ce type de formule n'apparaît pas ailleurs.

67. SCHMID 1926, *ad loc.*; BALLAIRA 1968, p. XV.

et, en l'occurrence, le passage était particulièrement célèbre. À l'inverse, il est indiscutable qu'autant le développement est à sa place chez le Pseudo-Aristide, autant il est plaqué et artificiellement raccordé au propos chez Tibérios. Mais comment ce dernier s'approprie-t-il sa source ?

Il faut commencer par décrire la démarche du Pseudo-Aristide : c'est une démarche d'explicitation, un tantinet laborieuse, d'un point qui n'est pas central dans son exposé. Il parle d'un haut fait, dont la noblesse (tel est le sujet du développement) est évidente, et remarque qu'il gagne en noblesse grâce au serment. Ce serment – ajoute-t-il – n'est rien d'autre qu'une figure. Le fond, en effet, relève de l'exemple. Le Pseudo-Aristide se livre alors à une réécriture du texte de Démosthène. Il apparaît que ce dernier se livre à confrontation de deux épisodes historiques : la résistance des Grecs à Marathon et la lutte des Athéniens contre Philippe, démarche conforme à l'argumentation par l'exemple. La réécriture fait ressortir par contraste ce que la figure du serment ajoute à l'exemple.

Avec le même matériau, Tibérios est incomparablement plus net. Après une suture assez grossière, parfois athétisée par les éditeurs, il inscrit le serment au nombre des figures attestées chez Démosthène et cite – plus longuement que son modèle – le fameux passage du *Sur la Couronne*. Suit l'interprétation de la citation comme exemple. Cette thèse est distanciée : elle est émise par « certains ». Quant au rapprochement des deux situations historiques – qui justifie l'emploi du mot exemple –, il est fait à partir de vraies citations. La fin, un commentaire stylistique, est moins transformée.

II- L'économie et la clarté ne sont pas les seuls apports de Tibérios. Il a aussi enrichi ses fiches d'un matériau préexistant, certes, mais rarement combiné à la théorie des figures. Il s'agit d'abord de quelques éléments d'ordre argumentatif, puis de la théorie des ἰδέαι, enfin de celle du discours figuré.

A) La présence de l'argumentation dans le traité s'annonce dès la définition de la figure, à laquelle on recourt non seulement κόσμου (pour orner) mais χρείας ἕνεκα (pour des raisons d'utilité, chap. 1, p. 7 B.). Assez nombreuses sont ensuite les notations sur cet aspect de l'art de Démosthène. La supposition d'un personnage (προσώπου ὑποβολή, n° 10, chap. 12 B.) permet à l'orateur de mettre une thèse dans la bouche et sous l'autorité d'un personnage à la fois fictif et dépeint comme crédible. L'une des fonctions de la question oratoire chez Démosthène, selon Tibérios (πυσματικόν, n° 11, chap. 13 B.), est celle de preuve (ἔλεγχος). Commentant plusieurs passages presque consécutifs du *Sur la Couronne* (62, 64, 66, 69, 71) où Démosthène accable Eschine d'une avalanche de questions, Tibérios écrit : οὐδὲ γὰρ ἀνενεγκεῖν τῷ ἀντιδίκῳ συνεχώρησεν, ἀλλὰ τῷ συνεχεῖ τῆς ἐρωτήσεως τὸ ἄπορον τῆς ἀποκρίσεως ἐξελέγχει. (… car au lieu de laisser le temps à l'adversaire de se remettre, par la succession ininterrompue de ses questions, il démontre l'impossibilité de toute réponse [chap. 13, p. 18, 28-29 B.]). Il y a beaucoup de finesse dans cette analyse. Dans ce qui constitue un dialogue fictif, l'adversaire est réduit plusieurs fois à *quia* et son silence, de plus en plus pesant, se transforme en aveu. Tibérios souligne justement la prédilection de Démosthène pour l'énoncé dialogué (διαλεκτικόν, n° 17, chap. 19 B.) qui donne un caractère déductif à l'enchaînement des pensées et plus de force logique à la conclusion (συλλογίζεται ἃ βούλεται... ἃ γὰρ ἐνῆν ἁπλῶς εἰπεῖν, ταῦτα πυνθανόμενόν τινα καὶ ἀποκρινόμενον ποιῶν μᾶλλον συνήγαγεν [il propose le *raisonnement* qu'il veut... car en créant la fiction de quelqu'un qui interroge et de quelqu'un qui répond, il rend plus *concluant* ce qu'il pouvait dire simplement]). Parmi les figures de pensée qui jouent à ce niveau – et pour s'en tenir aux figures originales par rapport à Alexandre –, on pourrait citer à nouveau la généralisation (καθόλου, n° 19, chap. 21 B.). C'est ainsi que Démosthène, au début du *Sur la Couronne*, couvre sa requête personnelle de mener librement sa défense sous les dehors d'une demande générale et abstraite, adressée aux jurés, de respecter leur serment (cf. *supra*).

B) Cet intérêt de Tibérios pour l'argumentation, on l'a compris, n'est pas de même nature que celui qu'Aristote prête à l'enthymème. Il doit être resitué dans son contexte, celui de la théorie des ἰδέαι stylistiques dont il va être question maintenant[68]. Car cette dernière théorie a une ambition globalisante qui annule partiellement l'ancienne dichotomie de l'invention et de l'expression. Dans la mesure où le « fond » influe incontestablement sur l'effet produit et où la théorie des ἰδέαι place au centre de sa recherche l'effet à produire sur le destinataire, la séparation forme/contenu doit être au moins pour un temps suspendue[69]. C'est ainsi qu'avec le choix des sujets et l'argumentation, ou plutôt la « méthode à propos de la pensée » pour reprendre la terminologie hermogénienne, la « pensée » occupe une place importante au sein de chaque catégorie stylistique. Mais, comme le dit M. Patillon, « ce n'est pas la pensée en tant que référence ou que prédication, mais la démarche logique, le raisonnement »[70]. Tel mode de raisonnement est recommandé ou déconseillé selon sa probable réception par un destinataire qui, en fonction de ses capacités intellectuelles et non par rapport à un canon qui serait la vérité, le trouvera subtil, habile, clair, confus etc., tous effets qui sont rapportés séparément à ceux d'autres moyens au sein d'une catégorie stylistique particulière. Une pensée simple et facile à comprendre, par exemple, sera rapportée à la catégorie stylistique de la pureté, tandis qu'une pensée compliquée fera partie des ressources de la noblesse et ainsi de suite.

68. Sur la théorie des ἰδέαι, des approches complémentaires sont fournies par PATILLON 2010, p. 103-278 (aspects techniques, notamment linguistiques) ; PERNOT 1993, p. 347 *sq.* (stylistique de l'éloge) ; RUTHERFORD 1998 (la théorie des ἰδέαι dans son contexte littéraire).

69. L'un des premiers témoins de cet élargissement du champ stylistique est le rhéteur Démétrios, *Du Style*, 75.

70. PATILLON 2010, p. 127.

La théorie des ἰδέαι n'est pas seulement une pièce de l'exégèse des figures selon Tibérios. Sa connaissance est aussi, tout simplement, une condition nécessaire à la compréhension du texte. Certes, la majorité des commentaires stylistiques sont simples et directs. Si Tibérios nous dit, par exemple, que l'interrogation oratoire concourt à maintenir en éveil l'attention du public (chap. 13, p. 17, 4-6 B.), nous n'avons pas de peine à comprendre ce qu'il veut dire, non plus que si l'effet de surprise (παρὰ προσδοκίαν) est crédité d'une certaine grâce (chap. 16, p. 20, 3 B.). Mais il est d'autres commentaires qui demandent, pour être compris, la médiation de connaissances techniques. Prenons comme exemple la fiche peut-être la plus laconique de toutes, celle qui est consacrée à l'*ἀπὸ κοινοῦ*, ou mise en facteur commun :

Figure n° 34 (chap. 37, p. 36-37 Ballaira)

Τὸ δὲ ἀπὸ κοινοῦ οὕτως· *καὶ τῷ μὲν Εὐαίωνι τῷ τὸν Βοιωτὸν ἀποκτείναντι πολλὴν συγγνώμην ἔχω*. Δοκοῦσι δέ μοι καὶ τῶν δικασάντων τότε <πολλοί> (πολλοὶ add. edd. ex Dem.)· ἀπὸ κοινοῦ· *συγγνώμην ἔχειν*. Εὐειδὲς τὸ σχῆμα.

Quant à la mise en facteur commun, voici : « Je pardonne sans peine à Évéon d'avoir tué Boeôtos. Il me semble que beaucoup de ceux qui ont jugé à ce moment-là aussi » (Dém. *C. Midias* [XXI], 73 et 74-75). En facteur commun : « pardonner sans peine ». La figure a belle allure.

Les explications sont réduites au minimum, mais on comprend assez aisément qu'il s'agit de ce que l'on appellerait aujourd'hui une ellipse. L'infinitive de la deuxième phrase de l'exemple est dépourvue de groupe verbal. Le récepteur doit en suppléer un (συγγνώμην ἔχειν) qu'il devine et élabore en partie à l'aide de *καὶ* et de la phrase précédente (συγγνώμην ἔχω). Ce qui est plus énigmatique, c'est le rapport qu'il peut y avoir entre ce tour et le commentaire stylistique qui en est donné : « La figure a belle allure ». Il est inutile de se reporter à Alexandre ou à la tradition antérieure des figures, car les autres attestations de l'*ἀπὸ κοινοῦ* sont toutes postérieures à Tibérios[71]. En revanche, si l'on se tourne vers le traité d'Hermogène le rhéteur sur les catégories stylistiques, on trouvera cette équation : σχήματα λαμπρά, ὅσα καὶ εὐειδῆ (Les figures éclatantes sont toutes les figures qui font un bel effet)[72]. Si l'on poursuit l'enquête sur ces figures de l'éclat, on constate qu'il s'agit notamment de l'anérèse – ou épanaphore de la négation –, du décrochage – ou enchaînement non explicité –, de l'asyndète de côla longs, etc. c'est-à-dire généralement de figures qui tiennent la pensée en suspens, sans repos (οὐκ ἐχούσης ἀνάπαυσιν τῆς διανοίας)[73], dans une sorte d'inconfort. C'est bien le cas aussi de l'*ἀπὸ κοινοῦ*. Mais pourquoi cette image de l'éclat ? Il s'agit en

71. Hérodien (Ve siècle ?), p. 94, 17-21 Sp. III ; Phoebammon (V-VIe siècle), p. 46, 3-6 Sp. III. Cf. ERNESTI 1795 *s. u.* Κοινός. Le procédé revient en tant que trope poétique chez Georges Choeroboscos, p. 256, 10-17 Sp. III.

72. Hermogène, *De ideis*, I 9, 12 (PATILLON 2012a) ; traduction de M. Patillon.

73. p. 267, 21-22 Rabe.

fait d'une façon de s'exprimer où l'orateur, au lieu de se préoccuper de son destinataire et de travailler, clarifier ou embellir son discours, paraît suivre sa propre voie, librement[74]. On comprend que ce type de figure est un artefact destiné à créer l'illusion d'une spontanéité de bon aloi, que ce « n'est pas un ornement plaqué de l'extérieur, mais qu'elle est le rayonnement de la pensée fiable, comme l'éclat du teint est le rayonnement de la bonne santé »[75]. En d'autres termes, une syntaxe un peu compliquée, une expression un peu inconfortable pour l'auditeur, sont le signe d'un orateur entièrement attaché à son propos. L'éclat en question est celui de l'honnêteté et de la conviction qui transparaissent dans son discours.

La belle allure est le fait de l'ἀπὸ κοινοῦ, mais aussi de l'asyndète de côla (chap. 40, 6 B.) et de la variation (μεταβολή, chap. 38, 6 B.). Quant à la catégorie plus large de l'éclat, elle est présente aussi chez Tibérios où elle caractérise le serment – dans la mesure où c'est un exemple figuré (chap. 22, 14 B.) –, la paronomase – au sens où se succèdent deux emplois du même mot, mais une fois au sens propre, l'autre au sens figuré (chap. 27, 9 B.) –, de l'épanaphore (chap. 29, 6 B.), et de l'asyndète de passage (chap. 40, 18).

Idea	Hermogène le rhéteur	Tibérios
καθαρότης (pureté)	construction directe	Ø
εὐκρίνεια (netteté)	– défini par regroupement – distribution et énumération – feinte interrogation suivie, après séparation, d'une réponse – reprise	Ø[76]
σεμνότης (noblesse)	– construction directe – commentaire personnel – référence à son propre sentiment	Ø
τραχύτης (rudesse)	– impératif – interrogation incriminante	Ø
σφοδρότης (véhémence)	– apostrophe – démonstratif péjoratif	Ø[77]

74. Cf., à propos de l'asyndète, supra, p. 138.

75. PATILLON 1997, p. 406 n. 1.

76. Une scholie (Tibérios, fr. 3, p. 56 Ballaira) interdit d'interpréter l'absence de la καθαρότης et de l'εὐκρίνεια comme un signe d'ignorance. Tibérios aurait professé une doctrine très spéciale concernant la clarté, qu'il n'aurait pas reconnue comme telle mais réduite à la pureté. Il aurait d'autre part refusé de distinguer netteté et pureté. Mais ce sont là les traces de documents perdus. Dans le *De figuris demosthenicis*, le thème de la clarté n'est attesté qu'une seule fois, au chap. 13 (interrogation oratoire).

77. Mais Tibérios évoque la δείνωσις (intensification), cf. chap. 31 (à propos de l'insistance) ; 40 (à propos de l'asyndète).

λαμπρότης (éclat)	– anérèse – décrochage – asyndète (sous réserves)	– serment (chap. 22) ; – paronomase (chap. 27) – épanaphore (chap. 29) – asyndète (chap. 40) figures auxquelles s'ajoutent celles qui produisent la « belle allure » (τὸ εὐειδές) : – mise en facteur commun (chap. 37) – asyndète de *côla* (chap. 40) – variation (chap. 38)
ἀκμή (vigueur)	figures de l'éclat et de la véhémence	Ø
περιβολή (complication)	– énumération – hypothèse – construction oblique – figure incursive – hypostase – distribution – figure négative associée – enclave – insertion	Ø [78]
κάλλος (beauté)	– parisose – épanaphore – antistrophe – épanastrophe – climax – distribution avec appariement – hyperbate par transposition – figure inhabituelle – affirmation par double négation – figure polyptote	– anastrophe (chap. 25) – paronomase (chap. 27) – hyperbate (chap. 32) – parisose (chap. 33) – syzygie (chap. 36) – hypophore (chap. 39) – asyndète (chap. 40) – antithèse formelle (chap. 41)
γοργότης (vivacité)	– remarque incidente – figure incursive – commata en asyndète	– variation (chap. 38)[79]

78. Autre catégorie absente du *De fig. dem.* mais connue de Tibérios, d'après le fr. 3, p. 56 B.

79. S'il n'est qu'une seule attestation du terme γοργόν, on doit souligner la fréquence du mot ἐνέργεια. C'est lui qui sert à formuler l'apport des figures suivantes : épanalepse (chap. 26), épanaphore (chap. 29), antistrophe (chap. 30), pléonasme (chap. 34), hypophore (chap. 39), asyndète (chap. 40), antithèse (chap. 41), diatypose (chap. 43).

	– variantes accumulées et rapprochées – distribution suivie d'apodose – commata avec épanaphore – commata avec antistrophe – associations rapides et rapprochées – construction oblique, enclave etc.	
ἀφέλεια (naïveté)	– figures de la pureté	Ø
γλυκύτης (saveur)	– fig. de la naïveté, de la pureté, de la beauté	Ø
δριμύτης (piquant)	Ø	Ø
ἐπιείκεια (modération)	– fig. de la pureté et de la naïveté	Ø
ἀλήθεια (sincérité)	– apostrophe – démonstratif péjoratif – embarras – commentaire personnel – réticence – rectification – distribution incomplète	Ø
βαρύτης (sévérité)	Ø	– paronomase (chap. 27)
δεινότης (habileté)	– subdivisions complexes, cf. PATILLON 2010, p. 161	Ø

Cet exemple suffit, croyons-nous, à attester la présence de la théorie des *idéai* chez Tibérios et la nécessité de connaître cette théorie pour comprendre la façon dont certaines figures sont commentées. Il est impossible de donner ici une analyse complète de cet aspect du traité. Signalons seulement que les termes lourds d'un contenu théorique implicite se rencontrent – phénomène qu'on ne s'explique pas – dans la seconde partie du traité, et qu'ils sont relativement rares. Ajoutons enfin un tableau comparatif des figures (au sens particulier défini ci-dessous) reliées aux ἰδέαι au sein du système hermogénien[80] *vs* les figures commentées par un vocabulaire critique analogue dans le *De figuris demosthenicis*[81]. Le tableau présenté ci-dessus pourra passer pour largement inutile, car la plupart des figures inscrites dans la théorie des ἰδέαι chez Hermogène le rhéteur ne sont pas reprises par Tibérios. Mais, d'une part, le phénomène est normal, dans la mesure où le traité d'Hermogène est un traité généraliste et où la définition de la figure – on y reviendra – n'est pas tout à fait la même. D'autre part et surtout,

80. D'après PATILLON 2010, p. 159-161.

81. Cette comparaison n'est qu'indicative et n'ambitionne pas de reconstituer les sources de Tibérios dans le domaine des ἰδέαι. Il faudrait pour cela étendre la comparaison à l'ensemble du vocabulaire critique de Tibérios, et à tous les autres témoignages conservés sur la théorie des ἰδέαι.

les lacunes mêmes sont significatives. Autrement dit, notre intention a été non seulement d'évaluer l'empreinte de la théorie des ἰδέαι sur Tibérios mais aussi et par la même occasion d'esquisser l'étude de sa caractérisation de l'art de Démosthène :

Toutes les grandes catégories stylistiques ne sont pas reliées, chez Hermogène le rhéteur, à un type particulier de figure, on le voit dans le tableau ci-dessus avec la δριμύτης (piquant) et la βαρύτης (sévérité). C'est le cas aussi de l'ἀξίωμα (autorité)[82]. Pour Tibérios en revanche, une figure, la périphrase (chap. 35), est dotée du pouvoir de conférer de l'autorité. Et la paronomase, quand elle fait se succéder le même mot au sens propre d'abord puis au sens figuré ensuite, a non seulement de la beauté mais aussi de la sévérité. De même, Tibérios considère que la périphrase apporte de la magnificence (μεγαλοπρέπεια) alors qu'il n'y a pas, chez Hermogène, de lien direct entre la grandeur (μέγεθος) et une ou des figure(s) particulière(s). Ces phénomènes, les lacunes dans la colonne de droite ci-dessus, tout cela interdit d'établir un lien trop étroit entre les ἰδέαι chez Hermogène le rhéteur et l'adaptation partielle que Tibérios fait de cette théorie. Ce dernier connaît la théorie des ἰδέαι, c'est indubitable, mais il a recouru à une autre version de cette théorie, à moins qu'il n'ait élaboré un système personnel, comme invite à le croire la notice de la *Souda*.

On peut se demander, pour conclure sur cette question, pourquoi Tibérios tend à rapprocher ces deux traditions distinctes que sont la théorie des figures telle qu'elle apparaît dans les traités spécifiques depuis le Iᵉʳ siècle avant J.-C.[83], et la théorie des figures telle qu'elle existe au sein de la doctrine des catégories stylistiques. Comme l'écrit M. Patillon, la principale différence entre les deux est que la figure, dans ce deuxième contexte, existe à partir du moment où elle possède une valeur stylistique, c'est-à-dire à partir du moment où elle s'oppose à un autre mode d'expression, même si ni l'un ni l'autre de ces modes d'expression ne sont remarquables en soi. « (I)l s'agit en principe d'un écart entre deux formes d'expression données, et non pas de l'écart entre une forme d'expression donnée et une forme théoriquement normale »[84].

Cet intérêt pour les jeux « structuraux », que semble partager Tibérios, doit être relié à trois autres caractéristiques de son traité : tout d'abord la relative banalité des procédés décrits. C'est particulièrement net dans le cas de la figure dont nous venons de parler, l'ἀπὸ κοινοῦ : quoi d'extraordinaire dans une ellipse ? Le deuxième fait est l'omission des tropes[85]. On hésite à exploiter un silence, mais ces figures de mots isolés, dérivées de la métaphore aristotélicienne, essentielle-

82. Cf. le tableau général des grandes catégories stylistiques dans PATILLON 2010, p. 112.

83. Sur la naissance, encore en grande partie mystérieuse, de la théorie des figures, voir en dernier CALBOLI 1998.

84. PATILLON 2010, p. 158.

85. Cf. TORZI 2000, p. 15 *sq.* ; 197 n. 31.

ment fondées sur la substitution d'un autre mot au mot propre, se sont développées à part – même si certaines figures, l'ironie, par exemple, sont communes – chez les rhéteurs d'obédience stoïcienne, semble-t-il, et plutôt dans l'optique de l'exégèse poétique, donc dans une stylistique de *l'exception*. Le troisième fait est que Tibérios se livre à l'analyse des figures à l'intérieur de l'œuvre d'un auteur particulier, Démosthène, même si ce dernier, pour certains, concentre toute la stylistique. L'objectif n'est donc plus, *de facto*, de mesurer l'audace d'un auteur à l'aune des pratiques différentes d'autres auteurs. Ainsi mise en perspective, la médiation des ἰδέαι fait de la recherche sur les figures chez Démosthène, dans le traité de Tibérios, une enquête subtile sur ce qui fait de l'éloquence démosthénienne non pas une exception mais l'illustration particulière et personnelle de la plasticité du discours, non pas le viol systématique de la norme du langage courant – dont on savait déjà à l'époque la fragilité comme repère[86] – mais la création d'une expression adéquate à ses intentions et à son public. En cela, Tibérios semble avoir voulu corriger ou nuancer la définition de la figure qu'il donnait au début de son traité. Cette définition soulignait l'artifice de la figure conçue comme une expression non conforme à la « nature » (μὴ κατὰ φύσιν, p. 7 B.), et s'inscrivait ainsi dans une tradition identifiée par G. Ballaira comme apollodoréenne[87]. La correction que représente l'insertion d'éléments tirés de la théorie des ἰδέαι, outre qu'elle semble viser à une sorte de synthèse entre les deux traditions, fait de la figure – d'une manière plus proche de l'enseignement de Théodore – quelque chose de moins artificiel.

C) On a remarqué grâce au tableau donné ci-dessus que Tibérios tend à éliminer de la stylistique démosthénienne les valeurs classiques de grandeur, de régularité et d'ornement. Ce phénomène est à rapprocher du fait qu'il a importé une autre théorie exogène[88] au sein de sa théorie des figures, celle du discours figuré (λόγος ἐσχηματισμένος), dont la présence tire l'art de Démosthène du côté du secret, de la ruse, voire de la manipulation. Commençons par rappeler brièvement les grandes lignes de cette théorie[89]. Le discours figuré consiste à

86. Alexandre, par exemple, rapporte la thèse selon laquelle tout discours a une forme et, par conséquent, est figuré, p. 11, 21 *sq.* Spengel III ([...] μηδὲ γὰρ εὑρεῖν εἶναι ῥᾴδιον λόγον ἀσχημάτιστον). La même thèse est défendue chez le Pseudo-Denys d'Halicarnasse (*Ars rhetorica*, dans USENER et RADERMACHER 1985, p. 323, 12 *sq.*) Sur la difficulté à définir la norme du langage courant, cf. GROUPE μ 1982, p. 16 *sq.* et les références indiquées par PATILLON 2010, p. 159, n. 5.

87. Cf. BALLAIRA 1968a, p. 55 *sq.*

88. Nous employons ce terme parce que la théorie du discours figuré s'est généralement développée et transmise à l'écart de la doctrine des figures, même si des points de contact existent, notamment – et justement – chez les théoriciens des ἰδέαι (cf. RUTHERFORD 1998, p. 28). Mais la tendance à la fusion semble très tardive (Tibérios, Hérodien, cf. RUTHERFORD 1998, p. 117).

89. Sur cette question très complexe, on trouvera une introduction générale et un texte important, celui d'Apsinès (les *Problèmes à faux-semblant*), dans l'édition PATILLON 2001,

essayer d'obtenir par le discours *autre chose* que ce que l'on paraît demander. Cet *autre chose* peut même être le contraire de ce pour quoi l'on se donne les dehors de plaider. Un sujet classique – car le discours figuré a fleuri chez les déclamateurs – est le suivant : Athènes demande la paix à Sparte, qui accepte à condition qu'on lui livre Périclès. Un débat s'ensuit à l'Assemblée du peuple, au cours duquel Périclès intervient. Son honneur, son prestige, le convient à se sacrifier, mais son intérêt, évidemment, est que l'Assemblée refuse la proposition des Spartiates. L'exercice consiste à élaborer un discours où Périclès offrira les dehors d'un héros qui plaide en faveur de son propre sacrifice alors qu'il fera tout en réalité pour faire adopter la thèse inverse. Il faut ajouter que le discours figuré, au-delà de ces savantes stratégies persuasives, recouvre tous les moyens indirects, qui – sans forcément occulter les véritables intentions du locuteur – font deviner quelque chose qui n'est pas dit expressément.

Les indices les plus nets de la présence de cette théorie chez Tibérios sont deux figures de pensée, la προσώπου ὑποβολή (supposition d'un personnage, n°10, chap. 12), l'ἔμφασις (insinuation, n° 12, chap. 14), et une figure d'expression, l'ὑποφορά (hypophore, n° 37, chap. 40). La supposition d'un personnage consiste à inventer un personnage qui va servir de vecteur et de garant à un propos qu'on ne saurait soutenir de sa propre autorité (cf. *supra*). L'insinuation[90] est décrite d'une manière qui pourrait convenir à la définition la plus large du discours figuré : ἔμφασις δέ ἐστιν ὅταν μὴ αὐτό τις λέγῃ τὸ πρᾶγμα, ἀλλὰ δι' ἑτέρων ἐμφαίνῃ, οἷον κτλ. (il y a insinuation quand on ne dit pas la chose elle-même mais qu'on la fait comprendre au moyen d'autres choses). Parmi les exemples donnés on remarque – chose rare – un extrait d'un plaidoyer privé (*C. Stéphanos I* (XLV), 84), où Apollodore dit : « car je tiens Pasiclès, pour ma part, comme mon frère utérin. Qu'il soit du même père, je ne sais pas ». Cet exemple fait songer aux nombreux épisodes scabreux dont la théorie du discours figuré est pleine[91]. Quant à l'hypophore – qui consiste à faire naître des objections à son propre propos et à les mettre dans la bouche d'un interlocuteur fictif –, elle évoque l'une des principales tactiques du discours figuré. Pour faire aboutir la thèse opposée à celle que l'on veut paraître défendre, le moyen le plus simple est d'introduire, par l'hypophore, la thèse opposée et de l'étayer d'arguments plus forts que ceux que l'on prend à son compte.

À l'impression produite par ces quelques figures s'ajoute l'effet de plusieurs remarques visant à souligner, chez Démosthène, une tendance à la dissimulation. Ainsi, à propos de la διαπόρησις (hésitation *ou* embarras, fig. n° 4, chap. 6 B. 3), on lit cette phrase : ὡς γὰρ ἀπορῶν τί χρὴ εἰπεῖν, πάντα εἴρηκε, que l'on

p. LXXIX *sq.* ; p. 112 *sq.* Voir aussi CHIRON 2001, p. 224-236 ; CHIRON 2000a, p. 75-94 ; CHIRON 2003a.

90. Sur le lien entre ἔμφασις et discours figuré, voir déjà Démétrios, *Du Style*, 287.

91. Cf. l'analyse de quelques exemples de ce genre dans PATILLON 1997a, p. 2164-2166.

pourrait traduire, assez librement : « il (*sc.* Démosthène) dit tout comme s'il ne savait pas ce qu'il faut dire ». À propos de l'ἀποσιώπησις (réticence, fig. n° 8, chap. 10 B.), Tibérios fait le commentaire suivant : οὐδὲν γὰρ ἂν εἶπε τοιοῦτον οἷον τῇ ὑπονοίᾳ παρέδωκεν, « il n'aurait rien pu dire qui équivaille à ce qu'il transmet par le sous-entendu ». L'éthopée est décrite, dans le même esprit, comme un moyen de « faire passer » des reproches (n° 9, chap. 11, p. 15 B.). Commentant Homère (*Il.* II 284-286, 288), passage souvent analysé par les théoriciens du discours figuré[92], il montre comment Ulysse, voulant reprocher aux Achéens leur « lâchage », ne s'adresse pas directement à eux mais interpelle Agamemnon : Τοῦτο γὰρ ποιήσας προσέκρουε μὲν οὐδαμῶς τοῖς Ἀχαιοῖς, ἐλεινὸν δὲ ἀποφαίνει τὸν ὑπ' αὐτῶν ἐκαταλειφθέντα, καὶ διὰ τῶν πρὸς τοῦτον λόγων ἐκείνοις ἐπέπληξεν. « Ce faisant, il ne stigmatise nullement les Achéens, mais rend pitoyable celui qu'ils ont abandonné (*sc.* Agamemnon), et c'est par les discours adressés à ce dernier qu'il les blâme ». Autre moyen indirect, τὸ ἀπὸ τοῦ ἀντικειμένου (<figure> à partir du personnage opposé, fig. n° 13, chap. 15) qui consiste, au lieu d'accuser l'adversaire pour sa faute, à dire qu'un autre, dans les mêmes circonstances, ne l'a pas commise[93]. Commentant l'αὐτοσχέδιον (improvisation *ou* inspiration soudaine, fig. n°15, chap. 17), Tibérios utilise le verbe προσποιεῖσθαι (faire semblant de…) qui appartient au discours figuré depuis sa première attestation, chez Zoïle (*apud* Phoebammon, p. 44, 2-3 Spengel III : σχῆμά ἐστιν ἕτερον μὲν προσποιεῖσθαι, ἕτερον δὲ λέγειν). Il faut préciser ici que la figure, dans le cadre de cette doctrine, ne saurait se réduire ni à un élément lexical isolé ni même à une stratégie discursive particulière au sein de l'ensemble formé par le discours[94]. Elle englobe possiblement tout le discours. C'est ainsi que Tibérios semble avoir voulu réunir toutes les approches possibles de la notion de figure en prose.

III- Il reste à montrer que la froide et sèche liste de figures que présente Tibérios constitue, quand on l'examine pour elle-même, non seulement un moyen commode d'imiter un certain nombre de procédés de syle mais aussi une caractérisation valable de l'art de Démosthène.

Voici – en en restant aux figures dont l'illocution est soit explicitement formulée soit transparente, et en « modernisant » quelque peu certaines formulations – comment on peut résumer la caractérisation de l'art de Démosthène telle qu'elle ressort du traité de Tibérios : l'art de l'Orateur possède une dimension offensive (*ironie*, *réprimande*, *correction aggravante*), énergique (*apostrophe*) et puissante (*hyperbate*) qui sait maintenir le public en éveil (*question oratoire*),

92. Cf. par exemple, Pseudo-Denys, περὶ ἐσχηματισμένων A, p. 322, 5 *sq.* ; περὶ ἐσχηματισμένων B, p. 332, 1 *sq.* Us-Rad.

93. Ce procédé est anciennement rattaché à la théorie du discours figuré, cf. Démétrios, *Du Style*, 292.

94. Voir sur ce point, SCHENKEVELD 1991, p. 152.

voire l'irriter (*effet de contraste*). Il relève parfois du beau style (*parisose, anastrophe, paronomase, périphrase, syzygie, antithèse*), il sait approfondir savamment une question (*insertion d'un point de développement à partir d'un mot*), il peut être solennel (*serment*) et ample (*climax, asyndète*), mais il est marqué bien davantage par l'intensité (*insistance, asyndète*), la vivacité et la vitalité (*question oratoire, reprise, épanaphore, antistrophe, pléonasme, hypophore, asyndète, antithèse*), la spontanéité (*improvisation*), le relief (*effet de contraste*). C'est un style frappant (*allégorie*), qui sait surprendre et ne manque pas d'humour (*attente déçue*). Cet art offensif n'est pas pour autant brutal et Démosthène recourt, pour éviter de déplaire au public, à des procédés d'atténuation : l'*ironie*, la *prétérition*, l'*embarras feint*, la *précaution*, l'*éthopée*, l'*insinuation*, voire à des procédés d'esquive (*généralisation*). L'atténuation n'est pas toujours au service de la modération et de la préservation de l'*èthos* : un moyen indirect est parfois plus fort qu'un moyen direct. Ainsi la *réticence*, par l'effet paradoxal du sous-entendu, dépasse en force n'importe quelle attaque. Certains moyens indirects vont jusqu'à faire du destinataire l'agent de la construction du sens, et l'on s'approche alors des techniques de l'influence ou de la manipulation (l'*éthopée*, dans un autre de ses aspects ; l'*insinuation* ; le reproche indirect, fait à partir d'un comportement opposé[95]). Les moyens indirects, ce sont aussi des ruses qui confèrent artificiellement de l'autorité à des propos par leur attribution à une autorité fictive (*supposition d'un personnage*). S'il est parfois dissimulé, Démosthène sait aussi paraître sincère (*serment*). Si, emporté par son propos, il est parfois compliqué (*mise en facteur commun, variation*), il sait aussi être clair (*question oratoire*) et démonstratif (*question oratoire, énoncé dialogué*).

Cette caractérisation est variée et paradoxale[96], mais c'est justement pour cela qu'on peut la considérer comme juste et subtile.

Ce que l'on peut dire en conclusion, c'est que de nombreuses questions soulevées dans cet exposé restent sans réponse. Il est difficile de savoir exactement quelle était la nature du projet de Tibérios, quel public il visait et, outre Caecilius et Apsinès, de quelles autres sources il disposait.

Cela dit, quelques éléments positifs se dégagent de cette première enquête. Tout d'abord, nous n'annulons pas les critiques par quoi nous avons commencé. Oui, Tibérios est un compilateur. Mais c'est un compilateur intelligent. Son travail a consisté d'abord à sélectionner les éléments à ses yeux essentiels et à leur donner une formulation plus claire. Il s'est efforcé d'autre part d'élargir l'éventail de ses sources. Cet élargissement correspond d'abord à la volonté de recentrer la

95. Pour expliciter la stratégie contenue dans la figure n° 13 (chap. 15 B.) : τὸ ἀπὸ τοῦ ἀντικειμένου (<figure> à partir du personnage opposé).

96. Ce « diagnostic » est conforme à celui d'Hermogène le rhéteur, l'un des principaux théoriciens des ἰδέαι : c'est un argument supplémentaire en faveur du rapprochement établi *supra*. Cf. RUTHERFORD 1998, p. 20.

théorie des figures du côté des ἰδέαι. Le choix et la description des figures paraissent moins au service d'une typologie des figures elles-mêmes que d'une caractérisation nuancée de la pratique démosthénienne. Quant au recours à la théorie du discours figuré, il paraît motivé par le désir d'englober dans une synthèse tous les aspects principaux de la théorie des figures en prose et de souligner certains aspects moins connus de l'art de Démosthène.

Dans la mesure où sa compilation laisse entrevoir des choix de cet ordre et une réflexion de ce niveau, on ne saurait réduire l'entreprise de Tibérios à de la « rage taxinomique ». Nous avons le sentiment au contraire qu'il incarne parfaitement la troisième sophistique – ou la seconde sophistique *bis*, selon la formule de Laurent Pernot. En ce IVe siècle ap. J.-C., la rhétorique est encore une pratique vivante. Les figures sont décrites d'abord et avant tout pour être utilisées. La rhétorique est encore théoriquement vivante, comme tend à le montrer le fort coefficient d'initiative qui marque le traité. Mais cet effort personnel de récapitulation, voire de totalisation, combiné au souci de clarté, d'économie et de pertinence, semble aussi révélateur d'une prescience – celle de vivre une crise culturelle et, peut-être, la fin d'une époque – et du sentiment d'un devoir : celui de conserver et de transmettre.

Mais ce n'est pas là-dessus que nous voudrions terminer. L'accès à Tibérios n'est pas direct. Son traité n'est guère intelligible sans son contexte théorique, en particulier la théorie des ἰδέαι et celle du discours figuré, un peu à la manière dont les ὑποθέσεις de discours et beaucoup de scholies sont incompréhensibles si l'on ignore le vocabulaire et les divisions de la théorie des στάσεις. Mais une fois établi le contact avec le texte, on peut y voir – croyons-nous – une pièce importante dans la longue histoire de la critique démosthénienne.

LES RAPPORTS ENTRE LA *RHÉTORIQUE À ALEXANDRE* ET LA *RHÉTORIQUE* D'ARISTOTE : LE « TEST » DE LA BRIÈVETÉ

En rhétorique, les premiers traités systématiques conservés datent de la deuxième moitié du IVe siècle avant J.-C. Il s'agit d'une part de la *Rhétorique à Alexandre (Rh. Al.)*, d'autre part de la *Rhétorique* d'Aristote. Ces deux ouvrages sont de conception et de niveau bien différents. En comparaison de la *Rhétorique*, la *Rh. Al.* paraît relever d'un professionnalisme étroit, de l'empirisme et d'une « sophistique » assez triviale. Cette inégalité se reflète dans la diffusion de ces deux ouvrages depuis la Renaissance. Même si la *Rhétorique* fut souvent l'objet du dédain des philosophes et fut peu commentée par eux[1], elle n'a cessé d'être traduite dans la plupart des langues et l'on sait le rôle qu'elle a eu dans le renouveau de la rhétorique au XXe siècle, avec – notamment – les travaux très aristotéliciens de Chaïm Perelman. Pour la *Rhétorique à Alexandre*, la traduction française publiée en 2002 dans la *Collection des Universités de France*[2] était la deuxième dans cette langue[3], ce qui ne laisse pas d'étonner pour un texte grec provenant de la période classique. Il n'est pas rare que les historiens de la rhétorique, et notamment des débuts de la rhétorique, n'en tiennent aucun compte ou presque.

Cette antithèse simple cache une réalité plus complexe. La *Rh. Al.* a été transmise au sein du corpus aristotélicien, ce qui signifie que depuis son entrée dans ce corpus, que l'on peut situer vers le IIe siècle ap. J.-C., et Erasme, le premier semble-t-il à avoir émis un doute sur cette attribution[4], le traité a été considéré comme l'œuvre d'Aristote. Sans entrer ici dans le détail philologique du problème, on ne peut admettre que l'attribution ait été acceptée si longtemps[5] si elle était complète-

1. Ce manque relatif d'intérêt est ancien. L'Antiquité ne nous a légué aucun commentaire suivi de la *Rhétorique*. Le Moyen-Âge en a laissé deux en arabe, deux en grec byzantin et quatre en latin. Le plus important est sans conteste le *Commentaire moyen* d'Averroès, pour lequel on dispose désormais de l'éd. de Maroun Aouad (AOUAD 2003).

2. CHIRON 2002.

3. Après celle de J. Barthélemy Saint-Hilaire (BARTHÉLEMY SAINT-HILAIRE 1870, p. 153-342).

4. Sur ces deux points, cf. CHIRON 2002, p. XLV, LVI.

5. Notamment au XIIIe siècle, en Italie du Sud, lieu et moment où la recherche aristotélicienne fut très active. Trois traductions latines différentes de la *Rh. Al.* furent élaborées dans

ment dépourvue de vraisemblance. On ne peut non plus éviter de formuler l'hypothèse d'une rétroaction de cette attribution sur la transmission du texte. Surtout, sans remettre en cause l'évidente inégalité de niveau et d'intérêt entre les deux ouvrages, les rapports qu'ils entretiennent sont plus problématiques qu'il y paraît. Il y a des ressemblances inattendues entre eux, et, phénomène plus troublant encore, la *Rh. Al.* ne coïncide que très partiellement avec le portrait qu'Aristote brosse de la tradition rhétorique qui l'a précédé, à tel point qu'on peut imaginer une composition intercalée : la *Rh. Al.* serait postérieure à une première « couche rédactionnelle » de la *Rhétorique* (période « académique ») et antérieure à la dernière (second séjour du philosophe à Athènes)[6]. Ainsi s'expliquerait, par exemple, la présence d'une théorie de l'enthymème dans la *Rh. Al.*[7], alors qu'Aristote prétend en être l'inventeur[8] et, réciproquement, la présence d'une théorie de l'ἦθος et du πάθος dans la *Rhétorique*, alors que le projet initial de cet ouvrage semble avoir été restreint à la dimension « logique » de la persuasion.

De plus, les critères qui paraissent devoir opposer les deux traités ne résistent pas toujours à un examen attentif. Une antithèse morale ne rend pas compte de leur différence. Aristote affirme que la vérité est le plus fort agent de persuasion[9], tandis que la *Rh. Al.* formule quelques conseils à l'intention des sycophantes[10]. Oui. Mais la *Rhétorique* – comme aussi la *Politique* – laisse apparaître très souvent un amoralisme tranquille[11], tandis que la *Rh. Al.* se termine sur un chapitre recommandant à l'apprenti-orateur de vivre d'une manière telle que sa réputation de vertu augmente sa capacité persuasive (chap. 38, 1-11). L'opposition entre irrationalité et rationalité ne constitue pas non plus un critère déterminant, car la *Rh. Al.* témoigne d'une véritable rationalité, même si c'est dans l'esprit de ce que les théoriciens modernes du discours appellent « pragmatique »[12], tandis que la *Rhétorique*, certes plus rigoureuse dans l'analyse des différents paramètres de la persuasion « logique », est ouverte aux *pisteis* (moyens de persuasion) reposant sur des paralogismes. Le

ce contexte, sans aucune – autant qu'on puisse le savoir – remise en cause de l'authenticité du traité. Sur ces traductions, voir CHIRON 2000, notamment p. 20-23.

6. Pour un bilan sur les différentes étapes de composition de la *Rhétorique*, cf. KENNEDY 1996.

7. Chap. 10, 1430 a 23-39.

8. *Rhet.* I 1, 1354 a 11-15.

9. *Rhet.* I 1, 1355 a 20 *sq.*

10. Cf. par exemple chap. 7, 1428 b 16-32.

11. Cf. *Rhet.* I 4, 1359 b 38 *sq.* ; 1360 a 15-17 ; I 9, 1367 a 32 *sq.* ; I 15, 1375 a 27 *sq.* ; etc. Le Livre III n'y échappe pas. En *Rhet.* III 5, 1407 a 31-1407 b 6, Aristote envisage tranquillement qu'on veuille parler pour ne rien dire, ou cacher sous des mots ambigus son incapacité à répondre, à la manière des devins. Il fait preuve de la même tolérance (il la juge utile, χρήσιμον) face à la technique d'amplification qui consiste à développer des à-côtés du sujet ou à évoquer ce qu'il ne comporte pas (*Rhet.* III 6, 1408 a 1 *sq.*).

12. Cf. A. C. BRAET 1996.

champ lexical de ces *pisteis* est d'ailleurs, quoiqu'avec des définitions très différentes, le même dans les deux ouvrages[13]. Aussi l'enquête sur les ressemblances et les différences entre les deux ouvrages mérite-t-elle d'être poursuivie et affinée.

Pour y contribuer, il a paru judicieux de choisir un point de doctrine précis, qui servira de critère ou de test : la brièveté. Ce point de doctrine n'est pas pris au hasard, évidemment : sur la question de la brièveté se focalisent les débats antiques sur des questions aussi importantes que la validité des techniques d'amplification d'origine sophistique, la pertinence rhétorique du *requisit* philosopique d'adéquation du fond et de la forme, la valeur persuasive – voire manipulatrice – du non-dit et du sous-entendu, les liens paradoxaux qui unissent la concision et la force d'expression, etc. Commençons par extraire l'essentiel de ce que contient la *Rh. Al.* sur ce sujet.

1. La brièveté dans la Rhétorique à Alexandre

L'un des traits les plus frappants de la *Rh. Al.* est l'absence de déclaration liminaire définissant la rhétorique, lui fixant des buts et une méthode. L'ouvrage commence abruptement par une division des genres et des espèces oratoires, que suit l'examen des « topiques »[14] qui leur sont propres. Une deuxième partie quitte les genres et les espèces pour examiner des éléments techniques généraux – relatifs à l'argumentation, mais aussi à l'expression. La troisième partie revient à la division en genres et en espèces mais distribue les préceptes en fonction des parties du discours. Ce n'est guère qu'à la fin (chap. 38, 1-11), dans une sorte de postface, qu'apparaissent quelques indications témoignant d'une certaine hauteur de vue, mais il s'agit davantage, en réalité, d'un « mode d'emploi » du traité que d'une déclaration de principes. L'auteur ne nous indique ni ses filiations – même si certains indices concordants permettent de le rapprocher de l'école d'Isocrate – ni le coefficient d'originalité auquel il prétend.

Cela étant, certaines remarques incidentes permettent de se faire une idée des contours de son projet. Une formule revient souvent, près de vingt fois : εὐπορεῖν (être bien pourvu de matière, d'arguments), ou bien οὐκ ἀπορεῖν (ne pas être à court)[15]. L'une des priorités du rhéteur semble être de garantir à son élève un riche approvisionnement en paroles et de lui éviter la pénible expérience du silence. Réciproquement, le rhéteur paraît conscient du risque de la prolixité importune (1430 b 5). Ces modestes préoccupations semblent peu compatibles avec une réflexion élaborée sur le thème de la brièveté. Et pourtant, ce thème intervient fréquemment et dans des contextes relativement diversifiés.

13. Cf. CHIRON 1998 (reproduit dans cet ouvrage, p. 195 *sq.*), p. 350 (ici p. 195).

14. Au sens aristotélicien du terme. Le mot τόπος n'a pas ce sens dans la *Rh. Al.* si ce n'est dans des passages au texte et à l'interprétation douteux. Le rhéteur parle d'ἀφορμή.

15. Références dans l'*Index* de CHIRON 2002, p. 214 et 228.

Mais commençons par examiner la terminologie employée. Les mots de la famille de βραχύς (βραχύς, βραχεώς, βραχυλογεΐν, βραχυλογία) apparaissent à dix reprises, ceux de la famille de σύντομος (σύντομος, συντόμως) reviennent deux fois plus souvent. Or non seulement les champs d'application de ces deux familles de mots sont parfois les mêmes, sur la narration, par exemple, ou la maîtrise de la longueur du discours, mais il arrive qu'un mot d'une famille soit repris par un mot de l'autre (1438 a 21 et 23) : la nuance entre les deux ne devait pas être bien grande.

C'est à propos de l'enthymème (1430 a 36) qu'il est pour la première fois question de brièveté. L'enthymème[16], nous dit le rhéteur, doit être formulé avec le moins de mots possible. Plus loin, c'est la sentence paradoxale que l'on doit justifier avec concision si l'on veut échapper à la méfiance sans encourir le reproche de bavardage (1430 b 5). La sentence et l'enthymème doivent de même être concis, quand ils viennent conclure, par souci d'élégance, un témoignage crédible (1431 b 25), ou quand ils visent à rappeler à l'ordre le public qui s'agite (1432 b 25).

Le rhéteur évoque ensuite le thème de la brièveté à la suite d'une étude de l'élégance d'expression (ἀστεῖα λέγειν). Cette étude laisse place à la maîtrise de la longueur du discours (1428 a 9[17] ; 1434 b 10, 12, 17, 21), c'est-à-dire aux moyens de parler à volonté longuement (μηκύνειν), brièvement (βραχυλογεῖν), ou entre les deux (μέσως λέγειν).

C'est dans la dernière partie, consacrée aux parties du discours, que la brièveté est le plus souvent abordée. À propos de l'exorde judiciaire et de l'art de se concilier la bienveillance du public, lorsque l'on jouit de bons rapports avec le public et d'une écoute *a priori* favorable, il faut le rappeler *avec concision*, sous la forme d'une prétérition (1436 b 20). La réfutation anticipée des préventions qui pèsent sur soi – si l'on a déjà été impliqué dans une affaire – doit être, elle aussi, concise (1437 b 39). L'éloge de soi-même, quand rien ne dispose *a priori* l'auditoire pour ou contre l'orateur, doit lui aussi être bref (1442 a 8).

Ce thème de la concision intervient ensuite dans le domaine de la narration, qui doit rapporter brièvement les faits (1438 a 21, 23, 1438 b 12) et qui, si elle n'est pas assez riche de matière, doit être rattachée à l'exorde, sauf à constituer une partie trop *courte* (1438 b 16) ; cette concision s'obtiendra en retranchant, dans les faits et dans les mots, « ce qui n'est pas nécessaire », c'est-à-dire « ceux dont l'omission rendrait le discours obscur » (1438 a 38-b 1). Dans l'éloge (1441 a 18), le rhéteur recommande de ne pas trop s'attarder sur les vertus de l'enfant car le mérite n'en revient pas tant à l'enfant lui-même qu'à ses éducateurs.

16. Sur les ressemblances et les différences entre cet enthymème et l'enthymème aristotélicien, cf. CHIRON 2002, n. 303, p. 145.

17. Cette occurrence n'a pas d'intérêt propre, puisqu'elle intervient dans un passage annonçant le développement consacré à la longueur des discours.

Quant à la récapitulation, elle sera toujours concise, qu'elle intervienne dans l'épilogue du discours ou à la fin d'une partie, quelle que soit la forme qu'elle adopte et quel que soit le genre oratoire concerné (1433 b 29 ; 1434 a 20, 25, 30 ; 1439 a 22 ; 1441 b 1 ; 1444 b 21 ; 1445 b 21). À propos de la récapitulation encore, mais dans le cadre du développement déjà évoqué sur la maîtrise de la longueur des discours, les récapitulations concises, introduites à la fin de chaque partie, concourent à allonger le discours (1434 b 7) ; si l'on veut abréger le discours, on les supprimera (1434 b 15) ; si l'on veut donner à son discours une longueur moyenne, on réservera ces épilogues aux parties sur lesquelles on désire attirer le plus l'attention de l'auditeur. Dans l'épilogue du discours d'Assemblée, le rappel des bonnes relations de la cité avec l'Etat ou la personne que l'on conseille de secourir, doit être concis (1439 b 16 ; 25) ; la même brièveté doit marquer, dans l'épilogue du discours d'accusation, l'effort pour exciter chez les jurés des sentiments hostiles à l'accusé (1443 b 16).

Mais il serait naïf de réduire la problématique de la brièveté aux passages où intervient un terme explicite : il arrive que le thème soit évoqué sous forme de périphrase. C'est le cas dans un passage où l'enthymème varié, c'est-à-dire complet ou amputé d'une de ses parties sert, par la variété de la présentation sans doute, au raffinement de l'expression : « Le raffinement d'expression peut s'obtenir à partir de ce tour qui consiste à formuler les enthymèmes complètement ou à moitié, de sorte que les auditeurs comprennent l'autre moitié par eux-mêmes » (1434 a 34-37).

Il faut mentionner aussi un passage très mal transmis sans doute et assez difficile à comprendre, qui suit immédiatement le développement sur la longueur des discours. Il y est dit que, si l'on veut *écrire* un discours raffiné, il faut assortir le caractère du discours à celui des hommes. Aussi faut-il observer ces caractères qui peuvent être, selon les cas, « grands, précis ou modérés » (μεγάλα, ἀκριβῆ, μέτρια – 1434 b 26-30). Sauf erreur de ma part, il s'agit d'une consigne destinée au logographe de profession, qui doit assortir son style au mode d'expression présumé de son client, mode d'expression qui dépend de son statut social, d'où la polysémie volontaire de ces trois mots[18]. On peut imaginer en effet que l'aisance à parler, la prolixité, alliées à une certaine noblesse d'expression, sont l'apanage des privilégiés, alors qu'un paysan sera plus volontiers concis et précis. Mais ce n'est là qu'une hypothèse.

Il faut signaler également, quoique ce soit un aspect marginal du sujet, une expression récurrente, dont l'emploi est « méta-discursif » en ce que le rhéteur l'applique à la formulation de sa propre doctrine : ἐν κεφαλαίῳ, κεφαλαιωδῶς (en résumé, sommairement). Cette formule revêt un certain intérêt méthodologique, qui paraît explicité en 1423 a 15-20 à propos de l'examen des différents

18. CHIRON 2002, n. 414, p. 163-164.

ordres du jour que l'Assemblée est amenée à examiner: c'est grâce à une bonne connaissance des ἰδέαι communes, c'est-à-dire des cas et des arguments récurrents, que l'on pourra facilement passer à l'application. En d'autres termes, le code rhétorique présenté se veut la réduction du réel à un petit nombre de situations-types.

Si l'on veut esquisser un bilan de ces préceptes, on peut dire qu'ils vérifient pour la plupart d'entre eux l'*a priori* suscité par l'absence d'ambition apparente du traité: ce sont des préceptes simples. Certains sont traditionnels, ou hérités d'Isocrate, comme la consigne de faire des narrations brèves[19]. Cette consigne répond sans doute, au moins pour partie, à la règle interdisant de parler en dehors de la cause, dont Aristote se fait lui-même l'écho[20]. La règle peut correspondre aussi à des précautions moins juridiquement codifiées. Dans le domaine du rapport d'ambassade, l'objectivité du rapport est une manière de se couvrir et de dégager sa responsabilité en cas d'échec et en prévision de la reddition de compte.

Dans le domaine des précautions à prendre vis-à-vis du public, on peut dire que la règle recommandant de ne pas se justifier longuement quand on est victime de préventions défavorables, est une règle de bon sens. D'autres, parmi ces préceptes, correspondent à des règles tacites de morale sociale. Une sorte de pudeur semble s'attacher au rappel de bonnes relations antérieures, que ce soit dans le domaine judiciaire ou délibératif. De même, l'éloge de soi-même, on le devine, est *a priori* mal reçu[21], d'où la consigne de passer vite.

Passons à des préceptes moins triviaux. Il est clair qu'outre la narration, certaines parties du discours sont davantage que d'autres soumises à la règle de brièveté, ce sont les débuts et les fins, l'exorde et l'épilogue. On doit probablement repérer ici un principe d'harmonie, platonicien d'esprit sinon d'origine, celui de l'organicité du discours, dont la présence dans la *Rh. Al.* est attestée par le retour à trois reprises de σωματοειδής (qui forme un corps, un tout organique) ou σωματοειδῶς (en un corps, en un tout).

Parmi les passages du traité qui relèvent d'une réflexion plus élaborée, il en est que l'on est tenté d'étiqueter comme « sophistiques ». Celui qui soulève le plus de questions est ce développement sur les différentes longueurs que l'on peut donner au discours. L'une des compétences que souhaite enseigner le rhéteur est la capacité de parler, à la demande, brièvement, longuement ou d'une manière modérément longue. Or la capacité de donner à ses discours n'importe quelle longueur est prêtée par Platon à Gorgias (*Gorg*. 449 b-c) et à Protagoras (*Prot*. 334 e *sq*.). Aristote quant à lui décrit une technique d'amplification infinie, utile surtout dans

19. Cf. Quintilien, IV 2, 31 et RADERMACHER 1951, p. 161-162.

20. Cf. par exemple *Rhet*. I 1, 1354 a 18-24 ; *Constitution d'Athènes*, LXVII.

21. Sur cette censure implicite, phénomène historique, moins intemporel qu'on pourrait le croire, cf. PERNOT 1998.

l'épidictique, consistant à glisser partout des éloges, de personnes, de vertus, etc., ce qui permettait à Gorgias – paraît-il – de ne jamais être à court (*Rhet.* 1418 a 34 *sq.*). Ce rapprochement est certainement fondé, d'autant que cette compétence est couplée, dans la *Rh. Al.*, avec le thème du raffinement d'expression (ἀστεῖα λέγειν, *Rh. Al.* 1434 a 33). Mais il ne faut pas omettre la possibilité d'une explication plus simple, liée au caractère professionnel du traité. Car la maîtrise de la longueur d'une intervention orale était d'autant plus nécessaire que le temps de parole, dans un procès privé, était mesuré par la clepsydre et variait selon l'importance des affaires[22]. Si le traité est destiné – entre autres – à la formation d'un logographe, ce que plusieurs autres indices laissent penser, la fonction pratique de ces préceptes est dès lors parfaitement claire.

2. La brièveté dans la **Rhétorique** *d'Aristote*

Terminologie

Une première différence entre la *Rh. Al.* et la *Rhétorique* d'Aristote frappe d'emblée, d'ordre terminologique. Dans la *Rhétorique* d'Aristote, la famille de l'adjectif βραχύς n'est pas utilisée en concurrence avec σύντομος pour désigner la brièveté stylistique. Sur les cinq occurrences de βραχύς, quatre relèvent des questions d'agencement et de rythme. À trois reprises (*Rhet.* 1409 a 14, 16, 18), ἡ βραχεῖα (la brève) désigne la *syllabe brève* dans l'analyse du péon. Ce genre d'emploi est absent de la *Rh. Al.* qui ignore complètement les effets produits par le rythme. Le quatrième emploi est celui du composé βραχύκωλος (*Rhet.* 1409 b 31) qui désigne des énoncés formés de *côla* courts, incapables pour cette raison de former des périodes. Là encore, il s'agit d'un type de doctrine absent de la *Rh. Al.*, car s'il est question de *côla* dans ce traité (1435 b 39 ; 1436 a 6), il n'y est jamais fait mention de période. En revanche, la famille de σύντομος (σύντομος, συντομία) est assez bien représentée dans la *Rhétorique* : 1407 b 28, 36, 38 ; 1414 a 25 ; 1416 b 5, 35 ; 1419 a 21. On note enfin l'emploi d'une expression métaphorique, ταχεῖα διήγησις (narration *rapide*, 1416 b 30), au service d'une acerbe critique contre ceux qui professent la brièveté de la narration au détriment de la juste mesure.

Une riche documentation

Au-delà du progrès en univocité du vocabulaire technique, la supériorité de la *Rhétorique* d'Aristote sur la *Rh. Al.* tient d'abord à la moisson d'observations, parfois anecdotiques, souvent très suggestives, qui s'y trouvent réunies et que l'on chercherait en vain dans la *Rh. Al.*, et pas seulement parce que ce dernier ouvrage est deux fois plus court que la *Rhétorique*[23]. Aristote « éthologue » note la tendance des vieux au bavardage (*Rhet.* 1390 a 9-10). Soucieux de la réception du

22. Cf. HANSEN 1991, p. 235-236.

23. Dans l'éd. Bekker, la *Rhétorique* occupe 66 pages à deux colonnes, la *Rh. Al.* 27.

discours, il prend en compte l'incompétence du public, incapable d'« atteindre à une vue d'ensemble par de nombreuses étapes et de raisonner depuis un point éloigné » (*Rhet.* 1357 a 3-4). Il considère que « le juge est *a priori* un homme simple » (11-12). Comme, de surcroît, les prémisses d'enthymème, en rhétorique, sont souvent bien connues (17-18), nous avons là un faisceau de raisons pour lesquelles l'enthymème n'a pas toujours la forme développée du syllogisme (16-17). Parmi les procédés de dépréciation, Aristote enregistre les hypocoristiques (1405 b 28 *sq.*) mais recommande de ne pas en abuser. En *Rhet.* 1408 b 32 *sq.* Aristote élabore une caractérisation des rythmes. Il souligne la noblesse de l'héroïque (spondée), par opposition à l'iambe doté du naturel de la conversation. Il y a là une axiologie tirée de l'observation et de la tradition poétique et chorégraphique qui font de la brièveté, de la vitesse quelque chose de courant, de trivial, et de la longueur, de la lenteur, quelque chose de noble. Je pourrais allonger la liste de ces notations qui attestent qu'Aristote a mené une enquête soigneuse.

Cette curiosité inlassable pour les pratiques réelles, peut-être aussi l'évolution de la pensée d'Aristote telle qu'elle peut se projeter sur un ouvrage composé en plusieurs temps, font de la *Rhétorique* un ouvrage ambivalent. On a l'impression que le philosophe, après un début spéculatif consacré exclusivement à l'enthymème et à l'exemple est allé de concession en concession, ou – si l'on préfère – d'ouverture en ouverture : ouverture à l'ἦθος et au πάθος lors de l'élaboration des deux premiers livres, ouverture à la *lexis* par l'adjonction du IIIe Livre aux deux premiers. Cette ambivalence du projet d'Aristote se manifeste parfois d'une manière éclatante. Comment concilier par exemple la réduction « puritaine »[24] de la rhétorique à la preuve, et de cette preuve à l'enthymème (*Rhet.* 1354 a 11 *sq.*), et ce passage du Livre III 17 (1418 a 29-32) où il est dit que (devant l'Assemblée), « il faut, quand on est à court (ἀποροῦντα), faire ce que font les orateurs à Athènes, ainsi qu'Isocrate : en conseillant, il accuse, par exemple les Lacédémoniens dans son *Panégyrique* ou Charès dans son *Sur la Paix* » ? On a remarqué l'emploi du verbe ἀπορεῖν[25], qui nous a paru révélateur de l'étroitesse du point de vue adopté dans la *Rh. Al.*, et le conseil de recourir à une ruse qui consiste, pour avoir quelque chose à dire, à dévier par rapport au sujet. Une autre remarque, surprenante par rapport aux idées reçues et à l'ambition affichée au début de l'ouvrage, se lit, toujours dans le Livre III (1418 a 39-b 1) : « Il convient mieux à l'homme honnête *d'apparaître* comme bon que comme rigoureux dans le raisonnement » (ἀκριβῆ τὸν λόγον). L'illusion à produire n'est même pas celle de la compétence intellectuelle. Quand Aristote s'inscrit ainsi dans la mouvance isocratique, il ne s'écarte guère de la tradition d'où émane également la *Rh. Al.* Ainsi s'expliquent simplement certaines similitudes entre les deux ouvrages. Leurs théories de

24. Mot de Jacques Brunschwig dans BRUNSCHWIG 1967, p. XCIX.

25. Ce mot n'est pas si rare dans la *Rhétorique* : 1366 a 20 ; 1368 a 19 ; 1385 a 14 ; 1403 a 36.

l'amplification, notamment, comportent plusieurs points communs (cp. *Rhet.* 1368 a 10 *sq.* et *Rh. Al.* 3, 1426 a 19 *sq.*) en particulier un artefact qui consiste à créer un contraste entre l'objet de l'amplification et un bien reconnu comme tel. Ce précepte est à la fois présent dans la *Rh. Al.* (1426 a 23-27) dans un développement qui précède de peu une topique manifestement judiciaire (1426 a 36 *sq.*)[26] et dans la *Rhet.* (1358 a 21-22) dans un passage où l'effet de contraste est imputé à Isocrate et à son expérience de la chicane (20-21). C'est le même fond d'isocratisme ou de morale courante qui se profile derrière la critique aristotélicienne de l'égocentrisme et de la vantardise (II 6, 1384 a 4-6).

Une rhétorique philosophique

Mais ce qui apparaît surtout quand on se livre à l'examen comparé des deux doctrines est une confirmation : Aristote est un philosophe. C'est une évidence qu'il faut rappeler et souligner, d'abord parce qu'elle interdit définitivement le retour à l'attribution de la *Rh. Al.* à Aristote, thèse que d'aucuns, rares il est vrai, ont encore soutenue assez récemment[27]. Le fait a pour autre conséquence que la comparaison avec un ouvrage comme la *Rh. Al.* est une opération beaucoup plus délicate que prévue. L'établissement de ressemblances ou de différences ponctuelles entre les deux traités doit laisser place à une analyse qui tienne compte des connexions établies par Aristote entre sa doctrine rhétorique et le reste de sa philosophie.

Prenons comme premier exemple la théorie de la période. La longueur de celle-ci est réglée par le principe de juste mesure. Mais si la brièveté des *côla* est à éviter, c'est surtout parce qu'elle fait « buter » (προσπταίειν) l'auditeur, parce qu'elle brise l'élan créé par son anticipation sur la suite (*Rhet.* 1409 b 17-32). On fait plus qu'entrevoir ici un lien entre la période comme forme dynamique, qui tend à la réalisation de sa fin, et l'intentionalité qui transparaît dans la nature conçue comme un vivant, animé par la cause finale et entraîné par elle vers son perfectionnement[28].

Autre exemple : dans le domaine de la métaphore et de la comparaison, il est dit que cette dernière est moins agréable parce que trop longue (*Rhet.* 1410 b 18). Réciproquement, telle ou telle formule subtile plaît d'autant plus au public que la compréhension est à la fois facilitée par l'antithèse et accélérée par la concision (*Rhet.* 1412 b 23-24). On touche là un des aspects majeurs de la théorie des raffi-

26. Cf. CHIRON 2002, p. 133, n. 190. Cette topique présente d'ailleurs des ressemblances frappantes avec *Rhet.* I 14, 1375 a 2 *sq.*, passage qui s'inscrit dans un chapitre consacré à l'appréciation de la gravité des délits dans le judiciaire.

27. Cf. CHIRON 2002, p. LVI-LVII et n. 120.

28. BODÉÜS 2002, p. 72-75. Cet ouvrage renferme un exposé clair et synthétique de l'ensemble de la philosophie d'Aristote.

nements du style (ἀστεῖα, *Rhet.* III, chap. 10-11)[29] : ces derniers représentent un μέσον, un juste milieu, entre la clarté excessive, la banalité, et l'obscurité, la difficulté excessive. Dans cet espace intermédiaire, les ἀστεῖα apportent du plaisir parce que, exigeant une certaine perspicacité – d'où la brièveté de leur formulation –, ils donnent l'occasion d'exercer aisément la faculté de compréhension et d'apprentissage (μάθησις). Il s'agit là encore d'un thème central de l'éthique aristotélicienne. Les hommes cherchent tous le bonheur. Or ce bonheur est une action (πρᾶξις), une action orientée vers une fin (τέλος). La fin pour tout être est le plaisir, mais le plaisir le plus haut, pour l'homme, est l'exercice de sa capacité propre qui est la capacité intellectuelle[30]. Pour dire les choses en quelques mots, les ἀστεῖα ont leur place en rhétorique parce qu'ils permettent l'exercice de la faculté de comprendre et d'apprendre qui correspond à la forme la plus haute du bonheur humain. On a lu la formule ἀστεῖα λέγειν dans la *Rh. Al.*, j'y reviendrai, mais elle y est dépourvue de ces arrière-plans philosophiques.

De même – malgré de nombreuses notations péjoratives qui en imputent l'effet à la faiblesse intellectuelle ou à la médiocrité morale du public[31] –, Aristote a conscience de l'importance de l'amplification et d'un principe plus général, qu'on pourrait appeler l'illusionnisme. Parmi les techniques illusionnistes figure l'effet de grandeur produit par la division. On lit en *Rhet.* 1365 a 10-19 : « Les mêmes choses, divisées en leurs parties, apparaissent plus grandes, car elles paraissent dépasser un plus grand nombre de choses […] Le fait de les réunir (τὸ συντιθέναι) et de les accumuler (ἐποικοδομεῖν) fait aussi paraître les choses plus grandes […] pour la même raison qui fait que la division a ce pouvoir (car la réunion fait voir une grande supériorité), et parce que ce dont on parle paraît principe et cause de grandes choses ». Ce dernier principe trouve confirmation au livre III (12, 1413 b 8 *sq.*), dans le passage où est établie l'opposition entre λέξις écrite et λέξις des débats. Cette dernière est propre à l'action oratoire, apte à l'expression des caractères et des passions, moins travaillée, moins exacte que la λέξις écrite. La *lexis* des débats est dite aussi propice à l'emploi d'un procédé de la brièveté, l'asyndète, qui, paradoxalement (cf. ἴδιον, 31), est un facteur d'amplification (34). Pourquoi ? Tandis que la conjonction fait un tout de plusieurs choses, l'asyndète fait *plusieurs choses* d'un tout (31 *sq.*). Cette conscience et cet intérêt persistants pour les effets de perspective et de

29. On ne saurait réduire la problématique à une question de style. On lit déjà au Livre II (22, 1395 b 24-26) : « il faut tirer les conclusions sans partir de trop loin, et sans passer par toutes les étapes, car, dans le premier cas, c'est l'obscurité qui guette, à cause de la longueur, dans le second, c'est le bavardage, dû au fait qu'on dit des évidences ».

30. BODÉÜS 2002, p. 192 *sq.*

31. Ainsi, en *Rhet.* III 1, 1404 a 5 *sq.*, l'étude du style est présentée comme une concession à la μοχθηρία de l'auditeur, qui fait qu'il y a quelque différence, même si le fond ne change pas, à dire les choses d'une manière plutôt que d'une autre.

présentation, qu'on observe aussi à propos de l'enthymème[32], doit être relié à la théorie d'ensemble qui fait de la perception le point de départ de toute représentation et de toute action[33]. C'est de la même façon, en effet – pour établir un parallèle parmi beaucoup d'autres possibles –, que si l'on étudie le comportement animal, on découvre à la fois qu'il est mû par le désir, pure puissance, et que ce désir ne peut devenir acte sans perception sensible : « le "premier moteur" n'est pas la faculté désirative de l'animal, mais le désir appréhendé dans le sensible extérieur » (Bodéüs, p. 45).

J'ai mentionné tout à l'heure le thème du μέσον. Au début du chap. 2 du Livre III (1404 b 1 *sq.*) sur les qualités du style, ce qui transparaît est une double norme : l'adaptation du discours à l'objet, d'où la priorité de la clarté (2-3) ; ensuite le πρέπον (convenance, adéquation). Ce πρέπον correspond à une norme à la fois esthétique et sociale de dignité, de distinction, dans les limites de l'expression orale courante, non poétique. Cette norme paraît d'abord fixe. Elle correspond à une juste mesure entre la bassesse et une grandeur trop poétique (μήτε ταπεινὴν μήτε ὑπὲρ τὸ ἀξίωμα ἀλλὰ πρέπουσαν, 3-4). Mais quand on cherche à éviter la trivialité, on doit recourir à des procédés d'amplification, à tout ce qui peut créer le θαυμαστόν (l'étonnant), la distance susceptible d'impressionner le public et de lui plaire (1404 b 8-12). Or ces procédés risquent parfois de faire apparaître l'artefact, de détourner l'attention du destinataire sur la forme du signifiant, ce qui suscite immanquablement la méfiance comme les vins trafiqués (18-21). Par conséquent, la norme devient mobile et le style tantôt plus trivial tantôt plus grandiose (cf. ἐπισυστελλόμενον καὶ αὐξανόμενον), pour s'adapter à l'ἦθος du locuteur. Ce dernier principe est formulé à propos de poésie, où la règle générale est un style de l'exception, mais où, quand on fait parler un esclave ou un jeune homme, on ne saurait user d'un langage orné. Un καὶ ἐνταῦθα (même là, *sc.* même en poésie, 1404 b 14) montre clairement que le principe s'applique en fait d'abord à la prose. Une preuve supplémentaire en est la suite du texte qui recommande l'emploi, sans excès et avec toutes les précautions que requiert le naturel de l'expression, d'une large gamme de procédés d'ornement et d'amplification. On voit que le μέσον n'est pas un point, mais une zone ou, si l'on préfère, une plage d'extension relative, variable en fonction des circonstances, autour d'un point idéal. Cette

32. Sur l'importance de la présentation, cf. par exemple *Rhet.* II 23, 1400 b 25-28 : « Parmi les enthymèmes, les réfutatifs ont plus de succès que les démonstratifs, parce que l'enthymème réfutatif est la réunion de contraires sous une forme brève, et que, mis ainsi côte à côte, ils apparaissent plus clairement à l'auditeur ». Cela va jusqu'à l'illusion, cf. *Rhet.* II 24, 1401 a 4-7 : « Dans les enthymèmes aussi, une expression ramassée et antithétique fait l'effet d'un enthymème, car l'enthymème est à sa place dans ce genre d'expression et un tel procédé semble émaner de la forme de l'expression ».

33. Cf. BODÉÜS 2002, p. 151.

axiologie très particulière[34] n'est pas seulement rhétorique, elle se retrouve dans la *politique* aristotélicienne, dans l'*éthique*, bien sûr, et jusque dans les parties des animaux. C'est de la même façon que la forme d'une aile, par exemple, pourra varier en largeur ou en longueur autour d'un point idéal de fonctionalité[35].

Dans ces conditions, on ne peut en rester à des comparaisons simples entre la *Rhétorique* et la *Rh. Al.* L'idée d'un μέσως λέγειν apparaissait – on l'a vu – dans la *Rh. Al.*, mais comme une formule parmi d'autre, et non comme un idéal d'adaptation à la circonstance. La *Rh. Al.* évoquait le raffinement d'expression, mais sans le relier au principe de plaisir. Le principe d'adaptation au locuteur se lisait sans doute déjà dans la *Rh. Al.*, mais dans une perspective pratique et limitée, celle du logographe qui devait, on s'en souvient, s'adapter à l'idiolecte du locuteur. Les rapprochements possibles sont des rapprochements de surface et qui témoignent d'une influence superficielle, car la démarche des deux auteurs est foncièrement différente. Dans la *Rh. Al.*, tous les modes d'expression – longs, courts, intermédiaires – sont a *priori* admis. Mais certaines parties du discours sont soumises à une obligation de brièveté, telles la narration ou la récapitulation. Aristote, quant à lui, commence par soumettre le style à des contraintes fortes, celles de l'objet d'abord, puis celles des convenances. On découvre vite que ces convenances coïncident avec un principe d'adaptation. La brièveté ne sera pas un *requisit* universel, elle sera relative tantôt à un objet, tantôt à un locuteur, et toujours à un μέσον (le style ne devant être ni trop… ni trop…). Et l'on assiste à un étrange renversement : le traité le plus soumis à la règle du καιρός n'est pas celui qu'on pense, mais le traité du philosophe. Et l'on n'est pas surpris de voir cette différence d'approche déboucher non plus sur des rencontres superficielles mais sur des polémiques. Comme l'auteur de la *Rh. Al.*, Aristote recommande parfois la brièveté de la narration, mais c'est dans le cas particulier de la défense (III 16, 1417 a 7 *sq.*). La règle voulant que les narrations soient rapides est,

34. La pensée d'Aristote, sur ce point est particulièrement cohérente. Il y revient en *Rhet.* III 7 où il rappelle que le πρέπον recouvre trois niveaux d'adaptation : a) à l'objet en terme d'analogie, de proportionalité (petit/petit ou grand/grand) avec les choses ; b) à l'émotion du locuteur ; c) à la disposition plus stable du locuteur qu'Aristote appelle *èthos*. Un exemple paraît s'écarter de cette règle, quand Aristote évoque le cas d'un ornement (κόσμος) appliqué à un « mot courant » (εὐτελεῖ ὀνόματι), comme dans la formule à la manière de Cléophon « auguste figue » (*Rhet.* III 7, 1408 a 13-16). On croit quitter la correspondance mot/chose au profit d'une cohérence de registre entre les mots. Mais il faut sans doute voir ici la conséquence d'une particularité de la sémiotique aristotélicienne, qui veut que, dans l'espace d'une langue particulière, il y ait un mot et un seul pour chaque chose (voir sur ce point LALLOT 1988, p. 47-58). Il y a dès lors moins de difficulté à appeler *mot* la *chose*, par métonymie en quelque sorte. Signalons au passage que cette homologie n'est pas le dernier mot du Stagirite qui a reconnu la capacité du langage de signifier le non-être (voir *Seconds analytiques* 7, 92 b et la claire mise au point de CRUBELLIER et PELLEGRIN 2002, p. 127 *sq.*).

35. Ce rapprochement avec l'histoire naturelle n'est pas forcé, cf. le lien entre l'équilibre des régimes politiques et la variabilité de la forme du nez en *Rhet.* I 4, 1360 a 23 *sq.* Sur le μέσον aristotélicien, voir la récente étude de GAUTHIER-MUZELLEC 1998.

comme règle générale, vivement critiquée (III 16, 1416 b 29 *sq.*). Cette règle est « ridicule ». Aristote y oppose l'image de la pâte qui doit être pétrie comme il faut, ni dure ni molle. La consigne de brièveté de la récapitulation apparaît aussi chez Aristote mais une seule fois (κεφαλαιωδῶς, III 19, 1419 b 32) et sans que cette règle soit aucunement monolithique. De même en ce qui concerne la brièveté des enthymèmes. Dans le dialogue oratoire, la condensation des enthymèmes, liée à la faiblesse d'esprit des auditeurs (*Rhet.* 1419 a 19), s'impose. Mais quand on clarifie des questions ambiguës, il faut opérer des distinctions et prendre son temps (1419 a 19-21). Même souplesse en *Rhet.* III 6 (1407 b 28-29) : examinant les procédés qui donnent du volume, de la solennité (ὄγκος) au discours, Aristote décrit l'emploi de la définition en lieu et place du nom, et poursuit : εἰς δὲ συντομίαν, τὸ ἐναντίον, ἀντὶ τοῦ λόγου, ὄνομα (pour obtenir la concision, c'est le contraire : au lieu de la définition, on met le nom). La brièveté est ici une option parmi d'autres et non un principe général. Il en va de même quand il s'agit de choisir entre l'enclave de l'adjectif entre l'article et le nom – formule brève – ou la disjonction, qui implique la répétition de l'article (1407 b 35-37), ou encore entre l'usage ou la suppression des coordonnants (1407 b 37-1408 a 1)[36].

Il est une autre ressemblance superficielle qui mérite une relecture[37]. On se souvient de ces remarques métadiscursives (« en résumé », « sommairement »), par lesquelles l'auteur de la *Rh. Al.* présentait son approche comme schématique, réduite à quelques situations-types. Il arrive assez souvent qu'Aristote lui aussi mette un frein à certains développements (par ex. en *Rhet.* 1361 b 34-35), mais pour une raison bien différente. Pour lui, la rhétorique n'est pas un savoir très élaboré (cf. *Rhet.* 1359 b 5-7). Substitut de la science (Bodéüs, p. 120) dans le champ de la φρόνησις (intelligence de l'action), la rhétorique n'est qu'une « technique », qui vaut par son utilité. Si elle est relativement superficielle et a-morale, c'est qu'elle est soumise à un savoir plus haut, architectonique, politique, qui aura quant à lui assez de hauteur pour définir le τέλος c'est-à-dire le bien, relatif à celui qui le poursuit, sujet ou collectivité (Bodéüs, p. 178). En d'autres termes, l'amoralité de la *Rhétorique* est provisoire, elle tient au fait que cette technique n'est pas le lieu où s'élabore son τέλος.

Il reste à expliquer cette « teinture » philosophique et aristotélicienne déposée sur la *Rh. Al.* sans que cette influence soit réellement profonde. L'existence d'un

36. Cette tolérance est due aussi au fait que la stylistique aristotélicienne est fondée sur l'analyse critique dans tous les genres de textes préexistants. Il y a là une différence capitale par rapport à la *Rh. Al.* où l'on trouve en tout et pour tout une seule citation poétique, un passage du *Philoctète* d'Euripide (1433 b 11-14).

37. Je mets en relief les cas les plus saillants. Il y en a d'autres. On se souvient du thème de l'organicité du discours. Il reparaît chez Aristote, mais au décours d'un développement qui s'oppose à la méthode un peu simpliste adoptée dans la *Rh. Al.* En *Rhet.* III 14, 1415 b 8, Aristote part en guerre contre les règles figées dans le domaine de l'exorde. Il n'en faut pas toujours, dit-il, sinon sous forme résumée « pour que <le discours>, tel un corps, ait une tête ».

fond commun, traditionnel, isocratique, est certaine. Mais, sur certains points, je crois qu'il faut supposer un contact entre les deux ouvrages – que ce contact s'explique par un lien entre les auteurs ou par un phénomène de transmission. On se souvient d'un passage de la *Rh. Al.* qui faisait de la variété de présentation des enthymèmes le moyen principal du raffinement d'expression (1434 a 33-37). Ces enthymèmes pouvaient être complets, ou réduits *de moitié*, de manière à ce que les auditeurs *devinent* l'autre moitié. On lit dans la *Rhétorique* (II 23, 1400 b 28-33) : « l'enthymème réfutatif est la réunion de contraires sous une forme brève, et que, mis ainsi côte à côte, ils apparaissent plus clairement à l'auditeur. Mais parmi tous les syllogismes, qu'ils soient réfutatifs ou démonstratifs, les plus applaudis sont ceux qu'on devine dès le début – non qu'ils soient superficiels pour autant (car en même temps, on est fier d'être capable d'anticiper la fin tout seul) – et ceux qu'on tarde à saisir, mais dans cette limite qu'on les comprend au fur et à mesure de leur énonciation ». La binarité de l'enthymème trouve son explication, chez Aristote, dans son origine : c'est le syllogisme dialectique adapté aux conditions de communication de la rhétorique. La fierté du destinataire qui « devine » est liée chez Aristote à la théorie du plaisir de comprendre/apprendre. En revanche rien dans la *Rh. Al.*, où l'enthymème reçoit une définition toute différente (repérage de contradictions chez l'adversaire, cf. chap. 10, 1430 a 23-39), ne permet de comprendre ce précepte. Il est probable que la *Rh. Al.* a subi, sur ce point et sans doute sur d'autres, l'influence d'Aristote.

Conclusion

La question posée s'est finalement avérée assez complexe. On ne peut pas dire que les deux ouvrages s'opposent comme un traité sophistique s'opposerait à un traité philosophique, ou un traité empirique à un traité rationnel. On trouve entre eux de vraies ressemblances qui sont dues soit à un même fonds traditionnel, soit à une commune influence isocratique, soit à des influences réciproques (notamment sur la brièveté de l'enthymème). Mais ce que l'on observe surtout, c'est un ensemble de ressemblances trompeuses ou de différences marquées, qui ne peuvent se commenter ponctuellement, car elles tiennent au fait qu'Aristote « remotive » des idées qu'il reçoit de la tradition, mais en les intégrant ou en les adaptant à un ensemble conceptuel absent de la *Rh. Al.* Ce fait creuse entre les deux ouvrages un abîme. La *Rh. Al.* est un traité pratique, étroitement lié à la mise en œuvre des préceptes, précieux en ce qu'il éclaire sur mille points l'art des orateurs attiques. Aristote, plus éloigné de la pratique, s'exempte de normes dictées visiblement, dans la *Rh. Al*, par des nécessités juridiques (interdiction de parler hors la cause ; respect de la clepsydre). Il a composé un traité qui tire de la tradition un énorme matériau, mais pour le faire servir à un projet philosophique ambitieux et personnel. Sur la question de la brièveté, la richesse de sa documentation, la souplesse de ses principes, en font le véritable initiateur d'une approche non plus rhétorique mais littéraire du problème, que la période hellénistique saura prolonger.

3. LA PREUVE

L'ARGUMENTATION, LA PERSUASION, LA MANIPULATION ET LEURS THÉMATISATIONS RHÉTORIQUES : LE CAS DE LA *RHÉTORIQUE À ALEXANDRE*

Personne ne s'étonnera que je restreigne considérablement les ambitions de mon exposé par rapport à son titre initial, proposé dans un moment d'optimisme inconsidéré.

Je prendrai comme champ de recherche la *Rhétorique à Alexandre*, à laquelle je souhaite revenir après m'être occupé quelque temps de la *Rhétorique* d'Aristote. Ce sont les deux seuls traités de rhétorique que nous ayons conservés pour l'époque classique, mais la *Rhétorique à Alexandre*, conservée sans doute en raison de sa fausse attribution à Aristote, est tombée dans l'oubli depuis les travaux de L. Spengel[1]. En l'enlevant au Stagirite et en l'imputant à un sophiste à la réputation douteuse, Anaximène de Lampsaque, Spengel a sans le vouloir considérablement nui à ce texte. Bien des questions se posent encore à son sujet et il n'est peut-être pas inutile d'y revenir.

Un article récent de Tobias Reinhardt, dans le Festschrift dédié à William Fortenbaugh[2], tente d'explorer les liens entre ce traité et les τέχναι plus anciennes. Sa thèse est que la *Rhétorique à Alexandre* est un exemplaire des traités où Aristote a puisé certains des schèmes argumentatifs décrits dans les fameux chapitres 23 et 24 du livre II de la *Rhétorique*. En d'autres termes, ces chapitres seraient nourris non seulement des *Topiques* et de leur suite, les *Réfutations sophistiques*, mais aussi de traités authentiquement techniques de rhéteurs plus anciens dont la *Rhétorique à Alexandre* serait le seul exemplaire survivant. Il faut dire que T. Reinhardt s'appuie sur une définition souple de la notion de τέχνη, enracinée d'après lui dans le *Corpus hippocratique*, mais reprise par les sophistes et qui perdurera jusqu'à une date tardive, puisqu'elle sert encore à Sextus Empiricus. Cette définition réunit les *requisit* suivants : utilité pratique, formulation d'un objectif spécifique, capacité de réaliser l'objectif et de déterminer les bonnes et les mauvaises procédures, possibilité pour une personne inexpérimentée d'atteindre le même résultat mais sans pouvoir expliquer pourquoi, ce dont seul le

1. Citons, parmi beaucoup d'autres publications sur ce thème : SPENGEL 1844.
2. REINHARDT 2007.

technicien est capable. Le critère principal selon Reinhardt est justement celui-ci, ce qu'il appelle d'un mot à la mode, l'*accountability*, c'est-à-dire en l'occurrence la capacité et le devoir de *rendre compte* du succès et de l'échec. Et, selon lui, ce modèle de traité aurait existé en rhétorique depuis la fin du ve siècle.[3]

Cette question – on l'aura compris – se rattache au vaste problème des débuts de la technique rhétorique, question ranimée depuis bientôt vingt ans par les travaux de Th. Cole et d'E. Schiappa[4], qui considèrent comme quasiment nul l'apport de la proto-rhétorique et qui imputent à Platon et le mot et la chose, plus précisément le mot « rhétorique » attesté pour la première fois dans le *Gorgias* et un programme proprement technique que, sur d'autres fondements philosophiques, Aristote réalisera plus tard.

En réalité, les aspects historiques et philologiques de la question sont loin d'avoir été tous tirés au clair et il n'est pas sûr que le dossier puisse être complètement et définitivement instruit. En ce qui concerne la *Rhétorique à Alexandre*, le texte a certainement été modifié lors de l'annexion du traité au *corpus aristotelicum*, mais il est malaisé de dire dans quelle mesure exacte. En outre, la tradition biographique d'Anaximène de Lampsaque fait vivre ce dernier dans les mêmes milieux qu'Aristote, Anaximène ayant été lui aussi précepteur d'Alexandre, mais il est impossible d'aller au-delà et de détecter de façon sûre d'éventuelles influences[5].

Cela dit, l'hypothèse de Tobias Reinhardt rencontre un sentiment que j'ai souvent eu en éditant la *Rhétorique à Alexandre*, celui d'un texte archaïque par rapport à Aristote, qui plonge ses racines dans la pratique oratoire de l'époque classique – le fameux corpus des orateurs attiques – et qui en même temps témoigne d'un niveau de formalisation assez élevé quoique de nature non-philosophique.

Je vais donc me poser à propos de ce texte la question de la thématisation ou de la non-thématisation de ce que nous distinguons en argumentation factuelle, en persuasion – celle-ci incluant les aspects affectifs, pathétiques, etc. –, et en manipulation – au sens où une δόξα est transmise, avec son cortège de décisions pratiques, sans argumentation ni persuasion dignes de ce nom mais dans le respect apparent du sentiment de liberté.

La thèse que je voudrais défendre est que la rhétorique pré-aristotélicienne représentée par la *Rhétorique à Alexandre* a un caractère réellement technique, dans la

3. REINHARDT 2007, p. 87-88 ; 103. On comparera cette estimation avec la date de 420 proposée par S. Usher pour situer le premier corpus technique, reconstitué à partir de divers textes, relevant de l'art oratoire mais aussi du genre tragique, historique, etc. (USHER 1999, p. 21-26).

4. Cf. COLE 1991 ; SCHIAPPA 1990 ; SCHIAPPA 1999. Voir *contra* – notamment – PENDRICK 1998.

5. Cf. CHIRON 2002, p. LXXXIII *sq.*

mesure où elle formule un objectif de persuasion et qu'elle décrit méthodiquement les moyens de l'obtenir, mais qu'elle joue sur l'amalgame de paramètres qui sont justement ceux dont la séparation tend à discriminer le discours et l'acte de parole. Je ferai de cette dernière notion un usage élargi, peut-être abusif, pour les cas où le locuteur littéralement *emporte* la πίστις, c'est-à-dire l'adhésion, sans décliner toutes les étapes d'une démonstration valide, dans un mouvement analysable par le technicien, mais pas par le destinataire, et dans une dissymétrie typique d'une conception non-dialectique, professionnelle, utilitaire, de la rhétorique. Je tâcherai de montrer au passage que ce type de rhétorique a beaucoup de traits de ce que nous appelons *pragmatique*, car il requiert pour fonctionner des conditions particulières.

Afin d'organiser les quelques analyses qui suivent, je prendrai appui sur trois points tirés d'un résumé lui-même en six points de ce qui à mes yeux permet le mieux de distinguer la *Rhétorique à Alexandre* de la *Rhétorique* d'Aristote[6] : je m'intéresserai d'abord au privilège accordé à l'εἰκός, ensuite au recours au temps de l'énonciation ; enfin à l'utilisation très particulière qui est faite du méta-discours de la persuasion.

1) Le vraisemblable

Dans la *Rhétorique à Alexandre*, le mot εἰκός désigne une vraisemblance subjective, toujours modifiable, notamment par l'exemple (παράδειγμα), sur lequel le rhéteur écrit ceci :

> Il y a deux types d'exemples : parmi les faits, les uns se produisent selon l'attente (κατὰ λόγον), les autres contre l'attente (παρὰ λόγον). Ceux qui se produisent selon l'attente amènent le crédit (πιστεύεσθαι), ceux qui ne sont pas conformes à l'attente entraînent la défiance (ἀπιστεῖσθαι). Je veux dire par exemple ceci : mettons que l'on dise les riches plus justes que les pauvres et que l'on cite des actions justes d'hommes riches, eh bien de tels exemples paraissent conformes à l'attente car, on peut le constater, la plupart des gens estiment que les riches sont plus justes que les pauvres. Si, en sens inverse, on faisait état de personnes riches ayant commis des injustices pour de l'argent, on ferait naître la défiance à l'égard des riches.[7]

L'intérêt de ce passage est que nous avons une analyse extrêmement lucide qui établit une relation entre le cours des faits et la δόξα. On peut le gloser ainsi : notre vécu nous inspire des inductions spontanées, qui se transforment volontiers en propositions du genre : les riches respectent mieux la loi que les pauvres. Les exemples paradoxaux devraient déboucher sur l'affinement de la proposition et sur sa formulation en tant que généralité susceptible d'exception : « généralement parlant, les riches respectent mieux la loi que les pauvres ». Le rhéteur s'en sert

6. 1) Prééminence de l'εἰκός, 2) réversibilité/opposabilité universelles, 3) emploi argumentatif du vocabulaire rhétorique, 4) utilisation du temps de l'énonciation, 5) « complexes » argumentatifs, 6) moules de présentation de l'argument, cf. CHIRON 2007a, p. 98-99.

7. *Rhétorique à Alexandre*, 1429 a 27-38.

pour tout autre chose, une proposition inverse que l'on pourrait formuler familièrement : « tous les riches sont pourris ».

La suite est facile à deviner : dans un procès, l'inclusion de l'adversaire dans la catégorie ainsi caractérisée permet d'influer sur le jugement (par exemple, « l'accusé est riche, donc pourri »). J'ajouterai que ce type d'abus est certainement plus efficace dans un système judiciaire comme celui d'Athènes où le vote des héliastes intervenait sans délibération, immédiatement après l'audition des parties. D'autre part, Athènes était une ville moyenne, particulièrement propice à ce genre de généralisation et surtout à ces inclusions rapides, le public collectif des jurys populaires ayant une connaissance, mais une connaissance lointaine des personnalités. On peut citer ici le cas de l'orateur Démade – celui qui a négocié la reddition d'Athènes après Chéronée – connu surtout par des sources aristocratiques qui font de lui un ouvrier du port, d'où sa réputation ultérieure d'orateur autodidacte, alors que les inscriptions montrent qu'il comptait des stratèges dans sa famille[8]. En d'autres termes, la basse extraction de Démade est selon toute vraisemblance une réputation fabriquée de toutes pièces.

Le rayon d'action de ces procédures n'est pas limité au judiciaire. Dans le délibératif, soit la proposition : « Contractons beaucoup d'alliances » et l'argument : « car à la guerre le nombre est facteur de victoire ». Le rhéteur note qu'on a alors le vraisemblable pour soi. Si l'on veut en revanche persuader l'assemblée de partir en guerre en état d'infériorité numérique, il faudra donner des cas particuliers de victoires inattendues. Et il paie de sa personne en énumérant non moins de quatre épisodes historiques plus ou moins récents : la restauration démocratique de 403, la victoire des Thébains à Leuctres en 371, la victoire de Dion sur Denys de Syracuse en 357, celle des Corinthiens sur les Carthaginois, à Syracuse encore, en 344/343. La série de quatre exemples est là manifestement pour fausser la perspective, et l'on constate deux choses : au niveau de la rédaction du traité, la continuité entre règle générale et exemple à imiter ; surtout, l'association étroite de l'exemple paradoxal à un procédé d'amplification, en l'occurrence l'effet d'accumulation, ce qui évoque l'amalgame volontairement opéré par Isocrate, au moyen du terme ἰδέα, de ce qui relève pour nous soit de la forme de l'expression soit de l'argument[9].

On est frappé par le caractère pratique et pertinent de ces analyses. Le but n'est pas d'obtenir une proposition fondée en vérité ou en statistique, mais une croyance qui doit elle-même se concrétiser dans un vote. Ce qui est remarquable aussi est que la méthode pour inverser le vraisemblable consiste à mimer le processus même de constitution du vraisemblable : de même que la vie nous confronte à des expériences répétées qui finissent par converger, si l'on expose le public à un,

8. Cf. BRUN 2000.

9. Cf. Isocrate, *Sur l'Échange,* 181 *sq.* ; 280, etc. ; NAVARRE 1900, p. 189-191. Cp. *Rhétorique à Alexandre*, 1423 a 17 (et n.)

puis deux, puis quatre cas paradoxaux, il finit par induire tout seul la proposition qui sert la thèse que l'on veut défendre, en l'occurrence « il n'est pas nécessaire d'être plus nombreux pour gagner ». La technique s'élabore par une observation critique des mécanismes subjectifs de la croyance. On trouve une thématisation claire de cette méthode dans la théorie de l'exorde proposée dans la *Rhétorique à Alexandre* :

> Pour ce qui est d'inviter le public à l'attention, nous pourrons découvrir comment faire en observant à quels discours et à quelles affaires nous prêtons nous-même le plus attention quand nous prenons part à une délibération : n'est-ce donc pas quand la délibération porte sur des affaires importantes, terribles ou qui nous touchent personnellement ? Etc.[10]

Le « nous » réunit ici les rhéteurs, invités à réfléchir à une expérience commune à tout le monde pour y puiser des artefacts. Le public futur n'est évidemment pas convié à la réflexion. Nous sommes là très proches de ce que certains spécialistes de psychologie sociale appellent manipulation : cette manière d'épouser le fonctionnement de la *doxa* garantit le sentiment de liberté du futur public au moment même où il prêtera attention à ce qui ne le mérite pas ou adoptera un jugement orienté à son insu. Un cas extrême de ce genre de technique est la soumission d'une partie de la thèse à la possibilité de la faire admettre. Prenons le cas d'un sycophante désireux de nuire et d'extorquer de l'argent à quelqu'un. Comme il est libre du choix du chef d'accusation – et pour cause –, si la personne à laquelle il s'attaque est jeune, il l'accusera d'avoir commis un crime habituel aux jeunes. Je cite :

> Si celui que tu accuses est jeune, ce que font les gens de cet âge, dis qu'il l'a fait ; en raison de la ressemblance, on accordera crédit aussi aux accusations portées contre lui. Il en ira de même si tu montres que ses camarades sont tels que tu dis qu'il est, car du fait qu'il les fréquente, on croira aisément qu'il se conduit comme ses amis[11].

Le public croit ce qui ressemble à ce qu'il sait, et réciproquement, pour parodier la formule du Gorgias de Platon, il déteste ce qui est différent de lui.[12]

Toute la question est de savoir si ces techniques illusionnistes sont dépendantes ou non de la théorie aristotélicienne de l'induction et de la déduction. Ce que l'on peut dire est que, dans la *Rhétorique à Alexandre*, le vocabulaire des *pisteis* est quasiment le même que chez Aristote, mais que ce vocabulaire est pour une grande partie très ancien, puisqu'on le trouve déjà à l'époque d'Antiphon, que, d'autre part, il manque à la *Rhétorique à Alexandre* certains termes essentiels, comme πρότασις ou ἐπαγωγή. Surtout, l'auteur de la *Rhétorique à Alexandre* donne à ce lexique – au premier chef à enthymème, mais aussi à τεκμήριον, etc. – des valeurs fort différentes de celles d'Aristote[13].

10. *Rhétorique à Alexandre*, 1436 b 5-15.
11. *Rhétorique à Alexandre*, 1428 b 26-32.
12. *Gorgias*, 513 c.
13. Voir CHIRON 1998, reproduit dans ce volume p. 195 *sq*.

2) Le temps de l'énonciation

Un second trait à la fois non-aristotélicien et authentiquement technique – si l'on accepte la définition souple que j'ai empruntée tout à l'heure à Tobias Reinhardt – est une utilisation consciente du facteur-temps[14]. Nous sommes là dans le voisinage du thème sophistique du καιρός et en même temps de la notion de nouveauté développée par Isocrate comme un élément décisif de la réussite oratoire. On se souvient que, pour Isocrate, le développement de la compétence oratoire suppose au premier chef des qualités naturelles, ensuite quelques connaissances techniques délivrées par un bon maître, enfin et surtout un inlassable entraînement de l'élève soutenu par l'imitation du maître[15]. L'objectif de cet entraînement est de se rendre capable de fournir un discours toujours nouveau, cette nouveauté étant nécessaire en elle-même, en raison de son pouvoir propre, et bien sûr pour « coller » à l'événement toujours inédit que représente tout discours.

À l'égard du temps, de la performance oratoire conçue comme un *happening*, et de la paradoxale entreprise qui consiste à codifier la pratique la plus imprévisible, l'auteur de la *Rhétorique à Alexandre* manifeste un intérêt sans cesse renouvelé. Il prend toujours soin, lorsque plusieurs arguments sont nécessaires, d'indiquer l'ordre dans lequel il faudra les présenter. Cet ordre et cette temporalité sont objectivés, à un premier niveau, par un méta-discours : le rhéteur dit, en substance, « dans tel ou tel cas, il faut mettre telle πίστις d'abord, telle autre ensuite, et ainsi de suite », mais ce qui est remarquable est qu'ils sont abordés, comme la vraisemblance, d'un point de vue subjectif et que cette subjectivité procède du même mécanisme d'identification signalé tout à l'heure à propos de l'exorde. On peut prendre le cas du genre démégorique, à propos duquel le rhéteur passe en revue les thèmes de délibération correspondant à l'ordre du jour de l'Assemblée. Quand on fait la comparaison avec le chapitre 4 du Livre I de la *Rhétorique* d'Aristote, on constate des différences remarquables. Aristote distingue cinq thèmes principaux : finance, guerre et paix, protection du territoire, importations et exportations, législation. Dans le chapitre correspondant de la *Rhétorique à Alexandre* (2, 1423 a 13 *sq.*), ces sujets de délibération sont définis de manière à atteindre le chiffre de sept, chiffre qui correspond au nombre des espèces oratoires, d'un groupe spécialement important de moyens de persuasion… Qu'il s'agisse d'un procédé mnémotechnique ou d'autre chose, je ne sais pas, mais toujours est-il que ce chiffre est obtenu au moyen d'artifices comme celui qui sépare la paix et la guerre, alors que chez Aristote, d'une façon plus dialectique, ce sont deux options correspondant à une seule question. On constate aussi que le thème de délibération présenté et traité en premier est la question des cultes, qu'Aristote omet. Dans l'examen de cette question des cultes, trois propositions-

14. Voir sur cette question CASSIN 1997.

15. Voir notamment Isocrate, *Contre les Sophistes*, 14-18.

types sont présentées avec l'argumentation *ad hoc*, dans un ordre qui est un ordre de difficulté croissante mais aussi d'*impiété* croissante : soit le maintien de l'apparat des cultes, l'augmentation des dépenses, et enfin ce qui requiert le plus de précautions, c'est-à-dire la diminution des dépenses religieuses. Une fois encore, la formulation de l'argument est indissociable de sa teneur argumentative. Par exemple, quand il s'agit de défendre l'idée que les dépenses doivent dépendre de l'état des finances, bref qu'on ne doit pas dépenser plus qu'on a, on assiste à un effacement du religieux, et le moule de présentation de l'argument est rédigé comme suit : « Les hommes ne sont pas les seuls facteurs à considérer pour régler les finances publiques (en grec : πολιτικὰς δαπάνας) mais aussi le bon ou le mauvais état des affaires » (2, 1423 b 30-32). Plus loin, le rhéteur présente cette même proposition – diminuer l'apparat des cultes – comme de celles qui éveillent la prévention de l'auditeur. Le rhéteur conseille alors, pour apaiser sa réticence, de prendre les devants, de formuler soi-même cette prévention, et l'on constate alors la même laïcisation du débat :

> Il faut en pareil cas user d'abord de l'anticipation à l'adresse des auditeurs, ensuite reporter l'accusation sur la nécessité, le sort, les circonstances ou l'intérêt de l'État, et dire que ce ne sont pas les conseillers qui sont responsables de telles propositions mais l'état des affaires.[16]

Sinon, le retentissement du moment de l'énonciation sur la force même de l'argument est formulé parfois d'une manière spectaculaire. Je citerai ce passage à propos justement de la procatalepse, ou anticipation sur les thèses et les arguments de l'adversaire. Le rhéteur cite quelques exemples de ce genre : « Peut-être <mon adversaire> va-t-il gémir sur sa pauvreté, ce n'est pourtant pas moi, mais sa façon de vivre qui en est la cause », et il enchaîne :

> Quand nous parlons en premier, telle est la manière dont il faut anticiper sur les propos prévisibles des adversaires, pour les détruire ou les affaiblir. Car même si les points qu'on a dénigrés par avance sont tout à fait solides, ils ne paraîtront pas aussi importants (μεγάλα) à ceux qui en auront déjà entendu parler[17].

On remarque que le précepte dépend de l'ordre de la prise de parole, considération qui éclaire le choix par Antiphon de conserver dans ses *Tétralogies* l'ordre des discours réels. Ce qui est thématisé ici, en termes d'effet de croyance, c'est la différence entre l'effet de l'énonciation et l'effet de l'argumentation et le fait, constaté empiriquement, qu'une énonciation dans un temps bien choisi érode la force de persuasion d'un argument, même bon.

On sent que l'on a affaire à un rhéteur-sophiste qui – certes – formule un méta-discours, décrit une manière de faire et en explique le fonctionnement, mais en s'inscrivant par avance dans un réseau social, politique et religieux commun à lui-même, à son élève et au public futur et inscrit dans le temps psychologique. Le discours s'anticipe lui-même dans sa future adaptabilité, aux antipodes de ce qui

16. *Rhétorique à Alexandre*, 29, 1437 b 21-26.
17. *Rhétorique à Alexandre*, 18, 1433 a 35-39.

fait le fondement de la philosophie, à savoir le fait – je cite un article de M. Dixsaut sur Isocrate – « de ne reconnaître pour philosophique qu'une pensée qui s'anticipe elle-même dans sa représentation normative »[18].

3) Vocabulaire rhétorique et performance

Un autre requisit de la pensée philosophique est l'univocité du vocabulaire. Vous avez compris que, dans la *Rhétorique à Alexandre*, la thématisation distincte de l'argumentation, de la persuasion et de la manipulation est justement absente. Il me reste à montrer que c'est une indistinction volontaire et concertée. Le meilleur exemple est probablement celui du σημεῖον, présenté au début de la deuxième partie du traité dans une série de sept πίστεις, au sixième rang, juste avant la preuve (ἔλεγχος), ce qui semble *a priori* lui donner une grande force probante. D'ailleurs, une lecture rapide pourrait faire croire à un texte très savant de dialectique. En réalité, nous retrouvons les mêmes caractéristiques que celles que nous avons notées à propos du vraisemblable : ce qui intéresse le rhéteur est non l'établissement d'une liaison causale entre les faits, mais la possibilité de faire reconnaître à l'auditeur une coïncidence habituelle, et de produire en lui une croyance ou un savoir. La réalité des faits a le même caractère subordonné, et le rhéteur n'hésite pas à envisager l'idée de *fabriquer* les signes. Mais le plus étonnant, c'est le maintien volontaire du même mot pour des signes dont la force probante est très inégale. Aristote au contraire distingue soigneusement, au chapitre 2 du Livre I de la *Rhétorique*[19], le τεκμήριον, ou signe nécessaire, et le signe non nécessaire qui, je le cite, « n'a pas de nom exprimant la différence », détail qui irait assez dans le sens de Tobias Reinhardt. Mais citons ce passage très étonnant de la *Rhétorique à Alexandre :*

> Est une chose signe d'une autre, non pas n'importe quoi signe de n'importe quoi, ni toute chose signe de toute chose, mais seulement ce qui se produit d'habitude (τὶ εἰθισμένον γίνεσθαι) avant la chose, ou en même temps que la chose, ou après la chose. De plus, ce qui est arrivé est signe non de ce qui s'est passé seulement mais aussi de ce qui ne s'est pas passé ; de même aussi, ce qui ne s'est pas passé est signe non seulement de ce qui n'est pas mais aussi de ce qui est. Parmi les signes, l'un produit une croyance (οἴεσθαι), l'autre un savoir (εἰδέναι). Le meilleur est celui qui procure un savoir, vient en second celui qui produit une opinion très plausible (δόξαν πιθανωτάτην). Nous fabriquerons (ποιήσομεν) un grand nombre de signes, en bref, à partir de chaque chose faite, dite ou vue, prise une à une.[20]

On peut se demander : pourquoi cet amalgame ? Tout simplement parce que, dans cette démocratie grecque du milieu du IVe siècle, où le public a accumulé une énorme expérience en matière d'éloquence, le vocabulaire même de l'argumentation fait partie du discours à titre d'argument purement verbal et que le rhéteur enseigne à jouer sur le nom des arguments, ou à se jouer du nom des arguments,

18. DIXSAUT 1986, p. 67.
19. 1357 b 1 *sq.*
20. *Rhétorique à Alexandre*, 12, 1430 b 30-40.

comme on voudra. J'en veux pour preuve le début du chapitre suivant : « La preuve est ce qui ne peut pas être autrement que comme nous le disons »[21].

Conclusion

Je serais donc bien embarrassé si l'on me demandait de traduire argumentation *vs* persuasion *vs* manipulation à partir du lexique technique de la *Rhétorique à Alexandre*. Ce n'est pas – je crois l'avoir montré – de l'ignorance de la part du rhéteur mais une volonté d'entretenir l'équivocité du vocabulaire même de sa technique puisque le vocabulaire métadiscursif participe à l'entreprise de persuasion. J'aurais pu citer d'autres passages où, par exemple, le mot démonstration, le verbe démontrer (ἀποδεικνύναι) sont corrélés à l'emploi de procédés d'amplification[22]. Je suis persuadé qu'il avait une idée assez précise de la vérité, de l'erreur, du mensonge et de la différence entre une argumentation rigoureuse et les moyens de conduire son destinataire à son insu à de certaines opinions et décisions. Mais sa perspective est pratique et professionnelle. Son objectif est la πίστις, soit une adhésion agissante, débouchant sur un vote dans le domaine judiciaire ou délibératif. Or pour un public ordinaire, peu exercé à l'analyse logique, l'adhésion procède de mécanismes fondamentalement hétérogènes et mêlés : au raisonnement se mêlent la reconnaissance du connu, l'erreur de perspective, le plaisir vite épuisé de la découverte, les jouissances de l'amour-propre, etc. Dans ce contexte, les ressources les plus efficaces du rhéteur sont des moyens de persuasion inanalysables, mettant en œuvre conjointement plusieurs ressorts dont certains non verbaux, ce qui les rattache à des *speech acts*. Je n'ai pas eu le temps d'en parler, mais la partie proprement technique du traité est complétée, dans un court chapitre[23], par un ensemble de règles de vie, dérivées de l'art du discours, qui visent à unifier la parole et la personne de l'orateur, et à renforcer par cette unité le pouvoir de persuasion du futur discours. Aristote au contraire aura à cœur de faire de la persuasion par l'ἦθος un effet du discours et du discours seul[24].

Il s'agit bien entendu d'une rhétorique vulgaire, celle qui s'est attiré le mépris de Platon et même d'Aristote, mais – et c'est quelque chose que l'on dit moins souvent – c'est une *vraie rhétorique*, c'est-à-dire une technique consciente d'elle-même, de ses buts et de ses moyens, détachée de l'empirisme brut, éclairée par des théories relativement élaborées, un peu comme la publicité aujourd'hui emprunte leur savoir aux sociologues et aux psychologues. C'est surtout une rhétorique efficace et potentiellement dangereuse, et cela seul la rend digne d'être analysée, tout simplement parce que, comme le dit Aristote, « il serait absurde,

21. *Rhétorique à Alexandre*, 13, 1431 a 6-7.
22. Par exemple 1427 a 21 (il est vrai dans une des deux parties de la tradition).
23. Chap. 38, 1445 b 24-1446 a 35.
24. Cf. WOERTHER 2007, p. 206.

alors qu'il est honteux d'être incapable de se défendre physiquement, qu'il ne soit pas honteux de ne pouvoir le faire verbalement, mode de défense plus propre à l'homme que le recours à la force physique »[25].

25. *Rhétorique*, I 1, 1355 a 39-b 1.

À PROPOS D'UNE SÉRIE DE *PISTEIS* DANS LA *RHÉTORIQUE À ALEXANDRE* (PSEUDO-ARISTOTE, *RH. AL.,* CHAP. 7-14)[1]

Nous voudrions nous intéresser ici à un aspect majeur de la théorie de la persuasion présentée par le plus précieux témoin conservé de la rhétorique d'obédience isocratico-sophistique, la *Rhétorique à Alexandre* (en abrégé : *Rh. Al.*), souvent attribuée à l'historien et rhéteur Anaximène de Lampsaque (*c.* 380-320)[2]. Précisons d'emblée qu'il s'agit d'une théorie de la persuasion plus que de l'argumentation[3] proprement dite, car si le rhéteur omet de s'expliquer sur ce qu'il entend exactement par πίστις, il est manifeste, comme on le verra, que son objectif est de parvenir à un *résultat*, dans une optique performative : l'adhésion du public (la « foi ») est son seul but, quels que soient les moyens utilisés pour cela, et il table fort peu sur la raison dans son enseignement.

Cette théorie est constituée d'une série de sept *pisteis* (moyens de persuasion) : εἰκός, παράδειγμα, τεκμήριον, ἐνθύμημα, γνώμη, σημεῖον, ἔλεγχος.

Tous ces mots paraissent familiers aux lecteurs de la *Rhétorique* d'Aristote, qui y reconnaissent des termes essentiels de la théorie des πίστεις ἔντεχνοι (« preuves techniques », *i. e.* des « preuves » que l'orateur doit trouver par lui-même)[4], à savoir ceux qui coïncident avec la partie « démonstrative » (*i. e.* orientée vers les faits, *vs* « preuves psychologiques », ἦθος, πάθος) de cette théorie[5]. Pourtant, une lecture même rapide des définitions et des analyses fournies par le rhéteur laisse voir, malgré un certain nombre de points de contact, de considérables différences entre les deux doctrines. Diverses conclusions ont été tirées de cette observation : ceux qui pensent que la *Rh. Al.* est antérieure à la *Rhétorique*

1. Nous tenons à remercier Mlle Aurélie Foglia ainsi que MM. Ph. Hoffmann, D. C. Mirhady et M. Patillon pour leurs critiques et suggestions.

2. Ouvrage édité par M. Fuhrmann sous le titre *Anaximenis Ars Rhetorica* (FUHRMANN 1966). Sur ce texte, voir en dernier : MIRHADY 1994 ; MARSH 1994 ; PATILLON 1997b.

3. Sur les rapports entre persuasion et argumentation, voir DESBORDES 1986, p. 82-84.

4. Ces « preuves techniques » sont opposées aux πίστεις ἄτεχνοι, éléments extérieurs, comme les témoignages « libres », les témoignages obtenus par la torture et diverses pièces.

5. Cf. *Rhet.* I 2, 1355 b 35 *sq.*

voient dans les définitions du rhéteur les premiers balbutiements d'une théorie de l'argumentation que le Stagirite portera à son point d'aboutissement ; ceux qui placent la *Rh. Al.* à la fin du IVe s. y voient une théorie hétéroclite, mélange de concepts anciens et de nouveautés aristotéliciennes ; il y avait même encore, il y a peu, quelques partisans de l'attribution du traité, et donc de cette série, à Aristote lui-même, mais Aristote jeune, commençant à peine les recherches qui le mèneront à la *Rhétorique*. Cependant, quelle que soit l'interprétation donnée à cette combinaison de divergences et de convergences, jamais la théorie du rhéteur n'est examinée pour elle-même. Cela engage un présupposé, assez aristotélicien, d'ailleurs : celui d'un progrès dont les modalités et le point d'aboutissement seraient inscrits dans la problématique elle-même. Une fois ce progrès réalisé et la théorie constituée dans sa perfection, les autres manifestations de cette dernière ne présenteraient plus l'intérêt que de « brouillons » ou de pâles imitations. Ce présupposé fait courir le risque d'occulter les différences d'option et de méthode entre le rhéteur et le philosophe, et d'ignorer le sens véritable de la théorie considérée arbitrairement comme imparfaite[6].

Nous nous proposons ici de cerner de plus près la signification de chacune de ces *pisteis*, de comprendre le sens et la structure de la série qu'elles forment, afin d'interpréter *par et pour eux-mêmes* à la fois les objectifs du rhéteur et sa conception de la persuasion. Le rappel des grandes lignes de la doctrine aristotélicienne, référence il est vrai obligée, ne se fera qu'ensuite, et non pas pour reprocher au rhéteur son infériorité (ce qui n'a pas grand sens), mais pour préciser ou valider par comparaison les résultats précédemment acquis et pour apprécier la nature des relations qui unissent les deux textes, tâche à quoi serviront également quelques parallèles avec l'usage oratoire.

Nous étudierons donc d'abord[7] (1) chacun des termes de la série, en tâchant de distinguer la description des étapes de la réflexion du rhéteur (en général : définition, division, application et/ou exemples) de l'exégèse que l'on peut en faire (mode de raisonnement impliqué, critères de définition, « substrat », remarques diverses). Nous inclurons dans cette présentation critique les données issues du chapitre 14 (comparaison deux à deux des πίστεις) et de la troisième partie du traité (chapitre 29-38), où les πίστεις sont présentées *in situ*, avec des conseils portant sur leur utilisation et leur réfutation. Suivra (2) une tentative d'interprétation de la structure de la série. Nous terminerons (3) sur une réflexion consacrée à ces ressemblances et divergences que l'on peut établir entre la théorie

6. Cf. GOEBEL 1989, p. 42 : « The reason that these sources have been so often misunderstood is the tendency – often, perhaps, unconscious – to take Aristotle's *Rhetoric* as a basis for understanding his predecessors and contemporaries. »

7. Le texte de la *Rhétorique à Alexandre* est très détérioré. Cf. l'introduction de l'édition CHIRON 2002.

du rhéteur et la théorie d'Aristote d'une part (3.1), la pratique oratoire d'autre part (3.2).

1. LES SEPT PISTEIS

1.1. L'εἰκός (vraisemblable), chapitre 7 (28 a 25-29 a 20)

1.1.1. L'εἰκός est le premier et le plus abondamment développé des termes de la série[8]. Le rhéteur commence par une définition : Εἰκὸς μὲν οὖν ἐστιν οὗ λεγομένου παραδείγματα ἐν ταῖς διανοίαις ἔχουσιν οἱ ἀκούοντες (« Le vraisemblable est ce dont, quand on le dit, les auditeurs ont des exemples en tête » 28 a 25-26). Suit une explicitation à l'aide de quelques exemples : « Je veux dire, par exemple, que si l'on affirmait désirer que sa patrie soit grande, ses ennemis malheureux et ainsi de suite, eh bien ces affirmations, en un mot, paraîtraient vraisemblables, car chacun des auditeurs est conscient, sur ces questions et les questions de même nature, d'éprouver personnellement de tels désirs » (28 a 26-29). Le rhéteur souligne ensuite l'importance, en termes d'adhésion du public, de cette « connivence » entre ce que dit l'orateur et les données de l'expérience ainsi intériorisées. Puis vient une division. Curieusement, cette division coïncide avec une topique d'ordre judiciaire : « Nous le (*sc.* le vraisemblable) divisons en trois classes. La première consiste à mettre à contribution, dans nos discours, *que ce soit dans l'accusation ou la défense*, les passions (πάθη) qui escortent la nature humaine, etc. » (28 a 36-38). Le phénomène est d'autant plus remarquable que le rhéteur revient ultérieurement sur l'application du vraisemblable, en distinguant nettement son emploi dans le « démégorique » (discours d'Assemblée) et dans le judiciaire (28 b 11 *sq.*). Certains éditeurs prennent le parti de supprimer le membre de phrase problématique (« que ce soit dans l'accusation ou la défense ») ou de le déplacer. Mais la suite (une série d'antithèses entre des termes se rapportant aux circonstances « psychologiques », susceptibles de rendre plausible ou non plausible[9] une action passée) confirme la nature judiciaire de la topique. Plutôt que d'intervenir sur le texte, nous préférons voir dans cette inconséquence un indice de l'*origine* judiciaire (sans doute, au moins pour une part, l'ancien traité sicilien de Corax ou Tisias[10]) de cette théorie du vraisemblable. Aux

8. C. 76 lignes (Bekker) ; l'exemple suit de près (c. 70 lignes). Les autres sont étudiés beaucoup plus rapidement (indice : 9 ll. ; enthymème : 16 ll. ; sentence : 30 ll. ; signe : 15 ll. ; preuve : 17 ll.).

9. Les couples donnés à titre d'exemple sont à peu près (le texte est incertain) : mépris *vs* crainte ; désirs *vs* absence de désirs, joie *vs* chagrin. Le texte porte aussi la trace de l'opposition richesse *vs* pauvreté, peu claire dans ce contexte, peut-être à remplacer par l'opposition être ivre *vs* être a jeun (voir dans notre édition l'apparat à 28 b 1-2 et la note 266).

10. Un indice en ce sens est peut-être fourni par la brièveté du développement sur l'application du vraisemblable au démégorique, développement qui ressemble fort par ailleurs à une timide innovation (28 b 11-16). Sur ce point, voir GOEBEL 1989, p. 43.

« passions » s'ajoutent l'habitude (ἔθος) et l'intérêt (κέρδος). Ce qui reste de général à la topique est le fait qu'elle combine des éléments à charge et à décharge ainsi que des éléments de réfutation : une défense fondée sur la crainte, par exemple, pourra réfuter une imputation fondée sur l'habitude[11], et l'intérêt à lui seul pourra réfuter tous les autres éléments de nature psychologique : « car c'est souvent à cause de lui que nous nous sommes déterminés à agir en faisant violence à notre nature (φύσιν) et à notre caractère (ἤθη) » (28 b 9-10).

Cette division est suivie d'une application, au démégorique d'abord, où le vraisemblable sert à une extrapolation favorable ou défavorable au projet pour ou contre lequel on parle (« il faut montrer, sur la question en débat, que l'acte auquel nous appelons ou contre lequel nous parlons se produit comme nous le disons, soit le plus souvent, soit toujours » 28 b 12-16), puis au judiciaire, selon les deux espèces de l'accusation et de la défense. L'application au judiciaire n'est pas sans comporter quelques redites du développement précédent : le rhéteur conseille d'étayer l'accusation par l'habitude et l'intérêt. Mais il ne recourt pas aux passions (dont on verra qu'elles servent davantage d'excuse que d'argument à charge). Outre cette omission, le passage se signale par deux nouveautés : a) le rhéteur se livre à un double élargissement, en fonction d'un principe qui semble être celui d'analogie (au sens le plus « souple » du terme) : s'il est impossible de tabler sur l'habitude (ou tout au moins sur un précédent) de l'acte chez la personne qu'on accuse, on pourra spéculer sur un précédent d'acte *semblable*[12], et si le passé de cette personne est absolument vierge de tout précédent délictueux, on pourra tabler sur son appartenance à une catégorie, d'âge, ou de fréquentations, dont on peut attendre un comportement-type : « À défaut, fais état des actes habituels en allant les chercher chez ses pareils. Je veux dire par exemple ceci : si celui que tu accuses est jeune, ce que font les gens de cet âge, dis qu'il l'a fait (λέγε αὐτὸν πεποιηκέναι) : en raison de la ressemblance, on accordera crédit aussi aux accusations portées contre lui. Il en ira de même si tu montres que ses camarades sont tels que tu dis qu'il est, car du fait qu'il les fréquente, on croira aisément qu'il a les mêmes occupations que ses amis » (28 b 25-32). b) La seconde nouveauté intervient dans le passage que nous venons juste de citer : il apparaît clairement que le choix de l'imputation peut dépendre des possibilités que nous avons de l'étayer. On pourrait dire que le vraisemblable sert d'instrument à deux niveaux :

11. Cf. 28 a 39-40. Ce n'est pas croyons-nous, tomber dans l'exégèse que de donner un exemple de notre cru : telle personne suspecte d'avoir commis un acte parce qu'elle l'a déjà commis à plusieurs reprises pourra être « innocentée » par le sentiment de crainte qu'on lui prête à l'égard de sa victime. Il y a donc une triple « réversibilité » : un terme d'une classe servira à accuser, son contraire à défendre ; un terme d'une classe servira à accuser, son contraire à réfuter l'accusation ; un terme d'une classe pourra servir à réfuter un terme issu d'une autre.

12. Ici encore on peut expliciter les choses par un exemple : si on veut accuser une personne de vol, et que son passé ne fournit pas de précédent de vol, on pourra arguer d'un antécédent de mensonge, ou de violence.

non seulement à celui – attendu – de l'argumentation pour ou contre une thèse, mais aussi à celui du *choix* même d'une partie de la thèse.

Pour la défense, la réfutation ne fera que décliner à l'envers, directement ou par déplacement, les données éminemment multiples, instables et réversibles du vraisemblable : on arguera – directement – de l'absence de précédent (de la part de l'accusé, de ses amis, et de sa catégorie d'âge ou de fréquentation), ou de l'absence de la motivation par l'intérêt. On arguera aussi, au cas où la défense directe est impossible (car on a déjà commis l'acte) de l'âge comme excuse ou de l'absence d'intérêt. L'abus qui consiste à tirer argument du comportement des autres (du même âge ou du même groupe d'amis) sera dénoncé comme injuste et la malignité de certains de ses amis sera contrebalancée par la vertu des autres. On pourra enfin, si son cas est désespéré, tirer parti des passions communes à tous, de la malchance ou de l'erreur, pour obtenir compréhension et pardon.

Au chapitre 14, le vraisemblable est mis en opposition avec l'exemple (cf. *infra*), sur un critère qui ne fait que reprendre la fonction citée ci-dessus : les auditeurs ont par eux-mêmes la notion du vraisemblable, tandis que les exemples suppléent à la non-crédibilité d'un propos[13]. En dehors du chapitre 7, le mot εἰκός reparaît tantôt dans un sens courant (23 b 16 ; 27 ; 26 b 5 ; 37 a 19 ; 40 b 37 ; 41 a 3), tantôt dans son sens technique, en tant que *pistis*. De ces derniers emplois, il ressort que a) le vraisemblable peut servir de norme pour l'enthymème et le discours d'examen (30 a 28 ; 45 b 12, cf. *infra*) ; b) le vraisemblable a sa place dans la confirmation du discours d'Assemblée (38 b 33 ; 38 b 37 ; 39 a 4)[14] ; c) dans le judiciaire, le vraisemblable sert à confirmer l'accusation *quand celle-ci n'est pas complètement convaincante* (42 b 39) ; dans la défense, le rhéteur ne reprend que la réfutation directe (par la version contraire des faits) de deux des divisions du vraisemblable, l'intérêt et l'habitude, en apportant seulement une légère précision : il n'était pas, dira l'accusé, dans mon intérêt de commettre l'acte ; ni moi ni mes semblables n'avons l'habitude de commettre de tels actes, ou du moins *pas de cette manière* (43 b 33-36).

1.1.2. On peut faire d'emblée plusieurs constatations sur cette théorie. Tout d'abord, malgré une présentation assez abstraite, le rhéteur entend non pas tant décrire que *fournir* un *instrument* de persuasion polyvalent, utilisable, malgré un tropisme visible pour le judiciaire, quelle que soit l'espèce oratoire choisie. Son

13. 31 a 24-26. Nous citons en substance ce passage partiellement reconstitué par FUHRMANN 1966. Cette idée de complémentarité a été développée dans le chapitre sur l'exemple, cf. 29 a 37, 29 b 7, 23 et *infra*.

14. Signalons qu'en 38 b 33 et 37, le terme εἰκός est remplacé par la formule : τὰ τῶν πραγμάτων ἔθη (« le cours habituel des choses »). Le rhéteur ne s'explique pas sur cette variation, et n'apporte aucun précepte nouveau sur l'utilisation de cette *pistis* dans un pareil contexte : venant en second après l'« opinion de l'orateur », le vraisemblable servira à montrer « que les faits dont nous parlons ou les faits similaires se produisent d'habitude de cette manière » (38 b 37-38).

second souci est que l'instrument serve à l'orateur dans toutes les circonstances : ce qui peut varier, bien sûr, c'est d'abord la nature de la thèse (pour ou contre ; accusation ou défense) ; mais la solidité réelle de la position qu'on défend est elle aussi très variable : on peut inventer une imputation fausse en fonction de la possibilité qu'on aura de l'étayer ; on peut remédier aux faiblesses d'une thèse, tenter de détruire une position forte. Les divisions de l'εἰκός fournissent les moyens d'une stratégie elle aussi polyvalente, et toute pratique : si l'on ne dispose pas – parce que les faits s'y opposent – de l'une des divisions du vraisemblable (passion, ou intérêt, ou habitude), on fera appel à une autre et ainsi de suite ; on détruira l'une par l'une ou l'une par l'autre. Bien plus, rien ne dit que l'εἰκός serve forcément de support à une « argumentation » en bonne et due forme. H. Goebel[15] a souligné à juste titre l'emploi du verbe συμπαραλαμβάνειν (28 a 37 ; 28 b 7), qui ouvre la voie d'une utilisation implicite du vraisemblable, où se couleront des propositions particulières, persuasives par leur seule coïncidence avec l'expérience commune. C'est là une rhétorique de professionnel, où la morale n'a pas sa place, où le raisonnement a un rôle secondaire, et qui se donne comme seul but d'emporter l'adhésion en tirant le meilleur parti des circonstances, à savoir surtout de l'*opinion*. Le rôle de cette dernière constitue la caractéristique majeure de cette doctrine, conformément à l'étymologie d'εἰκός (« ce qui semble » juste, vrai etc.). Comme l'ont déjà remarqué certains critiques[16], la probabilité proprement factuelle n'intervient pas ici, et la réalité ne compte guère, sauf peut-être comme substrat de l'induction spontanée opérée par le public à partir de l'expérience, et pour réfuter les imputations indirectes visant à fonder la vraisemblance (par exemple pour dire : « non je n'ai pas commis cet acte en d'autres circonstances ; non, mes amis n'ont rien commis qui ressemble à ce dont on me charge »). Ce qui sert de levier à l'orateur, c'est l'expérience du public changée en préjugés, en sentiments, en émotions, bref, c'est l'opinion dans tout ce qu'elle a de labile et de manipulable, susceptible d'accepter indifféremment, des propositions générales (« je veux le bien de mes amis ») et des déductions particulières, tantôt mises en forme (« il avait intérêt à commettre cet acte, donc il l'a commis ») tantôt laissées à l'état d'assertion, d'appel à la connivence et à la compréhension des juges (« j'ai commis une faute sous l'empire de la passion, à qui n'est-ce pas arrivé ? »).

15. GOEBEL 1989, p. 44.

16. Par exemple GOEBEL 1989, p. 43-44 : « The contrast with Aristotle is striking. Anaximenes' probability is defined primarily in terms of its effect on the audience, and the examples he gives are not general premises, but particular assertions that command belief because they correspond to the common emotional experience of the audience. »

1.2. Le παράδειγμα (exemple), chapitre 8 (29 a 21-30 a 13)

1.2.1. L'exemple est défini et son emploi justifié comme suit :

Παραδείγματα δ' ἐστὶ πράξεις ὅμοιαι γεγενημέναι καὶ ἐναντίαι ταῖς νῦν ὑφ' ἡμῶν λεγομέναις. Τότε δὲ χρηστέον αὐτοῖς ἐστιν ὅταν ἄπιστον ὂν τὸ ὑπὸ σοῦ λεγόμενον εἶναι φανερὸν ποιῆσαι θέλῃς, ἐὰν διὰ τοῦ εἰκότος μὴ πιστεύηται, ὅπως πρᾶξιν ὁμοίαν ἑτέραν τῇ ὑπὸ σοῦ λεγομένῃ καταμαθόντες οὕτω πεπραγμένην ὡς σὺ φῇς πεπρᾶχθαι, μᾶλλον πιστεύσωσαι τοῖς ὑπὸ σοῦ λεγομένοις

Les exemples sont des actions passées semblables ou contraires à celles dont nous parlons maintenant. Il faut t'en servir lorsque, ce que tu dis n'étant pas crédible, tu veux en montrer l'évidence, alors que le vraisemblable ne parvient pas à le rendre crédible, cela afin qu'en apprenant qu'une autre action, semblable à celle dont tu parles, a été accomplie comme tu dis qu'a été accomplie l'action en cause, on accorde davantage de crédit à tes propos (29 a 21-27).

L'exemple semble donc nous placer sur le terrain plus solide des faits, mais deux détails laissent entendre que son utilisation répond à des normes plus complexes que la simple argumentation analogique par le « précédent » : le rhéteur évoque une possible contradiction entre les faits évoqués et la situation à laquelle on les applique ; surtout, il établit une sorte de relation de complémentarité entre vraisemblable et exemple qui ne laisse pas d'intriguer. Plus surprenante encore est la suite, avec la distinction entre deux types d'exemples, l'exemple de faits κατὰ λόγον (comprenons : « conformes à l'attente »), et l'exemple de faits παρὰ λόγον (« contraires à l'attente ») qui produisent l'un l'adhésion, l'autre la *défiance* (ἀπιστεῖσθαι, 29 a 30). Ce dernier mot est essentiel[17], car, au lieu de l'antithèse attendue entre les exemples conformes au vraisemblable et les exemples paradoxaux, dont les uns seraient crédibles, les autres non crédibles, le rhéteur aligne sa dichotomie sur une règle qui est la défense d'une (de notre) thèse. On pourrait gloser ainsi le passage : si j'ai besoin de confirmer le vraisemblable, je dispose des exemples κατὰ λόγον ; si je veux infirmer le vraisemblable, les exemples paradoxaux me permettront d'inverser le jugement, d'annuler l'adhésion induits par sa coïncidence avec le cours habituel des choses. Cette interprétation est confirmée par un cas décrit ensuite par le rhéteur : si l'on a besoin de l'opinion voulant que les riches sont des hommes justes, on citera des exemples d'actions justes d'hommes riches, mais « si, en sens inverse, on fait état de personnes riches ayant commis des injustices pour de l'argent, on fera naître la défiance à l'égard des riches » (29 a 36-38). Le nombre et la diversité des événements, leur caractère parfois inattendu[18],

17. Le rhéteur joue sur la polysémie du verbe ἀπιστεῖσθαι : au sens « ne pas croire, ne pas apporter de crédit à », voulu par l'antithèse avec πιστεύεσθαι, il substitue sans prévenir son lecteur le sens « se défier de, se méfier de ».

18. Sur cette instabilité foncière du réel, qui nous fournit des exemples de tout, et le moyen de réfuter toutes les vraisemblances, cf. 30 a 8-11 : τὰ γὰρ πλεῖστα τῶν ἔργων τῇ μὲν ὅμοια, τῇ δὲ ἀνόμοια ἀλλήλοις ἐστίν, ὥστε διὰ τὴν αἰτίαν ταύτην καὶ παραδειγμάτων εὐπορήσομεν καὶ τοῖς ὑπὸ τῶν ἄλλων λεγομένοις οὐ χαλεπῶς ἀντεροῦμεν (« la plupart des événements en effet sont d'un côté conformes, d'un côté non conformes les uns aux autres ; c'est pour cette

permettent toujours de trouver des cas susceptibles d'orienter l'opinion à sa guise. La seule précaution à prendre est que ces exemples paradoxaux doivent compenser leur faiblesse constitutive par le nombre. Ainsi, le vraisemblable veut que l'importance des troupes soit un facteur de victoire. Si l'on veut montrer le contraire, on citera de nombreux exemples de victoires remportées dans des conditions d'infériorité numérique. Et le rhéteur d'illustrer la démarche[19] en accumulant lui-même quatre exemples paradoxaux, celui de la prise de Phylé par les démocrates bannis, la victoire des Thébains à Leuctres, celle de Dion contre Denys et le succès de l'expédition des Corinthiens venus secourir les Syracusains contre les Carthaginois (29 b 8-22), toutes victoires remportées avec des moyens très inférieurs à ceux des ennemis. Le rhéteur achève son développement sur des conseils d'utilisation comportant notamment les moyens de réfutation (réfutation de la vraisemblance par les exemples paradoxaux, réfutation des exemples paradoxaux par la probabilité[20]) et des moyens d'extension de l'application des exemples. Ainsi, un cas de rupture d'alliance entre deux États dû au comportement inamical et égoïste de l'un d'eux pourra servir à étayer la proposition d'adopter un comportement *contraire* afin de maintenir une alliance (29 b 36 *sq.*).

Au chapitre 14, comme nous l'avons dit plus haut, c'est par leur complémentarité que l'exemple est distingué du vraisemblable : le premier servant à contredire les préjugés construits par le second (31 a 24-26). Mais le rhéteur oppose aussi l'exemple à l'indice, en ce que le premier table autant sur des faits semblables que sur des faits contraires à notre thèse, alors que l'indice se fonde exclusivement sur des contradictions relevées dans l'action ou le discours de l'adversaire (cf. 31 a 26-28 et *infra*). On apprend ailleurs que l'exemple sert à la confirmation du discours d'Assemblée (38 b 34), que l'orateur doit veiller à souligner les liens entre le cas cité et le cas étudié, et à choisir des exemples proches, dans le temps et l'espace, des auditeurs ; à défaut, des exemples marquants et connus (38 b 38-39 a 3). L'exemple doit aussi illustrer des éléments de qualification comme le juste (39 a 14). Dans le judiciaire, l'exemple sert, comme le vraisemblable, à confirmer une accusation incertaine (42 b 39). Sa réfutation se fera de deux manières : par la lâcheté du lien entre l'exemple cité et le cas traité, et par l'utilisation de contre-exemples (43 b 38-40).

raison que nous serons à la fois bien approvisionnés en exemples et que nous répliquerons sans difficultés aux exemples cités par les autres »).

19. À la vérité, le précepte de compenser l'invraisemblance par le nombre d'exemples paradoxaux est explicité un peu plus tard (29 b 34-36 : « Lorsque nous présentons des faits contraires à l'attente, il faut en réunir le plus grand nombre possible et dire qu'ils sont tout aussi habituels que les faits conformes à l'attente »).

20. « Mais si ce sont tes adversaires qui tiennent ce propos, il faut montrer que les succès étaient dus à un heureux hasard, et dire que de tels faits sont rares, alors que ceux que tu décris sont fréquents » (29 b 30-33).

1.2.2. La théorie de l'exemple permet de confirmer les observations faites plus haut: approche toute pratique, prééminence de l'opinion, totale polyvalence de l'instrument fourni. Mais la nature du rapport entretenu avec les faits apparaît d'une manière plus éclatante encore puisque *a priori* l'exemple s'y réfère directement (le vraisemblable, lui, comportait l'étape de l'intériorisation) : or le réel ne fournit pas, là non plus, l'étalon du vrai ; il est polymorphe, instable, changeant, et se prête à l'illustration de n'importe quelle thèse[21]. Enfin, la relation de complémentarité qui unit l'exemple au vraisemblable invite à faire l'hypothèse d'une série qui serait tout autre chose qu'une simple taxinomie.

1.3. Le τεκμήριον (indice), chapitre 9 (30 a 14-22)

1.3.1. Le développement sur le τεκμήριον est le plus court de tous. Il commence, comme toujours, par une définition, suivie d'une brève explication :

Τεκμήρια δ' ἐστὶν ὅσ' ἂν ἐναντίως ᾖ πεπραγμένα τῷ περὶ οὗ ὁ λόγος καὶ ὅσα ὁ λόγος αὐτὸς ἑαυτῷ ἐναντιοῦται· τῶν γὰρ ἀκουόντων οἱ πλεῖστοι τοῖς συμβαίνουσι περὶ τὸν λόγον ἢ τὴν πρᾶξιν ἐναντιώμασι τεκμαίρονται μηδὲν ὑγιὲς εἶναι μήτε τῶν λεγομένων μήτε τῶν πραττομένων.

Quant aux indices, ce sont tous les faits contraires à ce que dit le discours et toutes les contradictions internes au discours lui-même[22]. Car la plupart des auditeurs voient dans les contradictions émaillant le discours ou l'action l'indice que rien n'est sensé ni dans ce qui est dit ni dans ce qui est fait.

La définition et la description du mode de fonctionnement de cette *pistis* sont fort clairs. Si l'on est en mesure de mettre en lumière que l'adversaire se contredit ou agit autrement qu'il ne dit, la tendance de la majorité du public à généraliser abusivement permettra l'extension de cette incohérence (qui peut être ponctuelle) à l'ensemble de l'action et du discours, entaché désormais de nullité. Le reste du développement n'apporte rien de plus, si ce n'est que la recherche de ces contradictions nous permet de fabriquer des τεκμήρια en grand nombre (καὶ οὕτως αὐτὰ πλεῖστα ποιήσεις, 30 a 22).

Le chapitre 14 (31 a 26 *sq.*) n'apprend, cette fois encore, presque rien de neuf sur l'indice : sa confrontation avec l'exemple d'une part, l'enthymème d'autre part, se fait par la reprise des principaux éléments de sa définition, à ceci près que le rhéteur souligne que l'indice suppose l'existence de contradictions chez l'adversaire, tandis

21. Cf. KLEIN 1992, col. 1433 : « Ohne das Beispiel einer logischen Analyse zu unterziehen, werden bei Ps. A. – mehr implizit als explizit – die Falsifikationspotenz und die Bestätigungsfunktion des B. thematisiert ».

22. Particulièrement frappant ici (mais la chose se vérifie pour les autres *pisteis*) est le fait que la définition porte sur le substrat du moyen de persuasion et non sur sa mise en œuvre. Cette particularité s'explique sans doute par l'orientation pratique que le rhéteur entend donner à son enseignement. Ce qui compte, pour guider commodément la recherche de l'argument, c'est d'abord de définir son « lieu », l'endroit où l'on peut se fournir. Les conseils de mise en œuvre suivent. Dans une perspective logico-descriptive, comme chez Aristote, les modalités du raisonnement sont au contraire au premier plan.

que l'enthymème, issu d'un substrat plus large, fait rarement défaut (cf. 31 a 32-35). L'indice ne reparaît ensuite que dans le judiciaire, où, comme les deux précédentes πίστεις, il sert à la confirmation des accusations incertaines (43 a 1). Dans la défense, la réfutation de l'indice se fera en explicitant les raisons pour lesquelles il y a eu contradiction dans notre discours ou dans notre action (43 b 40-41).

1.3.2. L'indice est donc un moyen de persuasion qui s'appuie à la fois sur les failles de l'adversaire et sur l'opinion du public. Cette opinion est dotée d'une tendance naturelle (à la déduction abusive), très certainement perçue comme viciée, et qui n'est le fait que de la majorité. Le rhéteur spécule consciemment sur ce défaut intellectuel. Par rapport aux précédentes πίστεις, on note un « saut » qui tient au caractère à la fois uniformément négatif du τεκμήριον (il est présenté de telle sorte qu'il paraît ne servir qu'à l'accusation ou à la réfutation), à sa spécialisation dans le judiciaire, et à son caractère global : il ne s'agit pas de réfuter *un* argument, mais de priver d'un coup l'adversaire de toute crédibilité. Il est important de souligner aussi – en prévision de l'étude du σημεῖον – la nature exacte de cet indice : le mot τεκμήριον désigne un phénomène où l'orateur invite le public à voir un signe autorisant une déduction non factuelle, au sens où il bâtira sur lui une conjecture généralisante (cf. τεκμαίρεσθαι) qui est elle-même de l'ordre du jugement.

1.4. L'ἐνθύμημα (enthymème), chapitre 10 (30 a 23-39)

1.4.1. La définition de l'enthymème s'inscrit dans le prolongement de celle de l'indice : Ἐνθυμήματα δ' ἐστὶν οὐ μόνον τὰ τῷ λόγῳ καὶ τῇ πράξει ἐναντιούμενα, ἀλλὰ καὶ τοῖς ἄλλοις ἅπασιν (« Sont des enthymèmes non seulement les contradictions par rapport au discours ou à l'action mais aussi par rapport à tout le reste » 30 a 23-24). Cette dernière mention, fort sibylline, est explicitée immédiatement : « Tu t'en procureras un grand nombre en utilisant la méthode indiquée pour le discours d'examen[23] et en cherchant si en quelque façon le discours ne se contredit pas lui-même ou si les actions commises ne sont pas en contradiction avec le juste, la loi, l'utile, le beau, le possible, le facile, le vraisemblable, le caractère de l'orateur ou le cours habituel des choses[24] » (30 a 24-29). Il ne s'agit

23. Le discours d'examen (ἐξεταστικόν) constitue une « espèce » (εἶδος) de discours, au même titre que l'accusation, la défense, etc. Étudié aux chapitres 5 et 37 du traité et particulièrement destiné, semble-t-il, aux diverses procédures d'examen auxquelles étaient soumis les magistrats en début ou en sortie de charge (voir, dans notre édition, la note 231), il consiste à rechercher d'éventuelles incohérences dans « le discours… ou les actions… ou les options » (27 b 15-16) de la personne examinée ou d'éventuels écarts entre son comportement et une norme représentée par la vie des gens de bien (cf. 27 b 26-28 ; 45 b 11-12). Pour une étude récente de cet aspect délicat de la théorie du rhéteur, cf. MAFFI 1985.

24. Texte très détérioré (voir sur ce point la note 306 de notre édition) : la série comporte des éléments propres au discours (déviance par rapport au vraisemblable, au « caractère de l'orateur » – à comprendre sans doute comme les qualités que l'on attend de l'orateur –, etc.). On peut donc

donc plus seulement de contradictions mais, pourrait-on dire, de « déviances » par rapport à une série de valeurs très diverses[25]. Le rhéteur enchaîne sur le versant positif de l'enthymème : quand il sert à défendre notre propre cause, il consiste à souligner la contradiction entre nos discours et nos actions et les défauts corollaires du juste, du légal, etc., à savoir « l'injuste, l'illégal, le nuisible, le caractère des méchants, et, en un mot, ce qui est considéré comme mauvais » (30 a 32-35). Ce chapitre, court lui aussi, se termine sur un précepte fixant pour l'enthymème un *requisit* de brièveté, tant pour la présentation de l'argument que pour sa formulation[26].

Au chapitre 14, l'enthymème est confronté à l'indice et à la sentence (31 a 28-38). Le rhéteur n'apporte là non plus rien de nouveau, mais confirme que le maître mot de l'enthymème est la contradiction (ἐναντίωσις, 31 a 36). Nombreuses ensuite sont les récurrences de l'enthymème. Ces récurrences sont de deux types : a) associé à la sentence, présenté sous sa forme complète ou réduit à l'une de ses deux moitiés par souci de variété et d'élégance[27], l'enthymème devra être distribué çà et là dans le discours, à la fin des développements, avec une fonction à la fois récapitulative et ornementale (31 b 25[28] ; 39 a 19-20 ; 40 a 23 ; 41 a 19-20, 39 ; 41 b 10[29]) ; b) parfois aussi associé à la sentence, mais avec son plein rôle de πίστις, pour réprimer le chahut (32 b 26 ; 33 a 25), pour confirmer une

suggérer qu'action et discours se prêtent conjointement au dépistage de contradictions internes ou mutuelles ainsi qu'à la recherche des déviances (voir la suite).

25. Cette diversité des critères de valeur présentés négligemment en une liste ouverte, unifiée par la seule reconnaissance de l'opinion, leur « instrumentalisation » (leur application est restreinte à des comportements isolés), tout cela constitue l'un des meilleurs indices de l'appartenance du rhéteur au courant sophistique. Chez Aristote, un critère fixe manque également dans le domaine éthique – pour des raisons métaphysiques –, mais la *prudence* est là qui permet de réduire la distance entre l'homme et Dieu, cf. AUBENQUE 1997.

26. Ce sont bien deux niveaux différents qui sont nettement – sinon clairement – distingués pour l'application de ce principe de brièveté : δεῖ δὲ τούτων (*sc.* τῶν ἐνθυμημάτων) ἕκαστα συνάγειν ὡς ἐν βραχύτατα καὶ φράζειν ὅτι μάλιστα ἐν ὀλίγοις τοῖς ὀνόμασιν (« Il faut établir chacun de ces arguments le plus brièvement possible et les formuler avec le moins possible de mots » 30 a 35-37).

27. Cf. 34 a 34-40 : « Le raffinement d'expression peut s'obtenir à partir de ce tour qui consiste, par exemple, à formuler les enthymèmes complètement ou à moitié, de sorte que les auditeurs comprennent l'autre moitié par eux-mêmes. On doit y joindre l'emploi des sentences. Il faut en distribuer des séries dans toutes les parties, en diversifiant les énoncés et sans jamais mettre ensemble plusieurs éléments semblables ».

28. Un enthymème (ou une sentence) viendra facultativement en « épilogue » aux témoignages τοῦ ἀστείου ἕνεκεν « par souci d'élégance ». En 32 b 26, la formule ἐν γνώμης ἢ <ἐν> ἐνθυμήματος σχήματι laisse entendre que l'enthymème et la sentence sont perçus non seulement comme des types d'argument mais aussi et conjointement comme des *formes* du discours.

29. Il est à noter que ces trois occurrences interviennent dans le chapitre sur l'éloge et le blâme, domaine où les autres πίστεις n'apparaissent jamais (car ce n'est pas le lieu de l'ἀντιλογία, cf. *infra*). Cela seul suffirait à montrer que la sentence et l'enthymème sont dotés d'un double statut, ornemental et argumentatif.

proposition dans le démégorique (38 b 34 ; 39 a 34) ; confirmer, dans le judiciaire, une accusation, que celle-ci soit déjà convaincante par elle-même (42 b 38) ou non (43 a 2) ; la réfutation de l'enthymème (et de la sentence) se fera « en faisant valoir qu'ils sont paradoxaux ou ambigus » (44 a 1).

1.4.2. Cette description de l'enthymème pose maints problèmes : le premier et principal tient au fait que cette πίστις se fonde sur des éléments qui servaient déjà, pour une partie d'entre eux (les contradictions discours-discours et les contradictions discours-action), de substrat au τεκμήριον. Un tel chevauchement est fort peu satisfaisant pour l'esprit. Cela ne veut pas dire que le rhéteur confonde ces deux πίστεις : a) l'enthymème s'appuie sur un substrat plus large et plus diversifié et b) répond de surcroît à une norme stylistique (ce qui lui conférera, dans la suite du traité, le double statut de πίστις et d'ornement, cf. *supra*). Il faut également faire intervenir ici les exemples, fournis ailleurs dans le traité, et qui montrent c) que l'application de l'enthymème est plus focalisée, fort différente du jugement global obtenu par le τεκμήριον. Ainsi, en 32 b 26-29 : « C'est le comble de l'absurde que d'être venus délibérer au mieux sur la situation et de croire maintenant possible de bien délibérer sans consentir à entendre les orateurs ». Ce que stigmatise ici l'enthymème en soulignant une contradiction (vouloir délibérer et ne pas écouter les orateurs), c'est un comportement *ponctuel* et non pas l'ensemble d'une action ou d'un discours. Mais comment expliquer le chevauchement relatif que nous avons souligné ? Il se peut qu'il faille le rapporter une fois encore au projet du rhéteur : ce qui compte pour lui, c'est de fournir un *instrument*. La différence d'application, d'usage, suffit à justifier l'adoption d'une terminologie nouvelle, même si la méthode suivie est partiellement la même[30]. Le rhéteur semble nous dire : si tu veux ruiner complètement ton adversaire, use du τεκμήριον, si tu veux lutter contre un comportement qui te paraît aberrant, use de l'enthymème. La communauté partielle de matériau n'est en ce sens que fort peu gênante. Il se peut aussi que les deux πίστεις soient à la fois associées et distinguées en ce que la seconde permet de poursuivre une recherche infructueuse en élargissant son champ, comme si le rhéteur disait : si tu ne trouves pas les éléments d'un τεκμήριον, élargis ta recherche et, *à défaut*, tu trouveras sans doute les éléments d'un enthymème. Cette dernière interprétation trouve appui dans la remarque faite au chapitre 14, citée plus haut, et établissant la plus grande fécondité de la recherche des enthymèmes.

30. En réalité, l'établissement d'un jugement défavorable par *généralisation* à partir d'une contradiction ou par déduction obtenue par la comparaison avec une norme constituent des raisonnements bien différents, mais cette différence n'intéresse visiblement pas le rhéteur ; peut-être même ne la perçoit-il pas (l'emploi du terme unique ἐναντιοῦσθαι et dérivés, pour nous fort ambivalent, irait assez dans ce sens) ; ce n'est pas elle en tout cas qui lui fait tracer la frontière entre indice et enthymème, puisqu'il ne revient pas, à propos de ce dernier, sur le raisonnement sous-jacent.

Quoi qu'il en soit, nous constatons que ces deux moyens de persuasion sont unis par des liens étroits, comme l'étaient le vraisemblable et l'exemple. La série semble devoir se structurer par couples.

On peut se demander aussi pourquoi l'enthymème est doté d'un versant positif, et non pas le τεκμήριον. Une observation permet d'éliminer l'éventualité d'un accident d'ordre textuel : l'enthymème « positif » se fonde sur la « déviance » (par rapport aux valeurs inversées) mais non pas sur l'absence de contradiction discours-discours, discours-action. La seule hypothèse que l'on peut émettre pour expliquer cette double lacune est que le τεκμήριον est ressenti comme difficilement réfutable ou que l'entreprise consistant à ne jamais se contredire et à toujours rester fidèle aux mêmes principes d'action est perçue à la fois comme difficilement réalisable[31] et, en tout état de cause, comme difficilement démontrable.

1.5. La γνώμη (sentence), chapitre 11 (30 a 40-30 b 29)

1.5.1. La sentence est définie comme ὡς ἐν κεφαλαίῳ καθ' ὅλων τῶν πραγμάτων δόγματος ἰδίου δήλωσις (« la déclaration condensée d'une opinion personnelle – ou particulière[32] – sur les faits pris dans leur généralité » 30 a 40-30 b 1). Le rhéteur enchaîne sur une division de la sentence en deux catégories : la sentence conforme à l'opinion (ἔνδοξος) et la sentence paradoxale (παράδοξος), cette dernière demandant la formulation concise de ce qui la justifie, « afin d'éviter à la fois le parler-creux[33] et la défiance ». Le rhéteur conseille également de veiller au rapport de la sentence avec l'affaire. Puis il se livre à une nouvelle division distinguant trois manières de « fabriquer » (ποιεῖν) des sentences en grand nombre (30 b 8 *sq.*). Cette division est passablement absconse et n'a pas, à ce jour, reçu d'explication totalement satisfaisante. La place occupée par cette division (à distance de la définition), sa présentation (ποιεῖν ἐκ + génitif[34]) et son contenu, non explicité mais illustré – une fois n'est pas coutume – par des exemples, nous inclinent à penser qu'il s'agit *conjointement* d'une topique et d'un répertoire de formulations : les trois termes de cette division sont d'une part la sentence « tirée de

31. On peut alléguer *contra* que la constance dans l'action et la cohérence dans la parole constituent deux des principaux préceptes moraux dispensés par le rhéteur dans le chapitre final (cf. 45 b 38-46 a 2 ; 46 a 13-15).

32. La première traduction, par « personnelle » nous paraît préférable, car quatre (sur cinq) des exemples donnés ensuite (30 b 10-28) sont à la première personne du singulier.

33. Ce reproche était couramment adressé aux sophistes ; voir, dans notre édition, la note 311.

34. Cette préposition indiquant l'extraction est courante dans le Traité pour ce que nous appelons topique. Voir sur ce point, dans notre édition, la note 62.

la nature propre » (ἐκ τῆς ἰδίας φύσεως)[35], d'autre part la sentence « tirée de l'hyperbole » (ἐξ ὑπερβολῆς)[36] et enfin la sentence « tirée d'une assimilation » (ἐκ παραμοιώσεως)[37].

Au chapitre 14, la sentence est opposée à l'enthymème en ce que « les enthymèmes sont constitués seulement à partir des contradictions, tandis qu'il est possible de présenter les sentences aussi bien associées à des contradictions que simplement isolées »[38]. Elle se distingue d'autre part du signe en ce que, au même titre que le vraisemblable, l'exemple, l'indice et l'enthymème, elle est susceptible seulement de produire une « croyance » (οἴησιν, 31 a 40) tandis que certains des signes procurent un savoir. Pour ce qui est des récurrences de la notion ailleurs dans le Traité (en dehors de quelques emplois au sens de « pensée » ou d'« opinion »), elles sont toutes communes avec celles de l'enthymème. Nous les avons déjà citées.

1.5.2. Assertion « dogmatique » à caractère général, proférée à titre personnel, tantôt conforme, tantôt contraire à l'opinion (et donc susceptible, comme l'exemple paradoxal, de modifier cette dernière), la sentence semble relever de l'argument d'autorité[39]. Son insertion dans la série des πίστεις peut conduire à trois remarques :

a) il n'existe pas, pour le rhéteur, de lien entre persuasion et démonstration – on a pu déjà s'en rendre compte – ni même entre persuasion et raisonnement : ici la πίστις ne combine pas forcément plusieurs prémisses. Ce qui compte, c'est le résultat, à savoir l'adhésion du public. Il faut tout de suite préciser, d'une part, que l'autorité ne suffit pas à fonder n'importe quelle assertion : le rhéteur recommande de justifier les sentences paradoxales ; on aurait tort, d'autre part, de voir dans l'autorité de l'orateur l'autorité d'un individu au sens moderne du terme, car son assertion n'est suffisante pour persuader que si elle rencontre la δόξα du public.

35. *Sc.* de la notion en jeu ? Les exemples donnés sont les suivants : « Il me paraît impossible d'être habile stratège sans expérience des affaires » ; « il appartient aux homme sensés de mettre à profit les exemples du passé pour tenter d'éviter les erreurs dues à l'irréflexion ».

36. L'exemple comporte un comparatif de supériorité : « Les actions des voleurs me paraissent plus pernicieuses (δεινότερα) que celles des pillards, car les premiers vous dépouillent en cachette, les autres au grand jour » (30 b 16-18).

37. Sur les problèmes posés par cette dénomination (le mot παρομοίωσις désigne ailleurs dans le Traité le traditionnel gorgianisme), voir, dans notre édition, la note 315. Les exemples donnés présentent une assimilation entre deux comportements, celui des traîtres à celui des escrocs, celui de l'adversaire à celui des tyrans. Citons le premier : « Ce sont des actions bien proches, me semble-t-il, que commettent les escrocs et les traîtres : les uns et les autres, après qu'on leur a fait confiance, font tort à ceux qui leur ont fait confiance » (30 b 20-22).

38. Γνῶμαι δ' ἐνθυμημάτων διαφέρουσιν ᾗ τὰ μὲν ἐνθυμήματα μόνον ἐκ τῶν ἐναντιώσεων σύγκειται, τὰς δὲ γνώμας καὶ μετὰ τῶν ἐναντιώσεων καὶ ἁπλῶς αὐτὰς καθ' αὐτὰς δυνατόν ἐστιν ἐμφανίζειν (31 a 35-38).

39. Aristote conçoit bien différemment le couple ἔνδοξος-παράδοξος. On lira sur ce point BRUNSCHWIG 1967, p. XXXIV-XXXVI.

En d'autres termes, la « personne » de l'orateur n'a d'autorité que dans la mesure où elle coïncide avec un sujet impersonnel et collectif[40].

b) La sentence est produite, si notre interprétation est exacte, selon des normes qui mêlent la persuasion proprement dite et un mode de présentation, voire d'expression. La dichotomie qui nous est familière entre fond et forme semble absente. La sentence « tirée de la nature propre » paraît de nature persuasive, et fait songer à ce qu'on appellera ensuite le lieu de la définition (voir les exemples donnés *supra*, où l'on peut lire respectivement : « qui dit stratège dit expérience des affaires », « qui dit homme sensé dit mise à profit de l'expérience du passé »), mais les deux autres s'appliquent à confronter deux termes et à établir entre eux une relation d'inégalité (comparatif de supériorité) ou d'assimilation. La frontière entre les deux types de sentence ne tient pas à la démarche (confrontation) mais à la relation *obtenue* et à l'outil grammatical utilisé. On a déjà observé, à propos de l'indice et de l'enthymème, ce genre de classification par le résultat et non par la méthode, et le même phénomène d'irruption du « formel » dans l'argumentatif.

c) Il faut remarquer enfin que la sentence paraît isolée – c'est ce que confirmera la suite – et constitue visiblement l'« électron libre » attendu dans une série à sept termes organisée par couples.

1.6. Le σημεῖον (signe), chapitre 12 (30 b 30-31 a 5)

1.6.1. La définition du signe est la suivante :

> Σημεῖον δ' ἐστὶν ἄλλο ἄλλου, οὐ τὸ τυχὸν τοῦ τυχόντος οὐδ' ἅπαν παντός, ἀλλὰ τό γε εἰθισμένον γίνεσθαι πρὸ τοῦ πράγματος ἢ ἅμα τῷ πράγματι ἢ μετὰ τὸ πρᾶγμα. Ἔστι δὲ σημεῖον τό τε γενόμενον οὐ μόνον τοῦ γενομένου, ἀλλὰ καὶ τοῦ μὴ γενομένου, ὡσαύτως δὲ καὶ τὸ μὴ γεγονὸς οὐ μόνον τοῦ μὴ ὄντος ἀλλὰ καὶ τοῦ ὄντος.
>
> Une chose est signe d'une autre, non pas n'importe quoi signe de n'importe quoi, ni toute chose signe de toute chose, mais seulement ce qui se produit d'habitude avant la chose, ou en même temps que la chose, ou après la chose. De plus, ce qui s'est passé est signe non seulement de ce qui s'est passé mais aussi de ce qui ne s'est pas passé ; de même aussi, ce qui ne s'est pas passé est signe non seulement de ce qui n'est pas mais aussi de ce qui est (30 b 30-35).

Le rhéteur enchaîne sur une division : « parmi les signes, l'un procure une croyance (ποιεῖ… οἴεσθαι), l'autre un savoir (εἰδέναι) » et se borne à ajouter que le meilleur (κάλλιστον) est celui qui produit un savoir et que vient en second « celui qui produit une opinion très plausible » (δόξαν πιθανωτάτην). Le chapitre s'achève (30 b 38-31 a 5) sur la liste des sources où l'on peut puiser des signes en grand nombre : chaque chose faite, dite ou vue ; importance ou insignifiance des maux ou

40. Le chap. 38 du Traité (45 b 29-46 a 32), d'inspiration isocratique, est consacré aux moyens de s'assurer, par sa conduite, l'autorité requise, c'est-à-dire la conformité de son « personnage » aux normes de la vertu civique, conformité qui permet à une parole singulière de s'assimiler à la parole collective. Voir sur ce point les remarques générales de DUPONT 1987.

des biens qui en résultent, témoins, témoignages, avocats des deux parties, assignations[41], dates, etc.

Au chapitre 14, le signe est opposé à la sentence et à toutes les πίστεις précédentes, par sa faculté, dans certains cas, de produire plus qu'une croyance, c'est-à-dire un savoir clair (σαφῶς εἰδέναι, 31 a 41) chez les juges, et par la facilité avec laquelle on peut se le procurer[42]. À la différence de la preuve, cependant, il lui arrive de ne produire qu'une croyance (31 b 2-4). Ailleurs dans le traité, le signe apparaît parfois dans un sens non technique (33 b 9, 37 a 18[43]). En tant que πίστις, il ne reparaît que dans le judiciaire, comme moyen de confirmation des accusations incertaines (43 a 1). Sa réfutation, dans la défense, consistera à montrer que les signes utilisés contre nous « sont signes de plusieurs faits, et pas seulement du fait dont on [nous] charge » (44 a 1-2)[44].

1.6.2. À la différence de l'indice où le phénomène réel servait de base à une conjecture généralisante, le signe est ici signe *de quelque chose*. La relation entre la chose signe et la chose « signalée » est clairement non causale et non nécessaire, elle se résume à une succession ou à une concomitance habituelles (cf. εἰθισμένον). Mais en établissant une différence entre « signe entraînant une croyance » et « signe entraînant un savoir », le rhéteur laisse deviner qu'il n'ignore pas la différence entre la causalité et une simple succession / concomitance habituelle. Pourquoi alors affecte-t-il un terme unique à des choses si différentes ? Il faut peut-être mentionner ici l'intérêt « sophistique » que présente l'amalgame : il ouvre la voie, entre autres, au fameux sophisme *post hoc ergo propter hoc* ; peut-être aussi ouvre-t-il un champ à la réfutation du signe contraignant. Mais il est probable que, comme nous l'avons déjà observé, l'unité de la πίστις tienne surtout à l'unité du champ où se fera la recherche. Notons également que les modalités du raisonnement susceptible de mettre en œuvre le signe ne sont pas décrites, ce qui prouve, s'il en était encore besoin, que là n'est pas le critère de

41. L'assignation (πρόκλησις) était en droit attique une sommation adressée à la partie adverse afin qu'elle produise une preuve ou nous autorise à en produire une. Elle était nécessaire à la production du témoignage sous serment et à la mise à la question des esclaves. On comprend aisément comment – par exemple – un refus opposé à une telle assignation pouvait servir de « signe » de culpabilité.

42. Cette constatation est l'une des plus « scandaleuses » de tout le développement. Certains manuscrits, et non des moindres, portent même, au lieu de πορίσασθαι, la leçon ποιήσασθαι (le *fabriquer*). Précisons que cette « amoralité » de la technique trouve une certaine compensation dans le dernier chapitre, consacré à la formation morale de l'orateur.

43. Dans ce dernier passage, le rhéteur donne les moyens de lutter contre des préjugés défavorables du public. Quand ces préjugés tiennent à ce que nos ennemis nous font porter une accusation, sans pourtant aller en justice, cette inconséquence servira de « signe » de la fausseté de leurs accusations. On est surpris ici de ne pas trouver τεκμήριον. Ce pourrait être un indice du caractère récent ou personnel de certains aspects de la théorie des πίστεις.

44. Une tache de sang, pour reprendre un exemple célèbre, peut être signe de meurtre mais peut « signaler » aussi qu'on a égorgé un poulet…

définition. Outre l'ambiguïté maintenue entre une relation de causalité et une relation de simple habitude, on remarque la qualification du signe nécessaire : ce n'est pas le plus vrai[45], mais « le plus beau » ou « le meilleur » (κάλλιστον), c'est-à-dire le plus précieux à obtenir. Le point de vue est ici clairement celui du défenseur d'une thèse particulière et non celui d'un chercheur de vérité.

1.7. L'ἔλεγχος (preuve), chapitre 13 (31 a 6-23)

1.7.1. Avec l'ἔλεγχος, nous atteignons le dernier terme de la série. Le chapitre est bref, le texte délabré au début et le sens surprenant, aussi le citerons-nous presque *in extenso* dans la reconstitution qui nous paraît la plus plausible :

> Ἔλεγχος δ' ἐστὶ μὲν ὃ μὴ δυνατὸν ἄλλως ἔχειν ἀλλ' οὕτως ὡς ἡμεῖς λέγομεν· λαμβάνεται δὲ ἐκ τῶν φύσει ἀναγκαίων <ἢ ἀναγκαίων> ὡς ἡμεῖς λέγομεν [ἢ ὁ ἀντιλέγων] καὶ ἐκ τῶν κατὰ φύσιν <ἀ>δυνάτων ἢ ἀδυνάτων ὡς οἱ ἐναντίοι λέγουσιν. Κατὰ φύσιν μὲν οὖν ἀναγκαῖόν ἐστιν οἷον τοὺς ζῶντας σιτίων δεῖσθαι καὶ τὰ τούτοις ὅμοια· ὡς δ' ἡμεῖς λεγομέν ἐστιν ἀναγκαῖον τοὺς μεμαστιγωμένους ὁμολογεῖν ἅπερ οἱ μαστιγοῦντες κελεύουσιν. Κατὰ φύσιν δὲ πάλιν ἀδύνατόν ἐστι παιδάριον μικρὸν κλέψαι τοσοῦτον ἀργύριον ὅσον μὴ δυνατὸν φέρειν, καὶ οἴχεσθαι τοῦτο φέρον· ὡς δ' ἂν ὁ ἐναντίος λέγοι, ἔσται ἀδύνατον ἂν φάσκῃ μὲν ἐν χρόνοις τισὶν Ἀθήνησι ποιήσασθαι τὸ συμβόλαιον, ἡμεῖς δ' ἔχωμεν ἐπιδεῖξαι τοῖς ἀκούουσιν ὡς κατὰ τοὺς τότε καιροὺς ἀπεδημοῦμεν ἐν ἑτέρᾳ πόλει τινί.
>
> La preuve est ce qui ne peut pas être autrement que comme nous le disons. La preuve se tire de ce qui est nécessaire par nature, ou <nécessaire> tel que nous le disons [ou notre contradicteur], et à partir de ce qui est <im>possible par nature ou impossible tel que nos adversaires le disent. Est nécessaire par nature, par exemple, le fait que les êtres vivants ont besoin de nourriture, et autres faits du même ordre. Est nécessaire tel que nous le disons le fait que les personnes fouettées avouent tout ce que leur ordonnent ceux qui les fouettent. De même, est impossible par nature le fait qu'un petit enfant ait volé une si grosse masse d'argent qu'il ne pouvait la porter et soit parti en l'emportant. Ce sera impossible tel que l'adversaire le dit s'il prétend que nous avons signé un contrat à Athènes à une certaine date, alors que nous sommes en mesure de démontrer aux auditeurs qu'à ce moment-là nous séjournions dans une autre cité (31 a 6-19).

Au chapitre 14, le rhéteur dit de la preuve, pour la distinguer du signe : ἔλεγχος δὲ πᾶς τὴν ἀλήθειαν διδάσκει τοὺς κρίνοντας (« toute preuve enseigne la vérité aux juges » 31 b 4[46]). Dans la suite du traité, c'est la seule *pistis* pour laquelle le rhéteur ne fournit pas de conseils de réfutation : si elle sert à confirmer les accusations incertaines (43 a 2), il n'en est pas fait mention dans la partie du chapitre 36 consacrée au discours de défense.

1.7.2. Si ce chapitre est surprenant, c'est conjointement par le décalage entre la force réelle de la preuve et son nom, et par la contradiction entre sa puissance présumée absolue et une présentation rapportée, dans la moitié des cas, à une

45. Le mot ἀλήθεια n'apparaît qu'une fois dans le développement consacré à ce type de πίστεις, à propos de l'ἔλεγχος (31 b 4).

46. Ce détail montre que la preuve est du domaine du judiciaire ; d'ailleurs le rhéteur n'y revient pas dans son chapitre sur le démégorique.

thèse particulière. Prétendue irréfutable, par son nom d'abord[47], par les deux adjectifs ἀναγκαῖος et ἀδύνατος (nécessaire et impossible), et par le fait qu'aucun mode de réfutation n'est proposé pour elle au chapitre 36, elle devient, dans sa forme relative (nécessité de notre thèse, impossibilité de la thèse de l'adversaire), hautement réfutable. D'ailleurs, le cas fourni pour illustrer la nécessité de notre thèse (nécessité voulant que des personnes soumises à la torture avouent tout ce que leur dictent leurs tortionnaires) est dûment réfuté au chapitre 16 sur la βάσανος.

Il semble ainsi que la terminologie peut avoir un autre rôle que celui de désigner de manière univoque un contenu fixé. Ici, le substrat est assez flou (un fait dans sa relation avec les lois naturelles[48]), le mode de raisonnement difficile à détecter, le principal objectif du rhéteur semble donc être de cerner de manière très large[49] les cas où *le nom même de preuve* pourra servir d'argument par la force qu'on lui prête *a priori*, alors qu'on l'applique à une proposition réfutable. Cette attitude à l'égard de la contrainte des faits, devenue slogan, tend à s'éclairer quand on s'interroge sur les liens qui peuvent unir la preuve au signe. On s'attendrait en effet à ce que ces deux πίστεις, fondées toutes les deux sur des faits (ce qui fait d'elles le dernier couple de la série), se différencient l'une de l'autre selon une gradation, de la moins contraignante à la plus contraignante. La place ultime occupée par la preuve invite à faire cette hypothèse. Mais en réalité, l'une et l'autre possèdent deux versants, l'un réfutable, l'autre irréfutable, d'où la « progression » suivante : a) signe entraînant une croyance, b) signe entraînant un savoir, c) preuve relative (nécessité de notre thèse/impossibilité de la thèse de l'adversaire), d) preuve absolue (nécessité ou impossibilité naturelles). La seule « logique » que l'on entrevoit dans une telle suite est qu'elle est conçue pour laisser une liberté totale à l'orateur de profiter de la contrainte sans jamais en être victime, c'est-à-dire de pouvoir – presque – tout « prouver » et – presque – tout réfuter, et cela non plus seulement sur le terrain éminemment « plastique » de

47. À l'origine, le mot désigne la *honte*, ce qui implique que la « victime » reconnaît, par force, et prend à son compte, la réalité qui la contredit ou l'humilie. Sur l'histoire de l'ἔλεγχος, cf. *infra*.

48. Alors que le signe spécule sur la relation entre deux faits, la preuve semble s'appuyer sur la relation entre un fait et les lois qui régissent l'ordre des choses : il est nécessaire qu'untel s'alimente car la nature veut que les êtres vivants le fassent, cet enfant n'a pas volé car il était physiquement incapable de porter son butin, je n'étais pas là puisque j'étais ailleurs et que l'homme n'est pas doué d'ubiquité. Le sophisme vient de l'extension de ces impossibilités et nécessités à des phénomènes qui ne relèvent pas uniquement de l'ordre naturel : la volonté peut être plus forte que la douleur, mon alibi peut être faux.

49. La prétendue irréfutabilité de la preuve laisse entendre que le fait qui lui sert de substrat est censé sortir du domaine de l'affrontement contradictoire entre les deux parties. Il y a là un point commun avec le signe (qui s'appuie parfois sur des témoignages, des documents etc. ; de même, un alibi suppose des témoignages) et peut-être une explication à la situation de ces deux πίστεις, en fin de série, juste avant la transition vers les « πίστεις ajoutées ».

l'opinion, mais sur celui, largement plus résistant, des faits. Le signe contraignant de l'adversaire pourra être commué en signe non contraignant, la preuve de l'adversaire pourra être réfutée et quant à moi, je ferai passer les signes non contraignants pour des signes nécessaires, et tâcherai de placer des arguments réfutables sous l'autorité de la preuve par la loi naturelle.

2. STRUCTURE DE LA SÉRIE : TAXINOMIE OU SYSTÈME ?

L'une des raisons qui expliquent le peu d'intérêt suscité par cette théorie de la persuasion est qu'elle a paru justement ne pas constituer une théorie construite, mais se réduire à une simple liste. J. Klein, après avoir indiqué l'existence pré-aristotélicienne des *pisteis* et énuméré celles que nous venons d'analyser, décrit ainsi l'intervention d'Aristote : « Diese Bezeichnungen verwendet auch Aristoteles sämtlich für die Beweisarten, allerdings teilweise in veränderter Bedeutung (enthymema, elénchos). Vor allem aber ersetzt er *die additiv-katalogartige Aufzählung* durch ein hierarchisch gegliedertes System, das die Beweisarten primär nach logischen, sekundär nach pragmatischen Aspekten zueinander in Beziehung setzt[50]. » Et il est vrai qu'au regard des normes aujourd'hui considérées comme élémentaires et qu'Aristote n'a pas peu contribué à fixer, le travail du rhéteur paraît faible : les modalités du raisonnement mis en œuvre par chaque *pistis*, l'architecture d'ensemble de la série, la hiérarchisation des notions, restent floues ; la fixité des critères de définition, l'« imperméabilité » des catégories définies laissent à désirer.

Mais en réalité, la série est plus construite qu'il n'y paraît. Il faut d'abord dire qu'elle comprend sept termes, nombre qui est aussi celui des espèces oratoires (cf. 21 b 8 *sq.*) et celui des thèmes de délibération (23 a 20 *sq.*)[51]. Elle s'individualise d'autre part à deux niveaux : parmi tous les moyens de persuasion, en ce que, comme en général les πίστεις, chacun de ses termes s'inscrit dans un débat contradictoire, d'où son « tropisme » pour le judiciaire[52]. Par rapport aux autres πίστεις, dites « ajoutées »[53], la présente série se distingue par son matériau : ce

50. KLEIN 1992a, col. 1534. Voir aussi KRAUSS 1994 (article « Enthymem »), qui, un peu plus nuancé, voit dans la série « eine relativ unsystematische Liste ».

51. On ne sait trop comment expliquer la récurrence de ce chiffre : moyen mnémotechnique ? souci esthétique, symbolique ? Ce qui est sûr est qu'elle répond à une intention : dans le cas des sujets de délibération, le désir de parvenir au chiffre sept conduit le rhéteur à distinguer guerre et paix, alors qu'il s'agit bien, le bon sens et la suite du Traité le prouvent, d'un seul et même débat.

52. Cf. 28 a 4 : « les moyens de persuasion, qu'il est nécessaire de mettre au service de toutes les catégories de discours, trouvent leur utilité la plus grande dans les accusations et les défenses, car ce sont les espèces qui requièrent le plus de réfutation (contradiction ? en grec : ἀντιλογία) ».

53. Ce sont « l'opinion de l'orateur » (chap. 14, 31 b 9-19) ; le témoignage (chap. 15) ; le témoignage obtenu sous la torture (chap. 16) et le serment (chap. 17). Cp. Aristote, *Rhet.* I 2, 1355 b 35-39. Sur cette seconde série, voir MIRHADY 1991.

sont « les discours, les faits et les hommes eux-mêmes »[54]. Si vague que soit cette indication, elle correspond assez bien à la démarche du rhéteur, qui part d'un substrat choisi dans ce vaste « réservoir » mais ensuite spécifié (vraisemblable : expérience intériorisée du public ; exemple : faits extérieurs à l'affaire ; indice : discours et action de l'adversaire ; enthymème : discours et action de l'adversaire auxquels s'ajoutent des critères de valeur représentés, entre autres, par le comportement des gens de bien ; sentence : généralité des faits ; signe : faits en rapport avec l'affaire reliés entre eux ; preuve : faits en rapport avec l'affaire confrontés à l'ordre naturel), avant de diviser et d'appliquer la πίστις étudiée. Il y a là des facteurs de différenciation assez nets et un mode de présentation assez maîtrisé. Nous avons observé aussi des regroupements par couples (six couples et un élément isolé, la sentence). Certes, les critères de constitution de ces couples ne sont pas constants (complémentarité pour le vraisemblable et l'exemple ; communauté partielle de « substrat » pour les autres ; gradation – dans une certaine mesure, cf. *supra* – entre les deux derniers), mais ces regroupements pallient la menace d'éparpillement.

Surtout, la cohérence de l'ensemble apparaît quand on s'interroge sur les présupposés du rhéteur. Il faut accepter de faire une sorte de voyage épistémologique en-deçà des normes admises aujourd'hui[55]. La vérité est hors d'atteinte, la démonstration impossible[56], le réel multiforme et ambigu[57], l'homme guidé dans ses jugements par des opinions construites sur ce substrat instable par le moyen d'opérations non moins labiles[58] : bonheur de la reconnaissance du « connu », esprit de contradiction, préjugés, généralisations abusives, soumission à l'autorité (pourvu qu'elle épouse ses préjugés). Quant au langage, il exerce ses effets par des moyens qui – à nos yeux du moins – relèvent conjointement de la forme et du fond[59] : un mot comme le mot « preuve », une succession d'enthymèmes et de sentences élégantes jouent sur la persuasion au même titre qu'une argumentation.

54. 28 a 21-23 ; 31 a 21-22.

55. Doit-on relier le travail du rhéteur à cette « matrice » pré-philosophique du Ve s., où le λόγος est un instrument mis au service indistinctement de la « persuasion de croyance » et de la « persuasion d'enseignement » (cf. NOËL 1994, p. 105) ? Certes non. Il est visible qu'il travaille après Platon, mais, dans la guerre désormais déclarée entre philosophes et rhéteurs-sophistes, il a choisi le camp de ces derniers. Il est assez piquant, dans ces conditions, que son Traité ait dû sa survie à son attribution à Aristote !

56. Le verbe ἀποδεικνύναι est absent des chap. 7-14, le nom ἀπόδειξις n'apparaît pas dans le Traité.

57. D'où l'importance de l'εἰκός, où se rencontrent nos expériences personnelles, et qui constitue presque le seul terrain « solide » sur lequel nous puissions communiquer. Sur ces arrière-plans éminemment sophistiques, cf. GOEBEL 1989, p. 44 n. 7.

58. Il faut peut-être ici mettre Isocrate à part : chez lui, l'ἐμπειρία fournit un réel socle épistémologique. Mais, du moins sur la question des *pisteis*, les indications du rhéteur ne permettent pas de discriminer l'héritage isocratique de l'héritage sophistique.

59. Malgré quelques divergences, les sophistes ont en commun de nier ou de méconnaître la fonction référentielle du langage, voir sur ce point AUBENQUE 1994, p. 94-106.

L'enthymème comme πίστις vaut sans doute davantage par son aptitude à mettre en valeur un contraste que comme base de déduction[60]. Car, pour le rhéteur professionnel, le but recherché est d'aider à emporter l'adhésion du public, compte tenu des caractéristiques intellectuelles de ce dernier et de la diversité des cas soumis. Son élève devra disposer de tous les moyens pour persuader de tout et pour dissuader de tout. Dans cette optique, la série des *pisteis* est parfaitement adaptée : elle définit tous les champs de recherche (l'un des premiers objectifs à atteindre est de « ne pas être à court », d'« être bien pourvu »[61]), puis tous les moyens de persuasion qu'on pourra en extraire, puis la méthode pour les mettre en œuvre ou en contrecarrer les effets, selon les cas. Un classement par le raisonnement mis en œuvre supposerait que le raisonnement est le moteur de la persuasion, ce qui n'est pas le cas. Le classement par le substrat permet d'exploiter toutes les potentialités de la situation.

Aussi, à la question « taxinomie ou système » doit-on répondre par une formule comme « manuel renfermant une méthode pratique ». La cohérence de la conception de la persuasion, l'exhaustivité de la recherche, certains facteurs d'organisation de la série interdisent d'y voir une taxinomie. Son caractère non spéculatif, non objectif, tout pratique et normé par un point de vue particulier, celui de qui veut promouvoir *sa* thèse, interdisent d'y voir un système.

Ces remarques conduisent à une question : comment a-t-on pu se méprendre sur le texte du Pseudo-Aristote au point d'y chercher – sans bien sûr le trouver – un système ? On peut répondre que, le texte ayant été transmis au sein du *corpus* aristotélicien et présentant une parfaite communauté terminologique avec la *Rhétorique*, on l'a lu d'un point de vue aristotélicien[62]. Rédigé dans un style « philosophique » (voir en particulier la définition du signe ci-dessus), avec un mode de présentation assez proche des habitudes aristotéliciennes (définition, divisions), le texte du rhéteur n'était pas sans encourager une telle lecture. On découvre de surcroît, quand on s'interroge sur l'insertion du développement sur les *pisteis* dans l'ensemble du Traité, un indice faisant penser que ce développement correspond à une « strate récente ». K. Barwick, dans son dernier article (publication posthume)[63], a souligné une solution de continuité entre les deux premières parties du traité. Au début du chapitre 6 (27 b 39 *sq.*), le rhéteur fait le bilan des points étudiés : il y a d'abord les arguments du juste, du légal, de

60. Cf. Grimaldi 1972, p. 80.

61. Les formules εὐπορεῖν, οὐκ ἀπορεῖν reviennent souvent dans le Traité (plus de vingt fois).

62. Cet *a priori* a retenti sur certaines traductions et considérablement compliqué l'exégèse. Par exemple, en comprenant τεκμήριον au sens aristotélicien d'« infallible signs », Forster 1924, puis Rackham 1937 ont littéralement défiguré le texte du Pseudo-Aristote. Sur ces errances, voir Greg 1972, p. 53-55.

63. Barwick 1966, p. 224 *sq.*

l'utile[64], etc., qui, quoique communs à toutes les espèces, servent surtout au démégorique. Ils ont été étudiés au chapitre 1. Il y a ensuite les procédés d'amplification et de dépréciation, eux aussi d'usage commun, mais plus propres à l'éloge et au blâme. Ils ont été étudiés au chapitre 3. On attendrait que le rhéteur poursuive son bilan avec les moyens propres à l'accusation et à la défense, étudiés au chapitre 4, à savoir les ἁμαρτήματα et ἀδικήματα (erreurs et délits, cf. 26 b 25-28). Et c'est là qu'il introduit les *pisteis*, et ménage sa transition vers la seconde partie. Or cette seconde partie (chap. 7-28), associant moyens de persuasion et moyens d'expression est dotée d'une unité propre[65]. Il y a, dans cet accident de composition, l'indice de l'irruption d'un nouveau type d'analyse.

Dans ces conditions, il est indispensable de « convoquer » maintenant Aristote d'abord, puis les orateurs, afin de préciser, au-delà des profondes divergences que l'on a pu déjà percevoir, la nature des relations qui unissent les deux auteurs.

3. CONFRONTATION : ARISTOTE, LA PRATIQUE ORATOIRE

3.1. Aristote

Rappelons rapidement quelques faits bien connus[66] : la rhétorique, pour Aristote, est soumise à une double exigence de vérité et de justice[67], mais, comme la dialectique, dans un domaine, celui du probable (εἰκός), où les démonstrations proprement dites (les raisonnements dits « analytiques ») sont impossibles. Les conditions de la communication rhétorique (un orateur face à un public se déterminant davantage par les affects que par le raisonnement) imposent des contraintes spécifiques et exigent une connaissance précise des moteurs psycho-sociologiques et passionnels de la persuasion (ἦθος et πάθος). Dans ce cadre, la « preuve » (πίστις) est tournée vers les faits. Elle utilise deux sortes de raisonnements : un raisonnement de type déductif, l'enthymème (ἐνθύμημα, « pendant », dans le domaine rhétorique, du syllogisme dialectique) et un raisonnement de type inductif[68], l'exemple (παράδειγμα). La déduction opérée par l'enthymème se tire des vraisemblances et des

64. Ces arguments, qui servent à motiver une décision, sont les instruments du démégorique. Ils correspondent à ce qu'on appellera plus tard τελικὰ κεφάλαια.

65. Barwick y voit l'influence d'Isocrate. En réalité, les choses sont peut-être moins simples. On a pu expliquer l'accident de composition par un souci réfléchi d'économie interne (équilibre des parties), cf. FUHRMANN 1960, p. 13-14. De plus, l'influence d'Isocrate est perceptible à d'autres endroits du traité.

66. La présentation qui suit est volontairement simplifiée. On se reportera, pour chacun des termes étudiés, à WARTELLE 1982. Les principales études sont signalées dans les bibliographies fournies par W. M. A. Grimaldi à la fin des deux tomes de son commentaire (GRIMALDI 1980a, p. 357-362 ; GRIMALDI 1988, p. 371-377). Signalons également GRIMALDI 1980 et SPRUTE 1982.

67. Voir par exemple *Rhet.* I 1, 1355 b 14-18 et 21-22 ; I 2 1356 a 19-20.

68. Syllogisme et induction sont définis dans les *Topiques* (100 a 25-27 ; 105 a 13-16).

signes (ἐξ εἰκότων καὶ ἐκ σημείων, *Rhet.*, 1357 a 32). On trouve dans les *Premiers Analytiques* (70 a 3-9) les définitions suivantes :

Εἰκὸς δὲ καὶ σημεῖον οὐ ταὐτόν ἐστιν, ἀλλὰ τὸ μὲν εἰκός ἐστι πρότασις ἔνδοξος· ὃ γὰρ ὡς ἐπὶ τὸ πολὺ ἴσασιν οὕτω γινόμενον ἢ μὴ γινόμενον ἢ ὂν ἢ μὴ ὄν, τοῦτ' ἐστὶν εἰκός, οἷον τὸ μισεῖν τοὺς φθονοῦντας ἢ τὸ φιλεῖν τοὺς ἐρωμένους. Σημεῖον δὲ βούλεται εἶναι πρότασις ἀποδεικτικὴ ἢ ἀναγκαία ἢ ἔνδοξος· οὗ γὰρ ὄντος ἔστιν ἢ οὗ γενομένου πρότερον ἢ ὕστερον γέγονε τὸ πρᾶγμα, τοῦτο σημεῖόν ἐστι τοῦ γεγονέναι ἢ εἶναι.

Le vraisemblable et le signe ne sont pas identiques : le vraisemblable est une prémisse probable. Ce que l'on sait devenir ou ne pas devenir, être ou de pas être la plupart du temps de cette façon est vraisemblable, par exemple haïr qui vous hait ou aimer qui vous aime. Le signe veut être une prémisse démonstrative nécessaire ou probable : quand, une chose étant, une autre est, quand, une chose devenant, une autre devient antérieurement ou postérieurement, ces dernières sont des signes du devenir ou de l'être (trad. Dufour modifiée).

Le signe lui-même est divisé en deux catégories, le signe, ou signe « anonyme » et le τεκμήριον, différent du précédent en ce qu'il permet une déduction nécessaire[69] :

Τούτων δὲ (*sc.* τῶν σημείων) τὸ μὲν ἀναγκαῖον τεκμήριον, τὸ δὲ μὴ ἀναγκαῖον ἀνώνυμόν ἐστι κατὰ τὴν διαφοράν. Ἀναγκαῖα μὲν οὖν λέγω ἐξ ὧν γίνεται συλλογισμός. Διὸ καὶ τεκμήριον τὸ τοιοῦτον τῶν σημείων ἐστίν κ. τ. λ.

« Parmi les signes, celui qui est nécessaire est le τεκμήριον ; celui qui n'est pas nécessaire n'a pas de nom répondant à cette différence. Par nécessaires, j'entends les propositions pouvant servir de prémisses à un syllogisme ; et c'est pourquoi, parmi les signes, celui qui a ce caractère est un τεκμήριον ». (*Rhet.* 1357 b 3-7, trad. Dufour modifiée)

La sentence elle aussi a sa place dans ce système :

« La sentence (γνώμη) est une formule, exprimant non point les particuliers, par exemple quelle sorte d'homme est Iphicrate, mais le général ; et non toute espèce de généralité, par exemple que la ligne droite est le contraire de la ligne courbe, mais seulement celles qui ont pour objet des actions, et qui peuvent être choisies ou évitées en ce qui concerne l'action ; par conséquent, puisque les enthymèmes sont, peut-on dire, des syllogismes sur de tels sujets, les conclusions et les prémisses des enthymèmes, sans le syllogisme même, sont des sentences » (*Rhet.* 1394 a 22-28, trad. Dufour modifiée).

Quant à l'ἔλεγχος, c'est pour Aristote la réfutation consistant à déduire des conclusions en désaccord avec l'adversaire ; c'est donc une réfutation dialectique, neutre, et relevant, en tant que déduction, de l'enthymème (cf. *Rhet.* 1393 b 22-27). D'ailleurs, le terme lui-même est moins fréquent que l'adjectif ἐλεγτικόν (*sc.* ἐνθύμημα, *vs* (ἀπο)δεικτικὸν ἐνθύμημα).

Ce système n'est pas sans poser, dans le détail, un certain nombre de problèmes. C'est le cas, en particulier, du statut de l'εἰκός dans la *Rhétorique*. *Distingué du signe* en tant que prémisse d'enthymème, il relève *avec lui* du probable comme champ d'action de la rhétorique. La difficulté est aggravée par le fait qu'une sorte de signe, le τεκμήριον, sort, par son caractère nécessaire, du champ du probable.

69. Cf. *infra* sur les caractéristiques propres de cette nécessité.

Sur ces difficultés, Grimaldi écrit[70] : « τεκμήριον syllogisms [*vs* τεκμήριον] will give one a knowledge of the necessity of the conclusion, will demonstrate *the fact of* the conclusion, but they will not give a demonstration of *the reasoned fact* of the conclusion, which is to say a knowledge of *why* it is a necessary conclusion ». Ce type de raisonnement, en effet, tire une déduction certaine mais sur des prémisses qui ne répondent pas aux normes du raisonnement analytique, « namely, propositions expressing essential and necessary attributes » (*ibid.*). On peut affirmer « s'il a la fièvre, c'est qu'il est malade » (si A, nécessairement B), mais, si B, on n'a pas nécessairement A. La première inférence est effectivement nécessaire, mais pour une raison qui nous échappe. Sur le premier point, il faut admettre deux sens d'εἰκός : un sens général, regroupant toutes les prémisses probables ou nécessaires (au sens non analytique du terme), et un sens particulier, circonscrit par l'opposition au signe. La différence entre εἰκός et σημεῖον tient alors à la nature des éléments et à la relation elle-même : « An *eikos* is a rough generalization, or what is called a moral universal (cf. 57 a 34-b 1), derived from experience, but related only in a general way to the particular instance it argues to as probable. The *semeion* definitely and specifically points to the existence of the reality it argues for probable[71]. » Quand Démosthène (*Première Olynthienne*, 7) déclare *probable* la haine des Olynthiens à l'égard de Philippe, il s'appuie sur un principe général tiré de l'expérience et voulant que ceux qui ont subi un mauvais traitement de la part de quelqu'un qu'ils craignent haïssent cette personne. Beaucoup plus solide est l'argument utilisé par ce même Démosthène dans le discours *Sur la Couronne* (279) : tous les gestes inamicaux d'Eschine, le fait d'avoir monté un procès contre lui (sans qu'il ait commis aucune faute, publique ou privée) sont autant de *signes* de sa haine.

À cette double valeur de l'εἰκός s'ajoutent un certain nombre de variations entre les différentes définitions données, ce qui fait entrevoir une pensée en évolution, et se déterminant par opposition à d'autres doctrines ou définitions. Si Aristote ne redéfinit pas le signe dans le *Rhétorique* et se sert de celle que nous avons citée, il fournit en revanche dans la *Rhétorique* d'autres définitions du vraisemblable, en particulier en 1357 a 34-b 1 : τὸ μὲν γὰρ εἰκός ἐστιν ὡς ἐπὶ τὸ πολὺ γινόμενον, οὐχ ἁπλῶς δὲ καθάπερ ὁρίζονταί τινες, ἀλλὰ τὸ περὶ τὰ ἐνδεχόμενα ἄλλως ἔχειν, οὕτως ἔχον πρὸς ἐκεῖνο πρὸς ὃ εἰκός, ὡς τὸ καθόλου πρὸς τὸ κατὰ μέρος (« le vraisemblable est ce qui se produit le plus souvent, non pas absolument parlant, comme certains le définissent ; mais ce qui, dans le domaine des choses pouvant être autrement, est, relativement à la chose par rapport à laquelle il est vraisemblable, dans la relation de l'universel au particulier », trad. Dufour). La formulation est différente à la fin du second livre de la *Rhétorique*, quand Aristote discute de la réfutation du vraisemblable :

70. GRIMALDI 1980, p. 388.
71. GRIMALDI 1980, p. 396.

[…] ἔστι δὲ τὰ μὲν ἐκ τῶν ὡς ἐπὶ τὸ πολὺ ἢ ὄντων ἢ δοκούντων συνηγμένα ἐνθυμήματα ἐκ τῶν εἰκότων

[…] que les enthymèmes tirés de ce qui arriva ou sembla arriver la plupart du temps sont ceux qui procèdent par vraisemblances. (*Rhet.* 1402 b 14-16, trad. Dufour)

Ces variations et la mention d'une définition concurrente laissent entendre que la question était discutée. Or si l'on réunit l'addition de δοκούντων (idée d'un vraisemblable fondé en opinion) et le rejet d'un vraisemblable « absolu » (οὐχ ἁπλῶς), *i. e.* non restreint au statut de prémisse, on se prend à penser qu'Aristote se détermine par rapport à un texte bien proche de la *Rhétorique à Alexandre*. C'est une supposition voisine qu'invite à faire une particularité de la définition de la sentence : on a vu qu'Aristote écarte de la sentence « n'importe quelle généralité » mais exige une généralité portant sur des actions souhaitables ou non. Il n'est peut-être pas indifférent de rappeler ici le large spectre de la définition de la sentence dans la *Rhétorique à Alexandre*.

On peut tirer de ces remarques une constatation et une hypothèse. Il est aisé, tout d'abord, de constater que les ambitions d'Aristote sont bien différentes de celles du rhéteur. Sans même entrer dans le détail de ses analyses, on voit que sa description met au premier plan les modalités *quasi-logiques* de l'argumentation *à propos des faits*. De plus, les notions sont architecturées, reliées les unes aux autres par dichotomie fonctionnelle (induction [exemple] *vs* déduction [enthymème] ; raisonnement [enthymème] *vs* prémisses [signe, τεκμήριον] ; enthymème démonstratif *vs* enthymème réfutatif) ou inclusion (sentence ∈ enthymème ; τεκμήριον ∈ signe). Par rapport au Pseudo-Aristote, les ressemblances existent (notamment dans les définitions du vraisemblable, du signe, de la sentence), mais elles sont superficielles. Dans le cas du signe, la division parallèle en deux types (Aristote : signe « anonyme » *vs* τεκμήριον ; Pseudo-Aristote : signe entraînant une croyance *vs* signe entraînant un savoir) ne saurait faire oublier l'incompatibilité des définitions du τεκμήριον et l'absence, chez le Pseudo-Aristote, de toute réflexion sur la déduction. Dans le cas de la sentence, le thème commun de la généralité de l'assertion ne parvient pas à cacher les divergences de contenu et d'analyse : pour Aristote, la sentence porte sur les objets de l'action humaine et vise à orienter le choix de ces objets. Dans la *Rhétorique à Alexandre*, la sentence a un contenu moins restreint et porte sur n'importe quelle généralité[72]. Elle est spécifiée par sa forme et, si elle est reliée à l'enthymème, c'est dans son usage et non en tant que prémisse possible de celui-ci. D'autres divergences, sans même revenir sur les présupposés, sont criantes. Comme celles du τεκμήριον, les définitions de l'enthymème – à la binarité de sa structure près – et de l'ἔλεγχος sont sans aucun rapport entre elles.

L'hypothèse maintenant : on a cru percevoir une sorte de « dialogue », voire de polémique entre les deux auteurs. On est conduit d'une part à enquêter sur un

72. Cf. GRIMALDI 1988, p. 260.

éventuel fonds commun aux deux auteurs, d'autre part à chercher des confirmations à cette relation de proximité.

Les aspects proprement théoriques du fonds commun ne peuvent guère être détectés faute de document : on a parfois évoqué Théodecte[73] (élève d'Isocrate, mais aussi de Platon et d'Aristote), ce qui est séduisant mais impossible à prouver. L'influence isocratique est très probable, car elle s'exerce ailleurs dans le Traité d'une manière indubitable. Mais, dans le domaine des *pisteis*, on ne peut guère étayer cette hypothèse de manière précise : il n'est même pas certain qu'Isocrate avait écrit un Traité. Il existe heureusement un riche *corpus* qui peut servir de point de comparaison, celui des orateurs attiques.

3.2. Les pisteis *du Pseudo-Aristote et la pratique des orateurs*

Une enquête complète sur l'histoire de ces sept mots chez les orateurs remplirait un gros livre. Bornons-nous à quelques remarques. Les choses ne sont pas égales selon les πίστεις. Pour certaines d'entre elles, il y a une coïncidence parfaite entre la définition fournie par le rhéteur et l'usage oratoire *contre* Aristote. Pour d'autres, il semble que le rhéteur ait innové, mais sans toutefois opérer une mutation semblable à celle d'Aristote.

Commençons par le cas le plus net, celui de l'ἔλεγχος, soigneusement étudié par L. A. Dorion[74] : c'est un mot où l'intervention d'Aristote a marqué une rupture et pour lequel il est facile de tracer les limites entre un « avant » et un « après ». Chez Aristote, disions-nous, le terme a une valeur purement logique et s'inscrit dans l'échange dialectique entre les adversaires, échange entièrement codifié par les lois du raisonnement. Or toute la tradition antérieure s'appuie sur la première valeur (honte) de l'ἔλεγχος, progressivement spécialisée au sens de « révélation de la vraie nature d'une chose ». Dans la pratique juridique, l'ἔλεγχος est la *preuve* comme moyen de trancher le cas et de confondre définitivement l'adversaire. Il est normal dans ces conditions que cette preuve échappe, au moins fictivement, à la discussion entre les adversaires, dont les positions et les intérêts sont irréductiblement contradictoires : « Cette preuve, qu'elle soit un fait, un témoignage ou quoi que ce soit d'autre, est extérieure au contexte de communication existant entre les adversaires, c'est-à-dire qu'elle ne naît pas de l'échange entre ces derniers »[75]. C'est une caractéristique que nous avons constatée chez le Pseudo-Aristote. Mais son substrat est évidemment beaucoup moins irréfutable en

73. Cf. BARWICK 1967, p. 47-55.

74. DORION 1990, p. 8-120. Sur la pratique juridique reflétée par les orateurs, voir les p. 34 *sq*.

75. DORION 1990, p. 36.

réalité que l'utilisateur ne le prétend, d'où un retour de la preuve au débat contradictoire[76]. Chez Antiphon, ce peuvent même être les vraisemblances :

> [...] μὴ δεδηλωμένων δὲ τῶν ἀποκτεινάντων ὑπὸ τῶν εἰκότων ἐλεγχόμενος οὗτος ἂν καὶ οὐδεὶς ἕτερος ὁ ἀποκτείνας αὐτὸν εἴη.
>
> [...] l'évidence faisant défaut, il reste que les vraisemblances le convainquent, lui seul et personne d'autre, du meurtre. » (*Tétralogie* I γ 8, trad. L. Gernet modifiée)

La stratégie, bien évidemment, est dénoncée par l'adversaire (*Tétralogie* I δ 10) : « Ils prétendent s'appuyer sur les vraisemblances pour me convaincre : mais ils ne me dénoncent pas comme le meurtrier vraisemblable, mais comme le meurtrier réel. En fait, les vraisemblances sont plutôt pour moi, comme je l'ai démontré ». Plus généralement, on peut observer que la source la plus fréquente de l'ἔλεγχος, à savoir les témoignages, est intrinsèquement réfutable : il arrive que les témoins se parjurent. Ce décalage entre la pratique de l'argument et sa véritable valeur, qui fait du mot ἔλεγχος un slogan (cf. *supra*) autant qu'un argument, est confirmé par un fréquent abus de langage : L. A. Dorion cite plusieurs textes où ἐλέγχειν est présenté comme l'équivalent d' ἐπι-, ἀπο-δεικνύναι (ainsi Démosthène, *Contre Aphobos* I 52 : ὥσπερ... ἐξήλεγξα, οὕτως... ἐπιδείξω... ; Lysias, *Pour un citoyen* [*Or.* XXV], 14 : ὁ βουλόμενος ἐλέγξατο... οὐδείς με ἀποδείξει, etc.). La démonstration de L. A. Dorion englobe les occurrences de la notion chez les Sophistes, dont il montre qu'ils ne sont pas les auteurs de la réforme et chez Platon qui, tout en préparant le passage de l'ἔλεγχος à la dialectique, lui garde son sens ancien de preuve et son caractère personnel (honte publique)[77]. De toute évidence, le Pseudo-Aristote se rattache à l'avant-Aristote et se conforme parfaitement à l'usage judiciaire.

Pour ce qui est de l'εἰκός, les choses sont aussi assez nettes. Chez Aristote, le vraisemblable tout à la fois délimite le champ spécifique de la rhétorique et définit une prémisse de l'enthymème. À ces deux titres, il préserve la validité du raisonnement, la possibilité de déductions nécessaires (qui ne sont « probables » que par l'impossibilité d'en rendre compte en raison) et l'orientation de la « preuve » vers les faits. Un seul exemple montrera à quel point la pratique oratoire est plus proche de la théorie du Pseudo-Aristote dans sa partie la plus « dure » (raisonnement en forme, de nature « déductive »[78], fondé sur les *a priori* du public). Dans le *Pour l'Invalide* de Lysias (*Or.* XXIV 15-18), le défendant aborde l'imputation de grossièreté et de brutalité que font peser sur lui ses adversaires, dans leur désir vengeur de le priver de sa pension. La réfutation se fait uniquement par le vraisemblable entendu comme suit : qui est suspect *a priori* d'*hybris* ? Les jeunes, parce que c'est de leur âge et qu'ils savent pouvoir rencontrer une certaine

76. Et, peut-on observer, la pertinence – en dernière analyse – du classement de l'ἔλεγχος parmi les preuves « techniques ».

77. DORION 1990, p. 52 et 55 *sq*.

78. C'est du moins ainsi que nous pouvons le décrire, mais ce type d'analyse, rappelons-le, est absent de la *Rh. Al.*

compréhension, les robustes, car ils en ont les moyens physiques, les riches parce qu'ils peuvent payer pour ne pas être inquiétés. Or je ne suis ni jeune, ni riche, ni robuste. Donc, ... mon adversaire plaisante. Pas un mot n'est dit des faits qui peuvent étayer l'accusation. Le raisonnement se fonde uniquement sur l'expérience commune et les préjugés qui en dérivent[79].

Sur l'enthymème, les choses sont moins claires, car si la définition d'Aristote paraît très neuve, celle du Pseudo-Aristote est elle aussi sensiblement distincte, par sa précision et sa technicité, des emplois oratoires. Chez Eschine (*Sur l'Ambassade infidèle*, 110[80]), il semble ne s'agir que d'une remarque, d'une observation. Le mot apparaît quatre fois chez Isocrate et paraît désigner une réflexion ou un argument habilement tournés (*Panathénaïque*, 2 ; *Sur l'Échange*, 47 ; *Évagoras*, 10 ; *Contre les Sophistes*, 7), c'est-à-dire l'une de ces ἰδέαι, relevant indifféremment de la forme et du fond, qui servent à composer les discours. Il y a là, certes, un point de rapprochement avec un des aspects de l'enthymème chez le Pseudo-Aristote, mais qui ne rend pas compte du noyau de sa définition. En dehors du *corpus* des orateurs, certains emplois soulignent les connotations d'« ingéniosité » que pouvait contenir le mot enthymème (chez Xénophon, l'enthymème est un plan ingénieux, un stratagème, cf. *Helléniques*, IV 5, 4 ; V 4, 51 ; *L'art de la chasse*, XIII 13 ; *Anabase*, III 5, 12), mais c'est Sophocle qui paraît offrir l'emploi le plus proche. Dans *Œdipe à Colone*, pièce rhétorique s'il en, Œdipe reproche au Chœur des vieillards de Colone les incohérences de leur attitude (l'avoir admis comme suppliant, puis vouloir le repousser) et la contradiction qui oppose cette attitude à la réputation d'Athènes comme ville pieuse et hospitalière entre toutes. Le coryphée répond (v. 292) : Ταρβεῖν μὲν ὦ γεραιέ τἀνθυμήματα / πολλή 'στ' ἀνάγκη τἀπὸ σοῦ (« Il m'est bien force, vieillard, de m'incliner devant les arguments qui sortent de ta bouche »). On voudrait pouvoir valider cette interprétation de l'enthymème au sens d'argument à charge par « établissement de contradictions et de déviances » à l'aide du second emploi du mot dans la même pièce (v. 1199), mais le nouveau contexte est beaucoup moins net. Il est donc probable que le rhéteur fixe comme terme technique, compte tenu des potentialités sémantiques du terme et d'un début de codification isocratique, un mot dont les emplois courants présentaient des contours bien plus flous.

C'est la même constatation qu'il faudra faire avec σημεῖον et τεκμήριον[81]. Il existe certes des emplois proches des définitions du rhéteur. À notre avis,

79. Le rapprochement que nous faisons avec la théorie du Pseudo-Aristote (ou plutôt avec la tradition dont le Traité relève) est corroboré par la terminologie. Citons le § 16 de Lysias : Οὐ γὰρ <τοὺς> πενομένους καὶ λίαν ἀπόρως διακειμένους ὑβρίζειν εἰκός, ἀλλὰ κ. τ. λ.

80. Ce discours date de 343.

81. GRIMALDI 1980, p. 397-398 et n. 12, a ébauché une investigation sur l'usage de ces mots chez les orateurs. Mais il s'appuie sur trois auteurs jugés représentatifs (Lysias, Isocrate,

l'exemple le plus probant est fourni par un passage du *Contre Callimachos* d'Isocrate (15). On se rappelle que Callimachos, se prétendant spolié par les Dix (oligarques successeurs des Trente) s'attaque, au retour de la démocratie, à ceux qui l'ont ruiné. Dans un premier temps, le client d'Isocrate a accepté de transiger, devant témoin, et lui a donné deux cents drachmes. Mais Callimachos revient à la charge et réclame dix mille drachmes. Isocrate rédige pour son client la phrase suivante : ἀξιῶ δ' ὅσον περ ἂν τούτῳ σημεῖον ἦν ὡς ἡ δίαιτα οὐ γέγονεν, ἑλόντι τὰ διαμαρτυρηθέντα, τοσοῦτον ἐμοὶ γενέσθαι τεκμήριον ὡς ἀληθῆ λέγω περὶ αὐτῆς, ἐπειδὴ τῷ μάρτυρι φανερός ἐστιν οὐδ' ἐπεξελθεῖν ἀξιώσας (« J'estime que, de même que s'il avait prouvé la fausseté du témoignage, c'eût été le *signe* que l'arbitrage n'avait pas eu lieu, de même il y a eu τεκμήριον de la vérité de mes dires dans le fait, dûment établi, qu'il n'a pas jugé bon de s'en prendre au témoin »). L'argument par le *signe* établit une relation entre deux faits : le témoin convaincu de mensonge, c'est le *signe* que l'arbitrage n'a pas eu lieu. L'argument par le τεκμήριον établit un lien entre une contradiction (Callimachos a récusé l'arbitrage mais n'a pas contesté le témoignage qui en établissait la réalité) et un jugement de portée plus générale (je dis vrai). On peut observer d'autre part (GRIMALDI 1980) que les deux termes s'appliquent à des déductions non contraignantes, ce qui suffit à monter la nouveauté de la définition aristotélicienne du τεκμήριον comme signe nécessaire.

Mais les orateurs ne semblent pas faire couramment de distinction tranchée entre ces notions. Il existe même un cas où l'un sert à expliciter l'autre (Démosthène, *Pour Phormion*, 12[82]). La différence entre les deux, probable du fait même de l'existence de deux termes et de leur apparition conjointe dans les mêmes contextes (par ex. [Isocrate], *À Démonicos*, 2), reste la plupart du temps insaisissable, d'autant que la pratique oratoire spécule manifestement sur la force des termes, selon un principe que nous avons dégagé à propos de l'ἔλεγχος : l'emploi de tel ou tel mot n'est pas forcément révélateur de la nature réelle de l'argument sous-jacent. Bref, sous réserve d'une enquête plus approfondie, on peut répéter ici ce qui a été dit à propos de l'enthymème : le rhéteur définit ces πίστεις de manière plus précise que l'usage ne le comportait, mais en s'appuyant sur certaines tendances de cet usage, et peut-être sur un début de codification isocratique. La mutation introduite par Aristote est mille fois plus profonde.

Dans le cas de la sentence[83] et de l'exemple, la tradition est plus homogène et si Aristote intègre ces instruments à sa théorie de l'argumentation, c'est sans opérer de rupture sémantique par rapport aux emplois courants, auxquels l'auteur

Démosthène) et ne fait pas intervenir la *Rhétorique à Alexandre*. L'enquête reste donc à compléter et à affiner.

82. Πολλὰ δ' ἄν τις ἔχοι λέγειν καὶ ἐπιδεικνύναι σημεῖα τοῦ τοῦτον συκοφαντεῖν ἐγκαλοῦντ' ἀφορμήν. Ἀλλ' οἶμαι μέγιστον μέν ἐστιν ἁπάντων τεκμήριον τοῦ κ. τ. λ.

83. On peut se reporter notamment à LABARBE 1967 ; LEVET 1973.

de la *Rhétorique à Alexandre* est lui aussi fidèle, autant que le flou de ses définitions permet d'en juger. Il est donc vain d'espérer les situer l'un par rapport à l'autre à l'aide des occurrences oratoires, et, pour réunir le Pseudo-Aristote et les orateurs dans la même catégorie, en opposition à Aristote, il suffit de rappeler que le rhéteur n'analyse pas le raisonnement qui sous-tend ces πίστεις.

En somme, il apparaît clairement que le Pseudo-Aristote est beaucoup plus proche de la pratique oratoire. Mais on peut dire aussi que son travail est doté d'un certain coefficient personnel, et que le rhéteur a dû s'efforcer de codifier de manière un peu plus précise des termes dont les acceptions courantes devaient être assez flottantes, effort dont il n'y a pas lieu de s'étonner, puisque la présentation conjointe des πίστεις l'obligeait à une tentative de spécification.

Il reste à confirmer l'hypothèse d'une polémique entre Aristote et l'auteur de la *Rhétorique à Alexandre*. Il n'y a sur ce point aucune preuve disponible et certains arguments vont plutôt en sens contraire : Aristote ne donne pas le nom des technographes qui l'ont précédé et, d'autre part, la *Rhétorique à Alexandre* ne tombe que partiellement sous le coup de la critique qu'il leur adresse (cf. *infra*). Il faut tenir compte aussi de la nature spécifique des traités techniques : ce ne sont pas des « œuvres », au sens où l'on parle d'œuvres littéraires, issues d'un individu, mais des combinaisons plus ou moins complexes d'éléments traditionnels et d'innovations. Or, à cette époque de la production technique en rhétorique, les lacunes de notre documentation interdisent une discrimination sûre entre ces différents constituants.

Mais nous pouvons quand même augmenter la liste des indices déjà fournis. Quand on lit, dans le livre III de la *Rhétorique*, qu'il ne faut pas énoncer à la suite les enthymèmes (1418 a 6) ni chercher des enthymèmes sur toute question (18 a 9), on ne peut s'empêcher de songer – bien que les deux auteurs n'affectent pas le même contenu au mot enthymème – au conseil donné par le rhéteur de disséminer des séries d'enthymèmes dans tout le discours, et à sa remarque sur la facilité avec laquelle on peut se procurer les enthymèmes (cf. ci-dessus). Sur d'autres questions, la même proximité peut s'observer : le rhéteur enseigne la brièveté de la narration (38 a 21 *sq.*) ; or le philosophe se moque de ce précepte (*Rhet.*, 1416 b 30). Le rhéteur évoque la narration démégorique et en traite longuement (chap. 30) ; Aristote déclare que c'est une partie sans nécessité en dehors du judiciaire (1414 a 37 *sq.*). Le rhéteur isole la réfutation de l'adversaire comme partie du discours (1439 b 1 *sq.*) ; le philosophe considère que cette question ne se distingue pas de la question générale de la « preuve » (1418 b 5 *sq.*). La liste n'est pas close.

Un passage vient corroborer cette relation d'une autre manière : Δεῖ δὲ καὶ ὁρᾶν εἴ τι ψεύδεται ἐκτὸς τοῦ πράγματος· τεκμήρια γὰρ ταῦτα φαίνεται καὶ τῶν ἄλλων ὅτι ψεύδεται (« Il faut aussi voir si l'adversaire n'avance pas quelque affirmation mensongère : cela paraîtrait autant d'indices que tout le reste est également faux », *Rhet.* 1417 b 36-38, trad. Wartelle). Cette déduction appliquée au délibératif n'a rien de contraignant logiquement : elle spécule sur la mauvaise impression produite par un mensonge. Il ne fait aucun doute ici qu'Aristote s'appuie sur une définition du τεκμήριον beaucoup plus proche de celle du rhéteur que de la sienne propre.

Fonds commun, ressemblances dans la forme, superficielles, mais marquées, orientations incompatibles. On imagine (que faire d'autre ?), comme auteur de la *Rhétorique à Alexandre*, un rhéteur tributaire d'une tradition ancienne mais à la fois informé des nouvelles directions de la recherche, de certains des nouveaux *requisit* imposés par la critique platonicienne de la rhétorique, et ignorant du contenu précis de la *Rhétorique* d'Aristote, qui n'aurait pas manqué de réorienter plus profondément son travail, selon une observation déjà faite par E. M. Cope[84]. Quelques remarques polémiques d'Aristote dans la *Rhétorique*, visant, sinon la *Rhétorique à Alexandre*, du moins un ouvrage proche, vont dans le même sens, ainsi que les indices de « dialogue » que nous avons cru devoir relever ci-dessus dans les variations qui affectent les définitions d'Aristote. À ce titre, Anaximène de Lampsaque, collègue et concurrent d'Aristote auprès d'Alexandre, dont il fut le maître de rhétorique, n'est pas un mauvais candidat à l'attribution. La datation du Traité *circa* 340 (dans la « fourchette », admissible pour des raisons internes et papyrologiques, que l'on peut fixer entre 344/3 et 300), déjà admise par F. Blaß[85], ferait de lui un ouvrage postérieur à l'élaboration d'une partie de la *Rhétorique* (Livres I-II, sauf II 23-24), couramment assignée à la période « académique » du Stagirite[86], et antérieur à la fois à la diffusion (d'une version révisée ?[87]) de cet ouvrage et à l'élaboration de *Rhet.* II 23-24 et III, datée habituellement des dernières années du philosophe[88].

4. CONCLUSION

Cet ensemble assez complexe et ambitieux, soigneusement mis en forme, paraît vouloir répondre à la critique adressée par Aristote au début de la *Rhétorique* aux auteurs de manuels, coupables selon lui de négliger la « preuve », de se contenter de recettes obtenues empiriquement, de se satisfaire d'une routine professionnelle, exclusivement judiciaire, sans réfléchir à la définition de l'objet propre de leur activité ni à l'organisation rigoureuse de leur recherche (cf. *Rhet.* 1454 a 6-21 ; b 16-29 ; 55 a 19-20). Certains traits de la méthode (abstraction des

84. COPE 1867, p. 421 : « If Aristotle's logic and rhetoric had been accessible to the writer, it seems hardly possible that he could have thus passed them over without notice. »

85. BLAß 1892, p. 391.

86. Cf. DÜRING 1961, p. 287-289.

87. Les indices de proximité entre la *Rhétorique à Alexandre* et la *Rhétorique* ne se limitent pas au livre III de cette dernière.

88. Sur ces questions délicates, et sur les raisons qui nous conduisent à laisser l'ouvrage anonyme, voir l'Introduction de notre édition critique.

définitions, méthode par définition, division, application), des éléments de critique interne (indices de « couche » récente) et quelques disparités par rapport à l'usage oratoire, font d'ailleurs penser que l'auteur, influencé par une nouvelle approche « philosophique » de la rhétorique, a voulu rénover sa discipline en « théorisant » la persuasion et en rendant plus rigoureuses les définitions et la présentation des préceptes. Mais ces innovations ne sont guère que des innovations de forme. Au-delà, les objectifs poursuivis, l'essentiel du contenu des définitions, la structure de la série restent fidèles à la tradition isocratico-sophistique et demeurent proches de la pratique oratoire contemporaine, tradition et pratique à la fois partiellement reprises et profondément refondues par Aristote, qui se détermine par rapport à elles jusqu'à la polémique.

Une fois arrachée à la sphère d'influence d'Aristote, rattachée à la tradition à laquelle son auteur appartient véritablement, celle des praticiens de la rhétorique d'inspiration sophistique, la *Rhétorique à Alexandre* peut jouer un triple rôle auquel les critiques, à ce jour, n'ont pas suffisamment prêté attention[89] : celui d'instrument d'analyse des orateurs, celui de poste d'observation de la sophistique ancienne, au stade de son évolution où elle a dû s'adapter pour affronter l'opposition des philosophes et maintenir en éveil Tisias et Gorgias[90], celui, enfin, de point de comparaison avec les pratiques contemporaines du discours politique ou publicitaire, qui privilégient comme elle la fonction relationnelle du langage sur sa fonction référentielle.

89. Les spécialistes de l'histoire de la philosophie et même – ce qui est moins pardonnable – les historiens de la sophistique ignorent très souvent l'ouvrage et les commentateurs des orateurs attiques n'en tiennent quasiment jamais compte.

90. Cf. Platon, *Phèdre*, 267 a.

REMARQUES SUR LE *SÈMÉION* RHÉTORIQUE, D'ANTIPHON À ARISTOTE

Le danger qui guette, lorsqu'on instruit le dossier antique d'une notion comme celle de signe, est plus facile à voir qu'à éviter. Il consiste à réduire la notion au mot qui l'exprime le plus proprement à nos yeux dans le corpus étudié, en l'occurrence à identifier la question du signe rhétorique aux problèmes posés par les différents emplois oratoires ou rhétoriques du mot grec σημεῖον. Il suffit alors de consulter le TLG et le tour est joué.

Cette méthode est viciée d'abord parce qu'elle unifie la notion à partir du français, ce qui peut constituer à la fois un anachronisme et une erreur de perspective. Il y a au moins, entre σημεῖον et *signe*, le filtre d'un choix de traduction. Or il arrive qu'on doive traduire σημεῖον par un autre mot que *signe*, par exemple par *indice*, tout simplement parce que le champ sémantique de σημεῖον n'est pas le même que celui de *signe*. L'inconvénient corollaire est de passer sous silence les termes proches qui, justement, permettraient de cerner un peu mieux les valeurs du mot grec. À la vérité, on le sait bien, l'étude d'une notion ne peut se faire qu'en confrontant non des mots mais des champs lexicaux, et cela à condition d'avoir constitué avec soin ces derniers. Même alors, on risque de graves erreurs et omissions. De surcroît, avec les τέχναι rhétoriques du IVe siècle, nous avons affaire à des traités systématiques, c'est-à-dire à de vastes architectures, dont toutes les parties prennent sens grâce et dans l'ensemble. Or les diverses parties n'ont pas toujours bénéficié de la même réception, ce qui occasionne ou favorise les erreurs de perspective et les omissions. Prenons la bibliographie dévolue à la *Rhétorique* d'Aristote : la disproportion numérique est très sensible entre les études portant sur les pisteis techniques (enthymème, εἰκός, τεκμήριον, σημεῖον) par rapport à celles que l'on consacre aux πίστεις non-techniques (témoignage, témoignages obtenus sous la torture, contrats, etc.). Tout le monde – j'entends ceux qui s'intéressent à la rhétorique et à la philosophie grecques – s'est occupé peu ou prou de l'enthymème. Les πίστεις non techniques, seuls quelques historiens ou juristes s'y sont attardés. Si les philosophes et les rhétoriciens y jettent un coup d'œil, c'est davantage pour s'instruire sur l'anthropologie du droit grec que pour en extraire des stratégies argumentatives. Or il est évident que la théorie des πίστεις non-techniques constitue un pan majeur de la théorie de l'argumentation du

Stagirite, complémentaire de la théorie de l'enthymème. On ne peut pas dire sans risque comme Bernard Schouler que « la rhétorique judiciaire est plus encore que toute autre le domaine où l'argumentation n'a qu'une visée, celle de fuir l'évidence, de la rejeter hors de ses frontières »[1]. Une telle généralisation conduit – d'abord – à omettre la partie juridique de la rhétorique et – d'autre part – à oublier que l'une des fonctions majeures de cette rhétorique judiciaire est de construire, sur le terrain stable de l'évidence factuelle, un travail de qualification. Pour dire les choses simplement, la rhétorique judiciaire grecque s'occupe tout autant des moyens de confronter fait et loi, d'excuser un acte avéré, d'en reporter la responsabilité ou d'obtenir le pardon pour cet acte que de fausser l'établissement-même de la réalité des faits.

Mais un inconvénient plus grave encore de l'identification de la notion à un mot plus ou moins arbitrairement choisi, c'est qu'elle occulte trois « biais », trois facteurs de distorsion du jugement.

Tout d'abord, le corpus des orateurs – notre source presque unique, avant les τέχναι conservées, qui datent de la deuxième moitié du IVe siècle – est marqué par une utilisation du vocabulaire plus proche de celle des éristiques que de celle des dialecticiens. Quand un orateur utilise le mot ἔλεγχος (preuve), par exemple, on aurait tort d'établir une équation entre le mot qu'il utilise et la proposition à laquelle il le réfère pour en déduire sa conception de la preuve. Il faut une patiente étude de tous les emplois du mot pour cerner, non pas sa conception de la preuve, mais l'ensemble des propositions qu'il se sentait autorisé à subsumer sans scandale sous le terme de preuve. En d'autres termes, il est aventureux de postuler l'univocité du vocabulaire de la persuasion dans la mesure où ce vocabulaire-même participe de la stratégie argumentative.

Le deuxième biais est une caractéristique bien connue de la langue grecque, qui rend à la fois moins surprenant et moins immoral le phénomène précédent. Le grec est une langue « énonciative », ce qui signifie que le sens des mots, notamment des mots techniques, est spécifié par le contexte immédiat. Ce phénomène ne s'observe pas seulement chez les rhéteurs. Aristote lui-même, d'une page à l'autre, modifie sensiblement la valeur de certains termes : ὄνομα, par exemple, signifie tantôt nom, s'il est opposé à ῥῆμα (verbe), tantôt *mot*, au sens large, s'il est employé isolément. Ce n'est donc pas seulement le champ lexical qui doit contribuer à cerner une notion mais aussi le contexte immédiat de chaque occurrence. Et cela, y compris lorsque le terme, doté d'une valeur technique, a reçu une définition en bonne et due forme, j'en donnerai un exemple tout à l'heure.

Le troisième biais est celui qui a été introduit subrepticement au cours de la transmission des textes. On se souvient que le tyran Hipparque a commandé aux

1. SCHOULER 1997, p. 58.

Homérides de Chios un exemplaire de l'épopée qui, déposé sur l'Acropole, est devenu l'exemplaire de référence. On sait que plus tard l'orateur Lycurgue a fait voter l'archivage par la Cité d'Athènes d'un exemplaire officiel des pièces des trois Tragiques[2]. Les œuvres des philosophes ont été conservées dans la bibliothèque de l'École à laquelle ils appartenaient. Mais on connaît les avatars du corpus aristotélicien: constitué pour l'essentiel d'ouvrages destinés à l'usage interne du Lycée, mal conservé, mal édité lors de sa redécouverte, augmenté d'apocryphes comme la *Rhétorique à Alexandre*, il a été victime de ce que l'on appelle pudiquement une « transmission fluide ». Quant au corpus des orateurs, après la fixation du canon alexandrin, son usage a été pour une grande part scolaire, et ce qui en a été conservé, ce sont bien évidemment les discours au contenu exemplaire plus que les affaires au sujet trop particulier. Ce souci a parfois été premier. Il est au cœur du projet des *Tétralogies* d'Antiphon : discours modèles ou leçons d'argumentation en acte, les *Tétralogies* sont volontairement dépouillées de circonstances concrètes et réelles[3]. Dans d'autres cas, ce sont surtout les intérêts des professeurs qui ont, par exemple, fait passer de 233 à 34 le nombre de discours de Lysias[4] et réduit à quelques *opus* les quelque soixante discours d'Antiphon disponibles au Ier siècle av. J.-C.[5] Aussi faut-il, décidément, être très prudent devant l'assimilation de la rhétorique à la sophistique, ou face aux thèses qui font de la rhétorique grecque une théorie et une pratique uniquement préoccupées de δόξα, de vraisemblance, et complètement indifférentes aux faits. Le filtre de la transmission nous a sans doute privés d'un grand nombre d'affaires qui nous intéresseraient aujourd'hui mais qui ont été jugées trop anecdotiques par les professeurs.

Ces précautions prises, je n'aurai pas l'ambition de proposer une synthèse sur le σημεῖον rhétorique. D'abord parce qu'il en existe déjà une, celle de J. B. Greg[6], ensuite parce qu'il existe aussi quelques bonnes études plus ponctuelles, celles de Goebel et de Grimaldi[7], notamment, et surtout en raison de l'ampleur du problème. Admettons en effet que l'on se propose de resituer le σημεῖον dans l'architecture logique et verbale qui sert à connecter un fait et une conclusion lorsque cette conclusion échappe à l'évidence soit parce qu'il s'agit d'un fait passé auquel les personnes qui doivent le juger n'ont pas assisté, soit parce qu'il s'agit d'un fait futur. Si l'on se donne ce programme, on est amené de proche en proche à embrasser l'ensemble de la rhétorique ancienne et de ses liens avec la

2. Cf. IRIGOIN 2001.

3. Cf. GAGARIN 1997, p. 8.

4. Caecilius de Calè-Actè (d'après la *Vie des dix orateurs*) reconnaissait l'authenticité de 233 discours parmi les quelque 425 qui étaient prêtés à Lysias de son temps. Nous disposons aujourd'hui de 34 discours auxquels s'ajoutent une centaine de fragments.

5. Caecilius rejetait comme inauthentiques 25 de ces 60 titres (cf. GAGARIN 1997, p. 7).

6. GREG 1972.

7. GOEBEL 1989, GRIMALDI 1980.

philosophie. Faute de temps, je me bornerai donc à quelques remarques faites dans l'esprit que je viens de définir, c'est-à-dire en m'efforçant de ne pas isoler le *sèméion* de son contexte. Sur la *Première Tétralogie* d'Antiphon, je ne dirai que quelques mots. Je m'attarderai davantage sur la *Rhétorique à Alexandre* et la *Rhétorique* d'Aristote.

La Première Tétralogie

Un homme a été invité à dîner. À la fin de la soirée, il rentre chez lui accompagné de son esclave. Dans un endroit peu fréquenté, il est attaqué, assassiné, sans être dévalisé. L'esclave est blessé et meurt. Avant de mourir, il a juste le temps de dire à des passants que, parmi les attaquants, il a reconnu l'accusé, qui est un vieil ennemi de son maître. Mais ce témoignage ne peut pas être considéré comme valide, car, dans l'Athènes classique, le témoignage d'un esclave n'a valeur juridique que s'il est obtenu sous la torture. On apprendra aussi que la haine entre l'accusé et la victime est liée à une longue série de procès tous perdus par l'accusé. On apprendra également que la victime allait bientôt intenter à l'accusé un nouveau procès pour vol d'objets sacrés, d'une valeur de deux talents, ce qui impliquait, si l'accusé devait perdre ce procès, qu'il aurait à rembourser dix fois la somme, soit 20 talents, somme énorme. On apprendra enfin *in extremis*, à la toute fin des débats, que l'accusé a peut-être un alibi. Il aurait été chez lui ce soir-là et, pour en témoigner, il propose de mettre tous ses esclaves à la question.

Il est clair que les données sont choisies soigneusement pour être non pas symétriques – car il y a de fortes présomptions contre l'accusé – mais ambivalentes et opposables. Tout autant que l'indice de la nature sophistique de la persuasion enseignée ici, j'y verrai un reflet de la fonction des *Tétralogies*. Conçues sur le modèle de certaines procédures judiciaires[8], elles anticipent sur les τέχναι qui enseignent à exploiter les mêmes données dans un sens ou dans l'autre. C'est une caractéristique que l'on retrouverait aujourd'hui dans les manuels de plaidoirie.

Ce que l'on observe aussi, c'est que le champ lexical de l'argumentation à partir des faits est déjà partiellement en place : alors qu'elle a été écrite probablement aux alentours de 430[9], la *Première Tétralogie* présente quatre des sept pisteis que l'on retrouvera près d'un siècle plus tard dans la *Rhétorique à Alexandre* et la *Rhétorique* d'Aristote : l'εἰκός, le τεκμήριον, le σημεῖον et l'ἔλεγχος. Cette stabilité apparente cache une certaine instabilité du contenu. Je ne reviens pas sur l'εἰκός et l'ἔλεγχος, mais je voudrais souligner la difficulté que l'on éprouve à opérer une distinction claire entre σημεῖον et τεκμήριον.

8. HANSEN 1993, p. 235-236.
9. Cf. USHER 1999, p. 355-359.

En dehors des *Tétralogies*, dans le fragment d'Antiphon n° 72 Blass-Thalheim[10] transmis par Ammonius, est établie une distinction entre le σημεῖον, susceptible de rendre crédibles (πιστοῦσθαι) les événements passés, et le τεκμήριον, base de conjectures portant sur le futur. Cette distinction n'est pas exactement celle qui est respectée dans les discours conservés. M. Gagarin[11] croit avoir repéré dans certains d'entre eux la différence suivante : le σημεῖον confirmerait l'événement d'une manière plus claire et plus directe, alors que le τεκμήριον comporterait une part plus grande de déduction. Mais cette différence n'est pas toujours vérifiée et l'on a parfois bien de la peine à tracer une ligne rouge entre les emplois de ces deux mots.

Autre caractéristique importante : il est clair – le résumé a suffi pour le faire voir – que l'argumentation est inscrite dans une stratégie discursive où le temps a une importance considérable. À la différence de ce qui se passe dans un bon roman policier, les données factuelles ne sont pas données d'emblée, elles sont distillées au fur et à mesure, d'où l'importance de l'anticipation et du sens du καιρός. Du point de vue de l'orateur, la préoccupation n'est pas tant de savoir comment raisonner devant un problème que comment réagir devant une donnée imprévue, ou comment introduire une donnée imprévue pour amener l'auditeur à la δόξα que l'on souhaite lui inspirer à l'instant *t*. Une anecdote racontée par Plutarque illustre sur un mode plaisant cet art de l'instantané :

> Lysias avait composé un discours pour une personne impliquée dans un procès et le lui donna. Le client lut le discours plusieurs fois et, dépité, revint voir Lysias en lui disant qu'à la première lecture le discours lui avait paru admirable, mais qu'à la seconde et à la troisième, il l'avait trouvé complètement faible et inefficace… Lysias se mit à rire et dit : « Mais quoi, n'est-ce pas une seule fois que tu t'apprêtes à le dire devant les juges ? » (Plutarque, *De Garrulitate*, 504 c 5-10)

Cela dit, avant d'interpréter trop vite comme sophistique cet usage de l'argumentation, il faut d'abord le relier à une caractéristique de la procédure dans le droit athénien : le vote suivait immédiatement l'audition des discours et il n'y avait pas de délibération, d'où l'importance d'imposer une δόξα, même passagère, au bon moment.

Ce que je voudrais dire aussi, pour terminer, c'est qu'Antiphon inclut dans son effort de persuasion un méta-discours. Je citerai sur ce point le passage suivant :

> Les crimes tramés par les individus ordinaires ne sont pas difficiles à prouver, mais quand les auteurs sont des gens bien doués, expérimentés, et à cet âge où l'on a le plus de capacités à gérer intelligemment ses affaires, ils sont difficiles tant à identifier qu'à dénoncer (ou : convaincre de faute). […] Sachant donc cela, vous devez, sitôt que vous aurez saisi une vraisemblance quelconque, vous y fier sans restriction. (A, α 1-2)

10. Antiphon, fr. n° 72 Blass-Thalheim ; VI 2 Gernet ; 163 Morrison = Ammonius περὶ διαφ. λέξ., p. 127 : (Antiphon dans sa τέχνη dit que) τὰ μὲν παροιχόμενα σημείοις πιστοῦσθαι, τὰ δὲ μέλλοντα τεκμηρίοις.

11. GAGARIN 1997, p. 112.

Il y a là peut-être un effort pour tromper, mais on assiste aussi au démontage public des mécanismes de la persuasion. La technique s'affiche : s'il faut se fier aux vraisemblances, c'est faute de mieux et parce que l'adversaire est trop malin pour avoir laissé derrière lui des preuves, ce qui suppose une distinction claire entre probabilité et certitude ainsi que la prise de conscience et même l'affichage de l'interaction entre l'orateur et son public. Ce qui confirme cette lecture, c'est que, ailleurs dans cette *Tétralogie* (A, α 4-5), l'orateur fait entrevoir à son public une véritable théorie de la cause des actes. La démarche argumentative est la suivante : il y a, dans l'absolu, x raisons de tuer, n'est-ce pas ? On procède ensuite par élimination, raison *a priori* par raison *a priori*, par confrontation avec les données, jusqu'à celle qui sera immanquablement « la bonne », parce que c'est la dernière possible. Ce caractère discrètement métadiscursif des *Tétralogies* tient peut-être au public visé : des professionnels, mais rien n'interdit de penser que ces éléments de réflexion sur la persuasion ont été largement diffusés et ont augmenté la compétence du public en matière d'esprit critique. Des témoignages anciens[12] l'attestent, qui soulignent ses exigences de spectateur à l'égard des orateurs et l'importance corollaire, pour l'orateur soucieux de défendre une vraie cause, de ne pas paraître trop habile, tant était grande la conscience des pouvoirs de la persuasion. Antiphon en fut une des premières victimes, lui qui, nous apprend Thucydide, cessa de participer à la vie publique en raison de la méfiance que suscitait sa réputation d'intelligence[13].

La Rhétorique à Alexandre *(Rh. Al.)*

Avec la *Rhétorique à Alexandre* nous sommes face à une théorie générale de l'argumentation dans le cadre d'un traité systématique. La théorie du σημεῖον qu'on y trouve présente quelques caractéristiques assez intéressantes :

La première est son inscription dans une série de sept πίστεις définies en dehors de la théorie des genres et des espèces. En clair, ces πίστεις ou moyens de persuasion n'ont pas de lien exclusif avec le discours d'Assemblée, le discours judiciaire ni l'éloge ou le blâme, même si le rhéteur marque leur tropisme particulier pour l'accusation et la défense. Ce tropisme est dû, dit-il (1428 a 7), au fait que ces espèces, l'accusation et la défense, sont celles qui font le plus appel à la contradiction.

Une telle formule coïncide avec le caractère agonistique de la série. Toutes les pisteis sont opposables, en elles-mêmes mais aussi l'une à l'autre. C'est-à-dire que l'on pourra opposer une vraisemblance à une vraisemblance, un témoignage à un

12. Par exemple Thucydide, III 38.

13. Cf. Thucydide, VIII 68 et GAGARIN 1997, p. 3.

témoignage. Mais on pourra aussi réfuter une vraisemblance par des exemples, ou l'inverse[14], et ainsi de suite.

Les πίστεις sont divisées en deux sous-ensembles qui rappellent l'opposition aristotélicienne entre πίστεις techniques et πίστεις non-techniques. Mais la terminologie est différente. Ce qui tient lieu de πίστεις techniques ce sont des πίστεις que l'on tire (je cite 1428 a 16-18) « des paroles, des actions et des hommes », par opposition aux autres qui sont dites « ajoutées » (1428 a 18). Les premières, ce sont les vraisemblances, les exemples, les τεκμήρια, les enthymèmes, les sentences et les ἔλεγχοι. Les secondes, ce sont l'opinion de l'orateur, les témoignages, les témoignages obtenus sous la torture et les serments.

Deux remarques s'imposent d'emblée. Si je persiste à ne pas traduire ces mots, c'est parce que ce serait entrer dans un piège diabolique : tous ces termes, en effet, reviennent chez Aristote avec des acceptions tantôt proches tantôt profondément différentes. Pour donner un exemple précis, le τεκμήριον, dans la *Rhétorique à Alexandre*, consiste à se fonder sur une incohérence dans les propos ou l'action d'un individu pour, à l'aide d'une généralisation (abusive), ruiner l'ensemble de sa personne et de son action, stratégie qui n'a rien à voir avec le τεκμήριον défini comme σημεῖον ἄλυτον, ou ἀναγκαῖον, *signe irréfutable* ou *nécessaire*, dans le chapitre II du Livre I de la *Rhétorique* (1357 b 3 *sq.*).

D'autre part, on peut s'interroger sur cette étrange dichotomie entre des πίστεις « tirées des paroles, des actions et des hommes » et les πίστεις ajoutées. On peut penser qu'une frontière sépare ce qui concerne proprement l'instruction de l'affaire en débat et ce qui a précédé le débat ou le procès, donc l'affaire en elle-même. Ce qui est sûr, c'est que la première catégorie définit un réservoir de prémisses extrêmement flou.

Telle est donc la série. Il est assez clair qu'elle comporte des éléments de structuration signifiants. Le vraisemblable et l'exemple sont étroitement liés puisqu'ils sont l'antidote l'un de l'autre. La vraisemblance peut toujours être contrebattue par une longue liste d'exemples paradoxaux (cf. 1429 a 38 *sq.*). Nous avons donc là un premier couple ; dans la mesure où le τεκμήριον a une communauté de méthode avec l'enthymème, cela fait d'eux un second couple de πίστεις. Une des πίστεις est particulière, en ce qu'elle est assertive et repose en dernière analyse sur l'argument d'autorité : c'est la γνώμη, ou sentence. On dira que c'est elle l'électron libre. Par déduction, on peut supposer un lien entre les deux dernières πίστεις, à savoir le σημεῖον et l'ἔλεγχος. Citons les définitions de ces deux dernières πίστεις :

> Est une chose *signe* d'une autre, non pas n'importe quoi signe de n'importe quoi, ni toute chose signe de toute chose, mais seulement ce qui se produit d'habitude avant la chose, ou en même temps que la chose, ou après la chose. De plus, ce qui est arrivé est signe non de ce qui s'est passé seulement mais aussi de ce qui ne s'est pas passé ; de même aussi, ce qui ne s'est pas

14. Voir sur ce point CHIRON 1998 (reproduit dans ce volume, p. 195 *sq.*).

passé est signe non seulement de ce qui n'est pas mais aussi de ce qui est. Parmi les signes, l'un procure une croyance, l'autre un savoir. Le meilleur est celui qui procure un savoir, vient en second celui qui produit une opinion très plausible. (*Rh. Al.*, chap. 12, 1430 b 30-38)

La preuve est ce qui ne peut pas être autrement que comme nous le disons. La preuve se tire de ce qui est nécessaire par nature, <ou nécessaire> tel que nous le disons [ou notre contradicteur], et à partir de ce qui est impossible par nature ou impossible tel que nos adversaires le disent. Est nécessaire par nature, par exemple, le fait que les êtres vivants ont besoin de nourriture, et autres faits du même ordre. Est nécessaire tel que nous le disons le fait que les personnes fouettées avouent tout ce que leur ordonnent ceux qui les fouettent. De même, est impossible par nature le fait qu'un petit enfant ait volé une si grosse masse d'argent qu'il ne pouvait la porter et soit parti en l'emportant. Ce sera impossible tel que l'adversaire le dit s'il prétend que nous avons signé un contrat à Athènes à une certaine date, alors que nous sommes en mesure de démontrer aux auditeurs qu'à ce moment-là nous séjournions dans une autre cité. (*Rh. Al.*, chap. 13, 1431 a 6-19)

Il y aurait beaucoup à dire sur ces textes. Je me bornerai à souligner le caractère très particulier de la terminologie. Les prémisses (une chose, un fait, voire une parole) sont à peine plus précises et concrètes que celles qui constituent le réservoir général des πίστεις. Ce ne sont donc pas des prémisses particulières qui unifient le σημεῖον, d'un côté, et l'ἔλεγχος, de l'autre. La variabilité de la certitude obtenue est une chose très bien connue du rhéteur car il distingue le signe qui produit un savoir et celui qui produit une croyance, mais cette variabilité ne se reflète pas non plus dans la terminologie, puisque le signe est plus ou moins certain et la preuve irréfutable ou non. D'ailleurs, visiblement, le rhéteur ne tient guère compte de la causalité puisqu'il se borne à établir un lien « habituel » entre les faits, ce qui ouvre la porte à un grand nombre de sophismes, dont le fameux *post hoc ergo propter hoc*. On ne peut pas dire non plus que ces πίστεις soient fédérées par un raisonnement spécifique, puisque, justement, il n'y a pas d'analyse du mécanisme par lequel on passe d'un fait à une conclusion.

Autrement dit, cette terminologie ne vise pas à l'univocité, mais à tisser de manière tout à fait concertée et consciente les liens le plus élastiques possible entre les faits et les propositions que l'on en tirera. La réalité des faits importe si peu que les signes peuvent être fabriqués. On a scrupule à citer la suite du chapitre 12 :

Nous fabriquerons un grand nombre de signes, en bref, à partir de chaque chose faite, dite ou vue, prise une à une ; nous les tirerons aussi de l'importance ou de l'insignifiance des maux ou des biens qui en résultent ; nous les tirerons en outre des témoins et de leur témoignage, de ceux qui nous assistent ou assistent nos adversaires, de nos adversaires eux-mêmes, des assignations, des dates et de nombreuses autres sources. Pour ce qui est des signes voilà donc les sources où nous nous fournirons en quantité. (*Rh. Al.*, 1430 b 38-1431 a 5)

Cela étant, pour être cohérent avec l'avertissement par lequel j'ai commencé cet exposé, je dois dire quel usage du signe recommande le rhéteur au sein de la stratégie d'ensemble que développe un discours entier : dans le chapitre 36, dans la partie consacrée à la confirmation du discours d'accusation, on constate que les σημεῖα interviennent tard, loin après les témoignages, les révélations obtenues sous la torture, les sentences, les enthymèmes et les vraisemblances. Si la partie adverse admet les faits, les pisteis seront délaissées au profit des moyens de qualifier l'action avérée.

La Rhétorique *d'Aristote*

Les apports du Stagirite dans le domaine de l'argumentation sont bien connus. On peut les résumer à grands traits de la manière suivante : séparation des πίστεις en λόγος, ἦθος et πάθος, ce qui entraîne une objectivation de l'εἰκός. Pour prendre la mesure de l'abîme qui sépare la *Rhétorique à Alexandre* de la *Rhétorique* sur ce point, il suffit de confronter les définitions de l'εἰκός que l'on trouve dans chacun des deux ouvrages :

> Le vraisemblable est ce dont, quand on le dit, les auditeurs ont des exemples en tête. (*Rh. Al.*, 1428 a 25-26)

> Le vraisemblable est, en effet, ce qui arrive le plus fréquemment [...]. (Aristote, *Rhétorique*, I 2, 1357 a 34)

Aristote a opposé plus nettement la persuasion judiciaire qui porte sur le passé à la persuasion délibérative qui porte sur le futur, il a distingué les πίστεις factuelles en fonction de leurs prémisses (σημεῖον ἀνώνυμον et τεκμήριον) et du degré de certitude qu'elles permettent d'obtenir. Il les a distinguées également en fonction du raisonnement qui les sous-tend, inductif pour l'enthymème, déductif pour l'exemple.

Il y a là un ensemble impressionnant de nouveautés. Mais ce sur quoi je voudrais insister au contraire, c'est sur la continuité entre la *Rhétorique* et la *Rhétorique à Alexandre*. Le phénomène qu'a relevé Pierre Aubenque[15] à propos de la φρόνησις se confirme dans le domaine de l'argumentation. Aristote n'invente aucun des termes techniques qu'il utilise, et quand il spécifie l'acception d'un terme comme τεκμήριον au sens de preuve, il justifie l'innovation par l'étymologie (le τέκμαρ, dans l'ancienne langue, est une borne, une limite, cf. *Rhétorique*, I 2, 1357 b 3-10). Cette façon de faire entraîne le maintien de certaines équivoques : le signe non nécessaire n'a pas de nom spécifique (1357 b 4-5), ce qui est un peu gênant dans la mesure où le τεκμήριον est lui aussi un signe. Quant au terme εἰκός, il désigne à la fois un type particulier d'enthymème et le cadre d'ensemble de l'argumentation rhétorique, étrangère à la démonstration scientifique. Un autre fait est plus rarement signalé : il arrive à Aristote d'oublier ses propres définitions et de revenir à des principes moins purs, ainsi dans ce passage du livre III :

> Il faut aussi vérifier si l'adversaire ne profère pas des mensonges en dehors de la cause, car cela peut paraître l'indice qu'il ment aussi sur le reste. (*Rhétorique*, III 17, 1417 b 37-39)

15. AUBENQUE 1997.

Nous n'avons pas ici le τεκμήριον du livre I, le signe irréfutable, mais bien la stratégie de généralisation à partir d'une incohérence telle qu'elle est décrite dans la *Rhétorique à Alexandre*.

D'autre part, Aristote répartit sa matière en fonction d'une conception de la technique rhétorique qui fait d'elle non une science, non une théorie logique, mais une empirie méthodique. Ce n'est pas dans la *Rhétorique* que l'on trouve les définitions les plus précises du sèméion et une vraie réflexion sur les rapports entre signe et la causalité. La théorie du signe donnée dans la *Rhétorique* (I 2 ; voir aussi 2, 24-25) n'est en fait pas si différente de celle de la *Rhétorique à Alexandre*. Il faut étendre la recherche aux *Premiers analytiques* (2, 27), aux *Seconds analytiques* (1, 6 ; 2, 17) et aux *Réfutations sophistiques* (4, 6, 7, 24, 28) pour trouver une théorie complète.

Il n'est pas si rare, enfin, qu'Aristote revienne à une approche subjective, interactive de la persuasion, comme en témoigne ce passage auquel j'ai déjà fait allusion :

> Parmi eux, le signe nécessaire est une preuve (τεκμήριον), celui qui n'est pas nécessaire n'a pas de nom exprimant la différence. J'appelle donc nécessaires les termes dont naît un syllogisme. C'est pour cela que, parmi les signes, celui qui a cette caractéristique est une preuve (τεκμήριον), car c'est lorsque les gens croient qu'il n'est pas possible de réfuter ce qu'ils énoncent qu'ils croient présenter une preuve (τεκμήριον), parce que cela revêt à leurs yeux la qualité d'être démontré et délimité (πεπερασμένον). En effet, dans l'ancienne langue, le τέκμαρ et le πέρας sont une seule et même chose (*sc.* signe, borne, limite). (*Rhétorique*, I 2, 1357 b 3-10)

La terminologie adoptée est justifiée non pas par l'irréfutabilité du signe mais par un sentiment d'irréfutabilité (« c'est lorsque les gens croient… », « cela revêt à leurs yeux »), même si, pour le reste de la définition et pour les exemples donnés, Aristote souligne l'ancrage du τεκμήριον dans une réalité contraignante.

Pour conclure ce très modeste parcours, je voudrais dire que ce corpus de textes et de doctrines sur l'argumentation à partir des faits est beaucoup plus homogène qu'il y paraît. Il me paraît inexact de dire, comme on l'a soutenu récemment, que la rhétorique comme technique est fille de la philosophie[16]. C'est postuler une dichotomie qui n'a pas d'existence avant Platon. Surtout, Antiphon connaît déjà fort bien la différence entre certitude et probabilité. Il en va de même dans la *Rhétorique à Alexandre*. La frontière entre ces deux auteurs et Aristote n'est pas celle qui sépare l'argumentation rationnelle et la persuasion irrationnelle. Elle réside dans le fait que les uns ont en vue une persuasion effective, qui tient compte du destinataire et consiste en une interaction inscrite dans la durée, combinant plusieurs moyens à la fois, alors que l'autre sépare soigneusement les paramètres : nature des prémisses, modalités du raisonnement, tout en supprimant le facteur temps, ce qui lui interdit par la même occasion de fournir des préceptes efficaces. Si l'on préfère, les uns enseignent

16. Cf. SCHIAPPA 1990 ; COLE 1991. Voir *contra* PENDRICK 1998.

à conduire la voiture alors que l'autre démonte le moteur. Mais la voiture est la même. Je reprendrais volontiers à mon compte la double thèse d'un spécialiste hollandais de l'argumentation, Antoine C. Braet, dans un article qu'il a consacré récemment à la *Rhétorique à Alexandre*[17] : « depuis l'origine de la rhétorique grecque, la confluence de la recherche de l'efficacité persuasive et du respect de la rationalité a été caractéristique de la tradition rhétorique. (...) Depuis le début, des normes implicites pour l'argumentation rationnelle ont été développées à l'intérieur du système rhétorique ». C'est assez dire que la sophistique qui s'y manifeste fournit à la fois le poison et son antidote.

17. BRAET 1996.

4. LE STYLE

LA SIMPLICITÉ DANS LA RHÉTORIQUE GRECQUE, D'ARISTOTE À HERMOGÈNE : TERMINOLOGIE, VALEURS, DOCTRINES

Au moment de commencer cet exposé, ce n'est pas tant de parler de simplicité qui nous gêne – après tout, nous avons déjà eu l'occasion de parler longuement du silence – que le besoin où nous nous trouvons, pour mettre la recherche en perspective, d'une longue introduction. Mais c'est la condition pour rendre intelligible le parcours qui suivra.

L'étymologie du mot « simple » renvoie à l'idée d'*unité* : en latin, le *simplex* s'oppose au *duplex*, au *triplex* comme le simple au double, au triple…[1] Dans *simplex*, la racine **sem*, est la même que celle du grec εἷς, *heis*, qui n'est autre que l'adj. numéral cardinal *un*, *un seul*. Le second élément du composé renvoie à l'idée de *plier*. Le *simplex* est *ce qui n'est plié qu'une fois*.

Il est évident qu'en matière d'éthique ou d'esthétique, plus précisément en matière de style – puisque tel est notre sujet –, ce noyau sémique s'est trouvé considérablement enrichi en prenant les acceptions de *non compliqué*, *sans détour*, *franc*, *direct*, et autres, et c'est cette richesse qu'il est intéressant de rapprocher de développements analogues en grec ancien.

Développements analogues mais jamais semblables. Les nombreux équivalents grecs que l'on peut proposer pour le champ lexical de la simplicité sont généralement des intraduisibles – pour reprendre le mot de Barbara Cassin[2]. D'où la nécessité de citer nombre de mots grecs importants pour la théorie stylistique antique, mais qui n'ont pas forcément d'homologues français très exacts. Pour illustrer cette absence d'homologie parfaite de langue à langue, on peut signaler que le grec possède un mot très proche de *simplex*, ἁπλόος -οῦς, qui s'oppose lui aussi à διπλοῦς, *double*, et que certaines hypothèses d'ailleurs rapportent à une étymologie parallèle[3]. Mais ce mot, chez les théoriciens dont nous allons parler, réfère à un style non pas *simple*, *sans apprêt*, mais *pur*, *sans mélange*[4].

1. *DELL sv* I. plecto, -is, plexi…
2. Cassin 2004.
3. *DELG sv*.
4. Cf. Démétrios, *Du Style* (éd. Chiron 1993), 36.

Le corpus choisi dépend largement d'Aristote et comprend pour l'essentiel des textes antiques relativement récents, disons d'époques hellénistique et romaine, ce qui a des conséquences importantes sur la façon dont y est abordée la simplicité stylistique.

Mais commençons par la façon dont s'y est exercée l'influence d'Aristote. Elle a pris trois formes, communes à tous les traités dont nous allons parler :

Le premier héritage d'Aristote est le caractère systématique des théories. Les traités définissent des catégories stylistiques qui s'opposent les unes aux autres tout en se donnant pour objectif de recouvrir toutes les situations de communication possibles. Chez le Pseudo-Démétrios de Phalère[5], par exemple, l'ambition totalisante est claire, avec un système à quatre caractères du style, prétendu dérivé de l'observation[6], et qui renvoie sans doute aux quadripartitions réputées immanentes que sont la quadrichromie, les quatre humeurs, les quatre éléments[7], etc. Dans ce cadre – c'est le cas de le dire – le style ἰσχνός, *iskhnos* – mot que l'on peut traduire, nous expliquerons pourquoi, par *simple* –, est l'un des pôles d'une opposition avec le μεγαλοπρεπής, *megaloprepès*, le *grandiose* (§ 36), opposition qui renvoie métaphoriquement à une antithèse socio-économique. L'un est pauvre, l'autre est riche. L'un est faible, l'autre fort. L'un suscite l'admiration, l'autre le mépris. Évoquant la grandeur stylistique, Démétrios écrit :

> Comme autre facteur de grandeur, on peut citer l'allégorie ; c'est surtout vrai dans les menaces, comme lorsque Denys dit : « (*sc.* si les Locriens m'attaquent) leurs cigales chanteront pour elles-mêmes[8] sur le sol ». S'il avait dit simplement qu'il raserait la Locride, il aurait paru à la fois plus colérique et plus trivial. En fait, il utilise l'allégorie pour masquer son propos : car tout ce qui est sous-entendu effraie davantage, et chacun l'interprète à sa façon : au contraire, ce qui est clair (σαφές) et apparent (φανερόν) attire facilement le mépris, comme les gens tout nus. (§ 99-100)

La grandeur, c'est l'obscurité, qui active les fantasmes et la peur causés par une supériorité sociale ou militaire. Au contraire la clarté – composante récurrente de la simplicité, on le verra –, c'est la nudité physique qui renvoie à l'indigence, au dénuement, à l'infériorité sociale.

Il faut préciser que ce préjugé se voit contesté par des philosophies qui font au contraire du dénuement la marque de la vérité et de la liberté, raison pour laquelle une non-valeur fut finalement intégrée dans un système de catégories toutes légitimes. Ce qui nous donne l'occasion de préciser que l'influence d'Aristote n'a pas été la seule à s'exercer et que d'autres courants, comme le Cynisme, ou le Stoïcisme, ont laissé eux aussi leur marque sur la théorie rhétorique.

5. Cf. Démétrios, *op. cit.* ; voir aussi CHIRON 2010a, p. 71-85.

6. § 36-37.

7. Voir CHIRON 2001, p. 172.

8. La citation est empruntée à Aristote, qui met le réfléchi. Les ms. de Démétrios portent αὐτοῖς (« pour eux »), ce qui est moins fort.

Quoi qu'il en soit, cette polarité de la simplicité et du luxe cohabite dans le traité *Du style* avec un second jeu d'opposition, entre le style élégant et le style véhément (§ 36, 258), qui n'a plus tant une valeur sociale qu'*illocutoire*. Ce sont deux relations à l'autre qui se trouvent mises en antithèse : la séduction, et l'autorité.

Et voilà la première remarque, remarque en fait double, que nous voulions faire sur les théories dont nous allons parler. Héritières d'Aristote, elles sont systématiques. Aucune des notions dont il sera question ne vaut isolément. Toutes sont prises dans des structures où elles trouvent une grande partie de leur valeur. Elles sont par ailleurs sédimentées. La simplicité, par exemple, a pu être un repoussoir à une certaine étape de la théorie, mais elle fut ensuite légitimée et intégrée aux systèmes nouveaux, à l'occasion de modes ou d'influences nouvelles.

Second legs à la fois d'Aristote et des traités d'époque classique : le souci d'adaptation aux données pragmatiques, dirait-on aujourd'hui. En grec, c'est le πρέπον, le convenable, qui se décline en construction d'un idiolecte, c'est-à-dire d'une caractérisation éthique du locuteur – lequel doit apparaître comme compétent, bienveillant, etc. Mais ce πρέπον est aussi adaptation au contenu. C'est ainsi que le style simple est souvent associé à la narration[9], dans la mesure où, dans cette partie du discours, le *medium* stylistique doit se mettre au service de la fonction d'information. Ce principe, pour Aristote, était encore plus général, puisque – afin d'éviter le dévoiement du juré – tout orateur judiciaire devait éviter d'évoquer des éléments extérieurs à l'affaire, « de parler en dehors du fait »[10], comme d'ailleurs certains tribunaux imposaient de le faire, à l'exception des procédures d'examen où l'on était autorisé à parler de soi plus librement[11]. De là une équation qui fait de la simplicité de style l'instrument non seulement de la narration, mais de la démonstration, par opposition aux embellissements et autres effets qui s'adressent aux affects et non à la faculté de juger des auditeurs.

Aristote a légué, troisièmement, une valeur qui s'applique aussi bien dans le domaine physiologique, qu'éthique ou esthétique, l'idée de *juste milieu*, d'équilibre parfait entre excès et défaut. Ce paradigme a beaucoup contribué à structurer les théories. La plupart des systèmes stylistiques post-classiques définissent ainsi des catégories déviées, ou vicieuses, soit par excès, soit par défaut. La simplicité par exemple, qui constitue chez certains théoriciens des trois styles (l'auteur de la *Rhétorique à Herennius*, notamment) un pôle par défaut, est elle-même, chez le

9. Pseudo-Aristote, *Rhétorique à Alexandre*, éd. CHIRON 2002, 1438 a 17 *sq*.

10. Aristote, *Rhétorique*, trad. CHIRON 2007 (I 1, 1354 a 20 *sq*., p. 116 *sq*.).

11. Lysias, XVI 9 ; XXIV 1.

Pseudo-Démétrios de Phalère, menacée par un vice voisin, qui est la sécheresse, vice qui consiste à abuser de tous les procédés formels propres à la simplicité[12].

Voilà, pour en rester à de très grandes lignes, quelques héritages importants de l'époque classique. Avec les mutations induites par l'empire d'Alexandre puis par le déplacement du centre de gravité politique et culturel vers Rome, on peut déceler plusieurs signes d'évolutions dans le champ rhétorique, qui vont retentir elles aussi sur la substance des traités et donc sur la façon dont est traitée la simplicité stylistique. Nous en retiendrons seulement deux :

Tout d'abord, la « dépolitisation » des pratiques oratoires. Avec la fin de la liberté politique des cités et la création de vastes empires, la rhétorique pratique tend à se déplacer de l'Assemblée vers les prétoires. On assiste à l'enrichissement corollaire de l'enseignement[13] et au développement de pratiques oratoires ludiques, spectaculaires, connues sous le nom de déclamation. À cela s'ajoute la diversification des écoles philosophiques qui entrent en concurrence et doivent développer des stratégies de communication pour convertir toutes sortes de publics à leur conception de la sagesse.

Ces facteurs – disons un double mouvement un peu paradoxal de *globalisation* de la rhétorique, à l'échelle du monde et de tous les genres de communication, et de *privatisation* des problématiques rhétoriques, qui incluent de plus en plus des modes de communication interpersonnels, comme la parénèse philosophique ou le genre épistolaire – ces facteurs ont entraîné d'abord ce que l'on pourrait appeler une « littérarisation » de la rhétorique. Nous entendons par là une liberté plus grande vis-à-vis de ses contraintes traditionnelles, dans le choix des sujets, par exemple. Démétrios dit que la première chose à faire, si l'on adopte le style simple, c'est de choisir un petit sujet, à la manière de Lysias quand il décrit la maisonnette d'Euphilètos, dans le discours I *Sur le meurtre d'Ératosthène*. Cela suppose que le thème ne soit pas contraint par un ordre du jour, comme il l'est à l'Assemblée, ou par une accusation, comme au tribunal, ou par le motif de la cérémonie, quand il s'agit d'un discours d'apparat.

Seconde conséquence, le brouillage de l'opposition du fond et de la forme, facilité, bien évidemment, par cette esthétisation générale du discours. Chez Aristote, quels que soient les problèmes complexes posés par la structure de la *Rhétorique*, il y a une séparation entre l'argument – qui fait l'objet des deux premiers livres – et les questions de style et de composition, traitées dans le Livre III. À partir de l'époque hellénistique, la διάνοια ou l'ἔννοια, c'est-à-dire le contenu de pensée, font partie

12. § 236-239. Pour le passage de la structure initiale à trois termes à un système plus simple dans lequel la bonne formule avoisine un précipice dans lequel on ne doit pas tomber, voir CHIRON 2010c.

13. Que l'on songe au cycle de formation appelé *progymnasmata*, ou exercices préparatoires de rhétorique, mieux connu désormais grâce à l'édition récente des *Progymnasmata* d'Aelius Théon (PATILLON 1997c).

intégrante de la définition des types stylistiques. Nous avons déjà observé que le style simple requérait de petits sujets. Inversement le style grandiose se donnera comme thèmes – comme le dit Démétrios citant lui-même un peintre du nom de Nicias –, des

> combats de cavalerie, des batailles navales, bref des sujets où l'on p(uisse) montrer quantité de figures représentant des chevaux, tantôt galopant, tantôt cabrés, d'autres encore ployant les jarrets, quantités de cavaliers aussi, lançant des javelots, tombant de leur monture. À son avis (*sc.* de Nicias) le thème lui-même est une partie constitutive de l'art pictural, comme les mythes le sont pour les poètes. Il n'y a donc rien d'étonnant à ce que, en prose aussi, de grands sujets soient facteurs de grandeur. (§ 76)

C'est là ce que Denys d'Halicarnasse appelle le πραγματικὸς τόπος, la question du sujet, paramètre important dans la détermination des types stylistiques, qui a donné lieu à des développements d'une extrême richesse. Chez Démétrios, on vient de le voir, le b-a ba du style simple, c'est le choix d'un sujet sans importance, et ainsi de suite. Chez Hermogène, le système se complexifie. Les composants des *idées* stylistiques se subdivisent en deux grandes classes, ceux qui sont relatifs au contenu, et les composants plus strictement formels. Parmi les composants relatifs au contenu, il y a non seulement l'ἔννοια, le contenu de pensée mais il y a aussi la *méthode à propos de la pensée*, sur laquelle nous reviendrons bientôt.

Seconde évolution essentielle sensible dans toute la rhétorique post-classique : la généralisation de la théorie de l'imitation. La compétition entre la « Grèce vaincue et son farouche vainqueur » selon la formule d'Horace, a eu pour conséquence une sorte de sacralisation de la production littéraire – au sens large du terme – de l'époque classique. C'est même là que s'est forgé le « classicisme », à savoir la référence et la révérence obligées à l'égard d'un ensemble de textes produits à une époque déterminée et jugés nécessaires à la construction d'un citoyen digne de ces ancêtres et capable d'égaler – au moins sur le plan culturel – des contemporains plus puissants[14]. Dans les textes dont nous allons parler, la critique et la stylistique sont les deux faces d'une même monnaie. Des catégories élaborées *in abstracto*, comme la simplicité, ou en référence à un modèle, comme le caractère de Thucydide, sont corrélées à des moyens stylistiques particuliers, comme un certain type de vocabulaire, de figures ou d'enchaînements sonores, tous illustrés par des exemples classiques et cet ensemble sert à la fois à identifier un auteur comme identique à un type ou produit par la combinaison de plusieurs, et à produire soi-même un nouveau discours, conforme à un type ou à plusieurs. En d'autres termes, il n'y a pas de production de texte sans modèle et pas de rhétorique sans critique, et ni l'une ni l'autre sans des typologies qui servent d'interface entre les deux.

Bien plus, des institutions comme la bibliothèque et le Musée d'Alexandrie, conservatoires mais aussi lieux d'enseignement, ont concouru à la constitution de

14. Sur cette compétition décalée, voir PERNOT 1997.

canons, c'est-à-dire des listes courtes de modèles proposés à l'imitation, et destinés aussi à la détection des faux. Même si son origine n'est pas connue avec précision, on a ainsi notion d'un canon des dix orateurs attiques. On a procédé de même avec les architectes, les peintres, les sculpteurs, et l'analogie de la démarche a conduit tout naturellement à établir des ponts entre ces différents arts. Chez Démétrios, par exemple, un style est un *caractère*, c'est-à-dire au sens propre une empreinte. Le style élégant se dit en grec γλαφυρός, *glaphuros*, ciselé. Dans son système il existe – comme nous le disions – deux polarités distinctes, dont l'une met en tension la simplicité et la grandeur. Cette traduction est rendue nécessaire par le système d'opposition, mais le mot grec qui dénote la simplicité est ἰσχνός, *iskhnos*, qui signifie proprement « maigre ». On voit qu'un type stylistique peut donc être défini en référence à un objet manufacturé ou à un corps représenté, que ce soit par la peinture ou la sculpture. Chez Hermogène, les catégories stylistiques sont des ἰδέαι, *ideai*, c'est-à-dire des formes visibles, terme qui – non content de renvoyer à Platon – peut évoquer les arts plastiques.

En d'autres termes, la stylistique grecque d'époque hellénistique et impériale ne se conçoit pas sans des traditions qu'elle fait communiquer entre elles. Elle entremêle les arts et cultive spontanément la synesthésie. Elle conçoit la création littéraire comme la combinaison d'éléments préexistants, tous déjà utilisés et illustrés, tous pourvus d'analogues dans d'autres domaines. On le verra plus loin, il est difficile de parler de simplicité sans parler en même temps de Lysias ou de Xénophon et quand Démétrios (§ 13-14) évoque le style simple des anciens historiens comme Hécatée, c'est en référence aux pierres laissées pêle-mêle dans la carrière ou à la raideur des statues archaïques, par opposition à la structure complexe commune aux toits voûtés et au style périodique. C'est dire à quel point un helléniste trouve pertinente l'affiche utilisée pour ce colloque, qui offre comme modèle de simplicité une idole cycladique.

Arrivons-en enfin au parcours promis. La richesse du matériau est telle que nous ne pourrons que survoler des textes qui sur ce sujet sont d'une extrême richesse.

Aristote refuse toute typologie stylistique étayée sur des critères esthétiques ou éthiques. Il n'y a donc pas de style simple. Plus exactement tout style se doit d'être simple.

Le style épidictique est le plus écrit, car son objectif est d'être lu. Vient en second le judiciaire. Mais pousser plus avant les distinguos en matière de style – en disant qu'il doit être agréable, grandiose… (ἡδεῖαν… καὶ μεγαλοπρεπῆ) – c'est perdre son temps. Pourquoi ces qualités plutôt que la tempérance, la libéralité ou n'importe quelle autre qualité du caractère (ἤθους ἀρετή) ? Il est clair que les principes donnés plus haut rendront le style agréable, si la qualité du style a été définie correctement. À quelle autre fin en effet doit-il être clair sans être bas mais convenable ? S'il est diffus, il ne sera pas clair, il ne le sera pas non plus s'il est concis. Non, de toute évidence, c'est le juste milieu qui convient. (1414 a 17-25)

La λέξις, c'est-à-dire *stricto sensu* l'énonciation, reste un geste unique, soumis à la règle du juste milieu entre un excès et un défaut ou, pour le dire autrement, un point d'équilibre entre la recherche et la négligence avec pour azimuth la clarté et une sorte de neutralité axiologique.

Mais cela n'empêche pas Aristote, en bon scientifique qu'il est, de recueillir l'héritage des rhéteurs qui l'ont précédé et de transmettre en la développant une doctrine qui sera celle des ἀρεταὶ λέξεως, *aretai lexeôs*, des *qualités* ou des *vertus* du style. Certaines d'entre elles seront reprises plus tard dans les théories de la simplicité.

Aristote se moque, par exemple, d'une théorie des qualités de la narration, qui doit être claire, concise et persuasive[15]. Il écrit :

> On prétend aujourd'hui de façon ridicule que la narration doit être rapide. Pourtant, comme le disait l'homme au boulanger qui lui demandait s'il devait pétrir sa pâte dure ou molle : « est-il impossible de la pétrir comme il faut ? » (1416 b 29-32)

En fait, ce sont des *requisit* d'ordre judiciaire qui sont à l'origine de ce type de normes et Aristote lui-même se fait l'écho de tribunaux où, pour éviter la corruption des jurés populaires, il était interdit de parler en dehors de la cause. Il fallait s'en tenir strictement aux faits. Dans la *Rhétorique à Alexandre*, ces exigences de factualité pure sont étendues à un type particulier de narration, le rapport d'ambassade : les enjeux étaient ceux du contrôle de la mission, puisque les ambassadeurs étaient, comme on sait, des citoyens *lambda*. Le rapport devait donner des éléments fiables pour la suite de la négociation et témoigner que l'ambassadeur s'était acquitté de sa mission avec zèle et ne s'était pas laissé corrompre[16].

L'un des premiers métadiscours sur la simplicité du style justifie donc par des normes juridiques une expression la plus objective possible, rapportant faits et discours de manière à effacer le plus possible le filtre de la verbalisation.

Passons à Démétrios, *alias* Pseudo-Démétrios de Phalère, que nous situons vers 100 av. J.-C. Ce qui se rapproche le plus du style simple est donc, chez Démétrios le style maigre. C'est si vrai, que pour rendre compte de la structure du traité, et de la relation d'antinomie de ce style avec le grand style, nous avons traduit style maigre par style simple, à quoi nous encourageait aussi le fait que l'antonyme du style maigre, le style gras, ou fort (ἁδρός), existe en grec – chez Philodème, par exemple –, et que Démétrios ne l'a pas choisi. C'est donc bien qu'il préférait une opposition plus abstraite à une opposition trop descriptive. Il déclare d'ailleurs que style simple et style grandiose sont les seuls à ne pas se mélanger et que leur contradiction est totalement irréductible… relation d'incom-

15. *Rhétorique à Alexandre*, 1438 a 21-22.
16. *Rhétorique à Alexandre*, 1438 a 6-17.

patibilité qui est mieux rendue avec le couple simple *versus* grandiose qu'avec maigre *versus* grand.

La caractérisation du style simple est d'abord uniquement négative. Sans revenir sur la modestie des thèmes qu'il choisit, le style simple est celui qui s'abstient de tous les effets : le vocabulaire doit être courant, utilisé au sens propre, sans métaphore (§ 190). Il s'interdit les composés, les néologismes (§ 191). Plus loin Démétrios interdira les membres trop longs, les périodes trop complexes, et les hiatus de longues ou de diphthongues, trop pompeux. « En somme, c'est une apparence humble (εὐκαταφρόνητος) et commune (ἰδιωτικός) que doit offrir un tel tour de style, et c'est à cela qu'il est destiné. » (§ 207)

Mais notre rhéteur ne se borne pas à ces interdictions. Il regroupe bientôt ses remarques sous la rubrique de vertus. La première vertu du style simple, on ne s'en étonnera pas, est la clarté (§ 192-203), que Démétrios décline en préceptes à la fois plus élaborés et plus positifs : nécessité de relier les mots entre eux, usage de la reprise (épanalepse) destinée à renouer le fil du propos après de longues énumérations, emploi des répétitions, préférence pour les constructions directes et proscription des constructions indirectes – dont l'équivalent en français serait la préférence pour les indépendantes au détriment de la subordination ; usage de ce que Démétrios appelle « l'ordre naturel des mots » (§ 199), qui consiste à nommer ce dont on parle, puis à le définir, puis à le situer, avec pour exemple une phrase de Thucydide (I 24) : « Épidamne est une cité, à main droite quand on entre dans le golfe d'Ionie… ».

Mais la clarté est une valeur encore relativement neutre et conforme au paradigme philosophique aristotélicien. Démétrios ne s'arrête pas là. Pour lui, la simplicité n'est pas seulement un non-style. Le *requisit* traditionnel de clarté s'accompagne d'une autre qualité qui ouvre un champ tout nouveau à la stylistique de la simplicité : l'ἐνάργεια, *enargeia*, terme que Cicéron lui-même a traduit par *evidentia*, évidence, qui exploite la capacité du langage de faire produire chez le récepteur des images mentales, elles-mêmes vectrices d'émotions de toutes natures. Le *medium* stylistique paraît réduit à sa plus simple expression : il faut donner des indications concrètes, éventuellement inutiles au propos, mais susceptibles de faire voir ou sentir, d'exciter l'imagination. La dérive du style grandiose est le style froid, dont tous les effets sont voyants. Le style simple est celui dont l'effet est d'autant plus puissant que ses moyens restent invisibles.

On pourrait dire que l'évidence est un cheval de Troie, grâce auquel Démétrios introduit dans le style simple toutes sortes de moyens utiles aux historiographes sinon aux romanciers. Nous citerons seulement ce passage où l'on voit que l'évidence, c'est du πάθος, c'est du suspense avant la lettre. Il s'agit d'un épisode des *Persica* de l'historien Ctésias, où un messager annonce à Parysatis sa mère, que Cyrus, après avoir remporté la bataille de Counaxa, est mort. Comme il le fait souvent, le rhéteur mêle citation et commentaire :

Quand il est arrivé quelque chose, il ne faut pas dire tout de suite ce qui est arrivé, mais le faire savoir petit à petit, en tenant l'auditeur en suspens et en le forçant à partager l'angoisse (συναγωνιᾶν). C'est ce que fait Ctésias dans l'annonce de la mort de Cyrus. En entrant, le messager ne dit pas tout de suite que Cyrus est mort, comme cela, devant Parysatis – ce serait, comme on dit, des manières de Scythe. Il annonce d'abord : *Il est vainqueur.* Parysatis se réjouit, mais s'inquiète. Elle demande : *Comment va le Roi ?* Le messager répond : *Il en est sorti.* Elle reprend : *C'est à Tissapherne qu'il le doit*, puis redemande : *Mais où est Cyrus maintenant ?* Le messager répond : *Là où les braves doivent tenir bivouac.* Ainsi, progressant petit à petit, pas à pas, avec peine, Ctésias finit, comme on dit, par déchirer le voile. Il met beaucoup de vérité et d'évidence (μάλα ἠθικῶς καὶ ἐναργῶς) dans la manière dont il montre le messager annonçant à contre-cœur la mauvaise nouvelle, et dont il jette dans les affres la mère et l'auditeur en même temps. (§ 216)[17]

L'évidence consiste ici à fournir à l'auditeur des éléments assez évocateurs pour qu'il s'imagine la scène. Le commentaire de Démétrios souligne chez Ctésias deux élaborations particulièrement dramatiques et pathétiques : d'une part la progressivité du dévoilement, et l'angoisse de la mère qui devine la vérité et la repousse en même temps ; d'autre part la participation affective du messager, qui joue le rôle, en quelque sorte, de représentant de l'auditeur.

La simplicité dont parle Démétrios est effacement de la perception du *medium* stylistique, c'est la fameuse illusion totale dont parle Stendhal[18].

Troisième grande étape, qui pourrait nous retenir fort longtemps. Il s'agit d'un des deux traités techniques transmis sous le nom du sophiste Aelius Aristide, que Michel Patillon attribue plutôt à un certain Aelius Harpocration, actif dans la deuxième moitié du IIe siècle ap. J.-C.

Son titre, traduit par M. Patillon par « Du style simple », ne coïncide pas avec la maigreur de Démétrios, même si une partie de la doctrine est commune. Le terme grec traduit par *simple* est ἀφελής, *aphelès*, qui désigne proprement un espace « sans rochers », selon un sens indiqué par Aristophane dans les *Cavaliers* (v. 527) à propos de plaines unies s'offrant sans obstacle aux inondations d'un poète abondant. Les autres équivalents couramment donnés sont « naïf » ou « fluide ». Le traité du Pseudo-Aelius Aristide a été transmis en compagnie d'une autre monographie « Sur le discours politique » et les deux titres coïncident avec une opposition structurale explicitée longuement au début du Livre II. Citons ces quelques extraits :

À l'évidence, tout discours est fait de pensées et d'une expression, c'est-à-dire de mots, d'une figure, d'un rythme. Il faut donc observer quels sont les composants qui produisent les différences entre les discours simples et les discours politiques. En effet les discours simples et les discours politiques n'ont pas les mêmes pensées. Et si la pensée est la même, du moins les mots ne sont pas les mêmes. Ou si les mots sont aussi les mêmes, du moins le rythme n'est pas le même. Ou si le rythme est aussi le même, du moins la figure n'est pas la même. Il faut donc

17. *Cf.* Ctésias de Cnide, *La Perse, L'Inde. Autres fragments* (LENFANT 2004), p. 152 (F. 24). Pour un commentaire plus approfondi de ce passage, voir CHIRON 2012.

18. Dans *Racine et Shakspeare* (*sic*), STENDHAL 1854, p. 14 *sq.*

savoir d'abord – pour ne proposer que l'essentiel – que les différences entre le discours politique et le discours simple se tirent d'abord des pensées. En effet les pensées politiques sont plus rudes, plus illustres et tirées de réalités plus illustres ; les pensées simples au contraire sont naïves, banales, ordinaires et tirées des arguments ordinaires [...]. La différence suivante concerne la mise en œuvre [...] : dans le discours politique elle doit se laisser voir – la démarche du discours sera politique en effet si les auditeurs suivent la progression des questions – tandis que dans le discours simple, il n'en va pas ainsi, mais parfois le propos a été tenu caché et on ne sait même pas où le locuteur veut en venir, parce que le discours paraît ne suivre aucun dessein. Les figures dans le discours politique sont rudes, véhémentes, réprobatrices, virulentes. Dans le discours simple elles sont lâches, naïves, ne proposant aucune preuve ni aucun examen mais proches de la banalité et indolentes. C'est en effet le moyen pour que les premières produisent un discours soutenu et politique, et les deuxièmes un discours simple, comme si elles appartenaient au style négligé de la conversation. (II 2-5)

Tout cela explique que le principal auteur donné comme modèle dans cette monographie soit Xénophon, un historien, donc un auteur désengagé par rapport à l'action politique, et dont – plus spécifiquement – la tendance à l'historiographie romanesque et moralisatrice est bien connue, lui qui s'est adonné à la fois à l'histoire auto-justificatrice, avec l'*Anabase* et à la reconstruction d'une figure semi-mythique dans la *Cyropédie*, tout cela dans un style pittoresque et agréable[19].

Nous n'indiquerons pas ici les contenus propres à cette sorte de style simple, nous citerons cette seule phrase de synthèse proposée par Michel Patillon dans son introduction (p. 24) : « Le discours simple, fait pour le plaisir, choisit de proposer avant tout la fiction d'un monde aimable ». Cette simplicité est donc apparente, et n'est pas incompatible avec l'esprit, l'humour, le second degré, bref, le versant positif de l'atticisme.

Quant aux composants, ils sont décrits avec un luxe de détails impossibles à résumer, mais dont on voit bien qu'ils coïncident avec deux des caractères décrits par le Pseudo-Démétrios de Phalère, le style simple et le style élégant, ou séduisant. Par exemple, dans le vocabulaire, le style simple selon le Pseudo-Aelius Aristide ne se cantonne pas aux mots propres et d'usage courant, mais élargira son spectre aux mots rares, recherchés ou poétiques, sans s'interdire de jouer sur les registres en introduisant des mots de la langue familière[20].

Bref, le style simple selon le Pseudo-Aelius Aristide est le vecteur de l'interaction cultivée, raffinée, facile, libre, hédoniste entre personnes du même monde, par opposition au langage plus rude des conflits sociaux ou politiques. Mais cette opposition n'est pas réelle, elle est transposée dans un univers de conventions littéraires qui est celui de la déclamation, laquelle recourt à sa guise soit à un type, soit à deux qui se succèdent dans le même discours, soit à une combinaison plus intime, mêlant par exemple pensée politique et figure simple, pensée simple et vocabulaire politique etc., la doctrine offrant à la création un nombre infini de

19. Voir CHIRON 2013.
20. II 64-67.

possibilités. La simplicité est donc un ingrédient parmi d'autres d'une œuvre qui pourra être soit conforme au modèle simple de Xénophon, soit conforme au modèle politique démosthénien soit le fruit d'une combinaison parfaitement nouvelle d'éléments éprouvés par chacun des deux modèles.

Dernière étape de ce parcours accéléré, le traité *Des Catégories Stylistiques* d'Hermogène, que Michel Patillon a publié récemment dans la collection Budé[21]. Il s'agit d'un répertoire de toutes les formes possibles du discours. Ces formes sont bien plus nombreuses que les quatre caractères de Démétrios ou le couple discours politique/discours simple du Pseudo-Aelius Aristide : il y en a vingt au total, qui se déclinent en catégories de premier ou de second niveau. Nous citerons la *clarté*, la *grandeur*, la *beauté*, la *vivacité*, l'*èthos* et la *sincérité*, l'*habileté*. La clarté se décline en *pureté* et *netteté*, la grandeur en *noblesse*, *rudesse*, *véhémence*, *éclat*, etc.

Quand on réfléchit à la nature exacte de ces formes, on peut être tenté de songer à la théorie des actes de langage d'Austin, mais le rapprochement n'est en fait guère éclairant : on n'est pas plus savant si l'on dit que les ἰδέαι sont des actes illocutoires expressifs. Certaines d'entre elles, comme la clarté, par exemple, visent la communication d'un contenu. D'autres manifestent des intentions expressives comme la beauté, qui est elle-même le constituant d'un sociolecte. D'autres relèvent d'une perspective éthique, comme l'ἦθος et la sincérité, dont l'objectif est d'inscrire dans le discours les marques d'une disposition particulière du locuteur susceptible de susciter la confiance. Nous croyons que si l'on veut comprendre le mécanisme à l'œuvre et les besoins à satisfaire, la meilleure image est celle de la boîte à outil : « soit telle situation de communication, j'ai besoin d'être clair pour communiquer un contenu, quel modèle imiter ? quelle technique utiliser ? J'ai besoin d'impressionner mon auditoire, de donner de moi-même une impression de sincérité, que puis-je, que dois-je faire ? »

Cette énorme boîte à outil représente une synthèse de toute la critique et de toute la rhétorique grecques. Mais la simplicité, dans tout cela ? Elle paraît distribuée dans deux rubriques, celle qui a trait à la présentation du contenu, donc la clarté et ses espèces, pureté et netteté ; d'autre part la présentation de soi, sous les rubriques de l'ἦθος et de la véracité ou sincérité. Le mot ἀφέλεια se retrouve, comme subdivision de ces rubriques, avec pour sens *naïveté*.

Le seul point sur lequel nous voudrions nous attarder[22] est la zone problématique entre contenu et expression, zone brouillée et en même temps cultivée en lien avec la diversification des modes de propagande philosophique. Nous avons vu depuis le début que l'un des ingrédients de la simplicité est la clarté. Nous venons de dire que, chez Hermogène, la clarté se subdivise en *pureté* et *netteté*.

21. *Corpus rhetoricum*, tome IV (PATILLON 2012a).

22. Pour une vue d'ensemble sur cette doctrine et une réflexion sur les conceptions linguistiques qui la sous-tendent, voir PATILLON 2010, p. 110 *sq*.

Chacune de ces ἰδέαι est pourvue de thèmes propres. La pureté a pour objet des pensées communes, faciles à comprendre ; la netteté (en grec εὐκρίνεια) ajoute des *requisit* plus exigeants : les pensées doivent être reliées à un point de départ et leur traitement annoncé, ainsi que l'ordre adopté ; les idées ne s'enchaînent pas sans une récapitulation rapportée au point de départ. Mais comme nous le disions ci-dessus, ces indications de contenu sont enrichies de considérations de *méthode :* dans le cas de la pureté, la place est laissée au fait brut, sans rien d'extérieur, sur le mode exclusif du récit. Dans le cas de la netteté, l'ordre de présentation des matières sera le plus clair possible, et – s'il s'agit de faits – on suivra leur séquence naturelle. S'il se présente des objections, celles-ci seront formulées avant leur réfutation ; les étapes du discours ne s'enchaîneront pas sans formules de transition. *Etc. etc.*

Ce que nous voulons simplement signaler, c'est la portée de ces théories, qui visent le développement conjoint des capacités de perception et d'expression, bref, la maîtrise d'un langage élaboré, mais qui colonisent un domaine plus large, qui est celui, au-delà de l'expression, de l'interaction intellectuelle. Ce n'est plus la rhétorique politique de l'époque classique, mais la philosophie orientée vers l'éthique de la période hellénistique et romaine.

En conclusion, nous dirons que la place importante occupée par la simplicité dans les textes que nous venons de survoler tient sans doute, au fond, à la mauvaise conscience des rhéteurs consécutive à la critique platonicienne de la rhétorique dans le *Gorgias* ou dans le *Phèdre*. Plus tard, certains abus d'origine asiatique ont aidé à construire, avec le soutien de polémiques politiques et philosophiques, la fameuse antithèse entre asianisme et atticisme, où Lysias joue le beau rôle, Lysias qui sera encore un modèle pour l'éloquence américaine, à la fois pragmatique et sobre, dans une édition scolaire publiée par Charles Darwin Adams en 1905[23]. D'autres auteurs, comme Xénophon, serviront de modèles.

Mais ce n'est pas tant cette dialectique assez banale qui nous paraît intéressante dans ces théories grecques de la simplicité, ni le jeu de miroir entre la clarté de la narration ou de la démonstration et la sincérité, l'honnêteté de l'orateur, dans le cadre d'une rhétorique qui a absorbé sa critique et se pare des mérites de ses adversaires philosophes. Non, ce qui nous frappe le plus est ce rêve d'une énonciation simple en ce que son vecteur, le langage, s'abolit, ou en tout cas disparaît de la conscience, et laisse la place à des éléments de la vie elle-même, éléments sélectionnés, rendus plus intenses par la représentation, selon un processus décrit dans la *Poétique* d'Aristote (1451 b). Ce type d'illusion passera du théâtre à la rhétorique globalisée de l'époque post-classique, à savoir l'historiographie et le roman antique, avant de trouver sa forme la plus aboutie, la technique aidant, dans le cinéma, s'il est vrai que, pour plagier Alfred Hitchcock, le cinéma c'est la vie sans les moments d'ennui.

23. ADAMS 1905.

LES *CÔLA* EN RHÉTORIQUE : RESPIRATION, SENS, ESTHÉTIQUE[1]

La recherche sur les *côla* en rhétorique ancienne[2] est à la fois fondamentale, complexe et frustrante. Fondamentale, parce que le découpage du discours oral en sous-séquences joue un rôle considérable dans la communication du sens et dans la persuasion ; complexe, parce que – même si cette division intermédiaire est l'unité la plus constante et dont la légitimité est la moins discutée – il est quasiment impossible de séparer la question des *côla* de celle des autres divisions que sont le *comma*, la période ou encore le *pneuma* ; frustrante, parce que, comme il en va des différents mètres poétiques, la réalité sensible de ces divisions est pour nous largement hors d'atteinte.

Nous n'aurons pas l'ambition de « couvrir » ici toute la question, qui mériterait un livre entier, mais seulement de montrer de quelle manière, dans quelques textes techniques, sont abordés et résolus divers problèmes posés par le découpage et la diction de la chaîne parlée, problèmes « incontournables », comme on dit, sous peine de s'exposer à bon nombre de dangers : l'asphyxie, comme le dit Démétrios avec humour[3], ou une diction inexpressive et peu intelligible, à la manière de la lecture *recto tono* des monastères, ou encore – risque inverse – l'excès d'art. Nous tâcherons de montrer à chaque fois quels prolongements esthétiques comportent les solutions trouvées.

Au préalable, pour planter quelques repères, nous citerons deux auteurs qui aident à préciser quels sont, dans ce domaine de l'agencement des mots, tout ensemble les écueils qui menacent l'orateur et les exigences d'une communication réussie. Cicéron (*De or.* 3, 175), commence par déclarer qu'« en prose, si la

1. Une première version de cet exposé a été présentée en 2003 aux Diablerets (Suisse) dans le cadre des travaux du groupe Damon, à l'invitation de M. Steinrück, que nous remercions vivement.

2. Comme études d'orientation récentes, on peut citer DRÄGER 1998 et 2006.

3. Cf. Démétrios, *Du Style*, 1 : « De même que la poésie est découpée en vers (par exemple les trimètres, les hexamètres ou autres vers), de même la prose est découpée et répartie en *côla*, comme on les appelle, qui introduisent des sortes de pauses pour l'orateur et pour son propos lui-même, et définissent de nombreuses étapes dans le discours, sans quoi il s'allongerait indéfiniment et mènerait l'orateur tout simplement à la suffocation » (éd. et trad. CHIRON 1993).

combinaison des mots forme un vers, c'est un défaut »[4]. Ce principe de séparation du domaine de la prose et du domaine de la poésie est ancien. Aristote le formulait déjà, en déclarant que le mètre est « impropre à la persuasion (parce qu'il donne une impression d'artifice), et en même temps détourne l'attention »[5]. Michel Patillon énonce la même idée en termes modernes : « … dans la communication linguistique, en ce qui concerne la seule fonction référentielle, la face signifiante du signe linguistique s'efface de la conscience au fur et à mesure que la communication réussit (…) »[6]. Si l'on admet que la fonction référentielle est la condition *sine qua non* d'une relation de persuasion, il faut considérer aussi que l'effacement de la face signifiante du signe linguistique est nécessaire. Mais la dichotomie entre prose et poésie n'est pas si simple ni si définitive. La poésie, comme déjà chez Aristote[7] et Démétrios[8], reste la référence. Cicéron poursuit : « et en même temps nous voulons que cette combinaison, tout comme un vers, fournisse une cadence rythmée, enserre <le sens> nettement et complètement[9]. » Par opposition à l'orateur ignorant qui n'interrompt son propos que pour prendre sa respiration[10], le modèle poétique montre l'importance universelle d'une forme qui découpe la séquence des mots en unités à la fois autonomes et complètes, conjointement du point de vue de la perception et de la signification.

Quintilien pose un autre type d'alternative, tout aussi déchirante. Au début du chapitre 3 du Livre XI consacré à l'*action* oratoire, il affirme la puissance de cette action, sous ses deux espèces que sont la voix et le mouvement : « Quant à la chose elle-même (*sc.* l'action), elle a dans les discours une efficacité et un pouvoir vraiment étonnants. La qualité de ce que nous avons composé dans notre esprit importe moins que la façon dont nous l'exprimons. L'émotion de l'auditeur dépend en effet de ce qu'il entend »[11]. Or, à l'époque de Quintilien, l'esthétique asianiste a envahi non seulement les écoles mais aussi les tribunaux, atteints par le défaut qui consiste à chanter en parlant[12], défaut dont on ne sait « s'il est plus vain

4. […] *uersus in oratione si efficitur coniunctione uerborum, uitium est* […].

5. […] ἀπίθανον (πεπλάσθαι γὰρ δοκεῖ) καὶ ἅμα καὶ ἐξίστησιν – *Rhet.* III 8, 1408 b 22-23 (éd. KASSEL 1976).

6. PATILLON 2010, p. 122, n. 2.

7. Cf. par exemple *Rhet.* III 1, 1404 a 20-21.

8. Cf. note 3 ci-dessus.

9. […] *et tamen coniunctionem sicuti uersum numerose cadere et quadrare et perfici uolumus – ibid.* Voir aussi la traduction MAY & WISSE 2001 : « while it is a mistake if the combination of the words in a speech produces a line of verse, at the same time we want this combination, like verse, to conclude rhythmically, to fit neatly, and to be well rounded ».

10. Cf. Cicéron, *ibid.* : […] *id quod dicit spiritu, non arte determinat.*

11. *Habet autem res ipsa miram quandam in orationibus uim ac potestatem : neque enim tam refert qualia sint quae intra nosmet ipsos composuimus quam quo modo efferantur. Nam ita quisque, ut audit, mouetur.* – XI 3, 2, trad. Cousin. Voir aussi, dans la perspective plus restreinte de l'agencement des mots, Denys d'Halicarnasse, *De compositione verborum.*

12. *uitium cantandi* – XI 3, 57.

ou plus écœurant »[13]. Ira-t-on jusqu'à chanter pour parler de meurtre, de sacrilège ou de parricide, ira-t-on jusqu'à chanter pour traiter de calculs et de comptabilité[14] ? Qu'à cela ne tienne, poursuit Quintilien sur un ton sarcastique, il ne reste plus qu'à accompagner ce genre de « modulation de la voix de cordes et de hautbois », voire « de cymbales »[15]. La mention des cymbales est une allusion transparente aux rites orientaux en l'honneur de Cybèle, caractérisés, aux yeux des Occidentaux, par des danses efféminées, obscènes et lascives. Il ne s'agit pas seulement d'une perversion du goût. Quintilien s'inscrit ici dans une tradition qui, via Aristote, Platon et Damon[16], remonte au Pythagorisme et qui fait de la musique une pièce essentielle de l'éducation et de la morale civique, parce qu'elle est capable aussi bien de faire de bons citoyens que de les pervertir.

Pour résumer ces deux textes d'une manière un peu cavalière, on pourrait dire que les rhéteurs récusent, parfois farouchement, l'emploi des moyens poétiques et musicaux, mais qu'ils rêvent secrètement d'obtenir leurs effets, en termes de mémorisation, de cohérence du propos, voire d'émotion et de séduction. Malgré ce *double bind*, ou peut-être grâce à lui, une stylistique très raffinée, qu'on pourrait qualifier de « para-poétique », a été élaborée par les rhéteurs anciens, avec, par eemple, la notion d'*impression* ou de *perception irrationnelle* attestée notamment chez Denys d'Halicarnasse à propos de la σύνθεσις d'Isocrate[17]. De là dérivent aussi certaines des théories dont il va être question maintenant.

1. Traités concernés

Une première remarque à faire est que l'enseignement dédié aux *côla* est généralement absent de l'enseignement des *progymnasmata* : ni le traité d'Aelius Théon, ni celui qui a été transmis au sein du corpus hermogénien, ni celui d'Aphthonios, ni celui de Nicolaos de Myra n'utilisent jamais le mot *côlon* ou le mot période. Cela ne veut pas dire que les pédagogues du niveau « secondaire » n'accordaient aucune importance à cet aspect de l'éloquence, mais il semble qu'ils s'en remettaient, à ce stade, à l'imprégnation, par le moyen de l'apprentissage par cœur et de l'imitation[18]. Il est clair, réciproquement, que cet enseignement

13. [...] *inutilius sit an fœdius* - *ibid.*

14. Cf. XI 3, 59.

15. ...*uocis modulationem fidibus ac tibiis... cymbalis* – *ibid.*, trad. Cousin.

16. Cf. Damon, fr. B 7 DK (sur le problème du pythagorisme de Damon, cf. la documentation et la synthèse fournies par DELATTRE 1994) ; Platon, *République*, III 398 d 1 *sq.* ; Aristote, *Politiques*, VIII 5, 1340 a 40 *sq.* ; 8, 7, 1342 b 12 *sq.*, etc.

17. Denys d'Halicarnasse, *DCV* 23, 20.

18. Cf. PATILLON 1997c, p. XXIII.

appartenait au niveau supérieur[19]. Tous les grands « technographes » en parlent, parfois longuement[20].

2. Côla *et respiration*

Il est certes grossier, comme le dit Cicéron, de reprendre son souffle n'importe quand, mais quand respirer ? La réponse à cette question engage déjà la définition des découpages de la chaîne parlée. Chez Aristote (*Rhet.* III 9), la réflexion sur la période intervient au sein d'une histoire du style qui oppose l'ancien style, accumulatif, sans structuration interne, au style « actuel », le style périodique, structuré. Dans ce cadre, le *côlon* ne constitue pas le découpage principal, puisqu'il est défini par rapport à la période comme « une de ses deux parties »[21]. La période semble donc, en tout cas sous sa forme la plus courante, être composée de deux *côla*. Parmi ses propriétés, il y a celle de renfermer complètement une *pensée*[22], et d'être εὐανάπνευστος (*Rhet.* 1409 b 14-15), littéralement « facile à respirer », c'est-à-dire à émettre d'une seule émission de voix. L'établissement du texte, dans ce passage, est problématique, mais il semble hors de doute que cette propriété est bien celle de la période, et non du *côlon*, car Aristote enchaîne : « non pas selon la division, mais dans son entier »[23].

Aristote précise qu'il existe une période formée d'un seul *côlon*. Cela fait du *côlon*, en dehors de la période, un découpage brut, informe. On pourrait faire l'hypothèse que ce *côlon* est l'élément constitutif du style archaïque, non périodique, dont l'unité vient de la conjonction, et « qui n'a pas de fin en lui-même, à moins que la chose (τὸ πρᾶγμα) dite ne soit achevée » (1409 a 31-32), mais justement, Aristote ne le dit pas. C'est Démétrios qui franchira le pas, mais à l'occasion d'une profonde réforme de la doctrine[24]. En somme, chez Aristote, le *côlon* n'existe pas en dehors de la période, pas même comme unité respiratoire, ce que le

19. Il ne faut pas se laisser abuser par la dédicace du *DCV* aux μειρακίοις (1, 4). Ce terme désigne l'homme jeune (après l'éphébie, à 18 ans à Athènes, cf. CHANTRAINE 2009, *s. v.* μεῖραξ, l'accès à l'âge adulte se situant à 30 ans, âge où l'on pouvait être bouleute, cf. Xénophon, *Mémorables*, I 2, 35) et non le jeune homme (cf. *contra* – μειράκιον pour les adolescents de 14 à 21 ans –, le scholion à Pollux, *Onomasticon*, B 1, p. 80 Bethe). Certes, Denys souligne que l'enthousiasme pour le beau langage est l'apanage des très jeunes (1, 7), mais il déclare aussi être l'un des premiers à écrire un traité sur l'agencement (1, 9 ; 2, 7) et laisse voir qu'il entend s'adresser à des connaisseurs (16, 18).

20. Démétrios y consacre l'Introduction entière de son traité (*Du Style*, 1-35), c'est dire si pour lui la question était essentielle.

21. Κῶλον δ' ἐστὶ τὸ ἕτερον μόριον ταύτης – *Rhet.* III 9, 1409 b 16.

22. ...δεῖ δὲ τὴν περίοδον καὶ τῇ διανοίᾳ τετελειῶσθαι – 1409 b 8-9.

23. ...μὴ ἐν τῇ διαιρέσει [ὥσπερ καὶ ἡ περίοδος], ἀλλ' ὅλη – *Rhet.* III 9, 1409 b 15-16. Sur ce problème textuel et sur l'ensemble du passage, voir CHIRON 1999.

24. Sur cette réforme, cf. CHIRON 2001, chap. III.

sens du mot (membre, notamment membre d'un animal) encourage d'ailleurs à penser[25].

Nous reviendrons sur d'autres aspects de la période aristotélicienne, mais on voit déjà que ce schéma binaire et l'absence de respiration interne en font une unité de longueur moyenne. Avec la période, le philosophe entreprend de définir une unité de pensée (διάνοια) et non plus seulement une unité de contenu (πρᾶγμα), cette unité est définie selon des normes rationnelles, sur lesquelles nous reviendrons aussi, et la dimension esthétique ne dépasse pas, visiblement, le souci de faciliter la perception et la compréhension du sens[26].

Le deuxième théoricien que nous voudrions prendre à témoin, Démétrios, prétend s'inscrire dans la continuité d'Aristote. En réalité, il apporte de très substantiels changements à la doctrine du Stagirite. L'unité de base de la *lexis* n'est plus chez lui la période, mais le *côlon*, qui constitue d'abord une unité respiratoire (*Du Style*, § 1), mais qui coïncide également avec une unité de pensée (§ 2). Sa mesure est bornée aussi par les capacités de la compréhension et de la mémoire (§ 4)[27]. Tout cela permet au *côlon* d'exister soit comme seul principe de découpage, dans certains types de style comme le style archaïque (§ 12), soit en combinaison avec d'autres *côla* ou même avec des *côla* très courts, appelés *commata*, au sein de la période (§ 10). La période, grâce aux pauses, pourra gagner en ampleur. Là où Aristote limitait la période au maximum de 2 *côla*, Démétrios fixe comme maximum raisonnable le nombre de 4 (§ 16).

Avec Démétrios, le *côlon*, promu au rang d'unité première, analogue au vers[28], devient donc objet d'intérêt et de recherche stylistiques. Démétrios lui consacre plusieurs pages (§ 1-8), et cela *avant* d'évoquer la période. Là où Aristote distinguait διάνοια (pensée) et πρᾶγμα (contenu) et privilégiait la première, Démétrios les confond et assouplit les moyens stylistiques pour leur permettre de s'adapter à des contenus très diversifiés.

25. La métaphore contenue à l'origine dans κῶλον est celle du *membre*, humain ou animal, d'où la traduction latine par *membrum*. La théorie de Cassius Longin (IIIe siècle ap. J.-C.), sur ce point, est assez originale : le *côlon* s'appelle ainsi parce qu'il est fait de deux parties articulées, comme les pattes des animaux. L'équivalent, en rhétorique, de chacune de ces deux parties est le *comma*, *Art rhétorique*, fr. 48, l. 329-339 (dans Longin, *Fragments*, éd. PATILLON et BRISSON 2001, p. 203-204).

26. Cette hiérarchie a fait l'objet de débats. Nous adhérons, pour l'essentiel, à la position défendue par R. L. Fowler (FOWLER 1982, p. 89-99) et approuvée par D. C. Innes (INNES 1994, spécialement p. 37).

27. « Il faut éviter de faire les côla très longs, sinon l'agencement manque de mesure ou devient difficile à suivre. D'ailleurs en poésie non plus on ne dépasse pas l'hexamètre, à quelques exceptions près. Il serait plaisant en effet que le mètre manquât de mesure et que, arrivés à la fin, nous ayons oublié quand il a commencé ! »

28. Ὥσπερ ἡ ποίησις διαιρεῖται τοῖς μέτροις κτλ. – *Du Style*, 1.

Il ne faudrait pas croire que ces deux formules : période brève (1 *côlon* ou 2 *côla*) servant d'unité respiratoire, ou période éventuellement plus longue (de 1 à 4) avec possibilité de respiration entre les *côla,* soient le dernier mot de la technique. Les rhéteurs peuvent recommander une sorte de dissimulation des nécessités physiologiques. Quintilien (XI 3, 53) conserve le principe de la période comme unité respiratoire, mais il écrit : « lorsqu'on a à dire une période assez longue, il faut reprendre son souffle (*colligendus est spiritus*), mais de manière à le faire rapidement, sans bruit et sans que cela se remarque du tout ».

Dans le même passage, Quintilien souligne le risque de discontinuité que font courir au propos des respirations trop fréquentes. Inversement, quand on retient trop sa respiration, la voix s'altère, la reprise de souffle est trop longue et trop bruyante. La solution est évidemment de s'arrêter aux bons endroits et en fonction des besoins. Malgré ces remarques de bon sens, à la modération toute aristotélicienne, on sent Quintilien tenté par une esthétique de la performance. Une solution pour assurer la continuité du débit, dit-il, est de déclamer des vers en montant des pentes, comme le faisait Démosthène (*Inst.* XI 3, 54). L'idéal est donc d'avoir du souffle, pour prononcer sans effort de longues périodes.

Dans le *De inuentione* du corpus hermogénien, dû peut-être au rhéteur Aspasios, cette esthétique de la performance débouche sur la définition du *pneuma*, très longue séquence de *côla* et de *commata* « dont la mesure est fonction du souffle dont est capable la voix du locuteur »[29]. En réalité, les exemples donnés montrent qu'un *pneuma* peut comporter plus de deux cents mots avec une moyenne située entre cinquante et cent[30], ce qui paraît difficile à émettre d'un seul coup, à moins que les capacités des Anciens, dans ce domaine, aient énormément excédé les nôtres. M. Patillon[31] suppose que, dans la pratique, on recourait aux respirations discrètes dont parle Quintilien. Ce qui est sûr est que l'effet visé est celui du tour de force. Aspasios (?) raconte que les auditeurs se lèvent enthousiasmés quand l'orateur qui déclame un πνεῦμα, après avoir changé déjà de σχῆμα, c'est-à-dire de mode de l'énoncé (mode assertif, jussif, interrogatif, etc.), au lieu de s'arrêter, change une troisième fois[32]. La meilleure analogie est sans doute celle que l'on peut établir avec les interminables notes tenues grâce auxquelles certains ténors arrachent au public des tonnerres d'applaudissements. Défi, certes, démonstration d'endurance, oui, mais aussi émotion, expressivité. À l'extrême, lorsque le *pneuma* excède les forces de l'orateur, on obtient ce qu'Aspasios appelle une

29. ...μετρούμενον πρὸς τὴν διάρκειαν τοῦ πνεύματος κατὰ τὴν φωνὴν τοῦ λέγοντος. Ps.-Hermogène, *De l'invention*, IV 4, 2 (Patillon 2012), traduction M. Patillon.

30. Patillon 1997, p. 291-292, n. 4.

31. *Ibidem.*

32. Ps.-Hermogène, *De l'invention*, IV 4, 25 (Patillon 2012),

tension (τάσις), qui sert notamment dans les accusations, et dont l'effet est décrit comme violent[33].

Sur le plan esthétique, on a vu qu'Aristote prône une sorte de neutralité. La période chez lui est dévolue à la pensée. Avec Démétrios, le problème pratique de la respiration est réglé par des pauses fréquentes qui permettent sans inconfort une considérable diversification des découpages, depuis le *comma* incisif jusqu'à l'ample période de quatre *côla*. Quintilien enseigne à respirer discrètement, pour ménager tant le confort que la continuité du débit. Avec Aspasios se retrouve cette même liberté, mais on découvre chez lui la théorie de l'essoufflement volontaire, utilisé à la fois comme performance et comme moyen d'intensifier l'expression.

3. **Côla** *et contenu*

La question du lien entre le *côlon* et son contenu est rendue difficile, non pas seulement par la diversité des doctrines, mais aussi par l'obscurité qui règne sur l'origine du recours rhétorique à ce champ lexical (*comma, côlon,* période) et surtout par un partage disciplinaire qui fait que, jusqu'à une date tardive, ces unités sont restées étrangères à la grammaire. C'est en vain par exemple que l'on chercherait ces mots dans la Τέχνη de Denys le Thrace ou dans la *Syntaxe* d'Apollonios Dyscole.

Mais commençons par l'origine de ces découpages en rhétorique. Deux noms s'imposent, Thrasymaque de Chalcédoine et Isocrate, mais les renseignements précis sont rares. D'après la *Souda*[34], ce serait Thrasymaque qui aurait « le premier enseigné la période et le *côlon* et inauguré en rhétorique la manière actuelle ». Cette formulation ressemble étrangement à l'opposition aristotélicienne de la *lexis* archaïque à la *lexis* moderne, périodique[35]. Un témoignage d'Aristote, d'ailleurs, fait état de l'intérêt de Thrasymaque pour le rythme de la prose, et notamment pour le péon, qu'il aurait été le premier à utiliser, mais sans savoir ce qu'il faisait[36]. Le problème posé par ces témoignages est qu'ils permettent mal de distinguer les apports « métadiscursifs », techniques, des innovations inconscientes d'elles-mêmes. Les doxographes projettent souvent sur les auteurs dont ils parlent des connaissances et des préoccupations anachroniques. Le même problème se pose pour Isocrate. Son intérêt pour la mise en œuvre stylistique et notamment pour l'euphonie est bien connu. Il est crédité par Cicéron (*Or.* 40) d'un progrès important dans le domaine de la période : c'est lui qui aurait rompu avec la

33. 191, 21-192, 2 Rabe = p. 299 Patillon.

34. *s. v.* Θρασύμαχος = fr. A 1 DK : Θρασύμαχος Χαλκηδόνιος σοφιστὴς τῆς ἐν Βιθυνίᾳ Χαλκηδόνος (ὃς πρῶτος περίοδον καὶ κῶλον κατέδειξε καὶ τὸν νῦν τῆς ῥητορικῆς τρόπον εἰσηγήσατο, μαθητὴς Πλάτωνος τοῦ φιλοσόφου καὶ Ἰσοκράτους τοῦ ῥήτορος) ἔγραφε συμβουλευτικούς, τέχνην ῥητορικήν, παίγνια, ἀφορμὰς ῥητορικάς.

35. Cf. *supra* et Aristote, *Réfutations sophistiques*, 34, 183 b 29 (= fr. A 2 DK).

36. *Rhet.* III 8, 1409 a 2-3 = fr. A 11 DK.

composition hachée et morcelée de Thrasymaque et de Gorgias et qui aurait introduit des périodes amples au rythme fluide. Les études modernes confirment cette maîtrise pratique, mais la question de l'existence d'une Τέχνη d'Isocrate est, on le sait, indécidable, et l'on chercherait en vain dans ses discours un emploi technique des mots période et *côlon*[37]. Le même mystère entoure la *Rhétorique à Alexandre*, traité d'obédience isocratique, que l'on doit sans doute considérer comme contemporain d'Aristote : on y trouve le mot *côlon*, on y trouve une description des figures associées chez Aristote à la période, mais on n'y trouve pas le mot période[38]. Aristote lui-même ne nous a pas tout laissé : en *Rhet.* III 9 (1410 b 2-3), il fait allusion à des travaux sur les ἀρεταί (qualités ? sortes ?) de(s) périodes qui auraient figuré dans les *Theodecteia*, mais ce dernier ouvrage a disparu.

La seconde cause d'incertitude sur les rapports du *côlon* à son contenu, disions-nous, est l'« étanchéité » sur ce point entre rhétorique et grammaire. Aristote le premier s'abstient de relier la question de la période à ses analyses « linguistiques » de la chaîne parlée[39]. Cette séparation a perduré à l'époque où la grammaire s'est constituée en discipline, c'est-à-dire à l'époque hellénistique[40]. Ce qui le montrera le mieux est un parallèle entre la *Rhétorique* d'Aristote et la Τέχνη de Denys le Thrace, sur une question où, évidemment, on pourrait attendre du rhéteur une analyse grammaticale, et du grammairien la prise en compte des contraintes oratoires. Cette question est celle de la ponctuation.

Aristote déclare (III 5, 1407 b 11 *sq.*) que « ce qui est écrit doit être facile à lire et facile à dire » (εὐανάγνωστον… εὔφραστον). Deux obstacles peuvent se présenter : quand il y a de nombreuses conjonctions (πολλοὶ σύνδεσμοι), quand ce qu'on lit est difficile à ponctuer (ἃ μὴ ῥᾴδιον διαστίξαι). Ces deux obstacles font songer à la généalogie aristotélicienne qui a fait se succéder la λέξις à l'ancienne et la λέξις périodique. Mais Aristote ne fait pas le lien. Il se contente d'indiquer que la ponctuation est un travail secondaire de codage d'une nécessité qui s'impose par elle-même quand la composition des mots est correcte. Les exemples d'Héraclite sont difficiles à ponctuer parce que la composition rend incertaine l'attribution de certains mots à un *côlon* ou à un autre. Mais le philosophe ne nous dit rien des critères grammaticaux qui pourraient rendre moins subjective cette attribution.

Dans le chapitre 4[41] de la Τέχνη, Denys le Thrace distingue trois types de points : « le point final signale une pensée complète (ἐστι διανοίας ἀπηρτισμένης σημεῖον), le point moyen s'emploie pour signaler où il faut respirer, le point infé-

37. Sur tous ces aspects, voir les analyses et la mise au point proposée par DEMONT 2003.

38. Pseudo-Aristote, *Rhétorique à Alexandre*, 1435 b 25-1436 a 13.

39. Les principales sont *Rhet.* III 2, 1404 b 26 *sq.* et surtout *Poét.* 20-21.

40. Sur la naissance de la grammaire, cf. LALLOT 1989, p. 26 *sq.* ; ILDEFONSE 1997.

41. Cf. LALLOT 1989, p. 43.

rieur signale une pensée qui demeure incomplète, à laquelle il manque encore quelque chose». Un indice laisse penser que, dans le subconscient du grammairien, la théorie du *côlon* et de la période n'est pas loin: il utilise le verbe ἀπαρτίζειν, récurrent en rhétorique pour désigner la faculté du *côlon* et/ou de la période, de délimiter un sens[42]. Mais le lien, là non plus, n'est pas formulé, sans doute parce que la perspective adoptée est celle de la personne qui cherche à lire et à comprendre un texte écrit et qui décode les signes diacritiques inventés par les critiques alexandrins.

On voit bien, malgré les différences de point de vue, la persistance du même hiatus. Aristote recommande une manière d'écrire qui soit facile à lire, même sans ponctuation, ou en tout cas qu'il soit facile de ponctuer, mais il le fait sur des critères qui relèvent de la subjectivité et de l'oralité. Le grammairien décrypte le sens des signes diacritiques qui figurent dans un texte déjà écrit et déjà ponctué. Denys ne parle pas de période ni de *côla* parce que, tout simplement, il enseigne à lire des *côla* et des périodes pré-découpés.

Il n'est pas certain que cette étanchéité explique l'absence d'analyse grammaticale de la phrase ou s'explique par elle. Ce qui est sûr, c'est que, dans la «linguistique» d'Aristote et longtemps encore chez les grammairiens, il n'y a rien entre le mot et le λόγος, lequel peut être aussi bien «Cléon marche» que l'*Iliade* entière[43]. Ce qui est sûr aussi, c'est que s'est maintenue longtemps une bizarre répartition des rôles: le mot et le texte aux grammairiens, les unités intermédiaires aux rhéteurs.

Mais les deux points de vue n'étaient pas si distants qu'ils ne puissent se rencontrer. Du côté des grammairiens, par exemple, une scholie glose en ces termes la définition du point final par Denys: «on l'emploie lorsque le sens contenu dans une *période* est achevé et complet»[44]. Du côté des rhéteurs, le vocabulaire technique de la grammaire de la phrase (notamment protase, apodose, etc.) devient très fréquent à partir de l'ère chrétienne, notamment dans le corpus hermogénien.

Il est donc difficile, avant l'époque impériale, de se faire une idée précise du contenu exact qui correspond aux différents découpages de la chaîne parlée. Voici toutefois quelques indications.

Revenons à Aristote. On a vu que l'un des paramètres de la définition du *côlon* et/ou de la période était la coïncidence avec un contenu ou une pensée. Nous avons suggéré que le choix de διάνοια chez Aristote pour désigner le contenu de la période n'était sans doute pas indifférent. Une bonne hypothèse, à nos yeux, est que la période, chez Aristote, n'est rien de moins que le vêtement non exclusif,

42. Notamment chez Démétrios, le Pseudo-Aelius Aristide, l'Anonyme de Séguier, etc.

43. L'index de ILDEFONSE 1997 est sur ce point révélateur: on n'y trouve ni «période», ni «côlon», et le mot «phrase» est suivi entre parenthèses de λόγος.

44. Scholie Σ^{V} 177, 7, dans LALLOT 1989, p. 91

certes, mais privilégié, de l'enthymème. Ayant déjà eu l'occasion de traiter ce point[45], nous nous bornerons à rappeler rapidement les principaux arguments en faveur de ce rapprochement. Il y a d'abord la place centrale occupée par les deux unités, chacune dans son registre. L'enthymème comme « corps de la preuve » dans la nouvelle rhétorique qu'Aristote cherche à développer[46] a comme symétrique la période comme principe d'organisation « moderne » de la λέξις. Les deux ont en commun une structure binaire. Une figure commune les rapproche, l'antithèse (à tel point que l'antithèse peut créer une illusion d'enthymème[47]). La coïncidence de structure n'est pas superficielle : la période est faite de deux éléments relativement autonomes, mais peut se condenser dans un membre unique. De même, l'enthymème est fait de deux propositions, qui peuvent être des maximes, et qui peuvent se condenser en une maxime unique (*Rhet.* 1418 b 33-38). Il est un autre argument qui, pour être négatif, n'en est pas moins fort. À l'époque d'Aristote, Isocrate et Démosthène avaient déjà brillamment mis en œuvre la période ternaire[48]. Il fallait une raison forte pour que, au rebours de la pratique contemporaine, Aristote restreigne ainsi à deux *côla* les dimensions maximales de la période. On peut ajouter que la tradition postérieure comporte des traces de ce rapprochement, sinon de cette identification entre enthymème et période. Démétrios, qui, s'il réforme la stylistique aristotélicienne, s'inscrit très profondément dans la tradition péripatéticienne, consacre un assez long développement à dénoncer l'identification de l'enthymème et de la période (*Du Style*, § 30-33). C'est que, sinon chez Aristote, du moins dans son École, s'était fait jour une propension à les confondre. Chez Aspasios (IIe-IIIe siècles ap. J.-C.), la période est la « forme de l'argument complet »[49], distincte du *côlon*, qui « est le sens complet »[50]. Chez Cassius Longin (IIIe siècle ap. J.-C.), enfin, l'équation est formulée sans équivoque : « La période est en quelque sorte l'enthymème formulé en séquences régulières avec des *côla* et des péricopes respectivement d'égale longueur »[51]. Bref, un certain nombre d'indices font penser que, sinon pour Aristote lui-même, du moins pour certains rhéteurs après lui, la période se

45. CHIRON 1999, repris dans ce volume p. 273 *sq.*

46. *Rhet.* I 1, 1354 a 15.

47. Cf. *Rhet.* II 24, 1401 a 5-8.

48. Voir par exemple la période initiale du *Contre Leptine* citée par Démétrios (§ 10, 11, 20, 245, 246).

49. …σχῆμα αὐτοτελὲς ὅλου τοῦ ἐπιχειρήματος (p. 178, 19 Rabe = p. 288 Patillon).

50. ἡ ἀπηρτισμένη διάνοια (p. 180, 6-7 Rabe = p. 289 Patillon). On remarque que chez Aspasios, comme chez Démétrios, διάνοια a un sens très vague.

51. Ἡ δὲ περίοδος ἐνθύμημά πώς ἐστιν ἀπηγγελμένον, ῥυθμοῖς εὐτάκτοις κώλοις τε καὶ περικοπαῖς πρὸς ἀλλήλας συμμέτροις (Longin, fr. 48, l. 347-349, p. 204 Patillon-Brisson). D'autres rhéteurs se font l'écho d'une doctrine voisine (Aspasios, p. 177, 1 Rabe ; Rufus, 35 ; l'*Anonyme de Séguier*, 158) mais en prêtant à l'enthymème un sens large. Longin, lui, sur cette question, s'inscrit dans la tradition aristotélicienne (voir l'éd. de Longin par Patillon-Brisson, p. 324, n. 3 à la page 191).

distinguait du *côlon* comme l'enthymème se distingue de la maxime ou de l'une de ses propositions ou, de manière un peu moins spécifique, à la manière dont un argument se distingue d'une unité de sens.

Démétrios récuse, on l'a vu, l'identification de la période à l'enthymème. Pour lui, la période est comme une couleur sur un bâtiment[52] qui peut couvrir toutes sortes de contenus, argumentatifs ou non. Il en distingue même diverses formes en fonction des genres, période du dialogue, période oratoire, période narrative ou historique[53]. Cette diversité est peu favorable à une définition précise du contenu. En l'absence d'outils grammaticaux, Démétrios résout la difficulté à l'aide de métaphores et surtout d'exemples particulièrement parlants. Les métaphores relatives au sens de la période et du *côlon* sont empruntées au domaine biologique, sans doute par réminiscence de la valeur originelle de *côlon* : « de même que le bras, qui peut être considéré comme un tout, comporte des parties qui forment aussi des touts, par exemple le doigt ou le coude (car chacune de ces parties possède son propre contour et ses propres parties), de la même façon une pensée qui, dans sa totalité, est d'une certaine longueur, peut embrasser des parties d'elle-même formant aussi des touts à elles seules »[54].

Parmi les exemples donnés de la structuration périodique, le plus significatif est sans doute le *côlon* initial des *Histoires* d'Hérodote. Sous la forme que lui donne Démétrios[55], on peut le traduire littéralement ainsi : « D'Hérodote d'Halicarnasse des recherches l'exposé voici ». On voit que la structuration périodique consiste à créer des attentes, que nous pouvons décrire en termes syntaxiques[56] – ce que ne faisaient pas les Grecs de cette époque, rappelons-le – comme l'attente du verbe créée par un sujet, l'attente d'un COD créée par un verbe transitif, l'attente du nom dont on a donné le complément au génitif, l'attente d'une corrélation quand on a introduit un premier terme comme μέν qui fait attendre un δέ, etc. Le travail consiste à faire coïncider la satisfaction de toutes les attentes créées avec le dernier mot. Ce système de création et de satisfaction des attentes est riche de possibilités stylistiques. Avec Aristote, le principe est de ne pas interrompre trop tôt la période, de ne pas faire trébucher l'auditeur qui avait prévu

52. *Du Style*, 33.

53. *Du Style*, 19-21.

54. *Du Style*, 2.

55. Ἡροδότου Ἁλικαρνασῆος ἱστορίης ἀπόδειξις ἥδε (*Du Style*, 17). La tradition directe donne le texte suivant : Ἡροδότου Θουρίου ἱστορίης ἀπόδεξις ἥδε (Hérodote, *Histoires, init.*). Ces deux versions sont distinctes de celle que donne Aristote, pour un commentaire radicalement différent : Ἡροδότου Θουρίου ἥδ' ἱστορίης ἀπόδεξις (*Rhet.* III 8, 1409 a 27-28). Voir sur ce point CHIRON 2001, p. 88-90.

56. DOVER 1997, p. 38 parle à juste titre de « syntactical and semantic completion » : les éléments découpés sont des syntagmes ou des groupes de syntagmes, et la période s'arrête avec l'effectuation de la dernière des fonctions syntaxiques commandées par la grammaticalité de la phrase.

la suite[57]. Chez Démétrios s'installe une sorte de jeu structural entre le *côlon* dont on a vu qu'il était promu au rang d'unité stylistique à part entière, et la période. On pourrait dire que le *côlon*, d'une certaine manière, joue sur l'attente périodique pour la décevoir et tirer de cette déception un certain nombre d'effets. Nous nous contenterons sur ce point d'un exemple.

Démétrios (*Du Style*, § 6) décrit une exception à la règle de la juste mesure. Un *côlon* plus bref que la normale s'impose si l'on veut évoquer quelque chose de petit : « Xénophon par exemple, décrivant l'arrivée des Grecs au bord du fleuve Téléboas, dit : "Ce fleuve n'était pas grand, mais beau" (οὗτος δὲ ἦν μέγας μὲν οὔ, καλὸς δέ)[58]. La petitesse (μικρότητι) et la rupture (ἀποκοπῇ) du rythme font ressortir en même temps (συνανεφάνη) la petitesse (μικρότης) du fleuve et sa grâce (χάρις) ». L'adéquation du fond et de la forme recommandée dans le passage ne saurait être réduite à la simple équation petit sujet/petit *côlon*. Ce que l'on peut observer d'abord, c'est que chez Xénophon, l'ordre des adjectifs est inverse (καλὸς μέν, μέγας δ'οὔ). Le but poursuivi par Démétrios par cette transformation, intentionnelle ou non, paraît être non seulement de mettre en relief le mot καλός mais aussi de rapprocher la phrase d'un trimètre iambique catalectique. La catalexe permet de mettre à distance le modèle poétique tout en profitant de sa vivacité, et la terminaison sur une brève (…καλὸς δέ) produit un effet de suspension et de légèreté qui concourt à la grâce de l'évocation.

Mais une autre dimension de la composition recherchée ici paraît être l'écart par rapport à la forme périodique. La phrase est elliptique, et trompe l'attente. Un peu plus loin, Démétrios fournit une métaphrase : « Il était en grandeur inférieur à la plupart, mais en beauté il les dépassait tous »[59] dont il dénonce la froideur. Tout en supprimant l'ellipse, la nouvelle version prend spontanément la forme périodique avec un jeu de corrélation (μέν, δέ), d'antithèse et de parallélisme entre les deux *côla*, sans parler du fait que le sens n'est pas complet avant l'énonciation du dernier mot.

Un autre élément frappant dans l'analyse de Démétrios est que ce double jeu par rapport au modèle poétique et au modèle périodique dote le *côlon* – alors même que le fleuve ne fait pas l'objet d'une véritable description – d'un pouvoir d'évocation quasiment visuel (cf. συνανεφάνη). La phrase de Xénophon est commentée une seconde fois dans le traité (§ 121) et ce caractère visuel de l'effet est affirmé plus nettement encore : « La brièveté de l'agencement, la terminaison sur δέ, nous montrent presque (μόνον οὐκ ἐπέδειξεν ἡμῖν) la petitesse du fleuve ». C'est une piste que nous ne pouvons que suggérer ici : le caractère synesthésique du travail sur les *côla*, la capacité du rythme à faire surgir une image. L'initiateur de ces

57. *Rhet.* III 9, 1409 b 17 *sq.*

58. Cf. *Anabase*, IV 4, 3.

59. Οὗτος δὲ μεγέθει μὲν ἦν ἐλάττων τῶν πολλῶν, κάλλει δὲ ὑπερεβάλλετο πάντας *(ibid.)*.

recherches est évidemment Aristote et l'on songe à ses remarques sur la faculté des mots de « mettre sous les yeux »[60], mais on voit que Démétrios leur a donné des prolongements assez subtils.

4. Les **côla** *et les figures « gorgianiques »*

Parmi les arguments en faveur de l'existence d'un lien privilégié entre période et enthymème, nous avons cité la coïncidence entre la binarité de la période aristotélicienne et l'antithèse. Mais l'antithèse n'est qu'une des trois figures d'agencement qui constituent le noyau des figures que la tradition a appelées « figures gorgianiques ». Il en existe deux autres : la paromoiose – échos sonores – d'un *côlon* à l'autre, et la parisose – égalité approximative du nombre des syllabes entre les *côla*. On peut faire ici plusieurs observations : ces figures trouvent pleinement leur place au sein de la période binaire d'Aristote et c'est là sans doute que leur théorie s'est fixée, avec pour modèle la pratique d'Isocrate. L'implication de Gorgias est tardive, elle vient peut-être de Denys d'Halicarnasse, comme l'a très bien montré Marie-Pierre Noël dans un article paru dans la *Revue des Études Grecques* en 1999[61]. Cette implication coïncide avec une vision très critique de ces figures[62] et avec la promotion de Gorgias au rang d'auteur « extrême » dans un système stylistique, lointainement dérivé d'Aristote, et qui définit pour chaque style un idéal de médiété entre un excès et un défaut. Cette vision négative des « gorgianismes » correspond à une époque où les rhéteurs sont devenus des critiques, où, après Aristote, la rhétorique s'est « littérarisée », bref à une époque où la période avait trouvé une définition plus souple, plus diversifiée et plus conforme à l'usage.

Mais tout cela est assez sûrement établi. Ce que nous voudrions souligner en revanche, c'est que l'histoire de ces figures ne s'arrête pas là. Elles ont connu une deuxième jeunesse et l'examen de cette renaissance sera l'occasion de montrer comment certains rhéteurs tardifs ont réussi à dépasser le principe de l'incompatibilité entre prose et poésie.

Il est à date tardive une figure dérivée de la parisose que l'on appelle le *parison* : il s'agit de deux *côla* de forme proche mettant en relief deux mots composés variant seulement par un des éléments, par exemple, d'Isocrate : « si tu es philomathe, tu seras polymathe »[63]. Michel Patillon, dans sa thèse sur Hermogène

60. En grec : πρὸ ὀμμάτων ποιεῖν, cf. *Poét.* 17, 1455 a 23 ; *Rhet.* II 8, 1386 a 34 ; III 2, 1405 b 12 ; III 10, 1410 b 34 et 1411 a 26 *sq.*

61. NOËL 1999, p. 193-211.

62. Cette critique a été initiée par Isocrate lui-même, au début du *Panathénaïque*, mais, dans la *Rhétorique* d'Aristote et dans la *Rhétorique à Alexandre*, on chercherait en vain une remarque négative sur ces figures.

63. *À Démonicos*, 18.

le rhéteur[64], attribue l'artifice de la figure à la projection de l'axe paradigmatique sur l'axe syntagmatique. En termes moins techniques, cela signifie que, pour chaque syntagme, nous faisons un choix entre plusieurs possibles. Le *parison* se déploie en proposant une ou plusieurs alternatives à l'un de ces choix. On voit que pareil procédé attire l'attention sur les modalités de production du texte et donc sur sa face signifiante. En cela, cette figure est poétique. Comme le dit M. Patillon, « la production du discours selon ce principe dans le *parison* est essentiellement la même que la production du discours selon le principe d'équivalence des syllabes, longues ou brèves, en poésie »[65]. Ce qui est surprenant, c'est que le Pseudo-Hermogène (nom que M. Patillon donne à l'auteur du Περὶ μεθόδου δεινότητος) ne disqualifie pas le *parison*, non plus que, en général, les figures d'isologie, c'est-à-dire les figures marquées par le retour sensible des mêmes sonorités. Il distingue[66] à cet égard quatre classes en fonction du rapport entre le plaisir de l'oreille provoqué par le retour des sonorités et l'effet de sens. La première classe est la plus étonnante : certaines isologies sont dites agonistiques « lorsqu'à la nature des choses vient s'associer de l'extérieur une réalité accessoire qui, indépendamment même des noms, désigne chaque chose en elle-même ; à l'énoncé, cette réalité passe inaperçue, mais des lectures répétées la font découvrir »[67]. Cette description complexe décrit la convergence de la figure d'isologie avec la fonction référentielle selon le mécanisme suivant : la ressemblance sonore des mots – c'est le thème du passage – conduit à isoler un phénomène purement phonique indépendant de la fonction linguistique. C'est ce que le Pseudo-Hermogène appelle « réalité accessoire » (ἔξωθεν πάρεργον). Cette réalité accessoire commune rapproche les mots, ce qui conduit, dans un second temps, à rapprocher aussi leur contenu : la réalité accessoire finit, indépendamment même des noms, par désigner la chose en elle-même. On pourrait dire en d'autres termes que ce qui fait sens, c'est *aussi* la ressemblance. Tout cela, il faut le souligner, n'accède pas à la conscience de l'auditeur. Il faut plusieurs *lectures* pour s'en rendre compte.

Dans ce premier cas, le plaisir de l'oreille ne compte pas, tout est subordonné au sens. Une deuxième classe, dite agonistique-épidictique, associe à la pensée un plaisir modéré de l'oreille. Une troisième classe, dite sophistique, subordonne complètement la pensée au plaisir de l'oreille. Le Pseudo-Hermogène souligne

64. Patillon 2010, p. 319-321.

65. *Op. cit.*, p. 320.

66. p. 428, 8-429, 18 Rabe = p. 525-527 Patillon.

67. Ἀγωνιστικὰ μέν ἐστιν ὅταν τῇ φύσει τῶν πραγμάτων συνδράμῃ ἔξωθεν πάρεργον, ὃ καὶ χωρὶς τῶν ὀνομάτων ἕκαστον αὐτὸ καθ' ἑαυτὸ πρᾶγμα μηνύει καὶ λεχθὲν λανθάνει, πολλάκις δὲ ἀναγινωσκόμενον εὑρίσκεται, p. 428, 10-14 Rabe = p. 525-526 Patillon.

leur retour en grâce : « on les loue aujourd'hui mais les anciens les blâmaient »[68]. La dernière classe met un grand plaisir de l'oreille au service de la pensée.

Ces analyses raffinées montrent comment les rhéteurs ont réussi à dépasser l'antinomie simpliste entre l'ornement poétique et la persuasion. Un langage travaillé peut être au service du sens. On remarque aussi que l'azimuth visé par le rhéteur n'est pas que l'élaboration stylistique soit complètement cachée, mais que la beauté poétique s'allie à la plénitude du sens. On comprend comment le *parison* d'Isocrate, dans ce cadre, peut représenter quelque chose de tout à fait acceptable.

5. Longueur des **côla**

Le problème de la longueur des *côla* se pose de plusieurs façons : soit en rapport avec la définition du *côlon* et ce qui le distingue du *comma* et de la période, soit sous l'angle esthétique, dans la mesure où les particularités de longueur, que ce soit dans l'absolu, relativement au contenu, ou relativement à la longueur des autres *côla* dans la même période, jouent beaucoup dans l'effet produit.

Commençons par les normes fixées dans le cadre des définitions. Aristote ne donne pas de consignes précises. Il se contente de recommander, tant pour les périodes que pour les *côla*, un juste milieu : les *côla*, comme les périodes, ne doivent être ni trop courts, ni trop longs (*Rhet.* 1409 b 17 *sq.*).

Démétrios est assez flou, lui aussi, d'autant qu'il recommande de faire varier ce juste milieu en fonction du contenu. Mais l'analogie qu'il établit avec les vers de la poésie (*Du Style*, § 1) donne tout de même une première indication : il en cite deux, le trimètre et l'hexamètre[69], ce qui fournit une fourchette qui s'étend de 12 à 17 syllabes. Mais c'est une moyenne. Les cas examinés attestent une variabilité supérieure. Ainsi, Démétrios (§ 5) cite comme *côlon* de longueur exceptionnelle un extrait du *Politique* de Platon (269 c) qui atteint 25 syllabes et comme exemple de *côlon* bref (§ 6) une phrase de Xénophon[70] de 11 syllabes, qui épouse quasiment la scansion d'un trimètre iambique catalectique. Il cite aussi le début des *Aphorismes* d'Hippocrate, fait de *côla* de 5 syllabes, mais c'est pour dire aussitôt qu'un tel style est inadmissible à cause de sa sécheresse (§ 4). Comme le plus long groupe de mots cité sous le nom de *comma*, l'unité inférieure, contient 9 syllabes

68. p. 429, 10-11 = p. 527 Pat. Le « aujourd'hui » est sans doute assez large. Denys d'Halicarnasse est très indulgent à l'égard du remplissage ou au contraire des suppressions motivés par le souci d'harmonie, y compris en prose, cf. *DCV* 6, 8-11 ; 9, 1-10.

69. D. Innes (art. cit., p. 41 n. 23) ajoute un argument en faveur de la correction de Spengel (τριμέτροις : ἡμιμέτροις codd., *Du Style*, 1) que j'ai cru bon d'adopter : ces deux vers sont non seulement de bonnes approximations de la longueur moyenne des *côla* mais aussi les deux vers « standards » (Platon, *Lois*, 810 e). MARINI 2007, p. 47, s'abstient de toucher au texte des manuscrits.

70. *Anabase*, IV 4, 3, cf. *supra*, p. 264.

(l'apophtegme laconique : Διονύσιος ἐν Κορίνθῳ – § 8-9), on peut penser que, normalement, le passage du *côlon* au *comma* se fait à 10 syllabes environ. Comme le long *côlon* de *Platon* est présenté comme un cas rare, et que « en poésie non plus on ne dépasse pas l'hexamètre, à quelques exceptions près » (§ 4), on peut dire que, pour Démétrios, le *côlon* « normal » va de 10 à 17 syllabes.

On aurait tort de croire que ces proportions (*comma* = 2 à 10 syllabes ; *côlon* : de 10 à 17 ; période : faite de *commata* ou de *côla*, ces derniers au nombre maximum de 4) constituent une norme définitive. Une des observations les plus frappantes que l'on fait quand on étudie l'histoire de la technique rhétorique est le très fort coefficient d'initiative et d'inventivité des rhéteurs, et cela à toutes les époques, y compris à la fin de la période de production proprement antique, c'est-à-dire aux IIIe et IVe siècles. Les indications d'Aspasios (?) sur la longueur du *comma*, du *côlon* et de la période sont assez distinctes de ce que l'on a tiré des exemples de Démétrios : pour lui, un *comma* va de 4 à 6 syllabes, mais peut descendre à deux, le *côlon* va de 7 à la taille de l'hexamètre, soit 17, mais peut être prolongé[71]. Il y a ensuite la période, et, au-delà, le *pneuma* dont on a parlé. Dans un cours sur la composition et l'expression rattaché postérieurement au traité *Sur le discours politique* du Pseudo-Aelius Aristide[72], le *côlon* est un « assemblage de deux noms[73] ou plus » (*sic*). Le *comma* est défini comme une sous-partie de *côlon* formant un énoncé indépendant mais qui n'existe que quand il est joint à d'autres[74].

Sur la longueur relative des *côla* dans une même période, de même, on chercherait en vain une doctrine stable. Pour Démétrios, le dernier *côlon* d'une période complexe doit être plus long, Aspasios, au contraire, y voit un relâchement, et préfère une apodose plus courte que la protase[75].

En ce qui concerne la variation de longueur des *côla* en fonction du contenu, nous avons déjà signalé un commentaire assez subtil de Démétrios. On peut se demander comment ces analyses se sont organisées au sein de la doctrine des ἰδέαι stylistiques. Il s'agit d'un système extrêmement raffiné qui s'est développé à partir du IIe siècle ap. J.-C. dans le sillage, sans doute, de Démétrios et de Denys d'Halicarnasse. Dans ce système, le *côlon* est l'un des sept moyens permettant d'obtenir chacune des sept formes principales. Sa longueur, sa nature même, plus ou moins autonome, sont des paramètres qui, en variant, contribuent à produire une forme stylistique. Par exemple, pour obtenir la pureté (καθαρότης),

71. Cf. p. 183, 19 *sq*. Rabe (= p. 292 *sq*. Patillon).

72. Cf. Pseudo-Aelius Aristide, *Arts rhétoriques* I 167-173 (pour une introduction à ce cours, voir PATILLON 2002, vol. I, p. 94-97).

73. Dans une note *ad loc.*, M. Patillon précise qu'ὄνομα renvoie sans doute ici au substantif, au verbe ou au pronom.

74. *Arts rhétoriques* I 168.

75. ἀτονία, p. 179, 1 Rabe (= 289 Patillon).

subdivision de la clarté qui est elle-même une des sept ἰδέαι, il faudra 1) une pensée compréhensible par tout le monde, 2) une méthode ou, si l'on préfère, une « démarche » consistant à raconter les faits dans l'ordre, sans complication ni incidentes, 3) des expressions (λέξεις) courantes et non métaphoriques, 4) un σχῆμα (figure) consistant à recourir aux cas directs (nominatif et accusatif), 5) un arrangement peu recherché, et admettant l'hiatus, 6) des pauses marquées par des rythmes triviaux comme l'iambe ou le trochée et aussi, 7) des *côla* courts et renfermant une pensée complète.

Les esthétiques sous-jacentes à ces variations de longueur ne sont pas toujours stables. Tout d'abord, chez Démétrios et chez Hermogène, les caractères ou les ἰδέαι ont une double fonction : grille critique, ils servent aussi de modèles pour la production des textes. Dans cette seconde fonction, ils sont conçus pour se mélanger ou pour se succéder, notamment en fonction des parties du discours. Ils ne sauraient par conséquent s'apprécier en dehors de leur application ponctuelle. De plus, l'un des principes du plaisir stylistique, très souvent rappelé par les rhéteurs, est le principe de variété, μεταϐολή. Le terme est très souvent utilisé à propos de la chaîne parlée, ainsi par Quintilien pour évoquer le passage d'un rythme à un autre (IX 4, 50), ou par Denys d'Halicarnasse – qui se félicite de la plus grande liberté qu'autorise la prose sur ce plan – pour la succession des périodes et des *côla* (*De Compositione verborum*, 19, 9-14).

Il faut ajouter que les modes sont régies par l'esprit de contradiction. Le modèle sophistico-isocratique (mieux nommé ainsi que « gorgianique », pour les raisons exposées ci-dessus) a été très tôt contesté. La réaction a été une sorte de sobriété qui est devenue la marque de fabrique de l'atticisme tandis que l'asianisme cultivait l'ornement et le raffinement d'une manière débridée. Mais le goût « expressionniste » de la surprise et de l'effet, dès le premier asianisme, celui d'Hégésias de Magnésie, a conduit à une « simplicité voyante », si l'on peut oser cet oxymore, et à ce qu'on a appelé le style « commatique », qui, chez certains rhéteurs, est mis au service du pathétique[76]. À l'époque de Cicéron cohabitaient ainsi, face à l'atticisme, deux espèces d'asianisme parfaitement contrastées : l'une recherchée, ornée, euphonique, périodique, parfaitement illustrée par l'inscription du Nemrud-Dag[77] ; l'autre faite de pointes, de jeux de mots, d'aphorismes, et souvent organisée en *commata* (*Brutus*, 325). C'est un style dont le prologue de *Daphnis et Chloè* donne une assez bonne idée. On ne saurait dire par conséquent que la brièveté est attique, l'ampleur asianiste. L'opposition entre les deux est plutôt à chercher du côté de l'antithèse entre la régularité et le goût de la rupture, ou encore entre le souci du fond et le désir de surprendre et de séduire l'auditeur.

76. Apsinès de Gadara, *Art rhétorique*, 10, 55 (PATILLON 2001).

77. Ier siècle avant J.-C. , cf. WALDMANN 1973, p. 59-79, cité par PERNOT 2000, p. 112-113.

6. **Côla** *et rythmes*

Si les premiers prosateurs n'hésitaient pas à rivaliser avec la poésie, la plupart des rhéteurs ont senti le risque que nous évoquions ci-dessus et ont proscrit les rythmes identifiables comme poétiques[78]. En prose, on ne modifie pas la quantité des syllabes pour les couler dans un moule métrique[79]. D'après Démétrios, la mise en œuvre rythmique ne sied pas à tous les styles, et quand on la recherche, les éléments métriques insérés doivent être brefs ou soigneusement dissimulés[80]. Les analyses de Denys d'Halicarnasse, qui est pourtant plus tolérant que Démétrios à l'égard de l'insertion des rythmes poétiques dans la prose, révèlent la variété des pieds utilisés et la rareté des séquences à caractère métrique[81].

Mais le rôle du rythme dans la mise en forme des *côla* et des périodes de la prose n'a pas été ignoré, au premier chef par Thrasymaque (cf. ci-dessus) et Isocrate[82]. Il faut faire ici une première distinction. Les Latins ont codifié pour le *côlon* toute une série de clausules, distinctes de celles qui terminent la période[83]. Chez les Grecs, ce rôle est plus ou moins important et plus ou moins spécifique, c'est-à-dire qu'il est plus ou moins lié au découpage de la chaîne parlée en unités distinctes. Chez Aristote, par exemple, il est clair que le conseil d'utiliser le péon fait jouer au rythme un rôle de démarcation, d'identification des découpages. Démétrios insiste beaucoup sur le rôle dévolu à la syllabe longue au début et à la fin des *côla* et lui prête une fonction analogue (*Du Style*, § 38-39). Mais, chez lui, cela ne s'applique qu'à un « caractère » particulier de style, le style oratoire. Des longues analyses qu'il consacre à la σύνθεσις élégante, notamment la σύνθεσις platonicienne (§ 179-186), il ressort que, chez Platon, la démarcation des *côla* n'est pas si claire et que, à l'intérieur des *côla*, des accélérations, des ralentissements, produisent un effet de glissement qui vaut par sa musicalité, mais ne vise pas à la netteté des découpages, bien au contraire. On peut ajouter que Denys d'Halicarnasse, dans un passage qui récapitule les niveaux où opère le travail de composition, cite les syllabes, les mots et le discours[84] mais omet les *côla* et les

78. Cf. l'opposition entre « bien rythmé » et « métrique », Aristote, *Rhet.* III 8, 1408 b 21 ; 30 ; 1409 a 22.

79. Cf. Denys d'Halicarnasse, *DCV* 11, 22.

80. Cf. Démétrios, *Du Style*, 180-181, à propos de l'agencement le plus travaillé, celui du style élégant : « Peut-être obtiendra-t-on de l'agrément et de la grâce en organisant l'agencement à partir de mètres (ἐκ μέτρων), mètres entiers ou demi-mètres, à condition toutefois que les mètres ne soient pas apparents en tant que tels dans l'enchaînement du discours, et qu'on ne puisse déceler leur présence qu'une fois les éléments isolés et analysés un par un. Même si l'agencement n'offre qu'une allure métrique, il produira la même grâce ; c'est à notre insu que pénètre en nous la grâce née de cette sorte d'agrément… ».

81. *DCV* 18.

82. *Contre les Sophistes*, 16-18.

83. Cf. DRÄGER 1998, col. 1139.

84. *DCV* 16, 5.

périodes. Dans son livre sur l'évolution de la prose grecque, K. J. Dover consacre un chapitre au rythme[85], mais ne parle jamais de clausules.

Cela, c'est pour la théorie. La pratique, examinée par le même K. J. Dover, est assez surprenante : il y a d'abord des préférences personnelles, très nettes statistiquement, ce qui confirme que les Grecs ne sont pas allés aussi loin que les Latins dans la codification. On apprend aussi que Thrasymaque ne pratique pas spécialement le péon, que les rythmes déconseillés à cause de leur vulgarité par Aristote ne sont pas forcément évités par les prosateurs distingués. On trouve même chez Isocrate et Démosthène des répétitions de longues séquences rythmiques tout à fait analogues à la *responsio* dans les parties lyriques. Cette liberté contribue à réduire l'écart entre la prose et la poésie et tend à expliquer le développement de la prose d'art. En ce domaine, comme souvent, les praticiens ont précédé les théoriciens.

7. Le chant des côla

Sur les aspects mélodiques du *côlon* et de la période, sur la façon dont l'alternance des longues et des brèves se combinait avec l'accent de mot[86] et la mélodie de phrase, les rhéteurs grecs nous renseignent peu. Dans un domaine où les données sont difficilement transposables d'une langue à l'autre, nous n'avons pas d'équivalent des descriptions du chapitre 3 du Livre XI de Quintilien. Chez Aristote, les déclarations générales sur l'importance de l'ὑπόκρισις[87] ne sont pas suivies d'effet, au sens où le Stagirite ne donne guère d'indication précises. Chez Démétrios, l'autonomisation du *côlon*, surtout si on la rapporte à l'absence d'outils grammaticaux permettant de décrire précisément la structuration périodique, crée un risque de confusion entre le *côlon* et la période simple. C'est sans doute la raison pour laquelle le rhéteur apporte deux critères supplémentaires (*Du Style*, 10, 17), qui paraissent avoir tous les deux un caractère musical, il s'agit de la καμπή et de la συστροφή. La καμπή est sans doute la courbe, l'inflexion de la voix quand le sommet est atteint et que le ton redescend. La συστροφή, ce sont sans doute les derniers mots par lesquels la période se ramasse sur elle-même, rejoint le ton de départ – ou tonique –, comme un cercle qui se ferme. Par contraste avec cette mélodie de la période, prononcée bouche ouverte, avec des gestes de la main[88], on peut supposer que la diction des *côla* autonomes avait moins de relief.

85. DOVER 1997, p. 160-186

86. Accent correspondant à une montée d'une quinte, selon Denys d'Halicarnasse, *DCV* 11, 15.

87. *Rhet.* III 1, 1403 b 20 *sq.*

88. *Du Style*, 20.

On trouve aussi çà et là des bribes d'indications, par exemple chez l'Anonyme de Séguier qui recommande comme style de la partie argumentative du discours une expression « ramassée, en quelque sorte conique »[89], ce qui renvoie à une phrase en deux parties, l'une ascendante, l'autre descendante. Mais il faut se résigner : la reconstitution des aspects sonores de la prose est beaucoup plus difficile encore que celle de la poésie.

En conclusion, nous dirons que le désir de se démarquer de la poésie, la constitution tardive d'une vraie grammaire de la phrase, font que les indications des rhéteurs sur *comma*, *côlon* et période sont diverses et floues, surtout dans le monde grec. Mais elles sont aussi très riches, et attestent la subtilité de certaines pratiques. Le plus intéressant à nos yeux est l'évolution du rapport entre l'orateur et son public que ces doctrines accompagnent : la prose aristocratique rivalisant avec la poésie a été suivie d'une éloquence en prise sur le réel, soucieuse de simplicité et de naturel, ou en tout cas de dissimulation de l'art. Une troisième étape est représentée par une éloquence plus littéraire et ce qu'on a appelé prose d'art. Si la mise en forme stylistique ne doit plus forcément se cacher, ce n'est pas forcément parce que les asianistes ont gagné la partie, c'est sans doute parce qu'elle correspond à des compétences plus largement diffusées. Il n'y a d'artifice que pour les ignorants de l'art. Sous l'Empire, l'auditeur n'est plus l'homme fruste et méfiant qui craint qu'on ne le berne, mais un homme cultivé qui sait apprécier la connivence et les plaisirs d'une culture partagée.

89. …συνεστραμμένην καὶ οἷον εἰπεῖν κωνοειδῆ, § 196 (trad. PATILLON 2005).

ARCHÉOLOGIE DE L'OXYMORE

Il n'est guère de figures aussi séduisantes que l'oxymore, ni d'aussi mystérieuses. Le mot lui-même, qui évoque au poéticien Henri Morier un poisson exotique « zébré de bleu nuit et d'argent »[1], est de genre incertain[2]. Il est concurrencé en français par une transcription plus proche du grec, *oxymoron*, dont la prononciation n'est rien moins qu'assurée. L'une des définitions modernes le plus soigneusement rédigées, celle d'H. Morier justement, trahit comme rarement dans un dictionnaire l'hésitation et le scrupule :

> Sorte d'antithèse dans laquelle on rapproche deux mots contradictoires. L'un paraissant exclure logiquement l'autre. Tantôt, et dès ses lointaines origines grecques, l'oxymore attire l'attention sur une criante opposition, tantôt il cherche à fondre les valeurs comme dans la langue commune où sont nées les expressions d'*aigre-doux* et de *doux-amer*[3].

Pour être une antithèse (ἀντίθεσις) au sens strict du terme, l'oxymore devrait jouer sur la disposition (-θέσις) dans la phrase des mots contradictoires, recourir au parallélisme, ou au chiasme. Or, plus modestement, ou plus subtilement, et si l'on se fie pour l'instant aux exemples couramment donnés, la figure procède par simple voisinage, à l'intérieur des syntagmes les plus banals : adjectif et nom (« Un *merveilleux malheur* »[4] ; « Un affreux *soleil noir*...), sujet et verbe (...d'où *rayonne la nuit* »[5]), adjectif et adjectif (*aigre-doux, doux-amer*[6]), verbe et adverbe (Σπεῦδε βραδέως, *festina lente*), nom et complément du nom (*envie de rien*),

1. MORIER 1975, p. 13.

2. À partir du neutre grec, le masculin s'est presque imposé à l'écrit (mais voir REBOUL 1991, p. 131 n. 1). L'usage oral est plus inconstant.

3. MORIER 1975, p. 828.

4. Titre d'un ouvrage de Boris Cyrulnik sur la « résilience » (CYRULNIK 2002).

5. Victor Hugo, *Les Contemplations*, VI XXVI « Ce que dit la Bouche d'ombre ».

6. En grec : γλυκύπικρον... ὄρπετον (serpent doux-amer), Sappho, fr. 130 Voigt (repris par Théognis, plusieurs épigrammatistes de l'*AP*, Catulle [68, 18] ...). L'amour est décidément propice à l'oxymore. Citons aussi :

O anything of nothing first create
O heavy lightness, serious vanity
Misshapen chaos of well seeming forms !

Shakespeare, *Romeo and Juliet*, 1, 1, 175-177.

verbe et complément circonstantiel (πέλαγος ἀνθοῦν νεκροῖς[7]), etc.[8] Cette apparence modeste est l'un de ses secrets : l'oxymore confronte sans crier gare, sans « mise en scène » formelle, à deux termes à première vue incompatibles. De là un choc, de là une insistance (seul un retour réflexif sur l'énoncé le rendra intelligible, ce qui implique une double lecture), mais sans que la figure encoure forcément le reproche d'élaboration excessive, de recherche intempestive, qui disqualifie les figures d'ornement. Car si l'oxymore est spectaculaire, c'est par le sens. Il se rattache *ipso facto* aux procédés stylistiques les plus « respectables », ceux qui relèvent de la pensée et de l'imaginaire[9].

La suite de la définition de Morier : « l'un paraissant exclure l'autre », opère, par souci d'exactitude, un glissement qui introduit implicitement une autre différence entre l'antithèse et l'oxymore. Les deux ne diffèrent pas seulement pour des raisons de disposition. L'exclusion, l'incompatibilité, ne sauraient se réduire à la contradiction, qui n'en est qu'une espèce. Il y a là une distinction sur laquelle Morier glisse mais dont Fontanier[10] rendait jadis assez bien compte à la fin de son article sur l'antithèse :

> Au reste, il ne faut pas prendre pour *Antithèse* toute façon quelconque d'exprimer une opposition d'idées : ce serait singulièrement se tromper. L'*Antithèse* exige, dit Laharpe, que les tournures se correspondent en opposant les idées, comme dans ces vers de *la Henriade* :
>
> *Esclaves* de la ligue ou *compagnons* d'un roi,
>
> Allez *gémir* sous elle, ou *triompher* sous moi.
>
> Par conséquent, point de véritable *Antithèse* dans ce vers du même poème :
>
> Et par timidité me déclara la guerre.
>
> En effet, ce qui est véritablement opposé à la *guerre*, ce n'est point la *timidité*, mais la *paix*.

La citation de Laharpe laisse penser que ce dernier exigeait pour l'antithèse à la fois une contradiction de sens et une mise en forme syntaxique de celle-ci (« [...] se correspondent »), comme le confirme l'exemple. Fontanier élimine pour sa part le paramètre « thétique » mais introduit une distinction entre opposition (guerre *vs* paix) et ce qu'il ne nomme pas, où l'on peut toutefois déceler un

7. « Une mer fleurie de cadavres », Eschyle, *Agamemnon*, v. 659.

8. Pour ne pas être limitative, cette liste n'en évite pas moins tout parallélisme et toute symétrie. PLETT 2001 définit trois possibilités syntaxiques : a) adj. (ou part.) + nom ; b) adj. (ou part.) + adj. (ou part.) + nom ; verbe + adv. ; c) adj. + être + adj. « embedded in the figurative morphosyntactic construction of a *chiasmus* » avec pour exemple : « Fair is foul and foul is fair » (Shakespeare). Il me semble que ce dernier exemple, avec sa répétition en miroir, tend à s'écarter de l'oxymore proprement dit.

9. Il est significatif que Gérard Genette, analysant les codes implicites ou explicites dans les manuels de français en usage dans le second degré dans les années soixante, observe que l'oxymore, avec d'autres figures, échappe au « beau » style tout en concourant à l'expression « brillante » de la pensée, ce qui lui donne droit de cité dans la dissertation (GENETTE 1969, p. 40).

10. FONTANIER 1977, p. 381 (reproduction de deux ouvrages, l'un sur les tropes [Paris, 1830[4]], l'autres sur les « non-tropes » [Paris, 1827]).

paradoxe (faire la guerre par peur). Mais Fontanier ne parle pas, ni ici, ni ailleurs dans ses traités, de l'oxymore, même si ce dernier exemple illustre assez bien la figure.

Revenons à la définition de Morier, qui parle aussi « d'attirer l'attention ». Il s'agit là d'une des fonctions les plus anciennes et les plus constantes de toute figure, mais, dans le cas de l'oxymore – comme je l'ai déjà suggéré –, le choc dû à la contradiction ou l'incompatibilité entre les termes associés ne se réduit pas à l'effet d'insistance induit automatiquement par la seconde « lecture ». Une règle tacite veut que tout énoncé soit signifiant et que l'on ne viole jamais vraiment la logique : aussi la contradiction ou l'incompatibilité n'est-elle qu'une apparence, et la surprise une étape à dépasser, en direction d'un sens. Là encore, H. Morier se montre circonspect. Deux cas se présentent, très contrastés. L'oxymore peut conduire à une fusion des termes et à l'annulation du paradoxe. Les mécanismes de cette fusion ne sont pas décrits systématiquement par Morier. On se doute qu'ils sont très divers : ce peut être la découverte métalinguistique d'autres acceptions des termes en jeu[11], ce peut être la prise de conscience de la réalité vraie[12] d'associations étranges *a priori* comme celle du sucre et du vinaigre dans certaines sauces exotiques (*aigre-doux*), ou de l'ambivalence réelle des émotions mêlées comme l'amour *doux-amer*. Ce peut être la découverte d'un subtil *processus* de perception comme dans le *clair-obscur*, que Morier, un peu plus avant dans sa notice, commente en ces termes :

> La langue de la peinture, en forgeant le mot de *chiaro oscuro*, n'a pas voulu montrer une lutte de principes ennemis, mais au contraire une accommodation du regard ; l'objet plongé dans l'ombre du tableau semble en émerger sous le rayon d'une secrète lumière, au fur et à mesure que l'œil s'accoutume aux ténèbres[13].

Ce lien avec l'expérience explique sans doute que, pour Morier – dans un premier temps du moins, le temps de la définition citée ci-dessus –, les oxymores « fusionnels » soient aussi ceux que la « langue commune » a consacrés. On pourrait souligner au contraire la vertu « exploratoire » de ce type d'oxymore, qui subvertit une conception trop abstraite de l'expérience, une vision trop triviale de la réalité, le premier sens des mots, etc., pour faire découvrir une cohérence de second degré au-delà des apparences et des présupposés. Le fameux « La terre est bleue comme une orange »[14] invite à dépasser l'absurdité apparente pour chercher

11. Ainsi, dans l'oxymore *torrida hiems* (Calpurnius, *Bucoliques*, V 107-108) le sens obvie et surprenant (hiver torride) laisse place à autre acception possible de *torridus* (hiver qui dessèche), cf. DEHON 1994, p. 131-134.

12. Cf. GROUPE μ, 1982, p. 120 : « La contradiction est absolue parce qu'elle a lieu au sein d'un vocabulaire abstrait, où la négation a cours ». Dans la réalité, comme chacun sait, les contraires cohabitent.

13. MORIER 1981, *loc. cit.*

14. Paul ÉLUARD, *L'Amour la poésie*, Paris, 1929, I VII.

dans la chaude fraîcheur de l'intimité[15], dans la texture particulière d'un fruit, etc. la forte raison de correspondances subjectives entre le macrocosme et le microcosme. Ce type d'oxymore qui invite à la réflexion ou épouse les formes de l'imaginaire n'est en fait pas inconnu de Morier. Quand il commente une phrase d'A. Daudet: «Sa belle figure laide sourit tristement»[16], il souligne combien, dans ces mots,

> On songe à Socrate, à Beethoven, à saint Vincent de Paul. Et le problème de la beauté physique est remis en question à la lumière de la beauté morale[17].

On pourrait évoquer aussi, pour illustrer l'oxymore «illuminant», la fine psychologie et l'humour compatissant dont témoigne cette phrase de Berlioz à propos de Brahms:

> Je vous remercie de m'avoir fait connaître ce jeune audacieux si timide qui s'avise de faire de la musique nouvelle. Il souffrira beaucoup[18].

À l'opposé de l'oxymore «fusionnel» qui l'abolit ou la transcende, un second type d'oxymore vise à faire ressortir la contradiction ou l'incompatibilité dans le réel de référence, tout en induisant chez le récepteur non plus l'adhésion à un plus haut sens, l'approfondissement de son rapport aux choses et aux mots, mais le recul, l'indignation, le scandale. Morier cite Horace[19] et la «discordante harmonie» (*symphonia discors*) de *l'Épître aux Pisons*[20]. Il s'agit là d'une formule satirique, qui stigmatise la médiocrité poétique en la comparant à un repas délicat dont le luxe serait gâché par des fautes de goût. À quoi bon l'inutile s'il n'est pas parfait? L'oxymore, dans ce registre, atteint vite le sarcasme ou la tragédie. L'humoriste Pierre Desproges faisait dire à l'un de ses personnages:

> Quand ils ne tuent pas pour le plaisir, les fous normaux tuent pour violer[21].

15. Le vers de P. Éluard a été repris récemment (2004) comme titre d'un CD de musique à la fois électronique et acoustique conçu par le groupe Lightwave (C. Harbonnier, P. Haslinger, C. Wittmann) et produit par Métisse Musique et Radio France. Sur la pochette, le titre est glosé en ces termes: «Souffles, cordes et textures d'une musique de chambre bleue comme une orange, intime comme un poème sonore, changeante comme la couleur des rêves».

16. Cité d'après CRESSOT 1959, p. 61 (et non 81 comme l'indique Morier par erreur). Cressot citait la phrase de Daudet comme exemple de zeugma, figure d'extension plus large encore que l'oxymore, dans la mesure où, comme l'alliance de mots, elle recouvre des associations plus cocasses, pittoresques, inattendues qu'incompatibles, tel ce début de phrase relevé dans Paris-Soir, le 19 mars 1944: «Les Français de 18 à 50 ans ayant des idées nationales et leur permis poids lourds...» (*op. cit.*, p. 60).

17. MORIER 1981, p. 830.

18. Lettre de Berlioz à Joachim, citée dans ROSTAND 1978, p. 129. On notera l'asyndète qui prolonge efficacement l'oxymore.

19. Sur l'oxymore horatien, voir la notice rédigée par G. Calboli dans MARIOTTI 1997, p. 933-935.

20. Ou *Art poétique*, v. 374, dans Horace, *Épîtres*, texte établi et traduit par F. Villeneuve, Paris (*CUF*), 1967, p. 221.

21. DESPROGES 1985 (cité sur le site internet d'un Lycée de Loire Atlantique).

L'expression « fous normaux » est intolérable en raison du calme avec lequel le langage le plus « logique » qui soit envisage l'horreur, calme dont la figure amène à se départir.

Le fameux « soleil noir » tire sa source quant à lui de la gravure de Dürer intitulée « Melancholia » (1514). Au premier plan, à droite, un ange allégorique, la tempe dans le poing, porte sur son visage une expression d'angoisse, de colère et de fatigue extrêmes. Au fond, l'astre du jour se détache en gloire sur un fond sombre dont il répand la noirceur. Ce motif, fait de « dépression » ou d'inversion des valeurs, est repris, varié, transcendé par Hugo[22], Nerval[23], Baudelaire[24] ou encore Rimbaud, ce dernier dans la description faussement naïve d'une image d'Épinal, vue à Charleroi peu après une victoire de Napoléon III contre les Prussiens, victoire sans envergure mais grossie par la propagande, « L'éclatante victoire de Sarrebrück »[25]. Dans l'indolente mêlée des « Pioupious » à peine réveillés de leur sieste, « un schako surgit, comme un soleil noir ». On a parfois attribué ce schako au prince impérial. C'est une lecture séduisante. La gaieté factice des couleurs crues se met à grincer. Un régime jusque-là ridicule se mue en pouvoir perverti diffusant le malheur. Et, avec Rimbaud, la complicité et la passivité face au trivial second Empire se transforment en scandale et en révolte.

Le paradoxe est que, dans certains cas, l'oxymore « criant » ou « scandaleux » part de formules assez plates à première vue, selon un processus rigoureusement inverse à celui de l'oxymore « fusionnel », qui part d'un scandale initial pour l'abolir. Parfois, le relief est second. La relecture est induite par autre chose qu'une incompatibilité évidente entre les termes. Il faut une insistance particulière, un contexte choisi, un climat d'ironie, et les mots sortent de leur gangue d'habitude, révèlent d'autres potentialités sémantiques, qui font « jurer » les choses, en servant toutes sortes de polémiques. On ne témoigne d'aucun désir de fusion des contraires quand on cite d'un air entendu le nom du parti naguère dominant au Mexique : « Parti révolutionnaire institutionnel », ou quand on remotive comme « oxymoriques » ces expressions courantes : *génie... militaire, musique... contemporaine, cuisine... anglaise, intelligence... économique, culture... américaine, homme... politique, art... moderne, développement... durable...*[26] Dans ce

22. Cf. ci-dessus et n. 5.

23. *El Desdichado*, dans *Les Chimères* (NERVAL 1966, p. 693) ; voir aussi *Aurélia*, II 4, p. 802 et le *Voyage en Orient*, I, p. 205.

24. « Le désir de peindre », dans *Petits poèmes en prose* (xxxvi) (BAUDELAIRE 1864). Mais chez Baudelaire, l'oxymore est en quelque sorte détourné de sa valeur originelle, en tout cas nervalienne. Loin de « tradui(re) un état négatif absolu (il) sert à « exalte(r) la splendeur du noir » (CELLIER 1965, p. 10).

25. Arthur Rimbaud, *Œuvres* (RIMBAUD 1960), p. 79.

26. Formules relevées pour la plupart sur http://fr.wikipedia.org/wiki/Oxymore.

type d'énoncés, et malgré des dehors modérés, l'oxymore a « un caractère brutal fait pour plaire aux esprits forts »[27].

À l'extrême de l'écartèlement entre les deux termes juxtaposés, l'oxymore touche au comique, mais sans que s'annule la double possibilité : fusion, scandale. Argan n'est pas si bête au fond quand il s'exclame, devant Toinette travestie en médecin :

> Par ma foi, voilà un beau jeune vieillard pour quatre-vingt-dix ans ![28]

Comique encore, mais sans fusion possible des termes, dans ce complexe oxymore ironique combiné à l'hyperbole et à la métaphore :

> [...] Amor, amor (Cacharel), qui fait à peu près l'effet dégoupillant d'une canette de soda multifruit additionné d'un sachet de fraises Tagada [...].[29]

Comique, toujours, cette anecdote curieuse en ce que le terme d'oxymore est convoqué pour la contradiction indépassable entre une personne réelle et son nom, anecdote que la tradition orale[30] rapporte à propos du regretté professeur Marcello Gigante, grand spécialiste de papyrologie mais personne de petite taille. S'étant présenté à la porte d'un de ses collègues, il s'annonça au fils de la maison d'un simple mot : « Gigante ! » À ce spectacle et à ce mot, le garçon alla chercher le maître de maison et lui dit : « Papa, un oxymore te demande ! ».

En somme, la notice d'H. Morier sur l'oxymore – que je viens de gloser librement – illustre la curiosité, mais surtout la circonspection du poéticien suisse face à une figure riche mais polymorphe. Cette notice mérite-t-elle de servir de référence ? Je pense que oui, mais à condition de savoir qu'elle est complétée, voire concurrencée, par d'autres analyses modernes, dont deux principales, assez complémentaires d'ailleurs.

La première est celle de Léon Cellier qui, dans un article fort suggestif[31], étudiait le rôle fondamental joué chez Baudelaire par l'« oxymoron ». Ce qui ressort de cet article – du point de vue de la figure –, est que la définition de celle-ci, pour Léon Cellier, émane non seulement d'une convention rhétorique mais surtout de l'univers imaginaire de l'auteur qu'il étudie. À l'antithèse – chère à Hugo –, qui exprime une tension extrême et tragique entre des réalités, des entités

27. MORIER 1981, *loc. cit.*

28. Molière, *Le Malade imaginaire*, III 10 (et non III 14 comme l'indique MORIER 1981 p. 829).

29. Article « Jus de crâne », de Marie-Dominique LELIÈVRE (*Libération*, 22 décembre 2004), à propos de l'industrie du parfum.

30. Par l'intermédiaire de Mme Mireille Armisen-Marchetti, que je remercie.

31. CELLIER 1965, p. 3-14.

ou des postulations incompatibles, s'oppose chez Baudelaire l'oxymore[32], qui réunit ces incompatibles, non pour abolir leur contradiction mais pour la dépasser, par des sensations nouvelles, de nouveaux états de conscience, grâce à un saut dans le sacré (le Beau, l'Idéal). On voit que la figure se définit par son sens et sa fonction non seulement dans une œuvre poétique mais dans une expérience humaine singulières. En l'occurrence, elle se trouve restreinte – si tant est qu'il s'agisse encore, avec ce processus si particulier, d'une figure du discours – au versant « fusionnel » décrit ci-dessus[33], ce qui représente une rupture notable par rapport à l'analyse de Morier, pour qui l'oxymore peut *aussi* exalter la contradiction. On voit également quelle rupture représente l'approche de L. Cellier par rapport à la tradition antique, que Morier, au contraire, paraît respecter[34]. Cette tradition antique, préoccupée de codifier pour l'usage un certain nombre d'énoncés remarquables, décrit quelques « ingrédients » langagiers, la façon de les assembler et quelques circonstances d'emploi. Cette méthode empirique qui consiste à unifier la figure surtout par la « recette » qui permet de l'obtenir – d'où l'importance des exemples, destinés à guider l'imitation – n'est pas si archaïque ni si sotte. Elle porte même en germe un certain formalisme moderne, car elle tient compte du fait que les figures ne sont pas par elles-mêmes signifiantes, y compris les figures de pensée. Ce sont des auxiliaires de sens et de registre, leur valeur esthétique dépend donc considérablement du contexte dans lequel elles sont employées. Le stylisticien Démétrios (Pseudo-Démétrios de Phalère) note finement que si la périphrase peut être facteur de grandeur, il est des cas où c'est le procédé inverse, le mot composé, qui permet d'obtenir ce même effet[35]. Par conséquent, s'agissant de la théorie antique, il faut admettre la polyvalence des figures, leur utilisation dans des registres stylistiques extrêmement divers. Mais ce flou, cet empirisme, ne sauraient convenir à ceux qui veulent instituer la stylistique, à

32. Les exemples abondent, dans les titres des *Fleurs du Mal* : « Horreur sympathique », « Madrigal triste » ; aussi bien que dans le texte : « O fangeuse grandeur ! sublime ignominie ! », « jour noir », « morne volupté », « torture délicieuse », etc. etc.

33. CELLIER 1965 est ainsi résumé par les linguistes du Groupe µ : « L. Cellier a fort bien analysé la différence entre ces deux figures (*sc.* l'antithèse et l'oxymore) au point de vue de leur éthos : contradiction tragiquement proclamée pour l'antithèse, paradisiaquement assumée pour l'oxymore » ; « Comme Léon Cellier l'a très bien mis en avant, l'oxymore est une *coincidentia oppositorum*, où l'antithèse est niée et la contradiction pleinement assumée » (*Rhétorique générale, op. cit.*, p. 120). L. Cellier a repris cette formule, *coincidentia oppositorum*, de Mircea Eliade, qui la tenait lui-même de Nicolas de Cuse, pour qui c'était la définition la moins imparfaite de Dieu (CELLIER 1965, p. 5).

34. ...malgré ses réticences à l'égard d'une nomenclature jugée archaïque, parfois oiseuse, souvent absconse (voir la Préface à l'éd. de 1975 du *Dictionnaire de Poétique et de Rhétorique*, p. 13).

35. Démétrios, *Du Style*, t. établi et traduit par P. Chiron, Paris (*CUF*), 1993, § 92.

l'instar de la linguistique, en science[36] et organiser en structure, selon un principe unique, la théorie des figures.

C'est la tâche que se sont assignée les linguistes du Groupe µ[37] – seconde innovation marquante à s'être répercutée sur l'histoire moderne de l'oxymore. On sait que leur système est – pour simplifier – conçu selon deux axes que sont celui du signifiant et celui du signifié et en fonction de quatre opérations, inspirées de la fameuse *quadripartita ratio* qui servit dès l'Antiquité aux grammairiens stoïciens pour rendre compte de la néologie puis aux rhéteurs pour classer les tropes : addition, soustraction, mutation, métathèse[38]. Dans ce cadre, l'oxymore se trouve rangée parmi les « métasémèmes » (ex-tropes), au sens où un « sémème » (mot, envisagé comme contenu, c'est-à-dire comme « collection de sèmes nucléaires »[39]) se trouve remplacé par un autre de manière à « violer le code ». Par exemple, le degré zéro (sans l'« écart ») d'« obscure clarté »[40], sera « lumineuse clarté ». La figure consiste en « suppression-adjonction négative », c'est-à-dire que l'un des deux mots est supprimé et que prend sa place un autre mot qui comporte un sème contraire au « classème » de l'autre, c'est-à-dire au sens que fait attendre l'autre[41]. En l'espèce, « clarté » impose le classème « lumineux » qui est nié dans « obscur »[42]. L'« erreur » volontaire que constitue la figure est sensible sur l'axe syntagmatique (dans la séquence). La réduction de l'écart suppose généralement un passage à l'axe paradigmatique, qui permet de découvrir dans le terme figuré d'autres sèmes plus compatibles avec le « classème » imposé par l'autre. En l'espèce, c'est plutôt le retour sur le référent qui permettra de comprendre que « l'obscur et le clair n'y émanent pas d'un objet unique, mais seulement de zones voisines du ciel »[43]. *Ipso facto*, comme chez L. Cellier, l'oxymore est une opposition *transitoire*, ce qui la coupe radicalement de l'antithèse. La coupure est légitime si l'on utilise – comme ci-dessus – le mot antithèse au sens strict, comme figure de disposition. La coupure est beaucoup plus discutable si elle conduit à éliminer toute possibilité pour l'oxymore de mettre en relief une opposition

36. Pour un plaidoyer en faveur de la dissociation entre « travail historique et travail théorique » et pour une approche différenciée de la rhétorique ancienne et des diverses théories linguistiques contemporaines, cf. DOUAY-SOUBLIN 1994, p. 13-34 (notamment p. 15).

37. GROUPE µ 1982.

38. Voir sur cette question AX 1986.

39. GROUPE µ 1982, p. 34.

40. « Cette obscure clarté qui tombe des étoiles », Corneille, *Le Cid*, 4, 3.

41. Les classèmes sont des « sèmes *itératifs* ou facteurs de compatibilité entre deux noyaux sémiques » (GROUPE µ 1982, p. 97. C'est ce qui permet, par exemple, d'anticiper sur la suite d'un message ou de comprendre un message lacunaire.

42. GROUPE µ 1982, p. 120.

43. *Ibidem*.

sémantique irréductible[44]. Or comment nier le caractère authentiquement oxymorique de formules aussi peu fusionnelles, aussi sarcastiques, que celle-ci ?

Ma foi, je plains ces *pauvres riches*. Ils ont leurs besoins aussi ; et les besoins d'habitude ne sont pas moins impérieux que les autres. J'ai pitié de cette jolie blonde, si correctement assise dans son coupé électrique ; et ce jeune homme avec son pardessus à taille, à quoi passera-t-il son temps s'il ne joue au baccarat ? Les femmes le guettent et je crains pour sa vertu.[45]

Quoi qu'il en soit, on devine que les deux analyses résumées ci-dessus, légitimes chacune à sa façon mais qui plient l'oxymore à des fins non rhétoriques – l'une à un univers poétique original, l'autre à un classement structural que les Anciens ont juste ébauché –, ne sauraient nous aider dans notre quête des origines.

Or si j'ai loué tout à l'heure la circonspection qui marque la notice du *Dictionnaire de poétique et de rhétorique* d'H. Morier, on a lu ci-dessus sous la plume de ce dernier une formule imprudente : « Tantôt, et dès ses lointaines origines grecques [...] ». Car si l'oxymore est mystérieux, c'est aussi et surtout à cause de ses origines, qui ne sont ni si grecques, ni si lointaines[46]. Les dictionnaires, quand ils lui font place, répètent à l'envi que le mot *oxymore* vient de la réunion de deux

44. La tendance à réduire l'oxymore à son versant fusionnel apparaît aussi dans une des œuvres essentielles de la rhétorique contemporaine, PERELMANN & OLBRECHTS-TYTECA 1970. Dans cet ouvrage (p. 587-590 de la 2e éd. parue à Bruxelles en 1970), l'*oxymoron* « selon Vico » – c'est-à-dire la figure consistant à « nier d'une chose qu'elle soit ce qu'elle est » – apparaît parmi les énoncés incitant à la « dissociation notionnelle », laquelle permet de découvrir *la* notion grâce à laquelle l'énoncé recouvrera signification et cohérence. Au contraire, certains théoriciens comme M. Prandi maintiennent une dissociation irréductible, même si elle est d'un genre particulier : l'oxymore est représenté comme conflit entre deux énonciateurs, ainsi, pour le *soleil noir* nervalien, entre celui – c'est-à-dire tout le monde – qui dit qu'il fait soleil, et celui – le poète – qui déclare, par métaphore, que pour lui tout est noir – PRANDI 1987, p. 18 (cité par REBOUL 1991, p. 131).

45. Alain (Propos du 20 mars 1910, cité par REBOUL 1991, p. 212) réagit à une souscription nationale destinée aux actionnaires d'une mine du Pas-de-Calais, souscription organisée à la suite d'une catastrophe qui avait tué... 1200 mineurs.

46. Entendons-nous bien : si Morier parle d'anciens usages grecs de la figure, il a raison, car celle-ci est attestée chez Homère, Sappho, Théognis, Eschyle, Sophocle, Euripide, etc. Mais s'il vise les origines de la figure comme procédé dûment dénommé, défini, illustré, accompagné de conseils d'utilisation et classé, c'est-à-dire doté d'une codification rhétorique, il a tort. Il faut préciser sur le plan chronologique que des « figures » particulières sont codifiées dès la fin de l'époque classique, chez Aristote notamment, mais qu'une doctrine organisée des figures n'apparaît qu'à l'époque hellénistique (voir CALBOLI 1998), avec pour témoins directs le traité *Du Style* du Ps.-Démétrios de Phalère (IIe/Ier siècle avant J.-C. ?), la *Rhétorique à Herennius* (*ca* 80 av. J.-C.) suivis peu après du traité de Gorgias le Jeune, connu par son adaptation par Rutilius Lupus. Le grammairien Tryphon avait écrit vers la même époque un traité des tropes, que certains aujourd'hui identifient à celui que la Tradition nous a transmis sous le nom de Grégoire de Corinthe. Chez Cicéron, quelques années plus tard, la doctrine des figures est déjà très élaborée.

adjectifs antonymes en grec, ὀξύς, *aigu, intelligent* et μωρός, *émoussé, stupide*[47], l'étrange de la chose est qu'une recherche dans le *Thesaurus Linguae Graecae* ne donne aucune référence grecque pour ce mot composé, ni comme procédé rhétorique, ni même comme expression en usage. La curiosité est encore avivée par l'absence du mot dans des dictionnaires comme le Littré, alors même que Le Robert[48] lui affecte comme date d'entrée dans la langue française une date assez ancienne, l'année 1765. Curieux aussi le fait qu'une excellente thèse récente sur les tropes ne cite sur l'oxymore que des analyses modernes[49]. Si l'on se tourne vers le vieux lexique spécialisé d'Ernesti, on se trouve confronté à une véritable énigme :

ὀξύμωρον, *pertinet ad eas figuras, quae* ἀντίθέσει *valent, cum repugnantia acute componant. Quintil.* IV 5. *eandem figuram ita describit : « cum hoc ipsum, quod dissimile rationi est, coegerit ratio, cuiusmodi sunt,* cum tacent, clamant : nihil habentes et omnia possidentes *» etc. quorum plura exempla collegit* Voss. *Inst. Rhet. Lib.* V, p. 407 *sqq.*[50]

Qui se reporte au passage visé de l'*Institution Oratoire*[51] constate que Quintilien n'y traite ni de figures ni de tropes, mais de la *division*, procédure qui consiste à décomposer la cause en ses diverses propositions, tant celles que l'on se propose d'étayer que celles de l'adversaire afin de les annoncer au juge. Après avoir décrit les avantages et les inconvénients de cette annonce en fonction des différents types d'affaire (et surtout de la solidité de la thèse qu'on est appelé à défendre), Quintilien évoque le procédé qui consiste, pour leur donner de la force, à énoncer en rafale des arguments fragiles, procédé à employer rarement, et seulement en cas de nécessité,

cum hoc ipsum, quod dissimile rationi est, coegerit ratio[52].

On voit bien la relation que ce membre de phrase, une fois sorti de son contexte, peut entretenir avec l'oxymore, figure « apparemment irrationnelle ». On devine

47. Le nom de la figure est – cas rare – un exemple de la figure. Le dictionnaire de Gaffiot glose cet adjectif composé en reproduisant un des mécanismes de l'oxymore fusionnel décrits ci-dessus : « spirituel sous une apparente niaiserie ».

48. *Le Robert. Dictionnaire historique de la langue française*, nouvelle édition, 1994, *sv* oxymoron.

49. FUZIER 2002, p. 242, 268, 270, 271, 438.

50. J. Ernesti, *Lexicon technologiae Graecorum rhetoricae* (ERNESTI 1795). On ne trouve rien sur le sujet dans le pendant latin de ce lexique.

51. 4, 5, 7, tome III, p. 85 Cousin. Voir aussi la remarque de PENNACINI 2001 (Quintiliano, *Institutio oratoria*), p. 508.

52. *Inst.* IV 5, 7 : « lorsque la raison nous aura poussés à en user d'une façon apparemment irrationnelle » (trad. Cousin). Cette interprétation nous paraît plus claire et plus simple que celle de D. Vottero (dans la traduction collective dirigée par A. Pennacini (PENNACINI 2001) mentionnée dans la note précédente) : « quando la logica interna della causa ci costringe a un'operazione che contrasta con la logica corrente ».

aussi que la phrase de Quintilien illustre l'oxymore plus qu'elle ne décrit la figure. Ernesti enchaîne, comme s'il continuait à citer Quintilien, sur des exemples, dont le premier (*cum tacent clamant*) est emprunté à la *Première Catilinaire* de Cicéron, sans doute par l'intermédiaire de Vossius[53] – cité peu après –, et le second (*nihil habentes…*) à la seconde Épître de Saint Paul aux Corinthiens dans la Vulgate[54]. Mais n'accusons pas trop vite Ernesti de précipitation. Lui aussi est circonspect : le mot *oxymoron* n'est pas le nom de… mais « s'applique à ces figures qui… » (*pertinet ad eas figuras quae…*). Pour lui, Quintilien ne la décrit pas, mais « décrit la même figure » (*eandem figuram… describit*). En somme, il y a fort à parier qu'Ernesti s'évertue à exploiter au maximum le maigre produit de son enquête historique, quitte à tordre quelque peu le texte de Quintilien[55], mais qu'il a échoué à trouver à l'oxymore une origine claire.

Ce sont donc deux questions qui se posent maintenant : si Ernesti a eu tant de mal à lui trouver des sources anciennes, d'où vient l'oxymore ? Si elle est de codification si tardive, pourquoi un tel retard ?

La première question doit se subdiviser en deux : de quand date l'emploi de la figure ? De quand date sa théorie ? Comme on le sait, les formes littéraires préexistent à leur codification rhétorique ou poétique. Les rhéteurs anciens ont cherché et trouvé chez Homère des exemples et la légitimation de la plupart de leurs préceptes. Or, de toute évidence, quelque chose comme l'oxymore fut, avant d'exister comme figure, d'usage ancien[56]. Homère[57], Sappho l'utilisent à l'aube de la littérature grecque. Au Ve siècle, les Tragiques en font un usage extrêmement signifiant et complexe. On peut citer le cas d'Euripide, tellement coutumier des formules-choc que son concurrent Eschyle, dans les *Grenouilles* d'Aristophane, l'accuse de faire venir sur scène des femmes « qui prétendent que vivre n'est pas vivre »[58]. Plus loin, quand Euripide se plaint d'être abandonné de tous dans le monde souterrain, Dionysos lui répond par une parodie burlesque de ce style : « Qui sait si vivre n'est pas mourir, si respirer n'est pas souper, si dormir n'est pas

53. *Gerardi Ioannis Vossii Commentariorum rhetoricorum sive oratoriarum institutionum pars altera* (VOSSIUS 1643), p. 407-413. C'est chez Vossius aussi qu'Ernesti a trouvé l'idée de prêter à Quintilien une théorie de l'oxymore. Vossius en effet affirme que la notice de Budé (cf. *infra*) sur l'oxymore est issue de Quintilien.

54. II Cor. 6, 10.

55. J. L. Moore a remarqué cette bizarrerie de la notice d'Ernesti : « Ernesti (…) says Quintilian (5, 4, 7 *cum hoc ipsum, quod dissimile rationi est, coegerit ratio*) refers to it, and by a careless use of quotation-marks represents him citing as an example, Cor. II 6, 10 : *nihil habentes et omnia possidentes* » (MOORE 1891 p. 183 n. 1).

56. Pour une recherche sur ces premières manifestations, cf. BÜCHNER 1951.

57. Par exemple dans l'*Odyssée* (18, 73) : Iros, le clochard ivre qui a défié Ulysse, quand il découvre la musculature puissante de ce dernier, se trouve face à un ἐπισπαστὸν κακόν, « un malheur qu'il a attiré à soi, *ou* qu'il a bien cherché ».

58. …καὶ φασκούσας οὐ ζῆν τὸ ζῆν (v. 1082). « Eschyle » détourne comme paradoxal et sophistique un vers pathétique tiré de la *Mélanippe*.

peau d'mouton ? »[59]. Plus sérieusement, on a pu montrer que ces formules reflètent le cœur des conceptions euripidéennes. Face à des situations ambivalentes, des valeurs contestées, le langage est le vecteur du relativisme et de la « fragmentation de l'âme humaine »[60]. Si le caractère réellement oxymorique d'un certain nombre de paradoxes tragiques voisins de ceux que l'on vient de citer n'est pas toujours avéré[61], on ne peut nier que la culture grecque la plus ancienne offre un terrain favorable à l'éclosion pratique de la figure, dans la mesure où elle accorde une importance cardinale à l'équilibre ou à la fusion des contraires. Il suffit de relire les analyses que J.-P. Vernant[62] a consacrées à la naissance de la pensée grecque et – entre autres témoins significatifs – à la représentation du monde d'Alcméon de Crotone, philosophe et médecin pythagoricien du VIe siècle, qui définissait la santé en termes politiques comme l'ἰσονομία τῶν δυνάμεων, le partage égal du pouvoir entre des puissances *a priori* incompatibles et en tout cas adverses, l'humide et le sec, le froid et le chaud, l'amer et le doux, etc., la maladie équivalant au contraire à la μοναρχία, la *monarchie* exercée par un élément sur les autres[63]. Dans l'éthique physiologique d'obédience aristotélicienne[64], de même, la bile noire est une humeur particulièrement paradoxale. C'est un mélange de chaud et de froid :

> « Si elle est en quantité excessive dans le corps, elle a pour conséquence des apoplexies, des assoupissements, des dépressions ou des frayeurs et si elle est surchauffée, elle a pour effet des accès d'euphorie accompagnés de chants, des transports extatiques et des éruptions d'ulcères ou d'autres affections du même genre[65]. »

Cette imprévisibilité est démultipliée par le « terrain » de chaque individu et les moments du temps : il y a mille combinaisons (« crases ») mélancoliques[66]. Or c'est dans ce contexte qu'apparaît le génie, qui n'est autre que l'équilibre fragile de forces susceptibles, d'un instant à l'autre, de le faire verser dans la folie. Dans ce registre, l'oxymore touche vite à la métaphysique, ou l'inverse : on peut citer de

59. Τίς δ' οἶδεν εἰ τὸ ζῆν μέν ἐστι κατθανεῖν, τὸ πνεῖν δὲ δειπνεῖν, τὸ δὲ καθεύδειν κῴδιον ; 1477-1478.

60. Cf. SYNODINOU 1978.

61. Detlev Fehling a soutenu que les alliances de mots du type νόμον ἄνομον (Eschyle, *Agamemnon*, 1142) sont à l'origine des dédoublements rhétoriques équivalant au type μῆτερ... δύσμητερ (*Odyssée*, 23, 97) et que dans ces cas le préfixe privatif est synonyme de δυσ-, αἰνο- ou κακο- : voir FEHLING 1968.

62. VERNANT 1997, p. 29.

63. Ἀ. τῆς μὲν ὑγιείας εἶναι συνεκτικὴν τὴν ἰσονομίαν τῶν δυναμέων, ὑγροῦ, ξηροῦ, ψυχροῦ, θερμοῦ, πικροῦ, γλυκέος καὶ τῶν λοιπῶν, τὴν δ' ἐν αὐτοῖς μοναρχίαν νόσου ποιητικήν· (Aétius, *Opinions*, V XXX, 1 = Alcméon, fr. 4 DK).

64. Voir le célèbre *Problème* XXX 1, qui remonte assez probablement à Théophraste.

65. *Problèmes* 954 a 22-26, trad. P. LOUIS, Paris (*CUF*), 1994.

66. « La crase mélancolique, de la même façon qu'elle rend, dans les maladies, les patients différents de ce qu'ils étaient, présente en elle-même aussi des différences », *op. cit.*, 954 b 9 (traduction empruntée à DEMONT 2005, p. 35).

Sophocle un constat particulièrement criant d'absurdité et d'amertume, le Μὴ φῦναι τὸν ἅπαντα νικᾷ λόγον[67], où la négation absolue, le non-être, non seulement *est*, mais constitue le meilleur des bilans existentiels. N. Loraux y voyait: « le plus superbe et noir des *adunata* inventés par les Grecs »[68].

En revanche, si l'on recherche les premières attestations théoriques – rhétoriques – de l'oxymore, il faut attendre bien longtemps et encore le résultat de l'enquête n'est-il pas d'une netteté absolue. Il semble qu'il faille s'orienter vers trois commentateurs latins tardifs, dont un seul, Servius, est assez précisément identifié et daté (IVe siècle ap. J.-C.). Dans son commentaire à l'*Énéide* de Virgile (VII 295)[69], Servius s'étonne de la formule *capti potuere capi* (« pris, ont-ils pu être prisonniers ? ») imitée d'Ennius[70], que prononce Junon au sein d'une longue série d'imprécations lancées contre les Troyens :

VII 295. *CAPTI POTUERE CAPI cum felle dictum est : nam si hoc remoueas, erit oxymorum, dicit autem omnia quae contigerunt, non uideri contigisse, quia non obfuerunt. 'Capti' autem 'capi' sic dixit, ut et Cicero in uberrima Siciliae parte Siciliam quaereremus.* (C'est dit avec colère, car si tu enlèves cette colère, ce sera absurde [ou ce sera un oxymore], or si elle dit que tout ce qui s'est passé ne semble pas s'être passé, c'est parce que cela ne leur [*sc.* aux Troyens] a pas nui. Elle dit 'pris' ils 'ont été prisonniers' à la manière dont Cicéron dit qu'on chercherait la Sicile dans la partie la plus prospère de la Sicile.)[71]

L'hésitation sur la traduction (« ce sera absurde [*ou* ce sera un oxymore] »), ne fait que refléter le doute sur la présence réelle d'un procédé rhétorique et *a fortiori* de celui qui nous occupe. L'oxymore, au sens d'« absurdité », paraît même être une alternative inacceptable à l'interprétation du passage par une autre figure (qui serait l'antanaclase, c'est-à-dire l'emploi du même mot dans deux sens différents, comme l'illustre la phrase de Cicéron où « Sicile » désigne soit la Sicile actuelle dénaturée à cause de Verrès soit la Sicile conforme à son « essence » de pays prospère). J. L. Moore[72] a aggravé le doute en signalant que Servius commente un cas patent d'oxymore chez Virgile, le *uulnera siccabat lymphis* (« il [Mézence blessé] séchait ses blessures à l'eau courante ») de X 834 sans recourir à ce terme.

67. Sophocle, *Œdipe à Colone*, 1224-1225. Paul Mazon traduit un peu platement : « Ne pas naître, voilà qui vaut mieux que tout ». On lit chez V. Debidour (Le Livre de Poche, 1999) : « Rester dans le néant, c'est l'idéal suprême ». Nous oserions : « Ne pas naître, voilà qui l'emporte sur n'importe quel bilan ».

68. LORAUX 1988, p. 36.

69. THILO & HAGEN 1884, p. 149-150.

70. *Annales*, XI, fr. 3.

71. MOORE 1891, p. 183) recense une autre référence : *cf.* IX 57 *aditumque per auia quaerit : uiam per auia nullus requirit* (cf. IX 57 « il cherche à entrer là où il n'est pas d'accès : personne ne cherche à accéder là où il n'est pas d'accès »). Il s'agit de Turnus, qui brûle d'en découdre et qui marche de long en large au pied de Troie.

72. *Ibidem*.

Oxymorum revient chez un scholiaste aux *Verrines* de Cicéron connu comme le Pseudo-Asconius, d'identité et d'époque indéterminées[73]. Le passage commenté se situe au début du discours *In Q. Caecilium*[74] : Cicéron justifie son intervention en faveur des Siciliens par le fait qu'il a été questeur en Sicile et qu'il est devenu pour les habitants de l'île le seul refuge contre les exactions de Verrès. Ils sont venus le trouver, lui disent-ils, parce que, Verrès ayant pillé leurs sanctuaires, ils n'ont plus de dieux pour les protéger. Le scholiaste loue l'art avec lequel Cicéron restitue la détresse des Siciliens par l'absurdité même de leurs propos : a-t-on perdu ses dieux quand on est privé de leurs statues ?

Mire imitatus est uerba Siculorum dolore oxymora et inania, quasi deos non habeant qui simulacra perdiderunt (Il a admirablement imité les paroles des Siciliens, paroles aberrantes et vaines en raison de la douleur, comme si ceux qui ont perdu leurs statues n'avaient plus de dieux).

On hésite encore davantage ici à identifier la figure d'oxymore. L'interprétation d'*oxymora* (*uerba*) par « paroles aberrantes *ou* absurdes » fait sens et ne présuppose pas l'existence d'un procédé rhétorique codifié.

Le troisième passage souvent cité comme acte de naissance de l'oxymore se trouve chez Donat, dans un commentaire à Térence mais, comme l'indique G. Calboli[75], l'attribution de ce commentaire au célèbre grammairien du IVe siècle ap. J.-C. n'est pas des plus sûres. Pis : on doit constater que le mot même d'oxymore n'y apparaît pas. Ce sont les exemples qui ont fait penser à la figure. La remarque porte sur l'*Eunuque*, v. 243, où Gnathon fait honte à un individu qui, ruiné comme lui, n'a pas son talent pour flatter autrui et gagner ainsi sa pitance. Gnathon dit : « alors que rien n'est à moi, rien pourtant ne me fait défaut »[76]. Le scholiaste note :

NIHIL CVM EST NIHIL DEFIT TAMEN figura κακόζηλον, *ut apud Vergilium* (*Aen.* IX 695) '*sequitur sequentem*'. *Et Cicero* (*Catil.* I 8, 21) '*cum tacent, clamant*'. ([...] figure d'une affectation choquante, comme chez Virgile [...] 'il suit qui le suit'. Et Cicéron [...] 'leur silence est assourdissant')[77].

Il ressort de cette petite enquête que, pour l'Antiquité gréco-latine, l'oxymore est tout à la fois d'usage immémorial et de codification très tardive et très vague, au point même que l'on se prend à douter si les Anciens ont bien reconnu là une figure et que l'on se demande s'il ne faut pas imputer à une période beaucoup plus récente la description et la définition du procédé[78].

73. La remarque porte sur la *Diuinatio in Q. Caecilium* (Pseudo-Asconius, *In Diuinationem*, 101, 24), STANGL 1912, p. 187.

74. Ce discours est connu aussi sous le titre *In Diuinationem*. La scholie porte sur le § 3.

75. « ...in quello donatiano (che non significa sia espressamente di Donato) [...] », CALBOLI 1997, p. 933.

76. Trad. MAROUZEAU, Paris (CUF), 1979^5.

77. WESSNER 1902, p. 319.

78. Sans anticiper sur le résultat d'une enquête plus poussée qui reste à faire, on peut suggérer que la théorie de l'oxymore n'est pas encore bien stable à la fin du XVIe siècle. Il suffit

Pourquoi un tel retard ? Y aurait-il eu une impossibilité théorique ? La réponse est – dans un premier temps – négative. La rhétorique grecque était parfaitement « outillée » pour l'analyse précoce des principaux mécanismes à l'œuvre dans l'oxymore. Il suffit de se référer aux fameux chapitres 10 et 11 du Livre III de la *Rhétorique* sur les ἀστεῖα. Le principe en cause est celui selon lequel l'homme aime à s'instruire aisément[79]. La vie théorétique, qui est l'apanage de l'humanité, est aussi celle qui procure à l'homme le plus haut degré de bonheur. Dans le domaine de la persuasion rhétorique, le plaisir vient apporter son concours quand le message est délivré sous une forme propice à la μάθησις, c'est-à-dire à la fois à la perception, à la compréhension et à l'apprentissage. Ainsi se justifie l'intervention du rythme, de la période, de l'antithèse, etc. parmi les moyens d'une stylistique authentiquement rhétorique, c'est-à-dire auxiliaire active de la persuasion. Parmi ces moyens, les ἀστεῖα (raffinements d'expression) – tels la métaphore, la comparaison, l'hyperbole, et d'autres procédés sans noms que la théorie rhétorique postérieure se chargera de baptiser, comme l'allégorie – reposent sur un processus dynamique, celui d'une incompréhension initiale suivie, presque immédiatement, d'une illumination, sur le mode de l'évidence.

Ἔστι δὲ καὶ τὰ ἀστεῖα τὰ πλεῖστα διὰ μεταφορᾶς καὶ ἐκ τοῦ προσεξαπατᾶν· μᾶλλον γὰρ γίνεται δῆλον ὅτι ἔμαθε παρὰ τὸ ἐναντίως ἔχειν, καὶ ἔοικε λέγειν ἡ ψυχὴ « ὡς ἀληθῶς, ἐγὼ δὲ ἥμαρτον... » (les raffinements d'expression eux aussi font appel pour la plupart à la métaphore, et ont leur source dans une tromperie préalable, car du fait qu'on passe à l'avis opposé, il devient plus évident qu'on a appris, c'est comme si l'âme disait : « comme c'est vrai ! et moi qui m'étais trompé... » (1412 a 17-21 p. 174 Kassel, traduction inédite de P. Chiron et J. Lallot)

Ainsi s'explique cet « entre-deux », ni trop clair, ni trop obscur, qui marque l'énonciation réussie : elle est captatrice par le plaisir qu'elle procure, qui est celui de l'apprentissage / compréhension, à quoi s'ajoute, diront les théoriciens posté-

pour s'en convaincre de comparer deux documents. Le premier est le dictionnaire de Guillaume Budé. Dans l'édition parue à Genève en 1562, la notice sur le sujet paraît être l'amalgame des scholies de Servius et de Donat : Ὀξύμωρον *sententia est ex periculo petita : hoc est, ita acute et affectate enuntiata, ut fatua uideatur : ut apud Virgilium, Num capti potuere capi ? Cicero, Si tacent satis dicunt, Horatius I. Epistol. Strenua nos exercet inertia. Virgil., Sequiturque sequentem* ». Beaucoup plus riche est le commentaire de Conrad Rittershausen au traité de la chasse d'Oppien (*Oppiani poetae Cilicis De Venatione Lib. IIII. De Piscatu Lib. V cum interpretatione latina, commentariis... confectis studio et opera Conradi Rittershusii*, Leyde, 1597, commentaire à I 260 ἄγονον γόνον, p. 29-32) dont voici le début : « quod loquendi genus ὀξύμωρον *uel etiam* σιδηρόξυλον *appellarunt ueteres : alii implicationem contradictionis : quidam contrarium* ἐν προσκειμένῳ. *Aristoteles* χιμαίρας *uel* τερετίσματα *uocare solet* ». Cette notice est très personnelle, comme l'attestent l'abondance des exemples (Rittershausen se vante d'en avoir dénombré 600, qu'il ne cite pas tous), l'incertitude terminologique, la fantaisie de l'enquête sur les sources et une analyse originale de l'oxymore en trois espèces : mots composés, groupes de deux mots, énoncés plus longs. On remarque l'absence de sources anciennes précises, ce qui corrobore notre hypothèse d'une théorie plus « renaissante » qu'antique.

79. Τὸ γὰρ μανθάνειν ῥᾳδίως ἡδὺ φύσει πᾶσίν ἐστι (1410 b 10, p. 169 KASSEL).

rieurs, une satisfaction d'amour-propre, celle d'avoir su comprendre ce qui n'était pas complètement dit[80]. C'est pourquoi, pour Aristote, les enthymèmes doivent être aisés à comprendre sans être triviaux (1410 b 21), les métaphores ne doivent pas être obvies (1412 a 10-11), les comparaisons sont moins agréables, « pour excès de longueur »[81], etc. On voit combien ce processus s'adapte au double mouvement induit par certains oxymores, la surprise, d'abord, puis l'évidence nouvellement instruite : doux-amer ? comme il est vrai que l'amour est agréable *et* douloureux !

Il n'est jusqu'à la distinction faite ci-dessus entre l'oxymore fusionnel et l'oxymore « criant » ou « scandaleux » qui ne puisse trouver une explication théorique dans l'analyse aristotélicienne de l'homonymie : au chapitre 4 des *Réfutations Sophistiques*, Aristote décrit l'apparence de réfutation que peut recéler le jeu sur l'homonymie, c'est-à-dire la désignation par le même mot de deux réalités différentes. Grâce à elle, on peut paraître prendre l'autre en flagrant délit de contradiction, selon un processus illusionniste qui est en quelque sorte l'inverse de celui de l'oxymore fusionnel, où l'illusion s'abolit par la prise de conscience de l'homonymie[82]. L'oxymore scandaleux, quant à lui, relèverait plutôt de l'« énoncé de l'essence »[83].

Nous sommes donc ramenés à la question : si la rhétorique classique est déjà capable d'analyser les principaux mécanismes à l'œuvre dans l'oxymore, pourquoi ne l'a-t-elle pas fait ? Une première explication pourrait résider dans la discrétion de la forme syntaxique de l'oxymore qui rejoindrait le caractère *naturellement* oxymorique non pas seulement de la culture mais de la *langue* grecque. Une figure, quelle que soit sa définition précise, n'existe qu'en tant qu'énoncé *remarquable*. Or tous les enseignants de grec ont peiné à faire comprendre – et faire admettre – combien il est naturel à cette langue de juxtaposer les termes (parataxe) et de laisser naître le sens à la fois du contact et du contexte. Ainsi, dans un syntagme nominal des plus courants, l'apposition (article + nom + adjectif)[84] peut conférer à l'adjectif – ou au participe – à peu près toutes les valeurs qu'on appelle circonstancielles : l'explication, la concession, l'hypothèse, le temps… Dans ce type d'énonciation paratactique, l'oxymore n'aurait rien que de très banal : l'amour « doux-amer » se déchiffrerait immédiatement comme signifiant : « l'amour doux quoiqu'amer ». Mais une difficulté apparaît

80. Cf. Démétrios, *Du Style*, 222 (citant Théophraste, fr. 696 FHS&G).

81. …ὅτι μακροτέρως (1410 b 18).

82. L'exemple donné est celui du verbe μανθάνειν, qui désigne deux actions différentes : *apprendre* et *comprendre*. Pour l'usage éristique qu'on peut en faire, cf. Platon, *Euthydème*, 276 c 3-8 *sq.*

83. Λόγος τῆς οὐσίας, cf. Aristote, *Catégories, init.*

84. Par opposition à l'épithète : art. + adj. + nom *ou* art. + nom + art. + adj.

rapidement : l'oxymore, formellement, ne saurait être réduit à la juxtaposition. On a vu la variété des syntagmes où on le reconnaît.

Une autre hypothèse – toute contraire – se présente. Et si la figure avait paru esthétiquement trop audacieuse ? C'est ainsi que le texte d'Apulée – l'un des auteurs latins les plus férus d'oxymores et chez qui l'effet s'adapte admirablement à une écriture « artiste », brillante et paradoxale – a été victime d'une sorte de « braghettone », ou de plusieurs. Il a dû et doit encore être nettoyé des corrections qui suppriment ou affadissent ces hardiesses[85]. Le grammairien Donat, qui est peut-être, nous l'avons vu, l'une des plus anciennes sources accessibles sur l'oxymore, apporte un renfort à cette hypothèse, lui qui voit dans une phrase qui l'illustre une *affectation choquante*[86]. Mais il cite l'exemple, malgré tout, et l'explication de l'inexistence ancienne de la figure par une censure volontaire ou involontaire des rhéteurs ne tient pas : par conscience de l'inconstance des modes, ou en raison de la part grandissante de la critique littéraire – et donc de la description des œuvres anciennes – dans l'apprentissage de l'éloquence, du fait de l'existence de courants esthétiques – tel l'asianisme – favorables à toutes les audaces, la tradition rhétorique n'a pas éliminé les effets qu'elle condamnait, comme on peut le constater avec les figures dites « gorgianiques », contestées pourtant dès la fin de la période classique – Isocrate lui-même s'en est dépris – comme procédés trop voyants[87].

Aussi doit-on envisager une autre éventualité : la théorie et la terminologie des figures ayant connu des fluctuations importantes, il n'est pas impossible que l'oxymore ait existé plus tôt sous un autre nom. Vossius ouvre une première piste, qui commence sa notice sur l'oxymore par cette formule de transition : « Ad contraria quoque pertinet ὀξύμωρον... »[88]. Or la figure précédente est la συνοικείωσις (association, alliance), assez bien attestée, décrite par Quintilien en ces termes :

Non utique detractionis gratia factam coniunctionem uocant, quae duas res diuersas colligat : « Tam deest auaro quod habet quam quod non habet. » (Publilius Syrus, fr. 486 Ribbeck) (Une forme de jonction, qui n'est pas faite absolument par suppression de mot, s'appelle συνοικείωσις, parce qu'elle rapproche deux notions opposées : « L'avare manque de ce qu'il a autant que de ce qu'il n'a pas. » IX 3, 64, trad. Cousin)

Avec cette conjonction de choses diverses, nous ne sommes pas très loin de l'oxymore et la συνοικείωσις pourrait bien être son meilleur antécédent. Mais quelle platitude dans la définition et quelle raideur dans l'exemple, qui pourrait facilement passer, d'ailleurs, pour une antithèse ! Quintilien en traite parmi une série de

85. Voir AUGELLO 1981.

86. Donat, *loc. cit.*

87. Pour l'histoire de ce groupe de figures, voir NOËL 1999.

88. VOSSIUS 1643, p. 407.

procédés où il hésite parfois à reconnaître de véritables figures[89]. La gangue est là, mais la pierre à coup sûr n'en est pas dégagée.

D'autant que d'autres figures pourraient être candidates à ce rôle d'ancêtre de l'oxymore : l'énigme, l'allégorie recouvrent assez bien le processus de la double lecture qui forme le substrat de l'oxymore. Cela dit, elles ne procèdent pas par incompatibilité ou opposition – transitoire ou définitive – des référents. Il existe des attestations d'une antithèse non « thétique »[90]. On pourrait dire également que l'oxymore est fait pour surprendre selon un mécanisme qui évoque *mutatis mutandis* celui de la litote, expression faible destinée finalement à amplifier, mais le rapport sémantique entre le dit et l'exprimé ne saurait être réduit, dans l'oxymore, à un écart d'intensité. Quant au paradoxe, terme que l'on est souvent tenté d'utiliser à propos de l'oxymore, c'est – dans l'Antiquité – une notion très large, irréductible à un procédé localisé. Les figures proches ne recouvrent donc jamais exactement la surface qu'occupe l'oxymore telle qu'elle a été définie ci-dessus.

Il vaut sans doute mieux faire retour sur la définition de Morier que nous avons admise, car – d'un point de vue antique – il faut bien dire qu'elle pose de graves problèmes. Capable d'illocutions contraires – mais ce n'est pas pour gêner un théoricien antique, on l'a dit –, elle procède surtout à l'aide de *deux termes, diversement rapprochés*. Au flou de la description expressive, elle ajoute d'abord la multiplicité des modes d'obtention qui requéraient sans doute, pour être unifiés, des connaissances grammaticales assez poussées permettant notamment de discriminer les effets structuraux des divers moyens d'association syntaxique non structuraux, en clair, de distinguer l'oxymore de l'antithèse. Elle ajoute à cela le handicap d'une difficulté de classement. Est-elle une figure, ou un trope ? Les Modernes ont dû trancher sans l'aide des théoriciens antiques, et ils divergent : G. Calboli[91] rappelle que Moore et Volkmann y voyaient un trope, chose difficile à admettre dans la mesure où le trope ne porte que sur un mot unique alors que l'oxymore – à l'exception du mot composé oxymorique – en implique généralement deux… à moins de considérer qu'un seul des deux mots s'oppose à l'autre. Il faut bien dire que l'oxymore constitue une notion techniquement « improbable »[92], d'où sans doute son inexistence ancienne.

89. La précédente – authentique figure – est un procédé sans nom qui consiste à associer deux constructions différentes (dans l'exemple, un verbe régissant est construit avec un subjonctif et un gérondif). Puis vient la συνοικείωσις, suivie de la *paradiastole*, mélange d'asyndète, de correction et de gradation, par laquelle on juxtapose deux – ou plus – notions similaires légèrement modifiées et dont Quintilien doute *an figura sit* (IX 3, 65). On voit que la série est unifiée par la notion floue de combinaison.

90. Par exemple Ps.-Aristote, *Rhétorique à Alexandre*, t. établi et traduit par P. Chiron, Paris (CUF), 2002, 1435 b 26-38.

91. CALBOLI 1997, p. 933.

92. Le bilan le plus « réaliste » est sans doute celui de PLETT 2001 : « the o. may be regarded as a subcategory of the paradox, which encompasses a broader spectrum of logical, linguistic,

En somme, l'oxymore est un paradoxe qui intervient sans crier gare, un paradoxe discret avant d'être spectaculaire, donc un double paradoxe, par son contenu et par la discrétion de sa forme, inattendue eu égard à ce contenu-même et à ce qu'on attend généralement d'une figure. L'oxymore est insaisissable, recourant à des formes diverses pour obtenir des effets contraires : tantôt faire jurer les incompatibles, tantôt les réconcilier, tantôt conduire à reconsidérer le sens des mots, tantôt faire regarder la réalité d'un œil neuf. Il n'est pas indifférent qu'il porte un nom absurde ou le nom de l'absurdité. Il n'est pas indifférent non plus que son nom soit un exemple, tant, dans cette figure ou ce trope, le cas particulier d'une formule, d'un imaginaire, prévaut sur la reproductibilité d'une forme fixe. Il n'est pas indifférent – enfin – que l'oxymore apparaisse pour la première fois dans un corpus critique, celui des commentateurs latins tardifs et non dans les traités de rhétorique antérieurs – traités généralistes ou taxinomies de figures. Malgré son habit grec, il appartient sans doute, comme théorie ou comme ensemble de théories, à la Modernité. Ce n'est peut-être pas son moindre charme : inventé par les plus anciens poètes, l'oxymore fait partie des rares figures à avoir défié, dans l'Antiquité du moins, toute description et toute classification.

and communicative impossibilities ». Une espèce plus large que le genre, on ne saurait mieux rendre justice à la poésie de l'oxymore !

LE *LOGOS ESKHÈMATISMÉNOS* OU DISCOURS FIGURÉ[1]

Ceux qui simplement veulent faire les lions, ils n'y entendent rien.
Machiavel[2]

Il est à craindre que cet exposé ne paraisse en porte-à-faux par rapport au thème général de ce colloque (« La parole polémique »), car il ne sera pas tant question de polémique que d'un mode d'expression aux apparences les plus *soft* – dirait-on en franglais aujourd'hui –, les plus pacifiques qui soient. Pourtant, comme nous espérons le montrer, l'emploi du discours figuré correspond pour une bonne part à des situations où, si la polémique est absente, c'est parce qu'elle est impossible ou qu'on ne la souhaite pas, mais où le locuteur a des intentions qui ressemblent fort à celles du polémiste : avoir barre sur l'autre sans lui permettre de nuire en retour, le forcer à adopter une pensée ou un comportement, obtenir de lui quelque chose qu'il ne souhaite pas accorder. Dans une des classifications antiques dont on reparlera, le discours figuré est rangé dans le style δεινός, style de l'autorité, de la menace, de l'action sur les autres. Pour parodier la célèbre formule de Clausewitz, on peut dire que le discours figuré, sous certaines de ses formes, c'est la polémique avec d'autres moyens. Généralement parlant, si un exposé sur cette théorie n'est pas hors de propos dans le présent débat, c'est parce qu'elle traite à la fois d'un *cas limite* de la polémique – en décrivant les moyens peut-être les plus efficaces que l'on puisse mettre à son service –, et en même temps d'une *alternative* à la polémique.

Il est un second type de précautions que nous voudrions prendre : les textes en question sont, pour certains, des textes de rhéteurs grecs tardifs, parfois inaccessibles en traduction, et notre enquête s'inscrit dans les travaux préparatoires à la réalisation de l'édition critique, dans la collection Budé, de l'un d'entre eux, la Τέχνη du Pseudo-Denys d'Halicarnasse. Pour un autre texte fondamental, le traité d'Apsinès de Gadara, Michel Patillon nous a fait l'amitié de nous confier sa traduction, mais

1. Pour une liste des sources antiques sur cette question et une bibliographie sélective, voir CHIRON 2000a.

2. Cité par L. MARIN 1978, p. 7.

c'est une traduction inédite et encore provisoire. Pour une partie de l'exposé, nous nous appuyons donc sur des travaux en cours et non sur des travaux achevés.

Enfin – et nous en aurons terminé avec les prolégomènes – on ne peut parler sans abus d'*une* théorie du discours figuré. Malgré une relative constance terminologique, cette théorie n'est pas unifiée[3]. Il y a, à cela, deux raisons principales. Les rhéteurs ont des objectifs tout à fait pratiques, et la théorie chez eux n'est pas un but en soi : ce qu'ils veulent, c'est rendre l'élève maître d'une technique d'argumentation et/ou d'expression adaptable à chaque cas. Or les cas visés et réunis dans la théorie du λόγος ἐσχηματισμένος sont sensiblement différents. Il s'agit à la fois des circonstances où l'on ne *peut* pas et où l'on ne *veut* pas s'expliquer clairement et directement. On ne *peut* pas pour des raisons de sécurité personnelle : ainsi le conseiller d'un tyran, qui risque sa vie s'il morigène son interlocuteur. On ne *veut* pas par respect de la bienséance ou du tact. C'est le cas par exemple du philosophe adressant des reproches à des collègues ou des élèves, de l'orateur qui craint de choquer en abordant des sujets tabous. Cette unification artificielle – qui s'explique par des raisons historiques plus que théoriques (voir ci-dessous) – n'est pas parfaitement satisfaisante. Entre ne pas pouvoir et ne pas vouloir, entre le souci de sécurité et le souci de bienséance, il y a une grosse différence, en particulier dans ce qui peut être rendu accessible à la conscience de l'autre : dans un cas, le reproche éventuel peut être perceptible pourvu que sa forme soit adoucie, dans l'autre il faut éviter à tout prix qu'il le soit. Dans un cas, l'ironie, par exemple, est possible, dans l'autre toute ironie est dangereuse. On voit aussi qu'en passant de l'un à l'autre, on tend à quitter le domaine de la λέξις, de l'expression, pour celui de l'εὕρεσις, ou invention, c'est-à-dire le domaine de la technique argumentative.

Si la théorie est mal unifiée, c'est aussi parce que les modalités de l'exercice oratoire ont évolué dans le temps, pour de nombreuses raisons, notamment politiques. Dans un contexte démocratique où règne une certaine liberté de parole, la dimension politique de la communication est en quelque sorte directe : le rhéteur décrit une pratique qui confronte l'orateur à un public ou à un interlocuteur. Sous l'Empire, la dimension politique est non pas absente, comme on le dit trop souvent, mais différée. L'exercice oratoire, même hors de l'école, est marqué par la fiction, il prend la forme des μελέται, des déclamations, qui ont pour but d'assurer à l'orateur un succès de l'ordre du spectacle, succès qui, dans un second temps, lui permettra d'ambitionner un rôle politique[4]. Dans un tel contexte – compte non tenu du rhéteur –, la relation rhétorique est non pas à deux termes, mais à trois : l'orateur, d'abord, engagé dans une communication avec un interlocuteur ou un destinataire supposé – c'est le deuxième terme –, face à un

3. Cf. SMITH 1973, *p.* 64 : « To summarize, the history of this type of *skhema / figura* shows many variations, a fact which makes it difficult to arrive at a central core of thought ». Cette absence d'unification transparaît dans la terminologie, voir ci-dessous.

4. Voir sur cette question l'édition WRIGHT 1921 des *Vies* de Philostrate, p. XV.

troisième: le public, dont l'approbation est, en dernière analyse, le but visé. L'habileté suprême du déclamateur est de rendre perceptible au public une intention que l'interlocuteur fictif ne doit pas percevoir. On devine que, d'une époque à l'autre, la description du discours figuré n'est pas restée la même. Aussi, plutôt que de forcer les choses en donnant artificiellement à cette théorie une forme unifiée qu'elle n'a pas, adopterons-nous plutôt une présentation diachronique. Mais il faut, au préalable, enquêter brièvement sur la terminologie.

1. La terminologie[5]

Le participe parfait médio-passif ἐσχηματισμένος est une forme du verbe σχηματίζειν, lui même dérivé de σχῆμα, *figure*. Ce participe signifie donc *figuré*. Mais cette traduction française, faite à l'aide du mot d'origine latine *figure* (de *figura*), occulte la valeur originelle du grec, car la métaphore contenue dans *figura* n'a absolument aucun rapport avec celle que reflète σχῆμα. C'est un point à éclaircir, d'autant plus qu'il convient de marquer soigneusement les rapports entre la théorie qui nous occupe aujourd'hui et la théorie mieux connue des σχήματα, ou *figures*.

La base de σχῆμα est σχεῖν, degré zéro de la racine *segh, *se tenir*[6]. Le suffixe -μα, bien connu, est doté d'une valeur résultative: étymologiquement, σχῆμα désigne donc *le résultat de l'action de se tenir*.

Cette notion de fixité se reflète dans des valeurs très simples de σχῆμα au sens de «position», «tenue», «maintien». Par exemple, la station verticale oppose l'homme à l'animal sous le rapport du σχῆμα:

[...] οἴει τι τῶν ἄλλων διαφέρειν θηρίων ἄνθρωπον; οὐδὲ μικρὸν ἀλλ' ἢ σχήματι· πλάγι' ἐστὶ τἄλλα, τοῦτο δ' ὀρθὸν θηρίον·

[...] penses-tu qu'il y ait quelque différence entre l'homme et les autres bêtes? Pas la moindre, sinon sous le rapport de la position: les autres bêtes sont en longueur, l'homme est une bête en hauteur. (Philémon fr. 3, 4 *CAF*, II 478 Kock)

Un emploi chez Aristophane montre comment l'idée de position, de tenue, s'est colorée en posture volontaire destinée à faire illusion. Dans *L'Assemblée des femmes*, Praxagora prépare un coup d'État qui donnera le pouvoir à des femmes déguisées en hommes. Pour cela, elle sélectionne celles qui seront capables d'imiter des orateurs en Assemblée:

[...] ἄγε νυν ὅπως ἀνδριστὶ καὶ καλῶς ἐρεῖς, διερεισαμένη τὸ σχῆμα τῇ βακτηρίᾳ.

[...] allons, tu vas tenir un beau langage, comme un homme, bien appuyée sur un bâton. (v. 149-150)

5. Nous nous appuyons ici sur SANDOZ 1971.

6. Cf. ἔχομαι dans cette phrase d'Hérodote (VI 11, 4): ἐπὶ ξυροῦ γὰρ ἀκμῆς ἔχεται ἡμῖν τὰ πρήγματα, ἄνδρες Ἴωνες (Ioniens, nos affaires sont sur le fil du rasoir). Mais cette valeur se trouve aussi à l'actif (cf. εὖ ἔχειν, etc.).

La posture est ici langage du corps, offrant une lisibilité, un sens. Ce genre d'emploi anticipe sur la figure comme répondant à une intention. On remarque aussi que l'attitude prise, signe proposé à une lecture, ne correspond pas à la réalité : la femme cherche à passer pour un homme, en adoptant la posture caractéristique de l'orateur quand il parle. Ce qui la trahira un peu plus tard, après un pastiche fort réussi d'exorde délibératif, c'est un juron féminin qu'elle va lâcher sans y penser. L'attitude prise est différente de l'attitude naturelle – ce qui semble anticiper sur la fameuse notion d'écart qui est à la base de toute la théorie ancienne des figures – et c'est en même temps un travestissement.

Quand le maintien devient un indice des dispositions intérieures, un langage susceptible d'interprétation, il peut être signe non intentionnel de la condition sociale et de la naissance. Euripide *(Ion,* 240) fournit un exemple clair : γνοίη δ' ἂν ὡς τὰ πολλὰ γ' ἀνθρώπου πέρι, τὸ σχῆμ' ἰδών τις εἰ πέφυκεν εὐγενής [le plus souvent, à voir sa contenance, on peut apprendre d'un homme s'il est bien né]. Par rétroaction, le σχῆμα prend une valeur normative. Pour chaque situation, il y a une mine convenable ; telles activités sont incompatibles avec la dignité d'un personnage. Athéna s'abstiendra de la flûte *(TGF* anon. fr. 381 Nauck) :

[...] οὔτοι πρέπει τὸ σχῆμα· τοὺς αὐλοὺς μέθες, καὶ θὤπλα λάζειν καὶ γνάθους εὐθημόνει.

[...] cet air te messied : lâche les flûtes, prends les armes et laisse tes joues en place.

Ce sens (cf. l'emploi de πρέπει dans la citation) explique un tour particulier, ἔχει σχῆμα + infinitif signifiant : « il sied de faire » ; dans ce cas, le substantif signifie « convenance », « bienséance ». On peut citer de ce tour un exemple d'Euripide (*Troyennes*, 470) :

[...] ὅμως δ' ἔχει τι σχῆμα κικλήσκειν θεούς.

[...] pourtant, il convient d'invoquer les dieux.

Les premières valeurs statiques et concrètes de σχῆμα se sont donc enrichies de valeurs plus complexes qui se refléteront ensuite dans la théorie : la *pose*, l'*attitude* comme expression volontaire ou involontaire d'un *éthos,* lequel *éthos* est plus ou moins normé. La figure, en somme, c'est une forme du langage distincte du langage « naturel[7] », répondant à des intentions argumentatives et expressives particulières, avec des potentialités de dissimulation et une éventuelle nuance de convenance. Cette matrice sémantique n'est pas sans poser des problèmes quand on cherche à la relier à une théorie rhétorique : l'écart peut-il rester perceptible quand il répond à des intentions de travestissement ? Cette question traverse toute l'histoire de la théorie des figures et on aurait tort d'y voir un critère de distinction entre discours figuré et figure, en considérant le discours figuré comme un discours déguisé et la figure comme un écart perceptible et donc par là-même exposé à demeurer de l'ordre de l'ornement. Les figures elles aussi, si l'on veut qu'elles jouent un rôle dans la persuasion, doivent pouvoir rester indé-

7. Pour une critique moderne de ce concept antique, voir GROUPE μ 1982, p. 16 *sq*.

tectables. Réciproquement, comme on le verra, le discours figuré n'est parfois qu'un moyen d'insistance.

Quelle différence alors entre le discours figuré et la figure au sens plus courant du terme ? Il faut dire d'abord qu'au-delà de cette matrice commune dont il vient d'être question, un lien fort a été maintenu. Quintilien et le Pseudo-Hermogène évoquent les deux théories – celle des figures et celle du discours figuré – conjointement[8]. Bien plus, il y a des cas où la terminologie de l'une ne se distingue guère de l'autre. Par exemple, afin de défendre le λόγος ἐσχηματισμένος, Démétrios écrit : « C'est pourtant une authentique figure du discours (ἀληθινὸν σχῆμα λόγου... » (287). Quintilien traduit ἐσχηματισμένος par « doté de figures » *(figuratus* vs *carens figuris*, IX 1, 13) et indique que le discours figuré correspond au σχῆμα le plus en vogue de son temps (IX 2, 65). Plus tard, le Pseudo-Denys emploie le mot σχῆμα pour désigner chacune des formes des controverses figurées (295, 15 Us.-Rad.). Il faut signaler aussi que le discours figuré, quand il ne déguise pas complètement l'intention qui le guide, procède par l'allusion, l'ambiguïté, etc., c'est-à-dire par des procédés qui relèvent pour certains de la théorie des tropes. Le discours figuré n'est pas sans rapport non plus avec les figures de pensée, quand cette altération du discours est irréductible à l'emploi de procédés localisés, comme l'ironie. Plus généralement, on peut soutenir que le discours figuré, dans certaines de ses formes au moins, s'inscrit comme « degré ultime[9] » des procédures de transfert qui caractérisent la théorie des figures : il opère non au niveau du mot, comme le trope, non au niveau de l'énoncé, comme la figure, mais au niveau du texte.

Bref, il semble que la communauté d'origine et les liens que nous venons d'indiquer aient prévalu sur la diversité du contenu, d'une manière analogue, quoique moins illégitime, à ce qui s'est passé pour les figures gorgianiques, dont l'unité tient seulement à leur emploi par le même orateur. Mais on aurait tort de conclure à l'identité entre figure et discours figuré. Car une terminologie spécifique s'est implantée, en concurrence avec la terminologie commune : celle dont nous avons parlé, le participe ἐσχηματισμένος accompagné de λόγος, πρόβλημα ou ἀγῶν (discours, problème ou controverse). Cette terminologie souligne la différence essentielle, que nous venons de voir, entre certains usages du discours

8. On ne saurait souscrire entièrement à cette formule de B. Schouler (SCHOULER 1986, p. 258) : « il est probable que la doctrine du discours figuré s'est développée de façon autonome par rapport à la théorie des figures de rhétorique ». Les choses paraissent avoir été plus complexes : partant d'une matrice commune, les deux théories ont connu une différenciation théorique et terminologique seulement partielle et sont même entrées dans une relation de compétition (cf. Quintilien, *IO* IX 2, 65 : « c'est presque le seul procédé comme je l'ai montré plus haut [IX 1,14] auquel on donne aujourd'hui le nom de figure »). Signalons aussi que, pour autant que l'on puisse le savoir, le discours figuré est peut-être apparu le premier : Zoïle est légèrement antérieur à Théophraste, chez qui l'on voit parfois les prémices de la théorie des figures.

9. DESBORDES 1993, p. 74. « L'azimut », dit B. Schouler (SCHOULER 1986, p. 270).

figuré et la figure, à savoir leur extension : ce n'est pas un mot, une phrase ou une pensée qui s'écarte par la forme ou le sens d'un mode de communication courant, c'est parfois[10] l'ensemble d'un discours ou d'une argumentation. On aura l'occasion d'évoquer une polémique qui s'est élevée entre les rhéteurs sur ce point. Certains d'entre eux diront que, faute d'une norme proche, l'écart est imperceptible et que le discours figuré est voué à l'inutilité : soit les auditeurs comprennent le message, et cela revient à s'exprimer clairement, soit ils ne comprennent pas, et la manœuvre ne sert à rien.

2. Les origines

Une enquête complète sur la question des origines pourrait faire l'objet d'une thèse. Nous nous bornerons à quelques pistes de réflexion, en commençant par les premiers témoignages rhétoriques sur cette théorie puis en élargissant l'enquête aux non techniciens

Chez les rhéteurs

La question des origines de la théorie rhétorique du discours figuré n'est pas entièrement élucidée. Un des premiers témoignages se trouve dans le *Phèdre* de Platon (267 a) au sein d'une caustique revue des inventions techniques des rhéteurs : Événos de Paros, contemporain de Socrate, aurait le premier inventé l'insinuation (ὑποδήλωσιν), les éloges indirects (παρεπαίνους) et aurait mis en vers pour des raisons mnémotechniques ses blâmes indirects (παραψόγους). Mais nous n'en savons pas plus. L'autorité théorique dont se réclame Quintilien pour cet emploi particulier du mot figure est un rhéteur du IVe siècle avant J.-C, Zoïle, connu comme critique intransigeant d'où son surnom d'*Homéromastix,* fléau d'Homère. Zoïle est connu également comme sophiste, auteur d'un éloge de Polyphème, et comme philosophe proche du courant cynique. La documentation disponible sur l'activité rhétorique de ce personnage se réduit, dans le recueil de L. Radermacher[11], à quelques bribes. Mais, par chance, sa définition de la figure a survécu grâce à Quintilien et à un rhéteur tardif (V^e^-VIe s.) du nom de Phoibammon. Citons d'abord Quintilien (IX I, 14) :

Verum id ipsum anguste Zoilus terminauit, qui id solum putauerit schema, quo aliud simulatur dici quam dicitur, quod sane uulgo quoque sic accipi scio : unde et figuratae controuersiae quaedam, de quibus post paulo dicam, uocantur.

10. Et non pas toujours, comme semble le penser B. Schouler quand il dit : « mais le *schéma* dont nous parlons, au lieu de ne produire qu'une altération localisée de l'expression, affecte la totalité du discours » (SCHOULER 1986, p. 258). En fait, quand le discours figuré est motivé par le tact, il peut utiliser des moyens localisés, comme l'allusion, la syllepse de sens, etc., voir ci-dessous. La théorie – ne craignons pas d'y insister – n'est pas unifiée.

11. RADERMACHER 1951, p. 198-200.

À vrai dire, Zoïle a restreint la définition même, puisqu'il a limité l'emploi du terme schema aux cas où l'on feint de dire autre chose que ce que l'on dit, et cette vue est aussi, je le sais, communément acceptée ; c'est en ce sens que nous appelons figurées certaines controverses, dont je dirai quelques mots plus tard. (trad. Jean Cousin modifiée)

Phoibammon fournit en grec la définition de Zoïle :

Ὁρίζεται δὲ Ζωίλος οὕτως· σχῆμά ἐστι ἕτερον μὲν προσποιεῖσθαι, ἕτερον δὲ λέγειν[12].

Voici la définition de Zoïle : la figure consiste à feindre de dire une chose et à en dire une autre[13].

Cette définition trouve un certain écho dans une partie de la définition de l'ironie fournie par la *Rhétorique à Alexandre,* ouvrage attribué couramment à un élève de Zoïle, Anaximène de Lampsaque[14] :

Εἰρωνεία δέ ἐστι λέγειν τι μὴ λέγειν προσποιούμενον ἢ [ἐν] τοῖς ἐναντίοις ὀνόμασι τὰ πράγματα προσαγορεύειν

L'ironie consiste à dire quelque chose en feignant de ne pas le dire, ou à dénommer les choses par les mots contraires. (1434 a 17-18)

Il faut dire : « un certain écho », car il est fort probable que le rhéteur, dans la première partie de sa définition (dire quelque chose en feignant de ne pas le dire), songe davantage à la prétérition qu'au discours figuré.

Si floues que soient ces indications, elles attestent que des stratégies proches du discours figuré ont été décrites par les rhéteurs à date ancienne, Aristote en est aussi le témoin :

Ἄλλος, ἐπειδὴ οὐ ταὐτὰ φανερῶς ἐπαινοῦσι καὶ ἀφανῶς, ἀλλὰ φανερῶς μὲν τὰ δίκαια καὶ τὰ καλὰ ἐπαινοῦσι μάλιστα, ἰδίᾳ δὲ τὰ συμφέροντα μᾶλλον βούλονται, ἐκ τούτων πειρᾶσθαι συνάγειν θάτερον· τῶν γὰρ παραδόξων οὗτος ὁ τόπος κυριώτατός ἐστιν

Un autre < *sc.* lieu d'enthymème > – puisqu'on ne loue pas les mêmes choses ouvertement et à part soi, mais qu'ouvertement on loue surtout le juste et le beau, tandis que dans le privé on désire plutôt son intérêt – consiste à essayer de tirer de l'une ou l'autre prémisse la conclusion opposée : des lieux des paradoxes celui-ci est le plus efficace. *(Rhet.* 1399 a 30-34, trad. Dufour)

Tous ces textes, malheureusement, sont assez peu informatifs : ils prouvent l'existence ancienne de théories sur le sous-entendu, sur la possibilité d'un décalage entre les intentions affichées et les objectifs réellement poursuivis, mais ne nous renseignent guère sur le contenu précis de ces recherches.

Chez les auteurs

Sur le contexte intellectuel plus large où le discours figuré a pu germer, on ne peut tracer ici que quelques pistes. Il est probable que la réflexion et l'action politiques et morales menées par les historiens, orateurs et philosophes de l'époque

12. Certains manuscrits portent ἕτερόν τι λέγειν. Spengel édite : ἕτερον δέ τι λέγειν.

13. *RG* III, p. 44, 1-3 Spengel.

14. Voir la Souda (A 1989 = F. Jacoby, Fr. Gr. Hist., Berlin 1926, n° 72, Test. 1). Cette indication est – peut-être – corroborée par les mentions consécutives de Zoïle et d'Anaximène chez Denys d'Halicarnasse, *Démosthène*, 8, 1.

classique sur la tyrannie ont eu un rôle dans la naissance de la théorie : on songe à Isocrate s'efforçant de moraliser la monarchie et de conseiller les grands *(Nicoclès, À Nicoclès, Évagoras, Philippe),* on songe à Platon, aux livres VIII et IX de la *République*, et aux relations du philosophe avec Denys et Dion (voir *Lettre* VII)[15], à Xénophon et à son *Hiéron,* à Aristote et aux relations qu'il a entretenues avec Hermias d'Atarnée. La liste des noms cités par Démétrios dans le plus ancien développement théorique conservé sur le discours figuré confirme la validité de ces suppositions : cette liste comprend les noms de Platon, de Démétrios de Phalère, des tyrans Gélon, Hiéron et Denys de Syracuse, d'Eschine le socratique, de Philippe de Macédoine et d'Hermias.

Mais peut-on être plus précis ? Quand le Socrate de Platon, dans le *Phèdre* (237 b), présente le premier discours de l'amant, il souligne que ce dernier feint la froideur, pour mieux obtenir par une argumentation paradoxale les faveurs de son éromène : on peut voir dans cette stratégie consistant à demander les faveurs d'un être qu'on prétend ne pas aimer un effort pour contourner la coquetterie de l'éromène et pour ne pas souffrir de l'infériorité de celui qui désire, bref une stratégie où l'intention réelle ne coïncide pas avec l'intention exprimée.

L'ironie socratique proprement dite, interprétée non pas au sens strict mais au sens élargi de *dissimulation* a dû aussi jouer un rôle. En tout cas, le Pseudo-Denys écrit : « Pour dire les choses en un mot, la figure d'ironie est d'une façon générale signe de discours figuré[16] ».

Isocrate – dont Zoïle, rappelons-le, fut l'élève – a dû fournir lui aussi des éléments dans la constitution de la théorie, même si son emploi du mot σχῆμα est sans rapport avec la théorie des figures[17]. Dans son éloge de Timothée *(Sur l'Échange,* 101-139), le vieux rhéteur fait un seul reproche à son ancien élève : celui de ne pas avoir tenu compte du fait que le δῆμος athénien est aux mains des démagogues, auxquels il faut plaire si l'on veut être en mesure de donner des conseils utiles. Déjà le Diodote de Thucydide (III 43)[18] disait qu'Athènes « est bien la seule cité à

15. Lettre où on lit ces phrases : « Mais les prières des tyrans, nous le savons bien sont mêlées de contraintes » ; « Nous ne lui *(sc.* Denys) tenions pas un langage aussi explicite – c'eût été imprudent en effet –, mais nous nous exprimions à mots couverts » (329 d, 332 d, trad. L. Brisson). Mais rien de plus précis n'est dit de ces précautions. Sur la citation et l'interprétation par Démétrios de la réplique de Platon à Denys en 349 b, voir notre édition du traité *Du Style* (CHIRON 1993), p. 134.

16. ...ἵνα βραχέως εἴπω, ὅλον τὸ τῆς εἰρωνείας σχῆμα ἐσχηματισμένου λόγου σημεῖόν ἐστι (p. 323, 23-25 Us.-Rad.).

17. On trouve dans le *Sur l'Échange* (181-185) un passage célèbre où sont comparés l'art du pédotribe et l'art du « philosophe » : aux σχήματα (entendus au sens de *postures, positions, attitudes* que l'on doit prendre pour améliorer ses performances à la lutte, à la course, etc.) enseignés par le premier, correspondent les ἰδέαι (*procédés*, entendus comme éléments du discours, forme et sens confondus) enseignés par le second. Les σχήματα ne sont donc pas, ou pas encore, des figures, mais ce texte a peut-être facilité l'entrée en rhétorique du mot σχῆμα.

18. Voir SCHOULER 1986, p. 259.

laquelle on ne puisse rendre service ouvertement et sans tromperie». Le rhéteur Démétrios ne dit pas autre chose quand il assimile le peuple d'Athènes à un tyran, requérant de celui qui veut le conseiller les mêmes précautions, à l'époque où «il dominait la Grèce et nourrissait à le flatter des Cléon et des Cléophon» (294). Le *Panathénaïque* semble une application de ces stratégies de déguisement de l'intention. Au début, le discours reprend l'éloge d'Athènes, de ses institutions, de sa politique, mis en contraste avec l'égoïsme Spartiate, qui a tant nui à la Grèce, et avec la prétendue supériorité des institutions lacédémoniennes. Mais vers le paragraphe 200, après ce discours si doux à entendre, s'opère un retournement: un ancien élève, laconophile, engage un dialogue avec l'auteur, dialogue qui s'étendra jusqu'à la fin du discours, et où la critique de Sparte est largement contrebalancée. L'intervention du disciple semble coïncider avec une relecture, une réinterprétation de la première partie du discours, qui en modifie complètement les intentions et la portée. L'exégèse du passage a déjà fait l'objet de longues discussions et requerrait une étude spéciale, mais il est sûr, d'une part, que ce renversement est intentionnel car l'élève fait l'éloge de l'ambiguïté du propos d'Isocrate (240 *sq.*) et que, d'autre part, la correction du jugement porté sur Sparte correspond au programme panhellénique qui forme l'axe de la pensée politique d'Isocrate.

Il faudrait mentionner enfin, pour que cette revue des origines possibles de la théorie du discours figuré soit complète, toutes les pratiques judiciaires de la dissimulation, de la réticence, de l'allusion, de l'ambiguïté, pratiquées ou analysées et exploitées, en particulier dans les textes de loi. Mais il est temps de passer aux théories conservées.

3. Les théories conservées

Démétrios (IIe-Ier s. avant J.-C.)

Dans le traité *Du Style* de Démétrios, rhéteur que l'on doit probablement situer à la fin de là période hellénistique, la théorie du λόγος ἐσχηματισμένος intervient dans le quatrième et dernier chapitre consacré au style δεινός. Les remarques sont simples, faites au fil du calame, mais assez fines. Elles méritent qu'on s'y attarde, d'abord parce qu'elles représentent la première manifestation développée de la théorie, et la seule, d'autre part, qui s'inscrive en dehors de la déclamation. Cela ne veut pas forcément dire que Démétrios ignore ce type de pratique. Au début de son développement, il stigmatise ceux qui se servent du λόγος ἐσχηματισμένος pour établir une connivence vulgaire:

> «Venons-en à ce que l'on appelle «tour figuré» dans le discours (τὸ καλούμενον ἐσχηματισμένον ἐν λόγῳ), que les orateurs d'aujourd'hui ridiculisent en l'employant avec une allusivité à la fois grossière et, pour ainsi dire, suggestive (μετὰ ἐμφάσεως ἀγεννοῦς ἅμα καὶ οἷον ἀναμνηστικῆς). C'est pourtant une authentique figure du discours (ἀληθινὸν σχῆμα λόγου)...» (287)

Un tel usage du discours figuré «à clin d'œil» fait songer à la communication à trois termes (orateur, destinataire fictif, public) qui caractérise la déclamation et, ailleurs dans le traité, Démétrios fait plusieurs allusions à des thèmes de controverses fictifs. Mais le rhéteur récuse ce type d'usage gratuit et trivial et entend réserver le discours figuré à des circonstances réelles. Son analyse a deux aspects : un aspect prescriptif et un aspect critique.

Les prescriptions s'appuient sur la distinction des cas où l'on peut être amené à se servir du discours figuré : par prudence (μετ' ἀσφαλείας) ou par convenance (μετ' εὐπρεπείας). On peut reconstituer la démarche de la manière suivante : soit un propos déplaisant, soient des circonstances qui imposent le respect de certaines convenances, ou qui interdisent un franc-parler qui serait dangereux, comment fait-on ? À la différence de ce qu'on observera chez les rhéteurs plus tardifs, les formes du discours figuré ne font pas l'objet d'une analyse précise. D'ailleurs, visiblement, le commentaire des exemples intéresse davantage le rhéteur que les aspects proprement théoriques.

Pour le discours figuré motivé par la convenance, l'exemple donné n'est autre qu'un passage du début du *Phédon* de Platon (59 d), que le rhéteur analyse comme une attaque déguisée contre le philosophe hédoniste Aristippe et l'un de ses acolytes nommé Cléombrote. Échécrate interroge Phédon : quels disciples et amis ont assisté Socrate dans ses derniers moments ? Phédon donne une liste. Échécrate demande s'il y avait des étrangers – il faut rappeler ici qu'Aristippe était originaire de Cyrène. Phédon répond en citant quelques noms. Échécrate demande alors : « et Aristippe et Cléombrote, y étaient-ils ? », « Non pas, répond Phédon, on disait qu'ils étaient à Égine ». Le passage paraît singulièrement lisse, surtout dans le compte rendu simplifié qu'en donne Démétrios. Généralement, il n'inspire guère les commentateurs, à tel point qu'on pourrait hésiter à suivre le rhéteur dans son exégèse, si celle-ci n'était corroborée par une remarque de Diogène Laërce à propos du même passage :

> « Platon détestait aussi Aristippe. Ce qui est sûr, c'est que dans le traité *De l'âme* il dit pour le dénigrer qu'il n'a pas assisté Socrate lors de ses derniers moments : il était à Égine, tout près. »[19]

Mais comment procède Platon ? Une lecture attentive montre que l'absence du philosophe hédoniste et de son comparse est indiquée quatre fois, selon une progression vers l'explicite : ils manquent dans la première liste, puis dans la seconde, plus spécifique, celle des étrangers ; leur présence/absence est ensuite l'objet d'une question, et la réponse, enfin, est négative. Mais ce qui attire l'attention du rhéteur, c'est le même membre de phrase qui a frappé Diogène Laërce[20] : « ils étaient à Égine ». Pourquoi ? Parce qu'Égine est tout près d'Athènes, que la traversée ne coûtait rien, et qu'il était de notoriété publique qu'Aristippe y passait

19. Εἶχε δὲ φιλέχθρως ὁ Πλάτων καὶ πρὸς Ἀρίστιππον. Ἐν γοῦν τῷ Περὶ ψυχῆς (*Phd.* 59 c) διαβάλλων αὐτόν φησιν ὅτι οὐ παρεγένετο Σωκράτει τελευτῶντι, ἀλλ' ἐν Αἰγίνῃ ἦν καὶ σύνεγγυς (D. L. 3, 36, 1).

20. On remarque que les deux auteurs modifient la citation de la même façon : « On disait qu'ils étaient à … » devient : « Il(s) étai(en)t à… ».

son temps à faire la fête. On repère ici l'un des ressorts possibles du discours figuré : Phédon énonce un fait, sans le commenter, tandis que l'ignorance et la curiosité d'Échécrate peuvent servir de couverture à l'insistance que l'on a observée. C'est le fait lui-même dont l'énonciation doit déclencher la culpabilité, sans qu'il y ait possibilité pour l'allocutaire d'interpréter le message comme un message de reproche. On voit la proximité de ce procédé avec l'ironie socratique. Le questionnement de Socrate conduit l'interlocuteur à des apories, dont la prise de conscience déclenche un processus bientôt autonome : je croyais savoir, je ne sais pas, il faut que je réfléchisse. Mais il y a une différence : on ne peut concevoir que Platon veuille apprendre à Aristippe et Cléombrote qu'ils ont fait défection dans un moment critique, d'autant que leur attitude était très certainement délibérée. Ce qui déclenche le processus de culpabilité, c'est la publicité – si discrète soit-elle en apparence – faite à cette absence. Le sentiment créé est un sentiment de honte face aux autres disciples ou sectateurs de Socrate.

On pourrait dire qu'il s'agit d'une forme bien atténuée de polémique philosophique. Mais nous nous sommes permis, dans notre édition de Démétrios, d'attirer l'attention sur une épigramme de Callimaque[21] racontant qu'un certain Cléombrote d'Ambracie s'est suicidé à la lecture du *Phédon*. Certes, l'épigramme n'attribue pas ce suicide à la honte mais au fait que le jeune homme aurait été convaincu par les thèses soutenues sur l'immortalité de l'âme ; certes, il n'est pas avéré que ce Cléombrote soit le comparse d'Aristippe, mais la coïncidence est néanmoins assez frappante. En tout cas, pour qui douterait de la puissance vexatoire de ces procédés indirects, il suffit de signaler la violence de la réaction d'Anytos à l'ironie socratique dans le *Ménon* (94 e et *s*.) et au rôle que jouera ce personnage dans la condamnation du philosophe[22].

Pour le discours figuré motivé par la prudence, Démétrios énumère toute une série de moyens. Certains seront plus clairement décrits dans la théorie postérieure, laissons-les de côté. Nous retiendrons en revanche l'épisode (289) qui met en scène Démétrios de Phalère face à Cratéros. Ce dignitaire macédonien recevait l'ambassade grecque avec arrogance, juché sur un lit d'or et vêtu de pourpre. Le philosophe lance a la cantonade : « Nous aussi, autrefois, nous avons reçu ces messieurs en ambassade, ainsi que *ce* Cratéros ». La figure tient à la connotation péjorative qui s'attache au démonstratif οὗτος.

Mais on se doute qu'un tel procédé n'est pas très prudent. Plus convaincantes sont les trois stratégies suivantes : face à un tyran qui commet des fautes, on stigmatisera un autre tyran qui a commis les mêmes (292) – c'est le blâme indirect, qui remonte peut-être à Événos de Paros –, ou alors on louera des personnages qui ont agi à l'opposé de celui que l'on veut reprendre (*ibid*.), ou enfin on louera le

21. CHIRON 1993, p. 134. Il s'agit de l'épigramme 24.
22. Voir BRUNSCHWIG 2003.

personnage pour le comportement qu'il a eu à d'autres moments – et qui est tout l'inverse de celui qu'il a et que l'on veut corriger (295).

La réussite de ce type de communication est liée à deux compétences, qui sont d'ordre psychologique : la première est de déterminer le « bouton » – si l'on ose dire – sur lequel il faut appuyer, et qui déclenchera un processus autonome, sans possibilité de retour sur l'intention qui a présidé au message. La seconde compétence est plus particulière elle tient à la connaissance de la personne à qui l'on s'adresse.

Pour ce qui est des lois générales de la psychologie, le rhéteur semble avoir des vues assez banales : les « boutons » sont l'esprit d'émulation, de compétition, la vanité, en dernier ressort l'amour-propre Mais il est une manière d'utiliser cet amour-propre qui paraît assez remarquable, c'est la troisième stratégie, celle qui consiste à proposer à l'autre une image flattée de lui-même, image à laquelle il cherchera à se conformer, car, dit le rhéteur, « chacun aime à s'imiter soi-même » (295). À un tyran coléreux, on fera compliment du calme et de la modération dont il a fait preuve dans une certaine occasion. Ce thème a été développé bien plus tard dans le traité *Des pièges, de leur composition et de leur usage* de Gian Battista de Contugi[23], sous le nom *de piège de la fantaisie*. Citons cet ouvrage de la Renaissance italienne :

> « Le piège de la fantaisie est celui dans lequel on représente à son adversaire sa propre image, dans laquelle il se complaît. En provoquant son attachement et son arrêt par l'agrément qu'il en tire, on peut alors le frapper aisément et sûrement. Le principe de ce genre de piège est l'attraction du même par le même et le plaisir qui naît de l'imitation. Cependant, l'expérience montre que le principe d'efficace du piège n'est pas la fantaisie elle-même et les images qui s'y forment. Elles n'en sont que le moyen. Celui-ci réside dans l'attrait du même et dans le plaisir de la ressemblance. Ainsi le leurre que le chasseur porte à son poing pour rappeler son faucon ou les appeaux qu'il dispose dans les marais lors du passage des canards sauvages [...] ; ainsi le fantôme dans le miroir pour la femme coquette ; ainsi l'image de grandeur et de toute-puissance que tend au Prince le discours du courtisan rusé. »

La seconde compétence requise est moins réductible à des types abstraits, elle consiste à repérer les risques particuliers qui menacent quand on s'adresse à tel ou tel tyran et dont l'ignorance ruinerait tout l'effort. Le passage est particulièrement pittoresque :

> « Philippe, qui était borgne, se mettait en colère si l'on prononçait devant lui le mot "cyclope" ou tout simplement le mot "œil". Hermias, le gouverneur d'Atarnée, bien que de caractère habituellement placide, aurait eu, dit-on, le plus grand mal à se contenir si l'on avait prononcé devant lui les mots "couteau", "amputation" ou "ablation" : c'est qu'il était eunuque. » *(Du Style,* 293)

En somme, le prix à payer pour manipuler les gens est de les connaître et de savoir ménager leur susceptibilité.

23. Cette citation est de seconde main, nous l'empruntons à MARIN 1978, p. 11 *sq.*

Quintilien (~35 - ~95 ap. J.-C.)

Quintilien évoque le discours figuré au sein de sa description des figures, à propos plus précisément de l'ἔμφασις (IX 2, 64). Il faut revenir sur ce mot, que l'on a déjà vu employé chez Démétrios, car le développement sémantique de l'ἔμφασις dans le domaine de la rhétorique donne une idée du mécanisme et de l'efficacité de certains procédés du discours figuré : l'ἔμφασις, c'est d'abord l'action de *faire apparaître dans*, d'où un premier emploi rhétorique, celui d'*insinuation*, d'*allusion*. Mais l'insinuation conduit à une relecture : le message n'est pas directement lisible, d'où un arrêt, un retour en arrière, une réinterprétation et, finalement, un effet d'insistance. De ce processus découle un second sens attesté d'ἔμφασις, celui d'*expression forte,* sens qui se reflète dans notre mot *emphase*[24]. L'efficacité paradoxale du procédé tient aussi à la participation du récepteur : c'est lui qui reconstitue le sens. Une telle participation a été recommandée par Théophraste : « il faut laisser à l'auditeur certaines choses à comprendre et à déduire par lui-même », ce que le rhéteur Démétrios commente ainsi :

« en effet, quand il a compris ce que vous avez tu, il n'est plus seulement un auditeur, il devient votre témoin et, du coup, il est mieux disposé : il se croit intelligent grâce à vous qui lui avez donné l'occasion de comprendre[25] ».

Quintilien fait écho à son tour à cette réflexion :

« Ce qui aide l'orateur, c'est que l'auditeur se réjouit de comprendre les sous-entendus, se félicite de sa propre intelligence et, dans l'éloquence d'un autre, trouve de quoi se louer soi-même. » (78)

En somme, le récepteur, qui prend à son compte une déduction fortement orientée, est attrapé une fois de plus par l'amour-propre.

Mais revenons à Quintilien. La caractéristique principale de son développement sur le discours figuré, c'est la réticence.

Cette réticence tient d'abord à un phénomène historique : la captation du discours figuré par la déclamation. On se souvient que Démétrios récusait cet usage artificiel et préconisait un usage réel soumis à des motivations précises : la prudence et la convenance. Quintilien propose trois motifs de l'emploi du discours figuré : 1) lorsqu'il est trop peu sûr de s'exprimer ouvertement (c'est la prudence de Démétrios), 2) lorsque les bienséances s'y opposent (c'est la convenance), 3) par souci d'apporter de l'élégance *(uenustas),* de la variété et de la nouveauté (66). Or le premier de ces cas, celui qui paraît relever le plus strictement de circonstances réelles, Quintilien l'illustre d'exemples tirés d'exercices d'école avec cette remarque : « ... si le danger peut être évité grâce à l'ambiguïté du trait, il n'est personne qui *n'applaudisse* à cette dérobade *(nemo non illi furto fauet)* »

24. Voir Tryphon, Περὶ τρόπων, *RG* III, p. 199, 15-16 Spengel : Ἔμφασίς ἐστι λέξις δι' ὑπονοίας αὔξάνουσα τὸ δηλούμενον. Sur l'ensemble de la question, voir RUTHERFORD 1988.

25. Théophraste, fr. 696 Fortenbaugh = Démétrios, *Du Style,* 222.

(68). On ne saurait être plus explicite : le discours figuré est devenu un spectacle. Quant au troisième cas – le souci d'élégance – qui représente une innovation par rapport à Démétrios, il tend à sortir lui aussi de l'éloquence ancrée dans le réel.

Cette réticence s'inscrit chez Quintilien dans une condamnation générale de l'éloquence contemporaine vue comme décadente, corrompue par un exercice à vide et l'indécence de l'expressionnisme asiatique. Il refuse, comme Démétrios, les tours douteux ou ambigus qui aboutissent à un résultat voyant. Il condamne moralement ces tactiques « détournées et tortueuses (qui) sont les refuges de la faiblesse » (78). Sa longue analyse de quelques cas d'école (77-91) est surtout critique à l'égard d'un usage inutile ou manqué.

Mais l'attitude de Quintilien n'est pas toute négative, parce qu'après tout « c'est dans les écoles qu'est formé l'orateur, et de la manière de déclamer dépend aussi celle de plaider » (81) et il tolère, dans l'activité professionnelle qui est la sienne, celle de l'avocat, la mise en œuvre d'un semblant de passion, au détours duquel l'orateur paraîtra lâcher à son insu des faits pouvant orienter le juge vers l'opinion qu'il souhaite lui communiquer. Quintilien conseille aussi les hésitations, les silences :

> « de cette façon, le juge cherchera de lui-même je ne sais quoi auquel peut-être il ne croirait pas, s'il l'avait entendu exposer, mais auquel il croit, parce qu'il pense l'avoir trouvé lui-même. » (71)

Il cite un cas où lui-même, dans un procès, a dû maintenir une ambiguïté pour faire gagner sa cause (73-74). Mais en aucun cas – insiste-t-il – ces figures ne devront être multipliées.

L'intérêt du témoignage de Quintilien tient aussi à ce qu'il nous renseigne sur une polémique qu'on verra ressurgir chez le Pseudo-Denys. Certains semblent ne pas avoir parfaitement perçu la spécificité de certains aspects du discours figuré par rapport à la théorie des figures. Au livre V de l'*Institution oratoire*, pour donner un exemple d'alternatives dont les deux termes conduisent à la même conclusion, Quintilien écrit : « Pourquoi la figure, si en fin de compte l'auditoire comprend ? Pourquoi, s'il ne la comprend pas[26] ? ». Une telle proposition montre qu'on n'a pas perçu qu'un message peut produire un effet qui ne coïncide pas avec ses intentions explicites, qu'un message peut influencer sans être percé à jour, sans être compris pour ce qu'il est exactement[27].

26. « Quo schema, si intellegitur ? quo, si non intellegitur ? » (*I. O.* V 10, 70). Voir aussi IX 2, 69 : *aperta figura perdit hoc ipsum quod figura est. Ideoque a quibusdam tota res repudiatur, siue intellegatur, siue non intellegatur* (la figure, si elle est découverte, cesse par là-même d'être une figure. C'est pourquoi certains récusent complètement le procédé, qu'on le comprenne ou non).

27. Voir DESBORDES 1993, p. 74 : « …la rhétorique voit avant tout, dans le langage, un moyen *d'agir* sur autrui, non un moyen de communiquer des informations, et, dans cette perspective, le discours figuré se justifie fort bien » (nous soulignons).

Après Quintilien, la chronologie se brouille quelque peu : des trois principaux textes théoriques restants, deux seulement se laissent situer l'un par rapport à l'autre, puisque le traité d'Apsinès est clairement une compilation où entre un morceau entier du Pseudo-Hermogène. En revanche le Pseudo-Denys d'Halicarnasse reste « en l'air », sans fournir d'éléments doctrinaux qui permettent de le situer à coup sûr par rapport aux deux autres. Nous commencerons par le Pseudo-Hermogène, qui a de plus l'avantage de fournir la théorie la plus vigoureusement organisée, ce qui permettra commodément de marquer l'originalité d'Apsinès et du Pseudo-Denys.

Le Pseudo-Hermogène[28]

La principale innovation théorique visible chez le Pseudo-Hermogène (*L'Invention,* p. 204, 16-210, 18 Rabe) est une division qui distingue non pas les circonstances d'utilisation ou les motivations d'emploi mais des *formes* différentes[29]. Au sein des problèmes figurés, le rhéteur présente en effet la tripartition suivante : ils peuvent être *par le contraire, indirects* ou *allusifs* (κατὰ τ' ἐναντίον, πλάγια, κατὰ ἔμφασιν). Dans le cas du problème par le contraire, le déclamateur confirme, c'est-à-dire argumente, la thèse opposée à celle qu'il prétend défendre. L'exemple donné correspond à un sujet de *suasoire*[30] qui devait être rédigé ainsi : Les Athéniens demandent la paix aux Lacédémoniens. Les Lacédémoniens acceptent à condition qu'on leur livre Périclès. Un débat s'ensuit à l'Assemblée, débat dans lequel Périclès intervient.

Le déclamateur traitant ce sujet parle comme s'il était Périclès. La thèse qu'il se donne les apparences de défendre est celle-ci : cédez aux exigences des Lacédémoniens et livrez-moi. Mais, dans le cours de son discours, il introduit les arguments favorables à la thèse inverse : ne cédez pas au chantage, et il s'arrange pour que ces arguments prévalent sur les premiers. Mais comment introduire ces arguments ? Par le moyen de l'hypophore[31]. L'introduction de celle-ci fait l'objet

28. Peut-être à identifier au rhéteur Aspasios, actif dans le dernier quart du IIe siècle et le premier quart du IIIe siècle après J.-C. Voir sur ce point PATILLON 1997, p. 2079-2083. Cet article présente de surcroît (p. 2161-2166) des analyses qui inspirent nombre des remarques faites ci-dessous.

29. Cette innovation n'entraîne pas la disparition définitive de la grille antérieure : le couple sécurité / convenance qui permettait à Démétrios de structurer son exposé réapparaîtra chez le Pseudo-Denys à propos de son type I (la figure d'adoucissement, voir ci-dessous).

30. Rappelons que la *suasoire* prépare aux techniques du genre délibératif, la *controverse* à celles du judiciaire.

31. Cette tactique est d'origine ancienne. On la trouve décrite dans la *Rhétorique à Alexandre* (*ca* 340 av. J.-C.) sous le nom de *procatalepse* (anticipation). Dans son usage normal, elle sert à détruire par avance les arguments de l'adversaire, parce que, dit le rhéteur, « même si les points qu'on a dénigrés par avance sont tout à fait solides, ils ne paraîtront pas aussi décisifs à ceux qui en auront entendu parler » *(Rh. Al.*, 1433 a 38-39). Cette longue tradition explique que l'hypophore soit une ruse efficace.

d'une division : « Périclès » peut supposer qu'un autre intervenant a l'intention de prendre position contre la thèse qu'il prétend défendre : « Mais peut-être va-t-il s'avancer à la tribune et dire… ». Ou alors, deuxième type d'hypophore, cette défense peut être présentée comme fictive : « Quelqu'un d'autre dirait peut-être que… ». « Périclès » peut enfin supposer ce qu'il dirait lui-même s'il défendait la thèse inverse – c'est-à-dire celle qu'il veut faire gagner en réalité – : « Pour moi, si je voulais défendre le refus de me livrer aux Lacédémoniens, je dirais que… ». L'habileté de la manœuvre consiste à donner plus de force à l'argumentation de cette thèse qu'à la première : « il est insensé de céder aux exigences des ennemis, ce sont les amis qu'il faut satisfaire », « vos ancêtres n'ont jamais cédé, ni aux Mèdes ni aux Lacédémoniens ». La difficulté pour « Périclès », évidemment, est de garder le masque, de maintenir la fiction et d'empêcher que l'on puisse croire qu'il s'oppose en réalité à la thèse qu'il prétend défendre.

Le deuxième type de problème figuré est le problème indirect. Dans la théorie du Pseudo-Hermogène, c'est une combinaison du type précédent avec un autre : il s'agit à la fois de confirmer la thèse inverse de celle que l'on prétend défendre et de s'arranger pour obtenir en même temps un autre résultat. L'exemple donné est le suivant : en période de famine, un riche entend profiter de la situation pour tirer vengeance d'un pauvre qui l'importune. Il propose de nourrir la ville à condition qu'on lui livre le pauvre pour qu'il l'égorge. C'est le pauvre qui prend la parole. Il va faire comme le Périclès de la déclamation précédente : parler contre lui-même, paraître désirer qu'on le livre à son ennemi, tout en présentant, par le biais de l'hypophore, des arguments pour se sauver. Mais en plus, il va s'arranger pour glisser des arguments tendant à suggérer que l'argent du riche n'existe pas ou qu'il suffit – vu les circonstances – de le réquisitionner.

Le troisième type, dit « par allusion » est celui qui inspire au rhéteur les remarques les plus fines : il s'agit des cas où l'on ne peut parler ouvertement. Il faut que l'auditeur puisse penser tout seul, sans pouvoir faire de reproche au locuteur, à ce que ce dernier ne dit pas. Les moyens employés ne relèvent plus de la technique argumentative, mais de la mise en œuvre de certaines figures de l'expression.

Le Pseudo-Hermogène donne l'exemple suivant : une loi stipule qu'un individu sujet à des accès de folie doit être exilé. Un jeune homme entend des rumeurs selon lesquelles sa femme aurait une liaison avec son beau-père, c'est-à-dire son père à lui. Il prend la parole pour demander l'exil, sous prétexte qu'il est atteint de folie. Le discours du jeune homme porte sur la demande d'exil, mais n'est tout du long qu'une suite d'allusions à la relation entre son père et sa femme.

Les modalités précises de ces allusions s'inscrivent dans une longue tradition philosophico-linguistique de recherches sur l'ambiguïté, tradition qui remonte au moins à Aristote. Celles que décrit le Pseudo-Hermogène ont fait l'objet d'une remarquable analyse que Michel Patillon a éclairée de concepts empruntés à la linguistique moderne : tous les procédés utilisés permettant de dire les choses sans les dire ouvertement reposent sur la référence ambiguë, soit qu'on change en cours de route le mode de l'énoncé, soit qu'on joue sur la polysémie en facilitant une syllepse de sens, soit que l'arrangement des mots soit conçu pour permettre plusieurs constructions du sens.

Pour le premier cas, le Pseudo-Hermogène donne un exemple voisin du précédent : un homme a eu un enfant avec la femme de son fils, et veut qu'on abandonne l'enfant. Le fils s'y oppose en disant ceci : « Considère [à l'impératif] que l'enfant est le tien, père, non le mien : tu abandonnes ce que tu as engendré, tu rejettes l'enfant dont tu es le père ». La première partie de la phrase est sur le mode jussif et crée une fiction. Mais la suite de la phrase est sur le mode assertif, et paraît renvoyer à une situation réelle. Prise dans son ensemble, la phrase est donc dotée d'une double fonction référentielle, référence à la situation fictive, référence à la situation réelle, et c'est ainsi que la première peut être perçue comme faisant allusion à la seconde. Nous ajouterons que le procédé nous paraît se rattacher aussi aux procédés de reconstruction du sens à partir de l'arrangement des mots. Le membre assertif dit le fait pourvu qu'on le coupe du membre précédent, ce que facilite le choix de la juxtaposition au lieu de l'hypotaxe. On devine que la façon de prononcer la phrase, par exemple en faisant une pause entre les deux membres, peut souligner cette coupure et faciliter l'interprétation du deuxième membre comme une assertion non soumise à hypothèse.

Le second procédé repose sur la polysémie et consiste à encourager la syllepse, c'est-à-dire la perception conjointe de deux sens d'un ou plusieurs mots. Le Pseudo-Hermogène prend le cas d'un père qui a couché avec sa propre fille. La mère se pend après avoir confié un secret à son fils. Le père incestueux exige de son fils qu'il lui dévoile ce secret. Le fils refuse, son père veut alors le bannir. En apparence, le fils ne refuse pas le bannissement en soi ; ce qui le fait hésiter à partir, c'est une sollicitude de bon fils : que deviendra son père tout seul ? Mais son argumentation n'est en fait qu'allusion au honteux secret :

> « en vérité – dit-il – ce bannissement n'est pas ce qui me soucie le plus ; mais je suis en peine pour mon père : vivant seul avec sa fille, après que la famille a été si nombreuse, quelles relations, quels rapports aura-t-il avec elle ? ».

Les mots français « relations », « rapports » traduisent bien le double sens des verbe grecs συζῆν, συνεῖναι[32], *vivre avec, être avec* ou *avoir des relations intimes avec*. Il ne fait aucun doute que l'emploi non pas de un mais de deux mots dotés de la même polysémie est ce qui rend l'allusion perceptible.

Le troisième procédé est plus subtil : l'exemple est encore celui du fils que sa femme trompe avec son père. Un jour, le fils surprend l'amant de sa femme couvert d'un voile et le laisse aller. Le père veut bannir le fils. Celui-ci prononce

32. Les emplois euphémistiques de ce verbe sont particulièrement bien attestés, voir par exemple Sophocle, *Électre,* 276, 562.

pour sa défense un discours. Dans la narration, il raconte l'épisode de la surprise en ces termes: «Lorsque j'ai surpris l'amant, j'ai crié "Père", c'était toi que j'appelais à mon aide». Un instant l'auditeur interprète: «"Père": c'était toi», c'est-à-dire que le père est l'amant, avant que la suite de la phrase ne conduise à réinterpréter le sens. D'autre part, le «je», comme embrayeur, c'est-à-dire comme terme ou le sens et le référent coïncident, invite à interpréter les mots «père» et «amant» dans leurs relations avec le locuteur, c'est-à-dire pour désigner son père et l'amant de sa femme. Michel Patillon ajoute que la présence d'une séquence narrative prévisible joue sur l'interprétation de la phrase. La séquence est la suivante: on rencontre une personne, on est surpris, on interpelle. La probabilité veut que la personne interpellée soit celle qu'on rencontre, d'où l'interprétation presque automatique de l'apostrophe «Père» comme s'adressant à l'amant surpris.

Apsinès de Gadara (acmè : premier quart du IIIᵉ s. ap. J.-C.)

Il est clair qu'Apsinès, sur la question du discours figuré, n'est qu'un épigone du Pseudo-Hermogène. Le développement qu'il consacre à cette question commence par la reproduction, à peine résumée, de la présentation générale que donnait son prédécesseur. On y retrouve donc les trois formes de base: problèmes par le contraire, indirects ou allusifs. Le rhéteur, d'autre part, ne semble pas ambitionner la synthèse mais plutôt l'analyse de détail: son exposé est scandé par la formule ἄλλο: [autre chose:] qui lui permet de passer, sans transition, d'un cas à un autre. Deux développements sont cependant notables. Apsinès, à propos du problème indirect, isole un cas particulier bien connu par les déclamateurs «qui consiste à se condamner soi-même à une peine plus lourde et à détruire par ce moyen les griefs pour lesquels on a été condamné[33]». Le contexte supposé est celui d'un procès politique. L'exemple-type est celui de Démosthène, convaincu de corruption lors de l'affaire d'Harpale, le trésorier d'Alexandre. Hypéride requiert contre Démosthène l'exil. Au lieu de s'opposer frontalement à Hypéride, Démosthène réclame un châtiment plus sévère encore: la mort. Mais citons Apsinès:

> «Que faut-il faire dans tous ces cas? user de sévérité (βαρύτης). La sévérité sera grande si l'on choisit de s'accuser soi-même et de dénoncer les fautes graves qu'on a commises. Cependant, en même temps qu'on mettra de la sévérité dans l'accusation portée contre soi-même, on ne manquera pas d'employer ce qui réfute les griefs en l'amplifiant. Par exemple, Démosthène affirme qu'il est juste qu'il meure: en effet, alors que plus jeune il n'avait rien commis de répréhensible pour de l'argent, voilà que, devenu très vieux, il s'est laissé corrompre. «Alors que je n'avais rien accepté de Philippe, ni d'Alexandre, dont les offres pourtant ne furent pas moindres, je me suis laissé corrompre par les serviteurs de ce dernier (*sc.* Harpale)». Et alors qu'auparavant, il avait dépensé son propre argent pour le rachat de prisonniers et la dot de jeunes filles...[34]»

33. 408, 4-6 Spengel. Nous citons la traduction de M. Patillon (PATILLON 2001).
34. 408, 10-22 Spengel. Le rhéteur s'interrompt après avoir seulement esquissé l'argument.

Le principe est clair : la sévérité[35] produit deux impressions, une impression de dureté implacable, qui est elle-même au service d'un ἦθος de droiture, de naïveté et d'honnêteté. En sous-main, l'argumentation met en évidence l'action politique antérieure à la faute et vise à la compenser.

Le second aspect qui nous retiendra chez Apsinès est le souci qu'a le rhéteur de suivre le développement de la stratégie tout au long du discours – réponse implicite à la polémique déjà évoquée, sur l'impossibilité de conduire une controverse entière sur le mode figuré. Cet examen conduit Apsinès à maintes précisions intéressantes. Il s'agit toujours de Démosthène réclamant la mort comme châtiment et voulant obtenir, bien sûr, une peine plus légère, si possible moins lourde que l'exil requis par Hypéride. L'orateur commencera :

> « de façon incriminante, en disant que les accusateurs se contredisent eux-mêmes lorsqu'ils portent des accusations graves et demandent des peines légères. Et tu le diras en feignant l'embarras et l'étonnement : qu'est-ce qui leur a pris de fixer pour des accusations graves des peines légères ? (...) même si auparavant tu as commis une erreur de jugement qui t'a conduit à la faute, maintenant du moins tu te montres plus sage. Il convient de s'attarder sur les objections et de leur opposer des confirmations de réfutation qui servent ta cause[36]. »

Ce passage, qui paraît obscur, recouvre une stratégie relativement simple. L'objection à la thèse de Démosthène est la suivante : l'exil suffit comme châtiment. En s'y attardant on plaide sa cause. On réfutera cette objection en disant : « Mais, par Zeus. vous êtes trop bons ». La discussion de cette réfutation contiendra elle-même des arguments en faveur de l'indulgence du jury, car on argumente pour et contre. Dans le cas présent, on glissera les raisons générales justifiant le pardon (tous ceux qui ont mal tourné ont besoin qu'on leur témoigne de la bonté...), et des raisons particulières (à savoir tous les services que Démosthène à rendus à la collectivité). Suivra la critique de l'indulgence, c'est-à-dire le retour à la thèse explicite : il est contradictoire de juger si durement le crime et de le punir si légèrement, il est inconséquent de laisser vivre dans la honte une personne jugée coupable d'un pareil crime, surtout quand elle a ce genre d'antécédents. On voit que cette critique permet d'introduire des arguments favorables à l'indulgence. La péroraison quant à elle

> « sera l'occasion de rappeler à nouveau ta politique et tes actions, si tu dis qu'il ne faut pas t'accorder la vie sauve en considération de ton action antérieure. Car ce qui sert ton propos, c'est l'exposé des faits passés. Tu emploieras les figures de l'affliction en disant « O sort inattendu que le mien ! » et « Quand j'étais jeune, ô terre et dieux ! Qui pouvait penser que je prendrais une telle décision ? » Et, employant contre toi les mots de folie et de déraison et tous les mots semblables, tu renforceras la sévérité. Tu n'hésiteras pas à développer sur un mode plus affirmatif un discours contre les traîtres ou contre la faute dont tu es accusé. Une telle démarche rend ton discours crédible[37]. »

35. Sur la βαρύτης, voir Hermogène le rhéteur, p. 364, 1 - 368, 21 Rabe (= p. 460-465 Patillon).

36. 408, 31 - 409, 8 Spengel. Les remarques qui suivent portent sur la suite de la p. 409.

37. 409, 18-30 Spengel.

On observe – au-delà de la complication, qui prête à sourire – comment la stratégie argumentative est mariée à la syntagmatique : la thèse est proposée d'une manière incriminante dans l'exorde, de manière à piquer la curiosité. Puis elle est développée sous les espèces de la confirmation et de la réfutation, *pro* et *contra* à chaque étape, avec un dosage inverse à celui qu'appliquerait un discours direct (on s'arrange pour grossir les concessions et minimiser les arguments en faveur de la thèse elle-même). Enfin, l'argumentation finit, dans l'épilogue, par s'associer aux figures de l'affliction, c'est-à-dire au traditionnel appel à la pitié.

Le Pseudo-Denys d'Halicarnasse (IIe-IIIe s. après J.-C. ?)

Ce qu'on appelle couramment l'*Art rhétorique* du Pseudo-Denys d'Halicarnasse n'est en fait qu'une collection de monographies d'auteurs, d'époques et de thèmes différents. On en isole deux pièces (chap. VIII et IX, p. 295-323 ; 323-358 Usener-Radermacher) qui traitent toutes deux du discours figuré. Ce sont des pièces d'assez grande ampleur (respectivement 28 et 35 pages Teubner, contre 6 pages pour le Pseudo-Hermogène). Dans ces deux textes, les grandes lignes de la doctrine sont les mêmes, mais on constate de nombreuses différences de détail, dans la théorie et le choix des exemples. On peut dire, sans risquer de se tromper, qu'il s'agit de deux cours s'inscrivant dans la même tradition, mais dotés chacun d'un coefficient d'originalité lié au désir de chacun des auteurs de s'approprier et de faire progresser l'analyse. Si on compare ces deux textes réunis aux autres témoins que sont Quintilien, le Pseudo-Hermogène et Apsinès, on constate que les auteurs sont peu intéressés par les aspects linguistiques. Ils s'attachent davantage à la division des techniques argumentatives. D'autre part, au lieu de s'appuyer sur les situations fictives des déclamations, ils s'adonnent surtout à l'analyse d'exemples de discours figurés pris chez les grands auteurs de l'époque classique, avec, au premier rang d'entre eux, Homère. Nous nous limiterons au premier des deux textes, le chapitre VIII, en dégageant ses particularités théoriques les plus marquantes, avant de donner un échantillon de critique homérique.

Le chapitre VIII commence par évoquer la polémique que nous avons repérée chez Quintilien :

> « Selon certains, les controverses entièrement figurées n'existent pas. Ils admettent que des parties de controverses soient figurées, mais ils affirment qu'il est impossible que des causes complètes soient menées à bien par ce mode de discours – il n'est pas possible en effet que les auditeurs, si on ne leur parle pas clairement, comprennent de quoi traite le discours – et que les Anciens n'ont pas fait usage de cette forme de discours et de controverses. »

Le rhéteur promet alors de présenter les différents types de controverses figurées, d'en montrer le fonctionnement et d'en illustrer l'emploi par des exemples tirés des auteurs classiques.

Quand on examine la suite du texte on ne trouve pas de réfutation explicite de la thèse selon laquelle les controverses entièrement figurées sont impossibles[38]. Mais on peut extraire cette réfutation de l'exposé théorique qui suit : sous plusieurs de ses formes, le discours figuré est certes inaccessible en tant que tel à la conscience du destinataire, mais cela ne le voue pas automatiquement à l'inutilité, loin de là. En mettant en valeur des arguments contraires à la thèse qu'il prétend défendre, le locuteur déclenche un raisonnement pris en charge par le destinataire, raisonnement qui peut déboucher sur une décision. Bref, il y a action sur l'autre, même si les intentions véritables du locuteur ne sont pas percées.

Le cadre théorique présenté dans le chapitre VIII paraît voisin de celui du Pseudo-Hermogène et d'Apsinès, bien qu'il soit présenté dans l'ordre inverse, dans une sorte de progression combinant le passage du moins occulte au plus secret et du plus aisé à ce qui représente le défi le plus spectaculaire[39] : il y a – premièrement – la figure qui consiste à dire ce que l'on veut dire mais avec de certains adoucissements[40], la seconde consiste à produire autre chose que ce que

38. L'auteur du second traité (chap. IX, p. 323 Us.-Rad.) présente, lui, une réfutation théorique : selon lui, bien loin que l'on puisse nier l'existence des controverses figurées, « il n'est aucun discours qui ne soit figuré, ni aucun discours qui soit simple » (323, 13-14). Il enchaîne en montrant que nos messages les plus banals (aborder quelqu'un, lancer des invitations à dîner, réclamer le remboursement d'une dette) prennent des formes différentes selon les circonstances et les interlocuteurs. La simplicité d'expression elle-même n'est qu'une feinte pour persuader l'auditeur (351, 2-3). Ces remarques semblent prolonger les considérations de Démétrios sur le « modelage du discours » (*Du Style*, 296). Le discours est assimilé à un morceau de cire, que l'un modèle en chien, l'autre en cheval, etc. Dans ce cas, le langage, comme le morceau de cire, a toujours une forme. Des remarques de ce genre, intéressantes en elles-mêmes (voir aussi Quintilien, *IO* IX 1, 10), ne répondent pas complètement aux détracteurs du discours figuré : si tout est figuré, rien n'est figuré, et la théorie ne reçoit pas de justification spécifique.

39. Le caractère intentionnel de cet ordre apparaît au début du paragraphe 12 (311, 14-17 Us.-Rad.) : comme la figure pratiquée par ceux qui disent le contraire de ce qu'ils veulent « représente la figure la plus parfaite » (τὸ τελεώτατον σχῆμα ἐστιν), le rhéteur en repousse l'examen à la fin et traite d'abord les formes adjacentes (voir ci-dessous).

40. D'après le Pseudo-Denys (295, 19-20 Us.-Rad.), les ῥητορικοί appellent cette forme de discours figuré du nom de « couleur » (χρῶμα). Cette appellation correspond, dans le traité des *États de la cause* d'Hermogène (IIe s. après J.-C), au fruit de la μετάθεσις αἰτίας [substitution de motifs], qui consiste à fournir, pour une action donnée, une motivation – positive, celle-là – autre que celle qu'on vous prête (voir 49, 7 et s. Rabe) : ce motif crédible ou honorable s'appelle *couleur* (50, 10 Rabe). Or une telle technique de substitution de motifs correspond à l'une des précautions oratoires recommandées par le Pseudo-Denys, précaution qui consiste à justifier un propos déplaisant par des motifs plus honorables que ceux qu'on pourrait spontanément vous prêter (τὸ ἑτέρας αἰτίας ὑποβαλέσθαι εὐσχήμονας πρὸ τῶν λυπούντων λόγων, 296, 13-14 Us.-Rad.). Le Pseudo-Hermogène du traité *Sur l'Invention* utilise aussi ce terme de *couleur* (211, 8 Rabe). On se demande pourquoi le Pseudo-Denys répercute cette terminologie au niveau d'une grande division de sa théorie et non au niveau du procédé particulier – lequel, il est vrai, est présenté comme le plus important de tous. Le fait que le Pseudo-Denys renvoie l'usage du mot *couleur* à une tradition rhétorique illustrée par le corpus hermogénien pourrait conduire à penser qu'il est plus tardif. Mais on se gardera de cette déduction car Hermogène lui aussi présente son

l'on dit vouloir obtenir, la troisième à produire l'inverse de ce que l'on dit vouloir obtenir.

Quand on regarde les choses de plus près, des différences substantielles apparaissent : le premier type ne recouvre pas la référence ambiguë comme chez le Pseudo-Hermogène. Ce n'est pas dire sans dire, mais faire précéder les propos susceptibles de déplaire de précautions oratoires, précautions que l'on prend soit à cause de la dignité des personnes mises en cause, soit pour assurer sa propre sécurité : on reconnaît au passage une division proche de celle qui structure le développement de Démétrios. Ces stratégies d'adoucissement sont variées : on évitera la brutale franchise, on adoucira la formulation (allusion probable à l'usage de l'euphémisme), on dira qu'on a honte de ce qu'on va dire, ou encore on substituera aux intentions grossières ou agressives qu'on pourrait vous prêter un motif à la fois plausible et honorable.

La seconde différence marquante par rapport au Pseudo-Hermogène est que les types deux et trois sont parfaitement séparés. On se souvient que le discours figuré confirmant autre chose que la thèse ouvertement soutenue comportait d'abord la confirmation de la thèse inverse. Chez le Pseudo-Denys, les fonctions et les moyens de ces deux formes sont parfaitement distincts.

Le Pseudo-Denys ajoute aussi des précisions sur la conduite de l'argumentation : Comment faire pour obtenir autre chose que ce que l'on soutient ? On use de l'amalgame argumentatif : on confirmera la thèse que l'on veut réellement faire aboutir en mélangeant les arguments en sa faveur à ceux qui plaident pour la thèse qu'on défend ouvertement. Peut-être se souvenant d'Aristote (voir ci-dessus), le Pseudo-Denys écrit :

« D'une certaine manière, c'est une double controverse qu'on mène : en paroles, on propose l'intérêt commun et, artificieusement (τέχνῃ), ce dont on a personnellement besoin ». (296, 18-20 Us.-Rad.)

Cet amalgame des causes est illustré plus loin par quelques exemples quasiment hyperboliques (305, 6 *sq.* Us.-Rad.) : l'*Apologie de Socrate* est ainsi présentée comme entrelaçant tous les genres oratoires. En tant que discours judiciaire, le texte est ouvertement une défense, mais c'est également une accusation, celle des Athéniens qui ont traîné en justice un homme de cette valeur. Le texte est également un éloge de Socrate. Dans la mesure où Socrate est le locuteur, nous sommes dans le cas d'un éloge de soi, chose réputée détestable[41], mais la nécessité de la défense rend cet éloge supportable. La prédication proprement

emploi du mot comme traditionnel (τὸ λεγόμενον χρῶμα, p. 31, 10-11 Rabe) et l'usage du mot *colores* chez les rhéteurs latins remonte au moins à Sénèque le Père. Pour une revue des différentes hypothèses de datation des chap. VIII et IX de la Τέχνη du Pseudo-Denys, voir SMITH 1973, p. 1-6. Seule une estimation vague (IIe-IIIe s.) paraît recevable, en l'absence de critères décisifs.

41. Sur cette question, voir PERNOT 1998, p. 101-124.

philosophique du texte ajoute une troisième dimension, d'ordre délibératif. Car – à la manière dont un orateur en Assemblée donne des conseils sur la conduite à tenir – Socrate y livre un ensemble de préceptes sur ce que doit être la vie du philosophe.

Le troisième type de discours figuré est lui aussi décrit de manière plus précise que chez le Pseudo-Hermogène[42] : si l'on veut promouvoir la thèse inverse de celle que l'on prétend défendre, il faut donner l'impression de jouer à son insu le jeu de l'adversaire. On y réussira en fournissant des arguments faibles à la thèse qu'on prétend défendre et des arguments forts à celle à laquelle on prétend s'opposer. Les arguments faibles, précise le rhéteur, sont ceux que l'on peut facilement réfuter ou ceux que l'on peut facilement retourner. C'est sur ce point que nous analyserons ci-dessous un exemple.

Mais ce genre de technique fait courir un risque :

« si l'artifice est détecté[43], on s'expose à voir les auditeurs, par esprit de contradiction, accorder à l'orateur ce qu'il feint de demander, et non ce qu'il veut, et voter en ce sens ». (298, 11-13 Us.-Rad.)

À la fin du traité, le rhéteur fournit une parade contre ce risque, parade à vrai dire un peu décevante, qui consiste à paraître bouleversé, peu maître de soi, apparence qui fera admettre à l'auditeur le fait qu'on défende si mal la thèse qu'on prétend soutenir (cf. 322, 6 et s. Us.-Rad.).

À côté de ce cadre général, l'auteur du chapitre VIII propose quelques formes adjacentes de discours figuré : celle qui consiste, quand on parle après quelqu'un, à paraître en accord avec lui alors qu'on défend la thèse opposée, ou l'inverse, paraître en désaccord, alors qu'on parle dans le même sens. Il y a enfin une technique complexe qui consiste à paraître repousser à plus tard l'examen d'une question délicate, tout en faisant passer immédiatement, sous une forme figurée, l'essentiel du message. Ce type de description paraît trop particulier et l'esprit de synthèse du rhéteur, avec cette multiplication des formes, semble pris en défaut. Il est inutile de s'attarder sur ces raffinements que l'on pourrait poursuivre à l'infini. Plus intéressante est la critique homérique qui sert de support et de justification à ces stratégies argumentatives.

Pour le type III – promouvoir la thèse inverse de celle qu'on se donne l'apparence de défendre –, le rhéteur analyse longuement un passage du chant II de l'*Iliade*. L'épisode était couramment isolé dans l'Antiquité sous le titre :

42. Plus précise pour ce qui est de l'argumentation, mais peu de choses sont dites sur la mise en œuvre stylistique. On ne trouve quasiment rien sur les moules de présentation des hypophores. Cela s'explique probablement par l'orientation « justificatrice » de l'étude : le premier objectif poursuivi ici est de défendre la théorie en en montrant l'application par les auteurs classiques. Le rhéteur qui codifie de déclamations fictives dispose d'une marge d'invention plus large.

43. En conservant la leçon du *Parisinus* 1741 : εἰ γὰρ διαλεχθείη.

L'Épreuve ou *Le songe*, et il a créé mainres difficultés aux commentateurs. Nous en sommes à la dixième année du siège, l'armée est épuisée, démoralisée par la querelle entre Agamemnon et Achille. Agamemnon, inspiré par un songe mensonger envoyé par Zeus et qui lui promet la victoire immédiate, décide la reprise de la guerre. Bizarrement, il conçoit un subtil projet – qu'il communique aux chefs – et qui consiste à mettre les soldats à l'épreuve. Il leur dira qu'il souhaite renoncer et les invitera à retourner chez eux. Bref, il leur dira de faire exactement le contraire de ce qu'il veut qu'ils fassent. Ce qui a gêné les commentateurs, c'est qu'Agamemnon utilise cette ruse, passablement risquée, au lieu de se réclamer du songe divin pour appeler ses hommes au combat. En réalité, la manœuvre est tout à fait justifiée : si Agamemnon s'exprimait directement, rien ne dit que les hommes lui obéiraient, tant son autorité est vacillante[44], et l'appel au songe pourrait passer pour une manœuvre grossière. Le sage Nestor, d'ailleurs, ne s'est pas privé de le faire comprendre à Agamemnon, quand celui-ci a raconté son rêve :

« Si tout autre Achéen nous eût conté ce songe, nous lui dirions qu'il ment, et notre méfiance envers lui grandirait. » (B 80-81)

On dirait que Nestor ici anticipe sur les réactions prévisibles de l'armée. En tout cas, il rend parfaitement compréhensible qu'Agamemnon utilise des moyens détournés pour parvenir à ses fins.

Mais citons l'analyse du Pseudo-Denys (320, 2-322, 5 Us.-Rad.). Cette analyse est entremêlée de citations du poème (si la traduction des analyses est de notre fait, pour Homère, nous empruntons à la traduction Mazon en la modifiant quelquefois) :

Tout d'abord, Agamemnon présente son plan[45] :

Eh bien, allons ! voyons si l'on peut appeler aux armes les fils des Achéens. Mais j'userai d'abord de mots pour les tâter, ainsi qu'il est normal : je les inviterai à fuir sur leurs nefs bien garnies de rames. Vous, chacun de son côté, trouvez des mots qui les retiennent. (B 72(83)-75)

Dans sa harangue, ensuite, il introduit l'artifice en proposant des arguments faibles, en donnant prise à la contradiction de celui qui veut s'y opposer et en présentant des arguments faciles à retourner. Mais examinons les vers eux-mêmes :

Zens, fils de Cronos, m'a terriblement su prendre dans les rets d'un lourd désastre. Le cruel ! Il m'avait promis, garanti naguère d'un signe de sa tête que je ne m'en retournerais qu'une fois détruite Ilion aux bonnes murailles. (B 111-113)

On peut rétorquer à Agamemnon : si Zeus a « promis, garanti d'un signe de sa tête » – ce qui est le plus grand signe de la véracité de Zeus, comme le dit lui-même le Zeus d'Homère :

Allons ! pour toi, j'appuierai ma promesse d'un signe de mon front. Ainsi tu me croiras : c'est le plus puissant gage que je puisse donner parmi les Immortels. Il n'est ni révocable ni trompeur ni vain, l'arrêt qu'a confirmé un signe de mon front (A 524-527) –,

si donc Zeus t'a « promis, garanti d'un signe de sa tête », comment peux-tu songer à repartir ? Agamemnon ajoute ensuite :

44. Ce point est explicité dans le chap. IX, p. 328, 6-8 Us.-Rad.
45. Littéralement : « il propose la cause (ὑπόθεσιν) ».

Il m'avait en fait préparé un vilain piège : le voilà qui m'invite à rentrer à Argos chargé du déshonneur d'avoir fait périr tant d'hommes. (B 114-115)

Là encore, il donne prise à l'objection, par la formule « chargé du déshonneur », car on pourrait lui opposer à bon droit qu'on ne doit pas se retirer honteusement. Agamemnon enchaîne :

Tel est j'imagine le souhait de Zeus tout puissant. (B 116)

Observe l'expression : elle contient une supposition, non pas une assertion claire. Dans la suite également :

(Zeus) qui a déjà découronné tant de cités et en découronnera plus d'une autre encore (B 117-118),

on pourrait lui dire encore : s'il est vrai que Zeus a découronné et découronnera nombre de cités, il faut se fier à lui et rester. Ce qui vient après est extraordinairement facile à renverser, l'objecteur peut même le reprendre à son compte :

Quelle honte à faire connaître aux générations à venir ! Ainsi c'est pour rien qu'une si nombreuse et si belle armée achéenne mène guerre et bataille vaines. (B 119-121)

En effet, c'est cette même honte que donne comme argument celui qui juge bon de rester, et d'ailleurs, c'est cela même que dit Ulysse[46]. La fin du discours est sans équivoque le fait de quelqu'un qui veut le contraire de ce qu'il dit :

Eh bien, allons ! suivons tous l'avis que je donne : fuyons avec nos nefs vers les rives de la patrie. (B139-140)

Car la honte contenue dans le mot (*sc.* fuir) est bien plus propre à retenir les Grecs qu'à les faire partir. C'est de ce mot que se sert Héra[47] face à Athéna, de ce mot que se sert Athéna[48] face à Ulysse, de ce mot que se sert Ulysse[49] face à la foule. Agamemnon[50] lui aussi s'en sert face à Achille et en somme, partout où Homère se sert du mot « fuite », il l'applique à la honte et à la lâcheté. Voilà donc comment Agamemnon propose des arguments sans poids, faciles à réfuter et dit l'inverse et le contraire de ce qu'il veut.

Grâce à l'analyse du rhéteur, on voit comment Agamemnon « gère » comme on dit aujourd'hui une situation explosive, contourne la mauvaise image induite par sa querelle avec Achille, évite l'affrontement en caressant ses troupes dans le sens du poil et finit par créer – à défaut de la provoquer immédiatement – les conditions favorables à la réaction qu'il souhaite induire.

Nous voudrions juste, pour finir sur ce point, attirer l'attention sur quelques-unes des méthodes d'exégèse mises en œuvre, et dont certaines ne dépareraient pas un ouvrage de critique moderne. Le rhéteur met en contexte les remarques d'Agamemnon : la valeur d'engagement définitif du signe de tête de Zeus est démontrée par un extrait de la fin du chant I, les connotations honteuses qui s'attachent au verbe « fuir » sont démontrées par une série d'occurrences convergentes tirées de la même œuvre. La distinction linguistique entre les modes de l'énoncé hypothétique et

46. Voir par exemple B 297-298.

47. Voir B 159.

48. Voir B 175.

49. Ulysse n'emploie pas le mot « fuir » dans les passages concernés. Le rhéteur s'appuie ici sur un souvenir un peu flou de B 285-290 ; 298.

50. Voir A 173.

assertif est utilisée pour un commentaire pertinent qui souligne la fragilité de la supposition selon laquelle Zeus voudrait le départ des Achéens. Les affirmations d'Agamemnon sont mises en contraste avec le sens de l'honneur que l'on peut légitimement prêter – dans un contexte héroïque – à ses auditeurs. À titre personnel, nous considérons que l'interprétation du passage est valable, et qu'elle met fin à bien des controverses modernes sur un prétendu ravaudage que trahirait le morceau. D'ailleurs, les précautions d'Agamemnon étaient si justifiées que les troupes se précipitent vers les vaisseaux. Le second rhéteur, l'auteur du chapitre IX, souligne l'utilité psychologique de cet apparent échec d'Agamemnon : les troupes peuvent extérioriser leur colère et leur découragement[51]. C'est Ulysse, mis dans le secret par son chef, et aidé par les jérémiades du lâche Thersite, qui achèvera la tâche en jouant – directement, cette fois – sur l'amour-propre des Achéens désormais apaisés et qui parviendra à les remettre au combat.

Conclusion

Pour conclure, nous répéterons qu'au regard de la polémique la théorie du discours figuré constitue à la fois un réservoir de moyens très efficaces et une alternative. Le premier versant de la théorie maintient à la communication son caractère illocutoire. L'efficacité des moyens repose en dernière analyse sur le pouvoir paradoxal de l'emphase : une ambiguïté, une allusion, un silence même, disent plus fortement qu'une expression directe. Le second versant fait du destinataire le seul agent du sens. Conduit à opérer lui-même des déductions que son interlocuteur paraît ne pas faire, il est littéralement manipulé, piégé par l'action conjointe de la logique et de l'amour-propre, action qu'on a déclenchée en lui, sans qu'il puisse accéder à l'intention véritable qui préside à l'échange.

On peut trouver cette théorie hétéroclite, excessivement recherchée et artificielle, ou au contraire naïve, mais l'examen succinct qui précède autorise, croyons-nous, à faire les remarques suivantes :

On a, avec la théorie du discours figuré, l'un des principaux modes de survie d'une rhétorique argumentative compatible avec un univers politique où la liberté d'expression a disparu. Quand l'affrontement est impossible, quand la polémique serait suicidaire, restent des techniques à la fois efficaces et circonspectes de manipulation. Les moyens fournis par l'allusion et le double sens sont moins prudents, mais on peut supposer que, quand tout lien n'est pas rompu avec la personne à laquelle on s'oppose – car on exige d'elle une collaboration active dans l'élaboration du sens, voire des capacités de mauvaise conscience – ils offrent une panoplie plus efficace que l'invective.

Cette théorie invite aussi à reconsidérer l'une des images reçues de la rhétorique ancienne, qui aurait été insensible au second degré, incapable de percevoir, par

51. Voir p. 328, 20-22 Us.-Rad.

exemple, les intentions véritables du *Ménexène*[52]. Il ne faut pas s'étonner de cette image reçue. D'après le noyau de la théorie, celui qui correspond au déguisement total de l'intention, le discours offre une surface parfaitement lisse. Quel commentateur du *Phédon* mentionne le reproche fait à Aristippe et Cléombrote ? Il faut une clé, comme celle que représentent les analyses des rhéteurs, et encore, si l'on n'est pas amené à douter de leur pertinence. Quand manque la clé, la détection du procédé et des intentions véritables est difficile et l'on est obligé la plupart du temps d'en rester à l'hypothèse.

Cela dit, certains jugements d'ordre moral que l'on porte hâtivement sur les éloges dithyrambiques écrits à l'époque impériale doivent au moins tenir compte de cette hypothèse, à savoir la possiblité que, sans être forcément mensongers, certains compliments recèlent le piège du leurre : loin d'être des signes de bassesse, ils correspondraient à un projet de direction morale. Quel meilleur moyen que de décerner des éloges quand on souhaite que celui qu'on loue apprenne à mériter ce qu'on dit de lui ?

Comme exemple de ces relectures souhaitables, on peut citer le cas de Jean Chrysostome dans la série d'homélies *Sur les statues*[53]. Jean Chrysostome, qui doit sa formation rhétorique, rappelons-le, à Libanios, qui était lui-même un virtuose de la déclamation figurée[54], écrit ces textes à la suite d'une révolte des habitants d'Antioche. Pour protester contre une levée d'impôt, les citoyens aisés ont organisé une manifestation qui a dégénéré en émeute généralisée, au cours de laquelle ont été abîmées les images et les statues représentant l'empereur Théodose, son épouse défunte Flacilla et ses fils Honorius et Arcadius. La terreur se répand dans la ville, qui a déjà contre elle un lourd passé de séditions et qui craint la colère de l'empereur. Les homélies de Jean sont adressées à la fois au peuple d'Antioche, pour le rassurer, et indirectement à l'empereur, pour l'apaiser. Au moins deux[55] des trois stratégies décrites par le rhéteur Démétrios paraissent mises en œuvre : tout d'abord, l'éloge de qui a fait le contraire de ce que fait ou de ce qu'on craint de voir faire le personnage puissant à qui l'on parle. C'est ainsi que Chrysostome loue Constantin qui, dans un cas analogue, s'est passé la main sur le visage et a dit qu'il ne ressentait nulle blessure. Le piège du leurre, d'autre part, est perceptible dans une vaste transposition protologique où se rejoue le conflit originel : Antioche, c'est Adam, privé du paradis – à savoir l'amour de Théodose –

52. Voir sur ce point CLAVAUD 1980, p. 17-35.

53. Sur cet ensemble de textes remarquables à beaucoup d'égards, voir en particulier BROTTIER 1993.

54. Voir SCHOULER 1977, p. 420-428.

55. La troisième (blâmer quelqu'un qui a agi comme on souhaite ne pas voir agir celui à qui l'on s'adresse) est illustrée par Libanios dans un discours consacré à la même affaire (*Discours* XIX, *À l'Empereur Théodose, sur la sédition*, 45-46) : ce sont Dioclétien et l'usurpateur Eugène qui servent de contre-exemples, voir BROTTIER 1993, p. 634, n. 102. Inversement, Libanios loue la clémence montrée, dans des circonstances analogues, par les empereurs Constance, Constantin et Julien (XIX 19 : 47-49).

à cause de Satan. Si Théodose détruit la ville, il fera le jeu de Satan. On voit que Théodose, dans cette transposition, reçoit le rôle de Dieu. Ailleurs, son pardon est assimilé à celui du Christ en croix[56]. Nous n'ignorons pas que cette stratégie est un peu plus complexe que celle qui est décrite dans le traité de Démétrios, puisque l'image de lui-même qui est proposée à Théodose est reliée à sa fonction d'empereur et légitimée par l'autorité de l'Écriture. Mais l'appel à l'amour-propre en reste, nous semble-t-il, le ressort principal.

Quelle a été la survie de ces textes rhétoriques ? Sans aucun doute très longue, puisque le corpus hermogénien a joui d'un énorme succès dans l'Orient byzantin depuis le IIIe siècle jusqu'à Maxime Planude (qui écrira encore sur le discours figuré au XIIIe siècle) avant d'être transmis en Occident, à l'aube du XVe, par Georges de Trébizonde, et d'être ensuite largement diffusé. Mais l'enquête sur les éventuelles traces laissées dans les textes de la Renaissance et de l'époque classique par la théorie et la pratique du discours figuré reste à faire.

56. Voir BROTTIER 1993, p. 633-634.

5. AUX FRONTIÈRES DE LA RHÉTORIQUE

QUELQUES OBSERVATIONS SUR UN INTRADUISIBLE CÉLÈBRE (*ÉPIEIKÈS*, *ÉPIEIKEIA*)

Dans le lexique philosophico-rhétorique de la période classique, il est peu d'intraduisibles aussi riches et complexes que l'adjectif ἐπιεικής et le substantif ἐπιείκεια. Il s'agit là en effet d'une qualité du citoyen qui se déploie dans l'interaction sociale. Elle est faite de sensibilité au sort d'autrui, de compréhension, d'indulgence. Elle comporte donc une dimension « humaniste » qui la rattache, en termes anthropologiques et psychanalytiques, aux mécanismes subconscients qui tendent à réguler la violence masculine, individuelle ou collective[1]. À la vérité, ces mécanismes sont partiellement conscients, la « douceur » étant l'une des vertus dont les Athéniens, tout spécialement, se targuaient. Régulant les comportements personnels, l'ἐπιείκεια se trouve *ipso facto* sur le même terrain que la loi, voire en compétition avec celle-ci, dont les plus vieilles définitions grecques nous disent qu'elle prescrit « la manière dont il faut accomplir chaque action » (πῶς χρὴ πράττειν ἕκαστα)[2]. Son étude comporte donc une dimension juridique, sinon, quand c'est Aristote qui s'y intéresse, une dimension éthico-politique. D'ailleurs, l'homme qui la possède acquiert une réputation qui lui fait mériter la confiance d'autrui, ce qui confirme sa nature politique, le citoyen ἐπιεικής pouvant se voir confier des magistratures. Enfin, se manifestant, se créant dans une interaction pragmatique où le langage occupe une place prépondérante, l'ἐπιείκεια comporte immanquablement une dimension rhétorique.

Ce sont donc cinq modes d'approche principaux qui doivent permettre, *a priori*, de rendre compte de l'ἐπιείκεια : anthropologique, psychanalytique, juridique, éthico-politique[3], et enfin rhétorique.

Eu égard au rôle joué par Aristote dans ce dossier, les aspects philosophiques, éthiques et juridiques, ont été beaucoup étudiés. La bibliographie est fort riche[4].

1. C'est un des thèmes communs à Proust et Freud, voir TADIÉ 2012.

2. *Rhétorique à Alexandre*, 1422 a 3-4. Voir CHIRON 2002, p. 10 et la note 65 p. 123-124.

3. Sur la continuité, chez Aristote, entre éthique et politique, voir CRUBELLIER et PELLEGRIN 2002, p. 184 *sq*.

4. Signalons, entre beaucoup d'autres, DE ROMILLY 1979, p. 53-63 ; BRUNSCHWIG 1996a ; NARCY 2008 (en particulier p. 360) ainsi que PIAZZA 2009 et 2011 dont il sera question ci-après.

Personnellement, c'est au point de vue rhétorique que, jugeant qu'il était délaissé, je me suis intéressé une première fois dans un article encore à paraître[5].

Réfléchissant aux assouplissements considérables apportés à la notion de persuasion dans le chapitre II du Premier Livre de la *Rhétorique* d'Aristote par rapport au début de l'ouvrage restreint à la persuasion par le λόγος, et commentant un passage essentiel de ce second chapitre[6] où l'ἦθος, illustré par la confiance que suscitent les citoyens ἐπιεικεῖς, est promu au rang de moyen de persuasion essentiel, j'ai choisi pour éclairer cette notion un épisode souvent cité, sinon commenté en détails, du chant XXIII de l'*Iliade* (v. 362 et suiv.)[7] qui met en scène – d'où son intérêt particulier pour les antécédents rhétoriques de la notion – un orateur et un groupe dans une situation de délibération, c'est-à-dire face à une décision à prendre. Dans cet épisode, Achille présente une facette complètement nouvelle de son ἦθος en apaisant la querelle qui oppose les concurrents à l'issue de la course de char en l'honneur de Patrocle. Voici un extrait de la conclusion de cette enquête :

> Cette querelle un peu enfantine mais si humaine et si touchante est particulièrement riche et éclairante du point de vue rhétorique. Il en ressort que l'ἐπιείκεια traditionnelle est une forme très particulière d'excellence morale, qui peut se manifester dans la prise de décision. Dans ce cas, elle repose en partie [...] sur une autorité acquise (un certain niveau social, le prestige d'un héros tel qu'Achille), mais se déploie dans l'interaction avec un destinataire collectif dont l'approbation est requise, dans une situation telle que l'application étroite de la règle conduirait à un scandale. Est ἐπιεικές l'application d'une règle souple[8] qui recueille l'approbation générale. Le résultat n'est pas assuré : Achille, dans l'épisode de la course de chars, échoue – si tant est que son intention réelle n'était pas seulement de guérir l'amour-propre blessé d'Eumèle –, et doit admettre une autre solution que celle qu'il avait fait accepter au groupe avant l'intervention d'Antiloque. Mais sa façon ouverte et souriante de poursuivre la négociation confirme, renforce son autorité morale et influera considérablement sur la suite de l'épisode.

Si éclairantes – en tout cas, c'est l'objectif poursuivi – que puissent être les analyses de ce genre, elles sont toujours peu ou prou tributaires d'un point de vue dominant, ici, le point de vue rhétorique. C'est tout le mérite de F. Piazza que de

5. CHIRON 2015.

6. 1356 a 5-8 : « Il y a persuasion par le caractère (ἦθος) quand le discours est ainsi fait qu'il rend celui qui parle digne de foi. Car nous faisons confiance plus volontiers et plus vite aux gens ἐπιεικεῖς, sur tous les sujets tout bonnement, et même résolument sur les sujets qui n'autorisent pas un savoir exact et laissent quelque place au doute » (trad. CHIRON 2007).

7. La raison pour laquelle cet épisode est souvent cité à propos d'ἐπιεικής est que ce mot y apparaît dans un passage-clef (XXIII 537).

8. Il s'agit de la fameuse règle des maçons de Lesbos (*Éthique à Nicomaque*, 1137 b 30-32), qui a donné lieu à bien des malentendus. Comme l'indique NARCY 2008, p. 370 n. 35, cette souplesse n'est pas à interpréter péjorativement. Il s'agissait sans doute, pour ces artisans construisant un mur de pierres non taillées (comme le mur cyclopéen de Mycènes), de prendre l'empreinte d'un moellon à l'aide d'une règle de plomb, afin de mieux choisir la pierre qui s'y ajusterait. Cette recherche d'*ajustement*, d'*adéquation*, est au cœur de la notion (cf. *infra*) et correspond particulièrement bien aux aspects rhétoriques de l'ἐπιείκεια.

proposer un renouvellement complet de la perspective. Dans cette courte contribution, je souhaiterais évoquer ce renouvellement, avant de verser au dossier un texte peu commenté qui, me semble-t-il, vient corroborer et compléter cette nouvelle proche.

I

Le mérite de la contribution de F. Piazza « La virtù di Emone. Riflessioni sull'*epieikeia* greca » est d'abord de montrer l'actualité de la réflexion sur une vertu comme l'ἐπιείκεια à une époque de survalorisation de la compétition et de la concurrence. À un moment aussi où l'enseignement des humanités est remis en question dans bien des pays d'Europe, il n'est pas indifférent de montrer quel laboratoire politique et éthique a constitué l'Antiquité classique et quelles leçons elle peut encore nous donner.

Cet article montre aussi la nécessité de recentrer la recherche sur le « nœud » de l'affaire, qui ne réside pas tant dans les aspects philosophico-juridiques (capacité de faire des exceptions à la règle au nom de l'« équité ») qui ont souvent été opposés artificiellement à une norme morale traditionnelle (douceur, indulgence), que dans l'*articulation* entre les deux, entre cette « douceur » si inactuelle et les normes de comportement codifiées par diverses sortes de lois et de règlements.

Le fait que l'on donne souvent deux traductions distinctes, sinon fort éloignées (*équité*, *indulgence*), freine une approche synthétique. Ce qui fait la force et l'originalité de l'ἐπιείκεια est son caractère en quelque sorte oxymorique puisqu'elle allie une forme d'infraction, de désobéissance, à la douceur. Abordée ainsi, la question se trouve dotée de trois enjeux plus larges et, eux aussi, toujours actuels : quelles doivent être les relations entre règle générale et cas particulier ? Quelle place doivent occuper les circonstances dans la formulation du jugement éthique (c'est toute la question, en droit, des circonstances atténuantes ou aggravantes, mais qui se pose plus largement) ? Quel impact la réflexion sur l'ἐπιείκεια peut-elle avoir sur le débat ancien qui oppose la justice et la loi ?

Afin de mettre en relief le noyau notionnel qui unifie toute la réflexion ancienne sur l'ἐπιείκεια, F. Piazza s'attache à l'étymologie : l'idée centrale est l'idée d'adaptation aux circonstances, qui peut recouvrir aussi aisément l'ouverture à l'exception en matière d'application du droit que la compréhension des faiblesses d'autrui. Personnellement, je soulignerais un peu davantage[9] la médiation subjective, voire affective, vers laquelle pointe la racine *ϝεικ : l'histoire des dérivés verbaux de cette racine, dont l'origine est par ailleurs inconnue, montre en effet l'association de l'idée « d'image, de ressemblance » à l'idée de « compa-

9. Mais F. Piazza évoque cette dimension à propos de la fréquente association d'ἐπιείκεια et de συγγνώμη, ce dernier terme désignant proprement la « communauté de jugement ».

raison et de conjecture », association qui perdure dans les dérivés nominaux tout en connaissant des évolutions[10]. Or si un glissement a pu s'opérer vers l'idée de « convenance » intellectuelle et morale, ce ne peut être qu'en raison d'une *coïncidence* dans les images, les représentations *comparées* du réel, coïncidence qui crée une connivence, un accord, une adhésion – j'y reviendrai à propos du lien entre ἐπιεικές et εἰκός. C'est là probablement la clef de la différence sémantique entre cette famille de mots et celle de καιρός, autour de laquelle se thématisent des compétences (opportunisme, sens de l'occasion, capacité à profiter du moment favorable, etc.) éthiquement neutres sinon négativement marquées.

Mais revenons à l'ἐπιείκεια. Comme le rappelle F. Piazza, les travaux de M. Nussbaum[11] sont venus souligner à juste titre la dureté de la norme établie par les plus anciennes conceptions grecques de la justice, qui imposent pour tous les manquements une punition strictement compensatrice. Ces conceptions archaïques expliquent comment l'ἐπιείκεια a pu entrer avec la justice (δίκαιον) dans une forte antithèse opposant la souplesse de l'une à la rigidité de l'autre. De nombreux textes attestent le caractère « topique » de ce couple et la manière dont, face à une justice non seulement trop dure mais trop simple, se fait jour la nécessité de correctifs.

Cette antithèse n'a pu qu'évoluer quand les sophistes et les philosophes ont affiné la réflexion sur la justice et introduit des distinctions comme celle qui sépare le juste du légal. Cette distinction, fondée sur l'opposition entre une convention locale et des usages universels, conduit à donner à l'ἐπιείκεια une place et un sens sensiblement différents. L'introduction de la loi écrite, implicite par exemple dans le fragment B 6 DK et U[12] de Gorgias, vient raffiner encore les jeux d'opposition : au droit arrogant s'oppose le doux ἐπιεικές, l'exactitude pointilleuse de la loi (*sc.* écrite), ignorante du cas particulier, trouve sa correction dans le discours, mieux adapté aux circonstances.

On voit comment l'historicité de la notion d'ἐπιείκεια est mise en valeur ici. On ajoutera juste que Gorgias esquisse ici une analogie entre l'ἐπιείκεια et le discours en situation, anticipation de la thématisation de son versant discursif, donc rhétorique, par Aristote.

Un autre aspect de l'ἐπιείκεια, convergent avec le noyau sémantique d'adaptation aux circonstances, est son caractère transitoire. Déjà chez Homère, dans l'épisode de la course de chars, la loi n'est pas contestée qui veut que le premier arrivé soit déclaré gagnant, mais seulement son application dans un cas particulier.

10. CHANTRAINE 2009 *s.v.*

11. NUSSBAUM 1986.

12. = 47 Pradeau (PRADEAU 2009, p. 135). Il s'agit du fragment d'*Oraison funèbre* conservé par Planude, dans son *Commentaire aux Catégories stylistiques d'Hermogène*. Citons ce passage : « Car ces hommes, dotés d'une excellence inspirée par les dieux tout en étant voués à l'humaine mortalité, préférèrent souvent la douceur d'un caractère indulgent à l'arrogance du droit, souvent à la rigueur de la loi la vertu du discours [...] » (trad. M.-L. Desclos).

F. Piazza trouve plusieurs illustrations de ce principe chez Thucydide, où apparaît aussi l'idée d'un devoir particulier à l'être humain, qui est de ne pas abuser de sa suprématie. La fonction régulatrice de l'ἐπιείκεια, indissociable de la démocratie, se voit étendue aux rapports entre les cités.

Chez Platon, c'est plutôt la déviation qui est soulignée (*Lois*, 757 d *sq.*), en parfaite concordance avec la prééminence des formes abstraites dans sa philosophie. L'axiologie aristotélicienne est bien différente, qui fait de l'ἐπιείκεια un prolongement, une actualisation de la loi en fonction des circonstances et des personnes et, par conséquent, une amélioration de sa pertinence : on voit comment le concept central d'adéquation fonctionne et, surtout, résiste, quels que soient les contextes. Dans le cas d'Aristote, l'interprétation de l'ἐπιείκεια en termes d'adéquation permet aussi de la distinguer plus clairement de la loi, particulière ou commune (naturelle), écrite ou non : à la vérité, elle ne s'identifie ni ne s'oppose à l'une ou à l'autre, puisqu'elle se définit non comme un (contre)système de normes plus ou moins universelles mais comme l'actualisation *hic et nunc* des principes que l'on peut trouver, ou pas, dans les différentes sortes de lois. Le caractère pragmatique de cette vertu est confirmé par son lien avec l'ἐλάττωσις[13], « attitude de celui qui admet qu'on en rabatte sur ses propres droits légaux »[14], attitude sacrificielle, celle d'Achille qui est prêt à payer de sa poche un lot de consolation, mais condition *sine qua non* d'une interaction pacifique. Il n'est pas indifférent que cette auto-dépréciation intervienne parmi les *topoi* de l'exorde – c'est-à-dire au moment où s'établit le pacte initial qui présidera au discours – dans la *Rhétorique à Alexandre*[15].

S'excluant de toute compétition, l'ἐπιεικής est aussi, évidemment, prédisposé à l'amitié et propagateur d'harmonie[16], dans la mesure du possible. Le personnage de Hémon, dans l'*Antigone* de Sophocle, entre aussi bien dans les raisons de son père Créon (v. 685-686) que de son aimée Antigone (v. 694-699). Ce n'est pas indécision, mais compréhension du caractère inextricable de la situation, compréhension qui le mènera, face à la résistance obtuse d'un père tyrannique, au suicide.

Unifiée dans son origine, historicisée en fonction des évolutions dans les conceptions grecques de la justice et de la communication, illustrée par un conflit où l'humain s'affirme plus fort que la mort, l'ἐπιείκεια sous la plume de F. Piazza trouve une cohérence et une profondeur que les analyses strictement éthico-politiques lui avaient quelque peu enlevées. Nous ne pouvons ici qu'apporter un modeste complément, avec un texte rarement versé au dossier.

13. Par ex. *Top.* VI 3, 141 a 16 ; *Magna Moralia*, 1198 b *sq.*

14. BRUNSCHWIG 2007, p. 216.

15. 1436 b 34-36.

16. Sur cette connexion avec le domaine musical, F. Piazza commente Aristote, *EN* 1127 a 33-b 9.

II

Un fait reconnu est qu'Aristote ne crée pas de terminologie nouvelle, mais remotive et enrichit des termes d'usage courant – c'est le cas aussi, pour donner un autre exemple particulièrement spectaculaire, du mot enthymème, terme relativement banal, érigé en pièce essentielle de la théorie aristotélicienne de l'argumentation rhétorico-dialectique.

Or il est important, à la fois pour saisir le sens et la portée de cette remotivation philosophique mais aussi pour éviter de donner une profondeur vertigineuse à des textes qui ne s'y prêtent guère[17], d'établir quel sémantisme d'ἐπιείκεια / ἐπιεικής était familier aux Grecs de l'époque classique – plus précisément du IVe siècle – et leur permettait de comprendre le mot sans s'étonner de son emploi.

Le texte choisi pour illustrer cet emploi « ordinaire » d'ἐπιεικής est un passage de la *Rhétorique à Alexandre*[18] concernant l'espèce du discours judiciaire. Plus précisément, le discours de défense. Dans une analyse où l'on peut aisément détecter les prémices de la doctrine des états de la cause[19], deux stratégies principales sont exposées : la première consiste à esquiver ou à réfuter les arguments de l'adversaire, la seconde à reconnaître avoir commis l'acte. Cet aveu peut lui-même s'accompagner d'une requalification des faits (oui, j'ai fait ce dont on m'accuse, mais mon action était légale et juste) ou – en dernier recours – d'une série d'éléments un peu désordonnés, mais qui visent tous à obtenir le *pardon*. Citons :

> Si c'est impossible (*sc.* requalifier les faits), nous trouverons refuge dans la faute ou la malchance, et nous ferons valoir que les préjudices causés ont été minimes, pour tâcher ainsi d'obtenir le pardon : nous démontrerons que la faute est le lot commun à tous les hommes, tandis que l'injustice est le propre des méchants. Ajoute qu'il est ἐπιεικής, juste et utile de pardonner les fautes, car personne ne sait si pareille mésaventure ne va pas lui arriver. Fais valoir <également> que l'adversaire lui aussi, s'il lui est arrivé de faire quelque faute, a prétendu au pardon (1444 a 7-15).

17. Le degré ultime de la lexicalisation d'ἐπιεικής est une série d'emplois où, corrélé à πονηρός dans une antithèse simpliste, il désigne simplement le « bon » citoyen par opposition au « mauvais » (*Rhétorique à Alexandre*, 1422 b 38-40). De la même manière, en français, cohabitent des emplois peu marqués de l'adjectif « honnête » et d'autres qui véhiculent tout un système de valeurs très complexes (l'honnête homme comme paradigme social, moral et culturel dominant le grand siècle).

18. Il est vrai que le lien établi ci-dessous entre le pardon et l'ἐπιεικής peut rappeler Platon, *Lois*, 758 e, et que le passage cité n'est pas sans rappeler la fin du chap. 13 du Livre I de la *Rhétorique* (1374 b 1 *sq.*). Les indices ne manquent pas, chez l'auteur de la *Rhétorique à Alexandre*, d'un certain « vernis » philosophique et d'une certaine proximité avec la doctrine rhétorique d'Aristote (sur ce problème, voir CHIRON 2011). Mais l'optique du rhéteur est majoritairement pratique et professionnelle, ce qui induit chez lui le recours à des techniques recevables par le public contemporain. C'est en cela que son apport à la compréhension de la notion est distinct de celui d'Aristote.

19. Sur le premier traité consacré exclusivement à cette théorie, voir Hermagoras, *Fragments et témoignages*, édition WOERTHER 2012 ; sur son état le plus abouti, cf. Hermogène, *Les états de la cause*, édition PATILLON 2009.

Le sens d'ensemble de ce passage est aisé à déterminer : contraint à changer de stratégie, le défenseur renonce à se battre sur le terrain des faits et reconnaît le préjudice commis. Il se place alors sur le terrain d'une expérience commune qui peut créer, si le jury est réceptif, une sorte de connivence et de sympathie, voire d'anticipation sur les accidents de la vie auquel chacun est exposé : et si cela m'arrivait à moi ? se dira le juré, et sera enclin à l'indulgence.

On voit quel lien peut s'établir avec un autre terme fondamental dans la rhétorique grecque, l'εἰκός, ou vraisemblable, qui est traité, surtout chez les rhéteurs qui se rattachent à la sophistique ou, comme l'auteur de la *Rhétorique à Alexandre*, à l'école isocratique[20], d'une manière subjective, comme une idée préconçue, élaborée au travers des expériences répétées, du cours habituel, « normal », des choses.

L'auteur de la *Rhétorique à Alexandre* définit l'εἰκός comme « ce dont, quand on le dit, les gens ont des exemples en tête »[21] et à quoi, par conséquent, on se plaît à adhérer[22].

Il n'est pas indifférent que les deux termes soient bâtis sur le même radical : appliqué à un objet et non à une personne, est ἐπιεικές, avec quelque chose en plus (ἐπι-)[23], c'est-à-dire sans doute un coefficient de positivité qui justifie une adhésion plus pleine et plus affective, ce qui est conforme à l'εἰκός, c'est-à-dire ce qui *semble* tel… *a priori*, en raison d'une expérience ancienne et de sentiments partagés. Un équivalent français assez éloquent pour ce qui est εἰκός est l'usage pragmatique (en situation) du « normal ». Ce qui est « normal » ne se discute pas *hic et nunc*, puisque relevant de représentations et de jugements très largement communs. Par rapport à l'εἰκός, l'ἐπιεικές, inscrit dans une axiologie, fait passer du « normal » au « bien », comme quand on dit d'un acte « c'est bien », sans avoir besoin d'autre justification que le sentiment d'adéquation qui s'exprime ainsi.

Mais, si l'on veut affiner, il faut profiter de cette chance qui veut que nous ayons ici trois termes juxtaposés, dont les valeurs peuvent peut-être se préciser l'une par rapport aux autres et par rapport aux autres définitions fournies par le traité.

Commençons par le lien ἐπιεικές-δίκαιον (juste) : ailleurs dans le traité, le juste est défini comme une norme de comportement à caractère universel, par opposition à la légalité, convention locale[24]. L'exemple qui vient tout de suite à l'esprit est le choix d'Antigone, qui préfère le devoir de piété envers les morts,

20. Sur ces liens, voir CHIRON 2002, p. CXXXI-CXLVIII.

21. 1428 a 25-26.

22. Le crédit dont disposent ces propositions est de l'ordre de la connivence, et le plaisir est celui de la reconnaissance, cf. σύνοιδεν, συνειδότας (*Rh. Al.* 1428 a 30, 33).

23. La valeur exacte du préfixe peut prêter à discussion.

24. 1421 b 35-1422 a 4.

usage universel, au décret circonstantiel pris par Créon pour des raisons de basse politique[25]. On peut remarquer déjà que la loi (νόμος) n'est pas convoquée ici, parce qu'il est clair que l'acte commis est répréhensible et qu'il mériterait – sans l'ἐπιείκεια – une sanction dictée par elle. Comme chez Aristote, il s'agit de trouver une autre norme de comportement que la loi.

Cette loi écartée du débat, quelle est exactement la différence entre l'usage universel qui définit le juste et l'ἐπιεικές ? Une première différence saute aux yeux : à l'opposé des rudes conceptions archaïques dont parle M. Nussbaum, le juste concerne des actes positifs, bénéfiques pour la communauté et reconnus par elle (respecter ses parents, manifester de la reconnaissance à ses bienfaiteurs...), tandis que l'ἐπιεικές tolère des actes qui sont certes courants mais répréhensibles. Est-ce à dire que nous sommes sur le terrain de l'indulgence coupable ? Non : le défenseur tient à distinguer son cas de celui du méchant et avoue une faute, non une injustice. Il a des regrets mais non pas des remords. Quant au pardon qu'il demande, il relève de l'indulgence transitoire du père se souvenant de sa jeunesse et pardonnant pour garder intact le lien qui l'unit à son fils et pouvoir poursuivre ainsi son œuvre éducative.

Ainsi s'explique le troisième terme, l'utile, le συμφέρον, qui – dans le contexte « politique » de la rhétorique théorisée dans l'ouvrage[26] – renvoie sans doute préférentiellement à l'intérêt général. On comprend aisément la raison pour laquelle le pardon est *utile* du point de vue d'un jury populaire : c'est le moyen de couper court aux résurgences de la violence, et de sceller un pacte qui permettra d'œuvrer ensemble.

Pour la fin du passage cité ci-dessus (1444 a 14-16), je proposerais donc une traduction un peu différente de celle que j'ai publiée en 2002 : « Ajoute que c'est le fait d'un homme à la fois *compréhensif*, juste et soucieux de l'intérêt général, que de pardonner les fautes, etc. ».

Précisons aussi que – dans son contexte – cet appel au pardon est adressé aux membres d'un jury populaire et doit déboucher sur un vote. Politiquement, la convergence des trois normes : « compréhension », justice, intérêt, peut aboutir aussi à la définition d'un mode d'action collective et tracer le portrait du chef démocratique : il unit le groupe et le mène à l'action par la conformité de son comportement avec l'usage humain (la justice), sa reconnaissance souriante et gratuite des petites faiblesses de chacun – au détriment transitoire d'une applica-

25. Cette opposition n'est pas thématisée comme telle par Sophocle. Comme le dit F. Piazza dans l'article évoqué ci-dessus : « Entrambi (Antigone e Creonte) fanno riferimento ad un *nomos*, ad una legge che intendono rispettare ad ogni costo e con rigore » mais l'intrigue de la pièce a sûrement joué dans la spécification du lexique.

26. La *Rhétorique à Alexandre* commence par ces mots : « Il y a trois genres de discours politique », même si, dans la suite, la définition du συμφέρον est suivie d'une distinction entre intérêt collectif et intérêt particulier (1422 a 4-15).

tion rigide de la règle – (c'est l'ἐπιείκεια), par son souci de l'intérêt du groupe ainsi soudé.

Là est – à mes yeux – le contexte où l'ἐπιείκεια prend sa signification la plus familière, la plus complète et la plus authentique, en tout cas pour le IVe siècle. Dans le *Contre Callimakhos* (34), Isocrate oppose le respect des serments à deux raisons, qu'il rejette, pour lesquelles la règle pourrait être transgressée : ce sont la χάρις, qui renvoie à un lien réciproque, entre deux individus, fait de service rendus et de reconnaissance, et l'ἐπιείκεια. C'est bien indiquer que cette qualité sociale ne s'épanouit pas seulement dans le lien entre deux particuliers. Elle désigne une attitude de rejet d'une loi écrite qui a perdu sa plasticité et sa capacité d'adaptation aux circonstances, et – corollairement – de préférence marquée pour le groupe auquel on appartient, non seulement dans sa réalité humaine, mais aussi dans son dynamisme politique. Les retombées rhétoriques, en termes d'ἦθος, de ce genre de qualité, faite d'intelligence situationnelle et d'affects, peuvent être considérables.

Le bon citoyen doué d'ἐπιείκεια mérite d'exercer l'autorité parce qu'il a les qualités décrites dans les théories de l'esprit : non seulement l'empathie – qui est inter-individuelle et restreinte aux émotions –, mais la capacité plus globale de communiquer et de collaborer avec les autres hommes par des moyens rationnels ou non, discursifs ou non. On comprend qu'Aristote se soit intéressé à cette notion et qu'il l'ait inscrite non seulement dans son éthique mais dans la seconde strate, la plus « humaine, trop humaine », de sa *Rhétorique*.

LE SILENCE RHÉTORIQUE, D'APRÈS QUELQUES TRAITÉS GRECS

C'est rendre un risque, quand on est rhétoricien, que d'évoquer le « silence rhétorique ». Un tel oxymore expose aux *lazzi*. Dans un développement sur la métaphore, le Pseudo-Démétrios de Phalère cite Démosthène décrivant son collègue Python comme un *tsunami* de paroles impossible à endiguer : « alors à l'orateur Python qui se déversait (ῥέοντι) sur vous[1] [...] ». Le rhéteur se demande s'il fallait laisser la métaphore telle quelle, ou la transformer en comparaison, en ajoutant un prudent « pour ainsi dire » (ὥσπερ). Sans aucun doute, Démosthène a raison de ne pas alourdir son propos d'un modalisateur. Sa métaphore est immédiatement compréhensible, tant la déferlante de l'orateur importun qui ne sait pas se taire est une image familière.

Plus profondément, l'antagonisme entre Sparte la guerrière et Athènes la bavarde a contribué à faire de la rhétorique et de l'éloquence l'antithèse exacte de la concision et de l'action, comme si la parole, et surtout la parole travaillée, était plus creuse que le silence, et le silence un vide plus plein que toute parole. On voit cette dialectique à l'œuvre dans un autre passage du traité *Du Style* qui traite du style δεινός. Intraduisible passionnant que ce terme[2], qui désigne à la fois l'habileté, la force, l'efficacité d'un discours qui réussit à émouvoir l'auditeur et à l'influencer puissamment :

> L'expression d'un ordre est concise et brève (le maître qui parle à son esclave s'exprime par monosyllabes) tandis que l'expression d'une prière est longue, comme l'est aussi celle d'une plainte. Les Implorations, chez Homère, sont qualifiées de « boiteuses et ridées », du fait de leur lenteur, autrement dit de leur prolixité ; les vieillards sont prolixes, par faiblesse. Le message est beaucoup plus véhément (δεινός), ainsi exprimé avec brièveté, que s'ils l'avaient longuement étiré en disant : « Denys, qui fut jadis un tyran aussi puissant que toi, n'est pourtant plus aujourd'hui qu'un simple particulier résidant à Corinthe ». Ainsi développée en mots nombreux, l'expression n'a plus l'air d'un coup de semonce, mais d'une narration, on dirait quelqu'un qui donne un cours, non qui cherche à faire peur. En l'étirant ainsi, on dilue la violence du propos et sa vigueur. De même que les bêtes sauvages se ramassent sur elles-mêmes pour attaquer, de

1. Démétrios, *Du Style* (CHIRON 1993), 80, p. 272, citant Démosthène, *Sur la Couronne*, 136.

2. Sur les valeurs rhétoriques du grec δεινός, l'étude ancienne de VOIT 1934 a été critiquée, mais non remplacée.

même le discours doit être ramassé, comme enroulé sur lui-même pour atteindre à la véhémence[3].

L'image est saisissante du serpent venimeux qui prépare dans le silence une attaque foudroyante et non moins silencieuse. La force du discours est inversement proportionnelle au nombre de mots utilisés, conclusion que Démétrios tire explicitement : « la concision (συντομία) est tellement utile à ce caractère du style (*sc.* le style δεινός) que, souvent, il est même plus véhément de se taire »[4].

On constate au passage, dans ces quelques exemples, que le paradoxe du silence éloquent n'a pas conduit les rhéteurs à se taire, et il ne faut pas chercher longtemps avant de découvrir chez eux des considérations sur le silence.

Le champ est même assez vaste et quelques distinctions préalables s'imposent. Il faut d'abord, croyons-nous, faire la différence entre le silence *effectif*, qui se solde par une absence ou tout au moins une interruption de parole, et un silence plus *fictif*, plus intimement tressé à la parole, comme – par exemple – quand on « passe sous silence » quelque chose, tout en disant, bien sûr, autre chose.

Dans la première catégorie, on peut dissocier schématiquement deux silences : tout d'abord le silence qui n'est pas voulu mais subi. Dans les sources que nous avons consultées, il peut prendre deux formes. C'est d'abord le silence angoissant et honteux de l'orateur sec, incapable de parler ou réduit à *quia* par un adversaire plus habile. Aristote lui-même dans sa *Rhétorique* exprime plusieurs fois le souci d'*euporein* (εὐπορεῖν), d'avoir de quoi dire, et la crainte d'*aporein* (ἀπορεῖν), de manquer de matière, de rester sec[5], carence qui expose immédiatement l'orateur au chahut[6]. Le silence, dans ce cas, est assimilé à une sorte d'impuissance, et il fait honte. Cette angoisse est un corollaire logique du rôle décisif de la parole comme instrument de pouvoir et de défense dans l'Athènes classique. Il faut y voir aussi l'effet de l'indiscipline d'un public devenu exigeant et impatient, à force d'entendre des discours dans toutes les circonstances de la vie publique. On pourrait dire que toute la rhétorique est une machine de guerre contre ce silence subi, à moins qu'elle ne l'utilise contre l'adversaire, par l'apostrophe par exemple, figure dans laquelle le changement brusque d'interlocuteur[7] peut servir à intimider

3. Démétrios, *Du Style*, 7-8.

4. Démétrios, *Du Style*, 253.

5. Aristote, *Rhétorique*, 1318 a 29, 1366 a 20, 1368 a 19, 1385 a 14, 1403 a 36.

6. En 1419 a 16, il s'agit des moments du discours où l'on peut procéder à l'interrogatoire de l'adversaire : « Quatrième cas : quand il n'est pas possible à l'adversaire de nous réfuter sinon en répondant de manière sophistique, car s'il répond "c'est et ce n'est pas", ou "dans certains cas oui, dans certains cas non ", ou " c'est vrai d'une certaine manière, d'une autre non", le public le hue comme réduit à *quia* » (trad. CHIRON 2007, p. 521).

7. Ce sens ancien ne coïncide pas avec nos emplois du mot apostrophe (signe d'élision ou adresse véhémente), car le préfixe ἀπο- y a tout son sens. Le rhéteur Phoebammon écrit : « L'apostrophe de la personne consiste à adresser le discours à une personne à laquelle antérieurement nous ne parlions pas, comme quand, au tribunal, racontant l'affaire au magistrat, je me

ce dernier, ou à mettre le public au pied du mur, comme dans les pressantes questions oratoires si bien maniées par Démosthène.

Dans certaines circonstances, et quand il est collectif, ce silence mérite d'être dit « de mort », tel le silence pétrifié de l'Assemblée athénienne, à l'annonce de la prise d'Élatée par Philippe, quand la parole du héraut, la voix de la patrie en peine, résonne dans le vide, répétant en vain la formule consacrée : « qui veut prendre la parole ? »[8]. Ce silence n'était pas rhétorique, c'était celui du besoin de rhétorique. Plusieurs années plus tard, dans le discours *Sur la Couronne*, la rhétorique a répondu, quand Démosthène a mis en scène ce silence pour en faire le cadre dramatique de son intervention d'alors comme homme providentiel. En substance : il fallait un homme pour sauver la patrie ; au bout d'un long silence : « Il parut donc cet homme, ce jour-là, c'était moi »[9].

Le silence effectif, au sens où la parole est absente du lieu ou du moment où elle est attendue, n'est pas forcément subi et angoissant : il peut être non pas un vide du discours, mais plus plein que la parole énoncée, quand il prolonge, amplifie le propos commencé. Dans le cas de la réticence, en grec *aposiôpèsis* (ἀποσιώπησις) qu'il ne faut pas confondre avec la prétérition (παράλειψις), la parole s'interrompt quelques instants comme dans cette phrase de Démosthène : « Pour ma part… mais non, je ne veux rien dire de blessant. Lui, au contraire, m'accuse sans nécessité »[10]. Le procédé est d'autant plus efficace en termes de persuasion que les véritables auteurs du propos continué par le silence sont les auditeurs qui devinent et non l'orateur qui se tait. Sur le fonctionnement de la figure, Théophraste, cité par le Pseudo-Démétrios de Phalère, donne à la fois une clef et un principe général qui s'applique aussi à la prétérition et à d'autres cas d'ellipse : « il ne faut pas tout dire […], mais laisser à l'auditeur certaines choses à comprendre et à déduire par lui-même », car, commente Démétrios, « […] quand il (*sc.* l'auditeur) a compris ce que vous avez tu, il n'est plus seulement un auditeur, il devient votre témoin, et du coup il est mieux disposé : il se croit intelligent grâce à vous qui lui avez donné l'occasion de comprendre »[11]. Autrement dit, ce que les auditeurs comprennent, comme ils l'ont déduit eux-mêmes, ils en sont les auteurs et, fiers de leur intelligence, vous remercient en vous croyant non pas sur parole, justement, mais sur la foi de votre silence qui leur a permis une interprétation qu'ils croient libre.

Nous mettrons dans la même catégorie un silence particulièrement spectaculaire, celui que met en œuvre Hypéride dans sa défense de Phryné : l'épisode est bien

tourne vers l'adversaire et lui demande : "ce n'est pas vrai, ce que je dis ?" » (*De figuris*, p. 49, 29-50, 3 Spengel III).

8. Démosthène, *Sur la couronne*, 169 *sq.*

9. Démosthène, *Sur la couronne*, 173.

10. Démosthène, *Sur la couronne*, 3 (sous la forme citée par Démétrios, *Du Style*, 253).

11. Démétrios, *Du Style*, 222 (et Théophraste, fr. 696 Fortenbaugh *et al.*).

connu. Sanctionnant l'impuissance de la parole, l'orateur se tait et dévoile la beauté de l'accusée. C'est encore une sorte d'apostrophe, au sens où l'arrêt de la parole détourne l'attention vers un autre *medium* censé être plus éloquent encore[12]. On montre, faute de pouvoir démontrer. Mais la lecture silencieuse du visible n'est pas étrangère à la parole qui l'a préparée : la beauté dévoilée ne répond pas directement à l'accusation de prostitution qui pesait sur Phryné, elle déplace le débat sur le terrain d'un second chef d'accusation qui englobe le premier : l'accusation d'impiété. Le dévoilement, pour être silencieux, n'en est pas moins éloquent et il comporte un argument très précis. S'il s'était exprimé d'une manière discursive, Hypéride aurait pu dire : la beauté de cette jeune femme, vous le voyez tous, est divine, donc Phryné ne saurait être impie, et *a fortiori* elle ne saurait être une prostituée de bas étage. Peut-être renvoie-t-elle aussi les spectateurs du procès, qui sont des hommes, à leurs propres désirs et à leur complicité.

Cela, c'est pour le silence effectif, qui se marque par une véritable interruption de la chaîne parlée. Mais le silence n'est pas forcément sensible en tant que tel. Il peut être plus intimement tressé à la parole. Dans ce registre, le silence est d'abord le fond du tableau, le creux sur lequel se dessine le plein de la parole, structuralement lié à celle-ci, et sans lequel la chaîne parlée n'aurait ni unités distinctes saisissables par la perception et l'intellection, ni rythmes expressifs. Les Anciens ont bien compris qu'il n'y a pas de parole sans silence et, dans la théorie de la période, la distribution et la longueur des pauses joue un rôle tout à fait fondamental. Dans le *De ideis* (Περὶ ἰδεῶν) d'Hermogène de Tarse, cette question constitue une rubrique à part entière dans l'analyse rhétorico-critique des formes du discours[13].

Le silence est aussi, tout bonnement, l'occultation de ce que l'on veut ou doit cacher. Aelius Théon cite un cas où l'omission est l'auxiliaire indispensable de la moralité. Nous sommes dans un contexte scolaire. Il s'agit de l'exercice du récit, qui ne consiste pas seulement à raconter soi-même mais aussi à critiquer des récits entendus ou lus. On pourra ainsi critiquer un auteur pour ne pas avoir tu des faits moralement choquants :

> [...] il y a des événements qui n'auraient pas dû se produire et qu'il est opportun, s'ils se sont déjà produits, de passer sous silence ; par exemple si l'on disait que le Locrien Ajax a commis envers Athéna les impiétés qu'on rapporte, et qu'on admette qu'il ne connut ensuite aucun malheur, ni sur mer ni dans son pays, et qu'il mourut âgé et heureux[14].

12. Sur cet épisode célèbre raconté notamment par le Pseudo-Plutarque (*Vie des dix orateurs*, 849 E), voir l'Avant-propos « Phryné dévoilée » dans LÉVY et PERNOT 1997, p. 5-12.

13. Cf. Hermogène, *De ideis*, I 1, 32 *sq*. (PATILLON 2012a). Voir l'introduction de PATILLON 1997, p. 121 *sq*.

14. Aelius Théon, *Progymnasmata*, éd. PATILLON 1997c, p. 58 (la traduction est légèrement modifiée).

Cet Ajax, surnommé parfois Ajax le petit, est celui qui, lors de la chute de Troie, a arraché Cassandre à l'autel d'Athéna auprès duquel elle s'était réfugiée et ce faisant a fait tomber la statue de la déesse. Il est inconcevable qu'un méchant pareil ne soit pas puni, et si cela se produit, l'élève doit critiquer l'auteur de ne pas l'avoir caché.

Nous en avons assez dit pour suggérer que la rhétorique du silence est un thème qui peut prêter à de longs développements. Plutôt que d'esquisser une synthèse impossible, nous voudrions explorer quelques cas où les rhéteurs ont exploré les confins de leur discipline, ces moments où la parole peut et doit céder devant des modes de communication plus subtils, plus élevés ou plus intenses, tout en préparant et en exploitant, bien évidemment – c'est pourquoi il s'agit toujours de rhétorique – cette démission consentie.

Pour un premier exemple, nous nous appuierons sur la différence entre silence effectif et silence affecté. On pourrait dire que cette distinction n'est pas forcément la plus éclairante. On pourrait affirmer qu'au fond, les mécanismes de la prétérition (où l'on dit que l'on ne dira pas ce que finalement l'on dit quand même) et de la réticence (où l'on s'interrompt au moment de dire quelque chose) ne sont pas si différents. Le Pseudo-Démétrios de Phalère, en première analyse, pourrait nous conforter dans cette opinion, puisqu'il cite les deux figures l'une à la suite de l'autre comme des figures « de la même sorte », aptes toutes deux à rendre le discours δεινός. Après avoir cité une prétérition de Démosthène, Démétrios dit : « Dans cette phrase, l'orateur, qui a dit tout ce qu'il voulait, prétend qu'il n'en a pas parlé, comme s'il avait à dire d'autres choses plus fortes encore », et il enchaîne : « La figure traitée plus haut, la réticence, est de la même sorte ; elle aussi rendra le propos plus fort (δεινός) ». Mais en réalité la réticence a quelque chose de plus que la prétérition. Cette dernière, finalement, est très explicite, et elle comporte une ruse facile à éventer[15]. La réticence, quant à elle, voile d'un silence véritable le propos commencé, et en cela elle se rapproche de l'allégorie. Elle relève comme elle du sous-entendu mi-orienté, mi-indéchiffrable, elle participe peu ou prou de l'obscurité, qui a la capacité de mettre en branle non pas seulement les facultés déductives comme le fait toute ellipse mais l'*imagination* de l'auditeur :

> [...] tout ce qui est sous-entendu effraie davantage, et chacun l'interprète à sa façon ; au contraire, ce qui est clair et sans détour attire facilement le mépris, comme les gens tout nus. Voilà pourquoi les Mystères utilisent l'allégorie comme langage, pour que l'on soit frappé, que l'on frissonne, comme dans les ténèbres et la nuit[16].

Ce rapprochement entre l'allégorie et la réticence n'est pas forcé. Le passage que nous venons de citer précède immédiatement celui où Démétrios disait qu'il

15. Il n'est pas indifférent à cet égard que l'auteur de la *Rhétorique à Alexandre* classe la prétérition dans la rubrique de l'ironie (1434 a 17 *sq.*).

16. Démétrios, *Du Style*, 100-101.

est souvent plus fort de se taire. Dans ce texte, ce qui paraît le plus intéressant est le syntagme « chacun l'interprète à sa façon », en grec ἄλλος εἰκάζει ἄλλο τι, littéralement « chacun imagine quelque chose de différent », qui montre le lien entre le silence obscur et les phantasmes de chacun. Cette appropriation est ce qui permet de comprendre comment le silence peut être un multiplicateur d'émotion : le fait de s'arrêter dans son discours, de ne pas dire ce qu'il allait dire, permet à l'orateur de renvoyer l'auditeur à des suppositions, à des hypothèses herméneutiques conformes à ses hantises personnelles. On voit à quel point le classement de la réticence dans les figures du style δεινός est pertinent : par le silence, l'orateur prend possession d'un territoire qu'il ne connaît même pas, l'imaginaire de chacun de ses auditeurs.

Nous voudrions évoquer maintenant un développement du silence rhétorique un peu particulier, dans la mesure où il s'agit, plutôt que d'un silence effectif, d'un silence représenté, qui s'inscrit à la fois dans la continuité de l'anecdote de Phryné, puisqu'il sanctionne la défaite de la parole, et de l'épisode de la chute d'Élatée, dans la mesure où le silence est mis en scène. Car la rhétorique a dûment thématisé la défaite de la parole, l'échec consenti de la discursivité, le moment où, pour reprendre le beau titre de Marc Fumaroli, la rhétorique se met « à l'école du silence » et passe le relais discursivement au non-discursif. C'est l'un des points où s'établit la jonction la plus évidente entre rhétorique et littérature. Aristote écrit :

> Recours aussi, dans ce que tu dis, à ce qui trahit les émotions, en narrant les circonstances qui accompagnent les faits, celles que tout le monde connaît et celles qui s'attachent en propre ou bien à soi-même ou bien à la personne dont on parle. « Quand il partit, il me jeta un regard méchant ». Ou comme Eschine disant de Cratyle qu'il « sifflait violemment, agitant ses deux mains ». Ces évocations sont persuasives, parce que ce qu'on sait devient le symbole de ce qu'on ne sait pas. On peut en trouver un très grand nombre du même genre chez Homère : « Ainsi parla-t-elle. Et la vieille femme prit son visage dans ses mains »[17]. Car ceux qui se mettent à pleurer se couvrent les yeux[18].

Le passage est émouvant d'abord parce qu'il cite l'épisode bien connu des pleurs d'Euryclée, la vieille nourrice d'Ulysse, bouleversée parce qu'elle vient d'entendre Pénélope parler de son maître et nourrisson – sans savoir qu'il est devant elle – et que cette évocation lui fait cruellement sentir son absence et son impuissance à l'aider. Mais nous sommes, avec Aristote, dans l'atelier de l'artiste. Ce que l'orateur, le poète ou le metteur en scène, chacun avec ses moyens de représentation, verbaux ou visuels, peut faciliter, c'est un regard sur autrui qui permette d'accéder à sa subjectivité. En permettant l'identification des codes extérieurs de la souffrance intime, le geste de repli sur soi, signe à la fois du débordement de l'émotion et de la pudeur, l'artiste, ou l'orateur, donne naissance à un syllogisme (les gens qui souffrent se cachent le visage, or cette personne se cache le visage, donc elle souffre) qui se mue en syllogisme pratique, dans la mesure où le spectateur ou l'auditeur,

17. Homère, *Odyssée*, XIX 361.
18. Aristote, *Rhétorique*, III 16, 1417 a 36 *sq.*

qui ont connu la même expérience, tendent alors à éprouver la même émotion. Pour décrire plus précisément ce mécanisme, Aristote utilise le mot *symbole*, qu'il emploie rarement. Le mot, croyons-nous, est employé ici au plus près de son sens propre : le symbole est un objet que l'on brise et dont les deux parties à nouveau rapprochées servent de signe de reconnaissance. Il s'agit en l'occurrence de la reconnaissance de l'humain chez l'autre par le rapprochement des expériences, ce qui fait naître la sympathie, au sens le plus fort du terme. La parole sert à créer une image silencieuse, un espace muet où les deux pièces du symbole se reconnaissent comme jointives, un espace de communication et d'échange où cette sympathie peut se vivre sans qu'un seul mot soit échangé.

On retrouve ce mécanisme, *mutatis mutandis*, dans le traité *Du Sublime*, comme en écho aux théories du style δεινός qu'on a lues chez le Pseudo-Démétrios de Phalère, à cette différence près que, chez le Pseudo-Longin, le discours puissant et efficace se voit enrichi d'une dimension supplémentaire, celle de l'enthousiasme, élaborée, d'après Platon, par des philosophes médio-stoïciens comme Posidonios d'Apamée.

L'une des sources du sublime, d'après le Pseudo-Longin, est le μεγαλοφυές[19], la grandeur naturelle, définie comme l'absence totale de préoccupations mesquines ou serviles, la dévotion permanente à des pensées et à des actions dignes d'être admirées et de passer à la postérité. Dans le mot μεγαλοφυές, l'élément le plus important est le second, -φυές. Il ne s'agit pas d'art, mais de nature. Par conséquent, cette grandeur ne se communique pas par le canal de la discursivité. Elle ne relève pas de la rhétorique, sinon d'une rhétorique qui se subvertit elle-même pour parvenir à ses fins. On se souvient de la magnifique formule : ὕψος μεγαλοφροσύνης ἀπήχημα, « le sublime est l'écho (ou : la résonance) de la grandeur d'âme »[20]. Comme par hasard, en grec c'est une phrase nominale, et le Pseudo-Longin, qui est aussi un écrivain inspiré[21], semble fournir à la fois la définition et l'exemple. La conséquence est que l'expression du sublime peut être la pensée nue, telle qu'illustrée dans la définition, voire le silence. Mais citons :

> C'est pourquoi, même sans mots (καὶ δίχα φωνῆς), on admire parfois une pensée nue (ψιλή), réduite à elle-même, en raison seulement de la grandeur d'âme qu'elle exprime, comme le silence d'Ajax dans la *Nékyia* (Homère, λ 563), silence grand, plus sublime que tout discours[22].

Une fois de plus, Homère est le grand maître, et il est vrai que le passage du chant XI de l'*Odyssée* sait mettre en contraste le noble silence d'Ajax et le flot de paroles doucereuses d'Ulysse qui cherche à s'excuser d'avoir remporté les armes d'Achille, comme s'il était le plus valeureux des guerriers, et d'en avoir dépouillé

19. Pseudo-Longin, *Du Sublime* IX 1.

20. *Subl.* IX 2.

21. Il tient d'ailleurs à se distinguer des « technographes » (voir *Subl.* XII 1).

22. *Subl.* IX 1-2 (trad. Lebègue légèrement modifiée).

Ajax le grand, le champion véritable. À cette forte antithèse s'ajoute l'effet amplificateur de l'ellipse et quelque chose de la communication muette décrite par Aristote à propos d'Euryclée. Le passage vaut aussi, comme l'indique le Pseudo-Longin, par la grandeur morale du personnage, qui ne s'abaisse pas aux reproches et supporte stoïquement l'injustice.

Sur le silence dans le *Traité du Sublime*, voilà tout : la partie concernant les figures, comme on sait, a été gravement amputée par la perte de quatre pages de l'archétype à partir de la fin du chapitre XVIII. Si l'on en juge par la qualité de la notice sur l'hyperbate, par exemple, il devait s'y trouver des remarques intéressantes sur la prétérition et la réticence, mais elles sont perdues.

Dans le corpus hermogénien, le silence apparaît d'abord dans le *De inuentione*, mais sous sa forme la plus fictive et de manière un peu anecdotique. Nous ne nous y attarderons pas, sinon pour remarquer qu'il s'agit des moyens de rendre le style noble (σεμνός), ce qui confirme le tropisme du silence rhétorique dans deux directions : non seulement la force, mais aussi la grandeur, la distinction. Citons ce passage :

> Une façon de l'obtenir (*sc.* la noblesse) est donc d'employer un nom pour un autre ; mais souvent aussi on ne dit même pas la chose, si elle est tout à fait vile, mais on dit ce qui précède ou ce qui suit d'ordinaire la chose vile, et on signifie nécessairement par là, avec évidence et noblesse, cela même qu'on a tu : avec noblesse, parce que ce n'est pas dit, et avec évidence, parce que ce qui l'encadre y fait penser ; ainsi chez Homère : « Il défit sa ceinture virginale, lui versa le sommeil » (λ 245). « Et elle, devenue féconde » (λ 254), eut les enfants qu'il avait dits. Ici en effet il a signifié les relations intimes en disant ce qui précéda ces relations : « il défit sa ceinture virginale », et en ajoutant ce qui les suit : « et elle, devenue féconde »[23].

Le rhéteur est un peu lourd dans l'explicitation et n'est pas très honnête non plus. En réalité, Homère évoque explicitement l'union charnelle entre Poséidon et Tyro (au vers 246 : φιλοτήσια ἔργα). Mais l'important n'est pas là. Ce passage montre que le silence bien orienté permet de tout dire tout en sauvant les apparences et qu'il contribue ainsi à un discours noble et digne.

Plus substantielles sont les indications du *De ideis*, ouvrage qui renferme le système stylistique le plus raffiné que nous ait légué l'Antiquité. C'est un système à double vocation, rhétorique et critique. Comme traité de critique littéraire, le *De ideis* s'attache à la fois à analyser et à caractériser le style des grands auteurs qui peuvent servir de modèles. Comme on le sait, il place au sommet Démosthène. Sous l'angle rhétorique, Hermogène s'applique à dénombrer toutes les formes (ἰδέαι) possibles d'illocution, ou intentions expressives, et à présenter les composants qui permettent de les obtenir, tant en termes de contenu que de procédés stylistiques. Les figures de prétérition et de réticence interviennent plusieurs fois.

23. Ps.-Hermogène, *De inventione* IV 11, 4-5 (PATILLON 2012), trad. M. Patillon.

L'exemple de réticence donné plus haut, que Démétrios empruntait au début du *Sur la Couronne*, reparaît dans la rubrique du discours spontané, lequel relève du discours sincère, ou discours vrai, une forme du discours associée intimement à l'ἦθος, qui désigne quant à lui la qualité d'un discours qui rend celui qui le prononce digne de foi. En d'autres termes, en intégrant au discours des silences adventices, des hésitations, en affrontant courageusement le silence impuissant de celui qui ne sait pas quoi dire, l'orateur se montre comme sincère, ce qui donne à son discours de la crédibilité. Mais citons ce passage où la réticence est associée à l'embarras (διαπόρησις) :

Une autre figure spontanée (ἐνδιάθετον [...] σχῆμα) se rencontre encore dans l'*embarras* du genre que voici : « Après cela, ô... mais que dire pour t'appeler par ton vrai nom ? » [l'innommable est Eschine , bien sûr, *Sur la couronne*, 22] [...] Démosthène n'a pas averti de son embarras, mais [...] a montré l'émotion qu'il ressentait dans son discours même. [...] La *réticence* relève aussi du discours spontané et vraiment comme venu du cœur. En voici des exemples : « Pour moi – mais *je ne veux rien dire* de fâcheux au début de mon discours. »[24]

Un peu plus loin, Hermogène commente un exemple analogue par ces mots : « Démosthène a amplifié la spontanéité au moyen du commentaire personnel »[25]. Ce qui est intéressant ici est l'association de l'embarras ou de la réticence en acte, puisque le discours est effectivement suspendu, et de la mise au jour de l'activité métadiscursive, puisque l'orateur s'interroge publiquement sur ce qu'il doit dire. En d'autres termes, l'orateur hésite vraiment, puis enchaîne en faisant participer le public à son hésitation[26]. L'effet recherché, et sans doute obtenu, grâce au bref moment de silence suivi, et non précédé, d'un commentaire, est d'une véridicité parfaite, liée à la parfaite adéquation entre la parole, ou le manque de parole, spontané et la parole réfléchie.

La prétérition intervient dans le même genre de situation. Elle est répertoriée comme figure de la *modération* (ἐπιείκεια), qui constitue l'une des ἰδέαι communes à la sincérité et à l'ἦθος. L'équivalent « modération » est un pis-aller, car ἐπιείκεια est un intraduisible aussi redoutable, sinon plus, que δεινός. Il s'agit d'une vertu propre au citoyen dont l'attitude dans les conflits est dictée par le souci du bien commun. Le citoyen ἐπιεικής n'est ni agressif, ni partisan, ni raide dans l'application du droit. Il recherche le consensus, se montre compréhensif devant les fautes d'autrui, ne se met pas en avant et contribue ainsi, par son action et son exemple, à la solidité du lien social[27]. Ce qui est remarquable aussi dans le passage que nous allons citer est que l'analyse devient plus précise et rigoureuse. La prétérition continue à s'opposer à la réticence, dans la mesure où, dans la prétérition, la chaîne parlée ne s'interrompt pas, mais elle se divise en deux

24. Hermogène, *De ideis*, II 7, 35 (PATILLON 2012a), trad. Patillon.

25. Hermogène, *De ideis*, II 7, 37 (PATILLON 2012a), trad. Patillon.

26. Voir sur ce point PATILLON 1997, p. 457, n. 6.

27. Sur cette question complexe, voir CHIRON 2015, reproduit dans ce volume p. 63 *sq.*

catégories selon que l'omission déclarée est réelle ou feinte, selon que l'on dit ou pas ce que l'on déclare ne pas dire. Mais citons plutôt :

La première méthode de la modération (ἐπιείκεια) est celle que nous avons dite ci-dessus ; vient ensuite la méthode par prétérition. Il semble en effet qu'il y a quelque modération à laisser de côté volontairement tout ce qu'on a à dire contre son adversaire ou en faveur de soi-même. Et cette méthode a une grande crédibilité du fait de l'évidente modération que possèdent les prétéritions. Elles se font, disais-je, dans les deux cas, dans l'attaque et dans la défense ; elles se font en outre de deux façons [...] : ou bien en effet Démosthène laisse ces choses complètement de côté, ou bien il en parle sans rien préciser, se contentant d'une indication et d'une sorte d'addition d'un indéfini. Par exemple : « et *ce sur quoi* (περὶ ὧν) il y a controverse pour savoir s'il en a parlé dans l'intérêt de notre Cité, je n'en dirai rien » (Démosthène, *Sur la couronne*, 131) [...]. Ou bien donc il procède ainsi, ou bien il ne garde de la prétérition que la méthode, et n'en dit pas moins les choses, par exemple : « et je ne saurais rien en dire, ni des gens que j'ai rachetés à l'ennemi, ni des pauvres que j'ai aidés à doter leurs filles » (*Sur la couronne*, 268) ; et encore : « Je ne dis rien ni d'Olynthe, ni de Méthone ni d'Apollonie ni de trente-deux villes de Thrace » (*3e Philippique*, 26), etc. Celle de ces prétéritions qui dit quand même les choses, comme : « ni d'Olynthe », etc., produit seulement, avec l'ἦθος, de la crédibilité ; en revanche, celle qui n'en fait rien, comme : « et ce sur quoi il y a controverse pour savoir s'il a parlé dans l'intérêt de notre cité, je n'en dirai rien », produit outre la crédibilité (ἀξιοπιστία) et l'ἦθος une expansion (περιβολή) en raison de l'addition de l'indéfini (ἀόριστος)[28].

Le lien de la prétérition avec la modération est clair. Ne pas dire tout ce que l'on pourrait dire contre l'autre évite les offenses, les attaques trop brutales, qui exacerbent les conflits. Ne pas dire tout ce que l'on pourrait dire pour se vanter évite d'irriter le public[29]. Le gain en crédibilité est clair, lui aussi : ne pas dire, ou ne dire presque rien alors qu'on pourrait dire beaucoup renforce, par un paralogisme, la véridicité du peu que l'on dit.

Plus surprenant est ce terme de complication (περιβολή[30]), lié à l'emploi d'un terme flou, d'un indéfini, pour désigner ce que l'on omet. Car, dans le système des ἰδέαι, la complication apparaît dans un tout autre domaine que celui de la sincérité, et ce domaine est celui de la grandeur. La complication, en réalité, s'oppose à la clarté comme la grandeur un peu mystérieuse s'oppose à la trivialité des gens déshabillés. On retrouve donc ici, dans le flou de cette forme de prétérition, l'une des vertus du silence rhétorique décrit par le Pseudo-Démétrios de Phalère : il impressionne et effraie. Se dessine ainsi, au travers d'une typologie stylistique, un portrait d'homme politique, bien éloigné de la réalité grossière que nous vivons : par la prétérition, l'orateur se montre à la fois réservé et respectueux d'autrui, soucieux de vérité mais ennemi de toute violence, et en même temps digne, et même impressionnant par la légère aura de mystère qui entoure sa réserve.

28. Hermogène, *De ideis*, II 6, 19-22 (PATILLON 2012a), trad. M. Patillon.

29. PERNOT 1998.

30. Sur ce point, voir PATILLON 2010, p. 237-239.

Au total, la rhétorique ancienne, si bavarde soit-elle, s'est donc suffisamment mise à l'école du silence pour concevoir des stratégies où l'auditeur, face à un orateur qui s'interrompt, opère des déductions dont il est fier, alors même qu'il est captif des données qu'on lui a fournies. Elle a surtout joué du silence pathétique et éthique, sur un curseur qui mène de l'indicible le plus obscur, le plus effrayant ou le plus émouvant – comme le sublime silence d'Ajax – au silence le plus sociable, le plus civilisé. L'orateur qui se tait secrète le mystère, il impressionne, il effraie, et affirme son autorité jusque sur l'imaginaire de l'auditeur. Mais il renvoie aussi chacun à une norme sociale et politique de discrétion, de retenue, de respect mutuel, voire de dignité et de grandeur.

On peut sourire de ces analyses minutieuses de la rhétorique tardo-antique et longtemps on les a considérés comme décadentes. On se rend compte aujourd'hui qu'elles ont contribué à forger les valeurs raffinées d'un empire de mille ans, l'empire byzantin[31]. Bien plus tard, grâce à Georges de Trébizonde, elles passeront en Occident et contribueront à irriguer la Renaissance[32].

31. Sur l'importance du corpus hermogénien dans la civilisation byzantine, voir KUSTAS 1973.

32. Sur Georges de Trébizonde, passeur d'Hermogène en Occident, voir MONFASANI 1976.

BIBLIOGRAPHIE GÉNÉRALE

ADAMIK T., 1984, « Aristotle's theory of the period », *Philologus*, 128, p. 184-201.

ADAMS C. D. (trad.), 1905, Lysias, *Selected Speeches*, New York.

AMATO E., SCHAMP J. (éd.), 2005, *ÈTHOPOIIA. La représentation de caractères entre fiction scolaire et réalité vivante à l'époque impériale et tardive*, Salerne.

AOUAD M. (éd.), 2003, *Commentaire moyen d'Averroès*, 3 vol., Paris.

ARNAULD A., NICOLE P., 1992, *La Logique ou l'Art de penser*, Paris (1re éd. 1662).

AUBENQUE P., 1994, *Le problème de l'être chez Aristote*, Paris (1re éd. 1962).

AUBENQUE P., 1997, *La prudence chez Aristote*, Paris (1re éd. 1963).

AUGELLO G., 1981, « Alcuni travisamenti dell'oxymoron in Apuleio », *in Letterature comparate. Problemi e metodo. Studi in onore di E. Paratore*, Bologna, p. 755-761.

AUJAC G. (éd.), 1992, Denys d'Halicarnasse, *Opuscules rhétoriques*, t. V, Paris.

AX W., 1986, « *Quadripertita ratio*. Bemerkungen zur Geschichte eines aktuellen Kategoriensystems (*adiectio, detractio, transmutatio, immutatio*) », *in* D. J. Taylor (dir.), *The History of Linguistics in the Classical Period*, Amsterdam, p. 191-214.

BALLAIRA G. (éd.), 1968, *Tiberii De figuris Demosthenicis libellus cum deperditorum operum fragmentis*, Rome.

BALLAIRA G., 1968a, « La dottrina delle figure retoriche in Apollodoro di Pergamo », *QUCC*, 5, p. 37-91.

BARATIN M., DESBORDES F., 1981, *L'analyse linguistique dans l'Antiquité classique*, I, Paris.

BARTHÉLEMY SAINT-HILAIRE J. (trad.), 1870, *Rhétorique d'Aristote, traduite en français et accompagnée de notes perpétuelles avec La Rhétorique à Alexandre (apocryphe) et un appendice sur l'Enthymème*, Paris.

BARTHES R., 1970, « L'Ancienne rhétorique. Aide-mémoire », *Communications*, 16, p. 172-223.

BARTHES R., 1982, *L'obvie et l'obtus*, Paris.

BARWICK K., 1966, « Die *Rhetorik ad Alexandrum* und Anaximenes, Alkidamas, Isokrates, Aristoteles und die Theodekteia I », *Philologus*, 110, p. 212-245.

BARWICK K., 1967, « Die *Rhetorik ad Alexandrum* und Anaximenes, Alkidamas, Isokrates, Aristoteles und die Theodekteia II », *Philologus*, 111, p. 47-55.

BAUDELAIRE C., 1864, *Petits poèmes en prose*, Paris.

BAYET J., 1965, *Histoire de la littérature latine*, 2e éd., Paris.

BILLAULT A., 2004, « Théorie et pratique des figures dans le traité *Du Sublime* », *in* M. S. Celentano, P. Chiron, M.-P. Noël (dir.), *Skhèma/Figura. Formes et figures chez les Anciens*, Paris, p. 301-314.

BLAß F., 1892, *Die attische Beredsamkeit*, II^2, Leipzig.

BODÉÜS R., 1996, *Aristote : la justice et la cité*, Paris.

BODÉÜS R., 2002, *Aristote*, Paris.

BODÉÜS R. (trad.), 2004, Aristote, *Éthique à Nicomaque*, Paris.

BOISSONADE J.-F. (éd.), 1815, Tiberius rhetor, *De figuris, altera parte auctio, una cum Rufi Arte rhetorica*, Londres.

BOMPAIRE J., 1984, « L'apothéose de Démosthène, de sa mort jusqu'à l'époque de la IIe sophistique », *BAGB*, 1, p. 14-26.

BOMPAIRE J., 2000, *Lucien écrivain. Imitation et création*, Paris-Turin (1re éd. 1958).

BORNECQUE H. (trad.), 1992, Sénèque le Père, *Sentences, divisions et couleurs des orateurs et des rhéteurs*, Paris (1re éd. 1902).

BRAET A. C., 1996, « On the Origin of Normative Argumentation Theory : The Paradoxical Case of the *Rhetoric to Alexander* », *Argumentation*, 10, p. 347-359.

BRISSON L. (trad.), 1993, Platon, *Lettres*, Paris.

BROOKS E. (éd.), 1970, *P. Rutili Lupi De figuris sententiarum et elocutionis liber*, Leyde.

BROTTIER L., 1993, « L'Image d'Antioche dans les homélies *Sur les Statues* de Jean Chrysostome », *REG*, 106, p. 619-635.

BRUN P., 2000, *Démade. Essai d'histoire et d'historiographie*, Bordeaux.

BRUNET Ph., 1997, *La naissance de la littérature dans la Grèce ancienne*, Paris.

BRUNSCHWIG J. (éd.), 1967, Aristote, *Topiques*, tome I, livres I-IV, Paris.

BRUNSCHWIG J., 1996, « Aristotle's *Rhetoric* as a "counterpart" to Dialectic », *in* A. Oksenberg Rorty (dir.), *Essays on Aristotle's Rhetoric*, Berkeley-Los Angeles-London, p. 34-55.

BRUNSCHWIG J., 1996a, « Rule and Exception : The Aristotelian Theory of Equity », *in* M. Frede, G. Striker (dir.), *Rationality in Greek Thought*, New York, p. 115-155.

BRUNSCHWIG J., 2003, « Aspects de la polémique philosophique en Grèce ancienne », *in* G. Declercq, M. Murat, J. Dangel (dir.), *La parole polémique*, Paris, p. 25-46.

BRUNSCHWIG J. (éd.), 2007, Aristote, *Topiques,* t. II, Paris.

BÜCHNER H., 1951, *Das Oxymoron in der griechischen Dichtung von Homer bis in die Zeit des Hellenismus mit einem Überblick über seine Entwicklung*, thèse de doctorat, Université de Tübingen.

BYWATER J. (éd.), 1894, Aristotle's *Ethica Nicomachea*, Oxford.

CALAME C., 1986, *Le Récit en Grèce ancienne*, Paris.

CALBOLI G., 1998, « From Aristotelian λέξις to *elocutio* », *Rhetorica*, 16, p. 47-80.

CALBOLI MONTEFUSCO L., 1984, *La dottrina degli « status » nella retorica greca e romana*, Bologna.

CANTO-SPERBER M., 2007, Platon, *Gorgias*, Paris.

CARLIER P., 1990, *Démosthène*, Paris.

CASSIN B. (dir.), 2004, *Vocabulaire européen des philosophies. Dictionnaire des intraduisibles*, Paris.

CASSIN B., 1997, « Procédures sophistiques pour construire l'évidence » *in* C. Lévy, L. Pernot (dir.), *Dire l'évidence*, Paris, p. 15-29.

CELLIER L., 1965, « D'une rhétorique profonde : Baudelaire et l'oxymoron », *Cahiers internationaux de symbolisme*, 8, p. 3-14.

CHANTRAINE P., 2009, *Dictionnaire étymologique de la langue grecque : histoire des mots*, Paris (1re éd. 1968).

CHIRON P., 1998, « À propos d'une série de *pisteis* dans la *Rhétorique à Alexandre* (Pseudo-Aristote, *Rh. Al.*, chap. 7-14), *Rhetorica*, 16, p. 349-391.

CHIRON P., 1999, « La période chez Aristote », *in* Ph. Büttgen, S. Diebler, M. Rashed (dir.), *Théories de la phrase et de la proposition, de Platon à Averroès,* Paris, p. 103-130.

CHIRON P., 2000, « La tradition manuscrite de la *Rhétorique à Alexandre* : prolégomènes à une nouvelle édition critique », *RHT*, 30, p. 17-69.

CHIRON P., 2000a, « Quelques observations sur la théorie du discours figuré dans la *Tekhnè* du Pseudo-Denys d'Halicarnasse », *in* L. Calboli Montefusco (dir.), *Papers on Rhetoric*, III, Bologna, p. 75-94.

CHIRON P., 2001, *Un rhéteur méconnu, Démétrios (Pseudo-Démétrios de Phalère). Essai sur les mutations de la théorie du style à l'époque hellénistique*, Paris.

CHIRON P. (éd., trad.), 2002, Pseudo-Aristote, *Rhétorique à Alexandre*, Paris.

CHIRON P., 2003, « La doctrine critique du rhéteur Tibérios », *REG*, 116, p. 494-536.

CHIRON P., 2003a, « Les rapports entre persuasion et manipulation dans la théorie du discours figuré », *in* S. Bonnafous, P. Chiron, D. Ducard, C. Lévy (dir.), *Argumentation et discours politique*, Rennes, p. 165-174.

CHIRON P., 2003b, « À propos de l'hyperbole et de la rage taxinomique », *in* M. S. Celentano (dir.), *Ars / Techne. Il manuale tecnico nelle civiltà greca e romana*, Chieti, p. 187-206.

CHIRON P., 2006, « Tibérios citateur de Démosthène », *in* L. Ciccolini, C. Guérin *et alii* (dir.), *Réceptions antiques. Lecture, transmission, appropriation intellectuelle*, Paris, p. 107-129.

CHIRON P. (trad.), 2007, Aristote, *Rhétorique*, Paris.

CHIRON P., 2007a, « *Rhetoric to Alexander* », *in* I. Worthington (dir.), *The Blackwell Companion to Greek Rhetoric*, Malden-Oxford-Victoria, p. 90-106.

CHIRON P., 2008, « La *Rhétorique* d'Aristote est-elle un traité de rhétorique ? », *in* L. Calboli Montefusco (dir.), *Papers on Rhetoric*, IX, Rome, p. 77-90.

CHIRON P., 2010, « Citations et doctrine rhétorique dans le *De Figuris* d'Alexandros », *in* L. Calboli Montefusco (dir.), *Papers on Rhetoric*, X, Rome, p. 89-104.

CHIRON P., 2010a, « Les noms du style chez Démétrios (Pseudo-Démétrios de Phalère) : collection ou système ? », *in* P. Chiron, C. Lévy (dir.), *Les Noms du style*, Louvain-Paris-Dudley, p. 71-85.

CHIRON P., 2010b, « La *doxa* chez Isocrate : "philosophie", idéologie, littérature », *in* P. Hummel (dir.), *Doxa. Études sur les formes et la construction de la croyance*, Paris, p. 15-35.

CHIRON P., 2010c, « Le stoïcisme de la stylistique de Démétrios de Phalère » *in* M. Baratin, C. Lévy, R. Utard, A. Videau (dir.), *Stylus : la parole dans ses formes. Mélanges en l'honneur du professeur Jacqueline Dangel*, Paris, p. 227-245.

CHIRON P., 2011, « Relative Dating of the *Rhetoric to Alexander* and Aristotle's *Rhetoric* : A Methodology and Hypothesis », *Rhetorica*, 29, p. 236-261.

CHIRON P., 2012, « Rhétorique et littérature : le cas du *Peri hermeneias* (Ps. Démétrios de Phalère) », *Pan*, NS 1, p. 71-80.

CHIRON P., 2013, « L'Abeille attique », *in* P. Pontier (dir.), *Xénophon et la rhétorique*, Paris, p. 295-318.

CHIRON P., 2015, « Aristote rhéteur ? », *in* B. Cassin (dir.), *La rhétorique au miroir de la philosophie. Définitions philosophiques et Définitions rhétoriques de la rhétorique*, Paris, p. 111-125.

CHROUST A. H., 1964, « Aristotle's earliest "Course of lectures on rhetoric" », *AC*, 33, p. 58-72.

CLAVAUD R., 1980, *Le Ménexène de Platon et la rhétorique de son temps*, Paris.

COLE T., 1991, « Who Was Corax ? », *ICS*, 16, p. 65-84.

COLE T., 1991, *The Origins of Rhetoric in Ancient Greece*, Baltimore.

COPE E. M., 1867, *An Introduction to Aristotle's Rhetoric*, London.

COPE E. M. (éd.), 1877, *The Rhetoric of Aristotle, with a Commentary*, revised and edited by J. E. Sandys, 3 vol., Cambridge.

CRAIG A. G., 2002, *Interpreting a Classic. Demosthenes and his ancient Commentators*, Berkeley-Los Angeles-London.

CRESSOT M., 1959[4], *Le Style et ses techniques*, Paris.

CROISET M., 1967, Démosthène, *Harangues II*, Paris (1re éd. 1925).

CRUBELLIER M., PELLEGRIN P., 2002, *Aristote. Le philosophe et les savoirs*, Paris.

CYRULNIK B., 2002, *Un Merveilleux malheur*, Paris.

DAIN A., 1965, *Traité de métrique grecque,* Paris.

DALIMIER C. (éd.), 2001, Apollonios Dyscole, *Traité des conjonctions*, Paris.

DARBO-PESCHANSKI C. (dir.), 2004, *La citation dans l'Antiquité*, Actes du colloque du PARSA, Lyon, ENS LSH, 6-8 novembre 2002, Grenoble.

DEHON, P.-J., 1994, « *Torrida hiems* (à propos de Calpurnius, V, 107-108) », *Revue de Philologie*, 68, p. 131-134.

DELATTRE D., 1994, article « Damon d'Athènes », *in* R. Goulet (dir.), *Dictionnaire des Philosophes antiques*, II, Paris, p. 600-607

DEMONT P., 2003, « Théorie et pratique du style périodique chez Isocrate », *in* M. S. Celentano, P. Chiron, M.-P. Noël (dir.), *Skhèma / Figura. Formes et figures chez les Anciens. Rhétorique. Philosophie. Littérature. Actes du Colloque de Créteil et de Paris*, p. 77-87.

DEMONT P., 2005, « La mélancolie dans l'Antiquité : de la maladie au tempérament », *in* J. Clair (dir.) *Mélancolie. Génie et folie en Occident*, Paris.

DENTICE DI ACCADIA S. (trad.), 2010, Pseudo-Dionigi di Alicarnasso, *I Discorsi Figurati I e II (Ars Rhet. VIII e IX Us.-Rad.)*, Pise.

DESBORDES F., 1986, « L'argumentation dans la rhétorique antique : une introduction », *Lalies*, 8, p. 82-84

DESBORDES F., 1993, « Le Texte caché : problèmes figurés dans la déclamation latine », *REL*, 71, p. 73-86.

DESBORDES F., 1996, *La rhétorique antique*, Paris.

DESPROGES P., 1985, *Des femmes qui tombent*, Paris.

DIXSAUT M., 1986, « Isocrate contre des sophistes sans sophistique », *in* B. Cassin (dir.), *Le plaisir de parler. Études de sophistique comparée*, Paris, p. 63-85.

DORANDI T., 2000, *Le stylet et la tablette. Dans le secret des auteurs antiques*, Paris.

DORION L. A., 1990, *Les Réfutations Sophistiques d'Aristote : Introduction, Traduction et Commentaire*, Thèse Paris I.

DORION L. A. (trad.), 1995, Aristote, *Les réfutations sophistiques*, Introduction, traduction et commentaire, Paris.

DOUAY-SOUBLIN F., 1994, « Les Figures de rhétorique : actualité, reconstruction, remploi », *Langue française*, 101, p. 13-34.

DOVER K. J., 1997, *The Evolution of Greek Prose Style*, Oxford.

DRÄGER P., 1998, art. « Kolon » *in* G. Ueding (dir.), *Historisches Wörterbuch der Rhetorik,* Bd 4, col. 1138-1152, Tübingen.

DRÄGER P., 2006, art. « Periode », *in* G. Ueding (dir.), *Historisches Wörterbuch der Rhetorik,* Bd. 6. col. 750-760, Tübingen.

DUBOIS J., LAGANE R. *et al.*, 1971, *Dictionnaire du français contemporain*, Paris.

DUPONT F., 1987, « Le sujet du discours politique en Grèce et à Rome », *Lalies*, 5, p. 265-274.

DUPONT-ROC R., LALLOT J. (trad.), 1980, Aristote, *Poétique*, Paris.

DÜRING I., 1961, *Aristotle's Protrepticus. An Attempt at Reconstruction*, Göteborg.

ERNESTI J. C. G., 1795, *Lexicon technologiae Graecorum rhetoricae*, Leipzig (Hildesheim 1983).

ERNOUT A., MEILLET A. 1967. *Dictionnaire étymologique de la langue latine. Histoire des mots*, Paris.

FEHLING D., 1968, « ΝΥΚΤΟΣ ΠΑΙΔΕΣ ΑΠΑΙΔΕΣ A. Eum. 1034 und das sogenannte Oxymoron in der Tragödie », *Hermes*, 96, p. 142-155.

FONTANIER P., 1977, *Les Figures du discours*, Paris (reproduction de deux ouvrages, l'un sur les tropes [Paris, 1830[4]], l'autres sur les « non-tropes » [Paris, 1827]).

FORSTER E. S. (trad.), 1924, *Rhetorica ad Alexandrum, in* W. D. Ross (dir.), *The Works of Aristotle transl. into English*, vol. XI, Oxford (rééd. 1984).

FORTENBAUGH W. W., 2007, « Aristotle's Art of Rhetoric », *in* I. Worthington (dir.), *The Blackwell Companion to Greek Rhetoric*, Malden-Oxford-Carlton, p. 107-123.

FOWLER R. L., 1982, « Aristotle on the Period (*Rhet.* 3. 9) », *CQ*, 32, p. 89-99

FRAISSE J.-C., 1974, Φιλία. *La notion d'amitié dans la philosophie antique. Essai sur un problème perdu et retrouvé*, Paris.

FUHRMANN M., 1960, *Das systematische Lehrbuch*, Göttingen.

FUHRMANN M. (éd.), 1966, *Anaximenis Ars Rhetorica*, Leipzig.

FUZIER H., 2002, *Le trope, en relation avec le De tropis de Charisius. Essai de mise en perspective historique du concept depuis l'Antiquité gréco-latine jusqu'à la fin du XXe siècle*, thèse dactylographiée, Université Paul Valéry-Montpellier III.

GAGARIN M. (éd.), 1997, Antiphon, *The Speeches*, Cambridge.

GAGARIN M., 2002, *Antiphon the Athenian : Oratory, Law, and Justice in the Age of the Sophists*, Austin.

GALAND-HALLYN P., HALLYN F., LÉVY C., VERBAAL W. (dir.), 2009, *Quintilien : ancien et moderne*, Turnhout.

GAUTHIER-MUZELLEC M.-H., 1998, *Aristote et la juste mesure*, Paris.

GENETTE G., 1964, « La rhétorique et l'espace du langage », *Tel Quel*, 19.

GENETTE G., 1969, *Figures II*, Paris.

GERNET L. (éd.), 1923, Antiphon, *Discours*, Paris.

GOEBEL G. H., 1989, « Probability in the earliest rhetorical theory », *Mnemosyne*, 42, p. 41-53.

GOTOFF H. C., 1973, « The concept of periodicity in the *ad Herennium* », *HSPh*, 11, p. 217-225.

GOULET R. (éd.), 1989, *Dictionnaire des philosophes antiques*, tome I (Abam[m]on à Axiothéa), Paris.

GOULET R. (éd.), 1994, *Dictionnaire des philosophes antiques*, tome II (Babélyca d'Argos à Dyscolius), Paris.

GOULET-CAZÉ M.-O., DORANDI T. *et al.* (dir.), 2000, *Le Commentaire entre tradition et innovation. Actes du Colloque de Villejuif (1999)*, Paris.

GREG J. B., 1972, *The Foundations of the Theory of Rhetorical Argument from Sign*, PhD, Wayne State University.

GRIMALDI W. M. A, 1972, *Studies in the Philosophy of Aristotle's Rhetoric*, Wiesbaden.

GRIMALDI W. M. A, 1980, « *Semeion, Tekmerion, Eikos* in Aristotle's *Rhetoric* », *American Journal of Philology*, 101, p. 383-398.

GRIMALDI W. M. A, 1980a, *Aristotle, Rhetoric I. A Commentary*, New York.

GRIMALDI W. M. A., 1988, *Aristotle, Rhetoric II. A Commentary*, New York.

DE GROOT A. W., 1921, *Der antike Prosarythmus*, Groningen.

GROUPE μ, 1982^2, *Rhétorique générale*, Paris (1re éd. 1970).

HALM C. (éd.), 1863, *Rhetores latini minores*, Leipzig.

HANSEN M. H., 1993, *La démocratie athénienne à l'époque de Démosthène*, trad. S. Bardet, Paris (1re éd. Oxford, 1991).

HAVET E., 1983, *Études sur la Rhétorique d'Aristote*, Paris (1re éd. 1846).

HEATH H., 2009, « Neoplatonists and the Teaching of Rhetoric », *in* P. Vassilopoulou, S. R. L. Clark (dir.), *Late Antique Epistemology: Other Ways to Truth*, Londres-New York, p. 143-159.

HILL F., 1981, « The Amorality of Aristotle's Rhetoric », *GRBS*, 22, p. 133-147.

ILDEFONSE F., 1997, *La naissance de la grammaire dans l'antiquité grecque*, Paris.

INNES D. C., 1994, « Period and Colon: Theory and Example in Demetrius and Longinus », *in* W. W. Fortenbaugh, D. Mirhady (dir.), *Peripatetic Rhetoric after Aristotle*, New Brunswick and London, p. 36-53.

IRIGOIN J., 2001, *Le livre grec des origines à la Renaissance*, Paris.

IRIGOIN J., 2003, *La tradition des textes grecs. Pour une critique historique*, Paris.

KAIBEL G., 1893, *Stil und Text der Πολιτεία Ἀθηναίων des Aristoteles.*

KASSEL R. (éd.), 1976, *Aristotelis ars rhetorica*, Berlin.

KENNEDY G. A., 1958, « Aristotle on the Period », *HSCPh*, 63, p. 283-288.

KENNEDY G. A., 1996, « The Composition and influence of Aristotle's *Rhetoric* » *in* A. Oksenberg Rorty (dir.), *Essays on Aristotle's Rhetoric*, Berkeley-Los Angeles-London, p. 416-424.

KLEIN J., 1992, art. « Beispiel » *in* G. Ueding (dir.), *Historisches Wörterbuch der Rhetorik*, Bd. 1, Tübingen, col. 1430-1435.

KLEIN J., 1992a, art. « Beweis, Beweismittel » *in* G. Ueding (dir.), *Historisches Wörterbuch der Rhetorik*, Bd. 1, Tübingen, col. 1528-1548.

KRAUSS M., 1994, art. « Enthymem » *in* G. Ueding (dir.), *Historisches Wörterbuch der Rhetorik*, Bd. 2, Tübingen, col. 1197-1222).

KUSTAS G. L., 1973, *Studies in Byzantine Rhetoric*, Thessaloniki.

LABARBE J., 1967, « Aspects gnomiques de l'Épigramme grecque » *in L'Épigramme grecque,* Entretiens sur l'Antiquité Classique XIV, Vandœuvres, p. 351-383.

LALLOT J., 1988, « Le fonctionnement sémiotique de la métaphore selon Aristote » *in La Métaphore*, *Recherches sur la philosophie et le langage*, 9, Grenoble, p. 47-58.

LALLOT J. (trad.), 1989, *La Grammaire de Denys le Thrace*, Paris.

LENFANT D. (éd.), Ctésias de Cnide, *La Perse, L'Inde. Autres fragments*, Paris.

LEVET J.-P., 1973, « Ῥήτωρ et γνώμη, présentation sémantique et recherches isocratiques », *La Licorne,* 3, p. 9-40.

LÉVY C., PERNOT L., 1997, « Phryné dévoilée » *in* C. Lévy, L. Pernot (dir.), *Dire l'évidence*, Paris, p. 5-12.

LORAUX N., 1988, « Sur un non-sens grec. Œdipe, Theognis, Freud », *L'Écrit du temps*, 19, p. 19-36.

MAFFI A., 1985, « L'*exetastikon eidos* nella *Rhetorica ad Alexandrum* », *in* A. Pennacini (dir.), *Retorica e storia nella cultura classica*, Bologne, p. 29-41.

MAINGUENEAU D., 2004, *Le discours littéraire. Paratopie et scène d'énonciation*, Paris.

MARIN L., 1978, *Le Récit est un piège,* Paris.

MARINI N. (éd.), 2007, Demetrio, *Lo Stile*, Rome.

MAROTTI S. (dir.), 1997, *Orazio : Enciclopedia Oraziana, vol. 2*, Rome.

MARROU H.-I., 1965, *Histoire de l'Éducation dans l'Antiquité*, Paris (P. Vassilopoulou, S. R. L. Clark [dir.], *Late Antique Epistemology : Other Ways to Truth*, 1948).

MARSH D., 1994, « Francesco Filelfo's Translation of the *Rhetorica ad Alexandrum* », *in* W. W. Fortenbaugh, D. C. Mirhady (dir.), *Peripatetic Rhetoric after Aristotle*, New Brunswick-London, p. 349-364.

MARX W., 2011, « La véritable *catharsis* aristotélicienne », *Poétique*, 166, p. 131-154.

MATTHES D. (éd.), 1962, *Hermagorae Temnitae Testimonia et Fragmenta*, Leipzig.

MAY J., Wisse J. (intr., trad., notes), 2001, Cicero, *On the Ideal Orator*, Oxford-New York.

MIRHADY D., 1991, « Non-technical *Pisteis* in Aristotle and Anaximenes », *AJPh*, 112, p. 5-28.

MIRHADY D. C., 1994, « Aristotle, the *Rhetorica ad Alexandrum* and the *Tria Genera Causarum* », *in* W. W. Fortenbaugh, D. C. Mirhady (dir.), *Peripatetic Rhetoric after Aristotle*, New Brunswick-London, p. 54-65.

MONFASANI J., 1976, *George of Trebizond. A Biography and a Study of his Rhetoric and Logic*, Leiden.

MOORE J. L., 1891, « Servius on the Tropes and Figures of Vergil I », *AJPh*, 12, p. 157-192.

MORIER H., 1981³, *Dictionnaire de poétique et de rhétorique*, Paris (1re éd. 1961).

MORPURGO-TAGLIABUE G., 1979, « Aristotelismo e anti-Aristotelismo di Demetrio », *Rivista critica di Storia della Filosofia*, 34, p. 3-25.

NARCY M., 2008, « L'équité chez Aristote : suspendre ou interpréter la loi ? », *MUSJ*, 61, p. 359-372.

NAVARRE O., 1900, *Essai sur la rhétorique grecque avant Aristote*, Paris.

de NERVAL G., 1966, *Œuvres*, Paris.

NICOLAI R., 2004, *Studi su Isocrate. La comunicazione letteraria nel IV sec. A. C. e i nuovi generi della prosa*, Rome.

NIETZSCHE F., 1949, *La naissance de la tragédie*, trad. G. Bianquis, Paris (1re éd. 1872).

NIETZSCHE F., 2000, *La philosophie à l'époque tragique des Grecs*, *in* M. de Launay (dir.), Nietzsche, *Œuvres 1*, trad. M. Haar, M. de Launay, p. 331-399 (1re éd. 1973).

NOËL M.-P., 1994, « La persuasion chez Gorgias », *in* J.-M. Galy, A. Thivel (dir.), *La Rhétorique grecque. Actes du Colloque O. Navarre*, Nice, p. 89-105.

NOËL M.-P., 1999, « Gorgias et l'"invention" des Γοργίεια σχήματα », *REG*, 112, p. 193-211.

NOËL M.-P., 2003, « La *sunagôgè tekhnôn* d'Aristote et la polémique sur les débuts de la rhétorique chez Cicéron », *in* C. Lévy, B. Besnier, A. Gigandet (dir.) *Ars et ratio : sciences, art et métiers dans la philosophie hellénistique et romaine*, Bruxelles, p. 113-125.

NOËL M.-P., 2008, « Isocrate. Sept discours », *in* C. Hunzinger, M.-P. Noël (dir.), *Silves grecques 2008-2009*, Neuilly, p. 93-191.

NOËL M.-P., 2010, « Rhétorique ou philosophie ? La structure du *Contre les Sophistes* et la polémique d'Isocrate contre Gorgias », *in* L. Brisson, P. Chiron (dir.), *Rhetorica philosophans. Mélanges offerts à Michel Patillon*, Paris, p. 49-63.

NOËL M.-P., 2010a, « Louer ou défendre Hélène ? Gorgias, Isocrate et la définition de l'*eulogia*, *in* L. Calboli Montefusco (dir.), *Papers on Rhetoric*, 10, Rome, p. 221-235.

NUSSBAUM M. C., 1986, *The Fragility of Goodness : Luck and Ethics in Greek Tragedy and Philosophy*, Cambridge.

OFENLOCH E. (éd.), 1907, *Caecilii Calactini Fragmenta*, Leipzig.

PASINI G., 2011, « The ἐξεταστικὸν εἶδος of the *Rhetoric to Alexander* and Some Parallels in the Oratorical Production (Aeschines' *Against Timarchus* and Demosthenes' *On the False Embassy*) » *in* P. Chiron, M.-P. Noël (dir.), *Sophistic and Rhetoric in the IVth Century BC : the Rhetoric to Alexander*, *Rhetorica*, p. 336-356.

PATILLON M., 1985, *Le Corpus d'Hermogène. Essais critiques sur les structures linguistiques de la rhétorique ancienne* (thèse dactylographiée), Paris.

PATILLON M., 1990, *Éléments de rhétorique classique*, Paris.

PATILLON M. (trad.), 1997, Hermogène, *L'Art rhétorique*, Lausanne.

PATILLON M., 1997a, « Le *De Inventione* du Pseudo-Hermogène », *ANRW*, t. II, Bd. 34, 3, p. 2064-2171.

PATILLON M., 1997b, « Aristote, Corax, Anaximène et les autres dans la *Rhétorique à Alexandre* », *REG*, 110, p. 104-125.

PATILLON M. (éd.), 2001, Apsinès, *Art rhétorique. Problèmes*, Paris.

PATILLON M. (éd.), 2002, Pseudo-Aelius Aristide, *Arts rhétoriques*, 2 vol., Paris.

PATILLON M. (éd.), 2005, Anonyme de Séguier, *Art rhétorique*, Paris.

PATILLON M. (éd.), 2008, *Corpus Rhetoricum,* t. I : *Anonyme, Préambule à la rhétorique. Aphtonios, Progymnasmata. En annexe : Pseudo-Hermogène, Progymnasmata*, Paris.

PATILLON M. (éd.), 2009, *Corpus rhetoricum,* t. II, *Hermogène, Les états de cause*, Paris.

PATILLON M. (trad.), 2009a, *Alcidamas d'Élée, in* J.-F. Pradeau (dir.), *Les Sophistes* t. II, Paris, p. 81-122.

PATILLON M., 2010, *La Théorie du discours chez Hermogène le rhéteur. Essai sur les structures linguistiques de la rhétorique ancienne*, Paris (1re éd. 1988).

PATILLON M. (éd.), 2012, *Corpus rhetoricum*, t. III, 2 vol., Paris.

PATILLON M. (éd.), 2012a, *Corpus rhetoricum*, t. IV, *Prolégomènes au De Ideis. Hermogène, Les catégories stylistiques du discours (De Ideis). Synopse des exposés sur les Ideai*, Paris.

PATILLON M., BOLOGNESI G. (éd.), 1997c, Aelius Théon, *Progymnasmata*, Paris.

PATILLON M., BRISSON L. (éd.), 2001, Longin, *Fragments*. Rufus, *Art rhétorique*, Paris.

PATTERSON A., 1970, *Hermogenes and the Renaissance Seven Ideas of Style*, Princeton.

PEARSON L., STEPHENS S., 1983, *Didymi in Demosthenem commenta*, Leipzig.

PELLEGRIN P. (trad.), 1993, Aristote, *Les Politiques*, Paris.

PENNACINI A. (éd.), 2001, Quintiliano, *Institutio oratoria*, t. 1, Turin.

PENDRICK G. J., 1998, « Plato and *Rhètorikè* », *RhM*, 141, p. 10-23.

PERELMANN C., OLBRECHTS-TYTECA L., 1970^2, *La nouvelle rhétorique. Traité de l'argumentation*, Bruxelles.

PERNOT L. (trad.), 1997, *Éloges grecs de Rome*, Paris.

PERNOT L., 1993, *La Rhétorique de l'éloge dans le monde gréco-romain*, Paris.

PERNOT L., 1998, « *Periautologia*. Problèmes et méthodes de l'éloge de soi-même dans la tradition éthique et rhétorique gréco-romaine », *REG*, 111, p. 101-124.

PERNOT L., 2000, *La Rhétorique dans l'Antiquité*, Paris (trad. anglaise W. E. Higgins, Washington D.C., 2005).

PERNOT L., 2001, « Le serment du discours *Sur la couronne* (Dém. XVIII, 208) dans la critique littéraire et rhétorique de l'Antiquité », *REG*, 114, p. 84-139

PERNOT L., 2002, « Aristote et ses devanciers. Pour une archéologie du discours délibératif », *Ktema*, 27, p. 227-235.

PERNOT L., 2008, « Aspects méconnus de l'enseignement de la rhétorique dans le monde gréco-romain à l'époque impériale », *in* H. Hugonnard-Roche (dir.), *L'enseignement supérieur dans les mondes antiques et médiévaux*, Paris, p. 283-306.

PIAZZA F., 2009, « La virtù di Emone. Riflessioni sull' epieikeia greca », *Aevum Antiquum*, 9, p. 3-36.

PIAZZA F., 2011, « Dire e fare la cosa giusta. Osservazioni sull'*epieikeia* in Aristotele », *in* C. Rubbettino (dir.), *Studi su Aristotele e la tradizione aristotelica*, Lecce, p. 159-176.

PINTO P. M., 2003, *Per la Storia del testo di Isocrate. La testimonianza d'autore*, Bari.

PLETT H. F., 2001, *sv* « oxymoron », *in* Th. O. Sloane (dir.), *Encyclopedia of Rhetoric*, Oxford.

PRADEAU J.-F. (dir.), 2009, *Les Sophistes,* tome I, Paris.

PRANDI M., 1987, *Sémantique du contresens*, Paris.

PUECH B., 2002, *Orateurs et sophistes grecs dans les inscriptions d'époque impériale*, Paris.

RABE H. (éd.), 1926, *Aphthonii Progymnasmata. Accedunt Anonymi Aegyptiaci, Sopatri, aliorum fragmenta*, Leipzig (trad. anglaise R. Nadeau, « The Progymnasmata of Aphthonius in translation », *SM*, 19, 1952, p. 264-285).

RABE H. (éd.), 1931, *Prolegomenon sylloge. Accedit Maximi libellus de obiectionibus insolubilibus*, Leipzig.

RABE H. (éd.), 1985, *Hermogenis opera*, Leipzig (1re éd. 1913).

RACKHAM H. (éd.), 1937, Aristotle, *Problemata XXXII-XXXVIII, Rhetorica ad Alexandrum*, Londres (rééd. 1983).

RADERMACHER L. (éd.), 1951, *Artium scriptores. Reste der voraristotelischen Rhetorik*, Vienne.

RAPP Ch. (éd.), 2002, Aristoteles, *Rhetorik*, Berlin.

REARDON B. P., 1980, *Courants littéraires grecs des IIe et IIIe s. apr. J.-C.*, Paris.

REBOUL O., 1991, *Introduction à la rhétorique*, Paris.

REINHARDT T., 2007, « Techniques of Proof in 4th Century Rhetoric : *Ar. Rhet.* 2, 23-24 and Pre-Aristotelian Rhetorical Theory », *in* D. C. Mirhady (dir.),

Influences on Peripatetic Rhetoric. Essays in Honor of W. W. Fortenbaugh, Leiden-Boston, p. 87-104.

RIMBAUD A., 1960, *Œuvres*, Paris.

de ROMILLY J., 1979, *La douceur dans la pensée grecque*, Paris.

ROSTAND C., 1978, *Johannes Brahms*, Paris.

RUTHERFORD I., 1988, « ΕΜΦΑΣΙΣ in Ancient Literary Criticism and *Tractatus Coislinianus* c. 7 », *Maia*, 40, p. 125-129.

RUTHERFORD I., 1998, *Canons of Style in the Antonine Age*, Oxford.

RYAN E. E., 1984, *Aristotle's Theory of Rhetorical Argumentation*, Montréal.

SANDOZ C., 1971, *Les Noms grecs de la forme. Étude linguistique,* thèse Neuchâtel.

SCHENKEVELD D. M., 1964, *Studies in Demetrius « On Style »,* Amsterdam.

SCHENKEVELD D. M., 1991, « Figures and Tropes. A Border-case between Grammar and Rhetoric », *in* G. Ueding (dir.), *Rhetorik zwischen den Wissenschaften. Geschichte, System, Praxis als Probleme des "Historischen Wörterbuches der Rhetorik"*, Tübingen, p. 149-158.

SCHIAPPA E., 1990, « Did Plato coin *Rhètorikè* ? », *AJPh*, 111, p. 457-470.

SCHIAPPA E., 1999, *The Beginnings of Rhetoric in Ancient Greece*, New Haven.

SCHMID W. (éd.), 1926, *Aristidis qui feruntur libri rhetorici II*, Leipzig.

SCHMID W., 1959, *Über die klassische Theorie und Praxis des antiken Prosarythmus*, Wiesbaden.

SCHOULER B., 1977, *La Tradition hellénique chez Libanios*, t. I, Paris.

SCHOULER B., 1986, « Le déguisement de l'intention dans la rhétorique grecque », *Ktema*, 11, p. 257-272.

SCHOULER B., 1997, « La rhétorique aux frontières de l'évidence », *in* C. Lévy, L. Pernot (dir.), *Dire l'évidence*, Paris, p. 31-58.

SCHWAB T., 1916, *Alexander Numeniu Peri Schèmatôn in seinem Verältnis zu Kaikilios, Tiberios und seinen späteren Benützern*, Paderborn.

SEEL G., 1984, « Pourquoi l'Art nous procure-t-il du plaisir ? », *RThPh,* 116, p. 275-296.

SMITH T. D., 1973, *Studies in the Pseudo-Dionysian Techne Rhetorike*, PhD University of Pennsylvania.

SOLMSEN F., 1936, art. « Tiberius » n° 2, *RE*, VI A 1, col. 804.

VON SPENGEL L. (éd.), 1844, *Anaximenis Ars Rhetorica quae uulgo fertur Aristotelis ad Alexandrum*, (Leipzig, 1850 ; Hildesheim, 1981).

VON SPENGEL L. (éd.), 1854, *Rhetores Graeci II*, Leipzig.

VON SPENGEL L. (éd.), 1856, *Rhetores Graeci III*, Leipzig.

SPRUTE J., 1982, *Die Enthymemtheorie der aristotelischen Rhetorik*, Göttingen.

STANGL Th. (éd.), 1912, *Ciceronis orationum scholiastae (Asconius. Scholia Bobiensia. Scholia pseudasconii sangallensia. Etc.)*, vol. II, Leipzig.

STENDHAL, 1854, *Racine et Shakspeare* (sic). *Études sur le romantisme*, Paris.

SYNODINOU K., 1978, « Some Cases of Oxymoron in Euripides », *Dodone*, 7, p. 351-358.

TADIÉ J.-Y., 2012, *Le lac inconnu*, Paris.

THILO G., HAGEN H. (éd.), 1884, Servii grammatici *qui feruntur in Vergilii carmina commentarii*, vol. II, fasc. II, Leipzig.

TORZI I., 2000, *Ratio et Usus. Dibattiti antichi sulla dottrina delle figure*, Milan.

USENER H., RADERMACHER L. (éd.), 1985, *Dionysii Halicarnassei quae exstant*, vol. VI, opuscul. vol. II, Leipzig (1re éd. 1904-1929).

USHER S., 1999, *Greek Oratory. Tradition and Originality*, Oxford.

VALESIO P., 1980, *Novantiqua : Rhetorics as a Contemporary Theory,* Bloomington.

VERNANT J.-P., 1997[7], *Les Origines de la pensée grecque*, Paris (1re éd. 1962).

VOIT L., 1934, *ΔΕΙΝΟΤΗΣ. Ein antiker Stilbegriff*, Leipzig.

VOSSIUS G. I., 1643, *Commentariorum rhetoricorum sive oratoriarum institutionum pars altera*, Leyde.

WALDMANN H., 1973, *Die kommagenischen Kultreformen unter König Mithradates I. Kallinikos und seinem Sohn Antiochus I*, Leiden.

WALZ C. (éd.), 1835, *Rhetores Graeci VIII*, Londres-Paris.

WARTELLE A., 1982, *Lexique de la* Rhétorique *d'Aristote*, Paris.

WESSNER P. (éd.), 1902, *Aelii Donati quod fertur Commentum Terenti*, vol. I, Leipzig.

WILKINSON L. P., 1963, *Golden Latin Artistry,* Cambridge.

WOERTHER F., 2007, *L'èthos aristotélicien. Genèse d'une notion rhétorique*, Paris.

WRIGHT W. C. (éd.), 1921, Philostratus, *Lives of the Sophists*, Londres.

ZEHETMEIER J., 1930, « Die Periodenlehre des Aristoteles (*Rhet.* III, 8 et 9) », *Philologus*, 85, p. 192-208.

INDEX DES PRINCIPALES NOTIONS MODERNES

INDEX DES PRINCIPALES NOTIONS GRECQUES

INDEX DES PERSONNAGES ANTIQUES CITÉS

INDEX DES LIEUX

TABLE DES MATIÈRES

4. Le style

5. Aux frontières de la rhétorique

TABLES

ACHEVÉ D'IMPRIMER
EN JUILLET 2019
SUR LES PRESSES
DE
L'IMPRIMERIE F. PAILLART
À ABBEVILLE

DÉPÔT LÉGAL : 3e TRIMESTRE 2019
Nº. IMP. 16310